O PRINCÍPIO DA BOA-FÉ OBJETIVA NA NEGOCIAÇÃO COLETIVA

GILBERTO CARLOS MAISTRO JUNIOR

Advogado. Mestre em Direitos Difusos e Coletivos (UNIMES/Santos). Especialista em Direito e Relações do Trabalho pela Faculdade de Direito de São Bernardo do Campo. Professor Universitário. Professor Titular (Estágio II — Processo do Trabalho, na Faculdade de Direito de Sorocaba/SP). Professor Contratado (Processo do Trabalho e Prática Jurídica na Faculdade de Direito de São Bernardo do Campo). Professor Convidado (nos Programas de Pós-Graduação da Escola Paulista de Direito e da Faculdade de Direito de São Bernardo do Campo).

O PRINCÍPIO DA BOA-FÉ OBJETIVA NA NEGOCIAÇÃO COLETIVA

EDITORA LTDA.

© Todos os direitos reservados

Rua Jaguaribe, 571
CEP 01224-001
São Paulo, SP — Brasil

Fone (11) 2167-1101

Produção Gráfica e Editoração Eletrônica: RLUX
Projeto de capa: FÁBIO GIGLIO
Impressão: PIMENTA GRÁFICA E EDITORA
LTr 4481.8
Fevereiro, 2012

Visite nosso site
www.ltr.com.br

Dados Internacionais de Catalogação na Publicação (CIP)
(Câmara Brasileira do Livro, SP, Brasil)

Maistro Junior, Gilberto Carlos
   O princípio da boa-fé objetiva na negociação coletiva / Maistro Junior, Gilberto Carlos. — São Paulo : LTr, 2012.

   Bibliografia.
   ISBN 978-85-361-2006-5

   1. Boa-fé (Direito) 2. Convenções coletivas de trabalho — Brasil 3. Negociações coletivas — Brasil I. Título.

11-11596   CDU-34:331.1(81)

Índice para catálogo sistemático:

1. Brasil : Boa-fé nas negociações coletivas de trabalho ; direito do trabalho   34:331.1(81)

Dedicatória

Dedico esta obra à minha mulher, Adriana, e às minhas filhas, Bruna e Gabriela, pelo amor incondicional e pela compreensão, quando de minhas faltas em razão dos necessários estudos.

Dedico, ainda, à professora Eliana Borges Cardoso, pelo constante apoio, pela confiança e amizade.

Agradecimentos

À minha família: meus pais, minha esposa, minhas filhas, minhas irmãs e meus cunhados, pela presença constante e pelo apoio irrestrito.

Aos meus irmãos, José Luiz Ribas Junior e Alexandre Viveiros, companheiros de mestrado e de tantas outras andanças, sempre de pé e à ordem para o justo e o necessário.

Ao professor José Ribeiro de Campos, orientador de minha dissertação de mestrado, pela inestimável contribuição para a organização deste trabalho.

Aos professores Marcelo José Ladeira Mauad, Ivani Contini Bramante e Davi Furtado Meirelles, pelo exemplo que são, pela amizade que demonstram e pelos valores que praticam, verdadeiros paradigmas de conduta acadêmica, cujas ideias permearam o texto deste trabalho, por vezes em citações expressas.

Ao professor Alberto Gosson Jorge Junior, cuja obra e aula despertaram em mim o interesse pelo estudo da boa-fé objetiva.

E, finalmente, à professora Eliana Borges Cardoso, pela amizade, pela orientação, pelo incentivo e pela presença constante. "Pessoa sobre a qual não resta a menor dúvida"!

NOTA DO AUTOR

Trata-se de estudo sobre o princípio da boa-fé objetiva na fase pré-contratual coletiva de trabalho no Direito brasileiro, verificada por ocasião da "negociação coletiva", prévia à celebração dos contratos coletivos de trabalho.

Encontramos justificativa para este estudo na relevância das negociações coletivas para a realidade criativa do Direito do Trabalho, enquanto instrumento de harmonização da relação entre as partes contratantes no cenário laboral. Nas disputas de interesses entre as forças do capital e do trabalho, emerge a fase de negociação coletiva como o momento no qual podem ser postos à mesa os anseios e as necessidades de cada parte e, ao final, pelo exercício da autonomia privada coletiva e independentemente do socorro a meios heterocompositivos de solução do conflito, obter-se resultado satisfatório para a manutenção da relação de trabalho. Este resultado interessa não apenas às partes negociantes, mas a toda a sociedade, uma vez que esta sofre os reflexos da ausência de manutenção de contexto pacífico nas relações laborais. A imposição constitucional à valorização dos acordos e das convenções coletivas reforça o que afirmamos.

Pela garantia dos direitos sociais, dentre os quais tem destaque o direito dos trabalhadores, obtém-se a concretização do princípio da dignidade da pessoa humana. Temos na boa-fé a válvula de abertura do sistema para a plena realização deste mister, impondo e garantindo às partes conduta proba, leal e confiável no trato negocial, viabilizando um caminho para que possam deixar as armas e se dedicar, elas próprias, à efetiva busca da solução para seus conflitos.

A boa-fé, portanto, enquanto princípio devidamente positivado, emerge como paradigma de conduta na sociedade contemporânea, inclusive no que toca ao cenário juslaboral, devendo ser observada em todas as fases da relação trabalhista, ou seja, desde a fase pré-contratual até a pós-contratual, bem como no decorrer da execução do contrato. Uma vez ignorada, a depender do caso, pode ensejar desde a aplicação de penalidades à absoluta nulidade dos atos marcados por ignorá-la. De outro lado, sua observância pode transformar a realidade contratual, afastando a ideia do conflito capital *versus* trabalho para consagrar a noção de capital e trabalho, de forma harmônica e complementar.

SUMÁRIO

Apresentação 15

Prefácio 17

Introdução 21

1. O Direito do Trabalho como ramo do Direito difuso 25

2. O sistema jurídico: princípios e normas jurídicas 29

   2.1. Breves notas introdutórias sobre a visão ainda comum acerca da aplicação do Direito 29

   2.2. O Estado brasileiro inaugurado pela Ordem Constitucional de 1988 33

   2.3. Os princípios jurídicos 36

      2.3.1. Conceito e características 36

      2.3.2. A universalidade dos princípios ético-jurídicos em relação ao conceito de "valor" 39

      2.3.3. As funções dos princípios 43

   2.4. A Constituição Federal e os princípios fundamentais 44

      2.4.1. O preâmbulo da Constituição Federal e o direito como produto cultural 44

      2.4.2. Os fundamentos da República Federativa do Brasil (CF, art. 1º) 56

         2.4.2.1. A soberania (CF, art. 1º, I) 59

         2.4.2.2. A cidadania (CF, art. 1º, II) 63

         2.4.2.3. A dignidade da pessoa humana (CF, art. 1º, III) 65

         2.4.2.4. O valor social do trabalho e da livre-iniciativa (CF, art. 1º, IV) 78

         2.4.2.5. O pluralismo político (CF, art. 1º, V) 80

         2.4.2.6. A soberania popular (CF, art. 1º, parágrafo único) 81

         2.4.2.7. A separação (tripartição) dos poderes (CF, art. 2º) 83

      2.4.3. Os objetivos da República Federativa do Brasil (CF, art. 3º) 85

      2.4.4. Princípios que regem a República Federativa do Brasil nas relações internacionais (CF, art. 4º) 87

   2.5. A relação dos princípios com os direitos e as garantias fundamentais e os princípios da proporcionalidade e razoabilidade 88

2.6. Classificação dos princípios e das garantias constitucionais 90
2.7. A existência de um sistema jurídico 91
2.8. A interpretação do sistema jurídico 95
    2.8.1. A interpretação em face da hierarquização das normas enquanto elementos do sistema jurídico brasileiro 96
    2.8.2. As regras de interpretação 99
        2.8.2.1. Interpretação gramatical 99
        2.8.2.2. Interpretação lógico-sistemática 99
        2.8.2.3. Interpretação histórica 100
        2.8.2.4. Interpretação teleológica 101
        2.8.2.5. Interpretação sociológica 101
    2.8.3. A interpretação quanto aos seus efeitos 101
2.9. As lacunas e a função integrativa dos princípios 102
2.10. O conceito de norma jurídica 103

3. O negócio jurídico e o contrato: relação "continente e conteúdo" 105
3.1. Negócio jurídico: conceito e finalidade 105
3.2. Negócio jurídico: classificação 108
3.3. Negócio jurídico *versus* contrato: sinônimos? 115

4. Cláusulas gerais 117
4.1. Noções introdutórias: conceito e extensão 117
4.2. As possíveis cláusulas gerais 123
4.3. A função das cláusulas gerais no sistema jurídico 123
4.4. As cláusulas gerais no Código Civil Brasileiro em vigor 127
4.5. A influência da ideologia do julgador no ato de julgar e a sua possibilidade de efetivação sob o manto das cláusulas gerais 128

5. A boa-fé 141
5.1. Noções preliminares 141
5.2. Conceito e evolução histórica 143
5.3. A boa-fé: norma de direito positivo, simples valor ou princípio jurídico? 152
5.4. O princípio do rendimento 157
5.5. Boa-fé subjetiva e boa-fé objetiva: conceitos 159
5.6. O conceito de boa-fé objetiva segundo Miguel Reale e sua característica pragmática 167

5.7. As funções da boa-fé objetiva 169
    5.7.1. Função interpretativa ou de colmatação 169
    5.7.2. Função criadora de deveres jurídicos anexos ou de proteção 170
        5.7.2.1. Deveres anexos de lealdade e confiança recíprocas 171
        5.7.2.2. Dever de assistência (ou de cooperação) 172
        5.7.2.3. Dever de informação 173
        5.7.2.4. Dever de sigilo ou confidencialidade 174
    5.7.3. Função delimitadora do exercício de direitos subjetivos 176
    5.7.4. A violação dos deveres anexos como espécie de inadimplemento e o elemento "culpa" 177
5.8. A boa-fé objetiva no direito positivo brasileiro em vigor 177
    5.8.1. Noção geral 177
    5.8.2. A boa-fé objetiva no Código Civil 178
    5.8.3. A boa-fé objetiva no Código de Defesa do Consumidor 180
    5.8.4. A boa-fé subjetiva e objetiva no Direito do Trabalho 184
5.9. A boa-fé objetiva como paradigma de conduta na sociedade contemporânea, na forma proposta por Rizzatto Nunes 191
5.10. Boa-fé e equidade 193

6. O contrato de trabalho e a negociação coletiva: a boa-fé objetiva como paradigma de conduta garantidora do respeito aos direitos difusos e coletivos de natureza trabalhista 196

6.1. A boa-fé na fase pré-contratual e a responsabilidade pré-contratual 196
6.2. O Direito Coletivo do Trabalho 206
6.3. O sindicato 207
6.4. As negociações coletivas 208
    6.4.1. Conceito 208
        6.4.1.1. O sentido da negociação coletiva como fase pré-contratual coletiva de trabalho e a OIT: breve análise a partir das Convenções da OIT ns. 98 e 154 e das Recomendações ns. 91 e 163, dentre outras ... 211
    6.4.2. O contrato coletivo de trabalho 214
        6.4.2.1. Convenções coletivas de trabalho, acordos coletivos de trabalho e contrato individual de trabalho: hierarquia, relações e conflitos .. 217
6.5. A importância da negociação coletiva 222
6.6. Espécies de negociação coletiva 224
6.7. Funções da negociação coletiva 224

6.8. Os sujeitos da negociação coletiva 226

6.9. Os níveis da negociação coletiva 231

6.10. A natureza jurídica da negociação coletiva 231

6.11. Os princípios que informam a negociação coletiva no Direito do Trabalho brasileiro 234

6.12. A boa-fé nas negociações coletivas: visão a partir do Direito do Trabalho brasileiro 243

    6.12.1. A boa-fé objetiva nas negociações coletivas sob o enfoque jurisprudencial 248

Conclusão 253

Bibliografia 259

APRESENTAÇÃO

Honrada, recebi o convite do autor Gilberto Carlos Maistro Junior para apresentar seu livro *O Princípio da Boa-fé Objetiva na Negociação Coletiva* lançado pela LTr Editora.

Gilberto Carlos Maistro Junior, advogado, mestre em Direito pela Universidade Metropolitana de Santos (UNIMES), especialista em Direito do Trabalho pela Faculdade de Direito de São Bernardo do Campo, professor da Faculdade de Direito de São Bernardo do Campo, Faculdade de Direito de Sorocaba, Escola Paulista de Direito e da Pós-Graduação da Faculdade de Direito Damásio de Jesus e, agora, autor de valoroso livro que ingressa na comunidade jurídica.

Trata-se de brilhante obra escrita pela pena segura do professor Gilberto Carlos Maistro Junior que nasce para enriquecer sobremaneira a literatura jurídica pátria, mais especificamente quanto ao direito coletivo do trabalho, disciplina carente de doutrina aprofundada, como a que apresenta o autor.

Logrou o autor conjugar, com maestria e extrema competência, a experiência haurida na advocacia com as lições profundas do magistério superior, o que gera, inexoravelmente, um texto indispensável a todos aqueles que se dedicam ao estudo do direito do trabalho.

Com certeza a obra nasce vencedora e destinada ao mais amplo sucesso. Espera-se que o autor continue a empreender esforços ao enriquecimento da literatura jurídica pátria, com obras com a qualidade e profundidade da presente doutrina.

Ivani Contini Bramante
Desembargadora Federal do Trabalho —
TRT 2ª Região — Mestre e Doutora pela
Pontifícia Universidade Católica de São Paulo — PUC.
Professora titular de Direito Processual do Trabalho
da Faculdade de Direito de São Bernardo do Campo.

PREFÁCIO

É incontestável que o tema da negociação coletiva está entre os mais importantes do Direito do Trabalho na atualidade e, tudo indica, isto deve permanecer nas próximas décadas. Basta indagar sobre a tendência para o direito laboral, nos anos vindouros, quanto ao seu grau de rigidez, e a resposta, para nós bastante clara, sinalizará para a busca por mais flexibilidade na solução dos conflitos coletivos, via solução direta, mediante entendimentos entre seus próprios e maiores interessados.

Esta constatação, por si só, é suficiente para chamar a atenção para esta obra inaugural do Prof. Gilberto Carlos Maistro Junior. Trata-se de excelente livro da autoria de um competente advogado, mestre em Direito e brilhante professor contratado, de nossa estimada Faculdade de Direito de São Bernardo do Campo, além de muito atuante em outros cursos e faculdades.

A matéria é abordada pelo Autor, cuidadosamente, com o fim de investigar a importância do princípio da boa-fé objetiva na viabilização de negociações coletivas eficazes e justas, de acordo com os interesses envolvidos.

Parte-se de uma análise bastante ampla e percuciente dos princípios constitucionais. O objetivo aqui é construir as bases jurídicas sólidas que devem sustentar a plena aplicabilidade desta forma de solução dos conflitos maiores da esfera trabalhista. Mas, não suficiente, o leitor terá acesso, ainda, a uma análise consistente das regras de interpretação, sem as quais o Direito tornar-se-ia um emaranhado de regras sem qualquer segurança em sua aplicação.

A seguir, embrenhando-se no campo do negócio jurídico e do contrato, passa a situar o assunto na esfera do negócio jurídico, sua definição, finalidade e classificação e investiga a respeito de sua natureza.

Nesta parte, merece destaque o cuidado com que abordou as Cláusulas Gerais, algo relativamente novo no Direito pátrio, mas com enormes repercussões em todos os seus ramos, incluindo, naturalmente, o Direito do Trabalho.

A partir daí, o terreno está devidamente preparado para apresentar seus estudos a respeito da boa-fé e de sua fundamental aplicação no âmbito das negociações coletivas. Vale dizer, sem a presença concreta da boa-fé das partes, não há falar-se em ética nas negociações coletivas, as quais devem ser sempre adequadas, equilibradas e, sobretudo, permanentes.

Chamo a atenção, neste momento, para o item 5.7.2, que versa sobre a função criadora de deveres jurídicos que asseguram a concretude da boa-fé, como algo prático e necessário no dia a dia das negociações coletivas. A lealdade e confiança recíprocas entre as partes, o dever de assistência, de informação, de sigilo ou confidencialidade, quando assim se estabelecer, revelam-se condições essenciais para que se alcance o sucesso nas tratativas diretas.

Sublinho que o capítulo da boa-fé fornece ao leitor elementos seguros e bastante claros sobre a imprescindibilidade deste princípio para o sucesso das negociações coletivas.

Revelando excelente trabalho de pesquisa e formidável preocupação com a utilidade da obra, o Prof. Gilberto Maistro passa a estudar, no último capítulo, a boa-fé objetiva como paradigma de conduta garantidora do respeito aos direitos difusos e coletivos de natureza trabalhista. Aqui, tem o cuidado de examinar não apenas a fase contratual, mas também a fase anterior, pré-contratual, tão relevante para o sucesso dos entendimentos entre as partes.

Nesta parte, como não poderia deixar de ser, examina a questão sindical e as negociações coletivas em seus aspectos mais conceituais e implicações jurídicas, com ênfase nas normas da Organização Internacional do Trabalho, incontestavelmente as mais importantes e norteadoras da maneira correta e justa para se disciplinar a questão. Mas, saiba o leitor que a realidade brasileira é sempre o principal foco das atenções do Autor.

Esta ótima abordagem sobre as negociações coletivas proporciona ao leitor conhecimento profundo sobre o tema em todos os seus principais contornos, visando sempre sua aplicação de maneira sólida e prática.

A obra, além de sua principal preocupação com o estudo científico do tema das negociações coletivas, é fruto da produção de excelente advogado militante, daí por que não deixou de lado a jurisprudência atinente, o que auxilia em muito o leitor.

Gilberto Maistro, além de advogado de excelente nível, revelou-se pesquisador de grande qualidade no programa de estudos de pós-graduação, sendo sua produção contribuição importante para a comunidade acadêmica e para o mundo profissional.

Seu livro, fruto da experiência, estudo e pesquisa, revela o advogado e pesquisador comprometido com os temas mais candentes e relevantes do direito laboral. Trata-se, sem favor algum, de obra de excelente qualidade, escrita de forma precisa, trazendo sempre a lume enorme quantidade de seguras informações adquiridas ao término da cativante leitura.

Por tudo isto, apresento ao leitor este livro de excelente nível e de leitura obrigatória a todos aqueles que militam no Direito do Trabalho, especialmente aos mais atentos aos caminhos que se abrem para o futuro do sistema de solução dos conflitos laborais, conhecedores da importância das negociações coletivas, as quais não se sustentam ou desenvolvem sem a presença essencial do princípio da boa-fé objetiva.

Boa leitura !

Prof. Doutor Marcelo José Ladeira Mauad
Diretor da Faculdade de Direito de São Bernardo do Campo.

INTRODUÇÃO

A boa-fé objetiva ostenta a condição de paradigma de conduta contratual na sociedade contemporânea devendo, pois, ser observada desde a fase pré-contratual até a pós-contratual, obviamente reinando no curso da execução do contrato. Ocorre que a investigação do tema no âmbito do estudo do contrato de trabalho (individual e coletivo) desperta questionamentos cujas respostas não encontram, ainda, a necessária difusão, a nos motivar para o enfrentamento do tema. Assim fizemos, inicialmente, em sede de dissertação de mestrado, e, agora, apresentamos nossas conclusões neste trabalho, após revisitação à dita monografia.

Neste caminhar, decidimos tratar da questão dirigindo-nos a uma melhor conclusão na seara do Direito Coletivo do Trabalho, mais propriamente na fase pré-contratual, identificada, no caso, com a negociação coletiva, sem abandonar, todavia, a abordagem sob a óptica do Direito Individual do Trabalho, em que procedemos a singelas incursões.

Notar-se-á que o capítulo inaugural demonstra preocupação afeta à taxinomia. Em breves palavras, demonstraremos que o Direito do Trabalho consiste em ramo de Direito Difuso, corrente que defendemos amparados em prestigiosas posições doutrinárias. Essa constatação interessa ao tema na medida em que maximiza os efeitos da quebra da boa-fé no âmbito negocial trabalhista, a atrair ao princípio em estudo *status* todo especial.

Depois, abordaremos o sistema jurídico brasileiro e seus elementos. Exporemos os principais conceitos acerca desses temas bem como dos princípios — em especial, os fundamentais, com destaque para a dignidade da pessoa humana e sua proximidade à questão da boa-fé, além do valor social do trabalho e da livre-iniciativa — e das normas que constituem seu repertório. Analisaremos as suas estruturas para fim da melhor aplicação do Direito no Brasil. Trataremos dos "vícios" que a tradição de apego aos diplomas infraconstitucionais ainda mantém arraigados no pensamento e na conduta de muitos operadores do Direito, e da necessidade de conscientização acerca da estrutura hierárquica do sistema, a colocar definitivamente a Constituição Federal no ápice da "pirâmide" normativa e principiológica do Direito pátrio. Abordaremos as feições do Estado brasileiro (re)organizado pela Constituição de 1988, que devem guiar a atividade do intérprete por ocasião da análise do direito posto. Pontuaremos os conceitos e demais aspectos da interpretação do sistema jurídico brasileiro e seus elementos.

Saliente-se, todavia, que todos esses temas serão enfrentados de forma breve, no intuito tão somente de municiar o leitor dos conceitos e aspectos básicos, indispensáveis à compreensão do enquadramento da boa-fé negocial especialmente no âmbito do Direito Coletivo do Trabalho brasileiro.

Na sequência, e seguindo o mesmo propósito, abordaremos os conceitos, as finalidades e outros tópicos de estudo do negócio jurídico e do contrato, no afã, inclusive, de confrontá-los e definir se trata-se de sinônimos ou realidades distintas. Assim, buscaremos elucidar se a boa-fé negocial resume-se à boa-fé contratual ou se constituem aspectos distintos do primado em estudo.

No capítulo posterior, trabalharemos o tema das cláusulas gerais, procurando desenvolver não só um conceito, mas também delimitar a extensão e as funções do instituto. O capítulo é de grande relevância, pois é sabido que a doutrina inclui, dentre as cláusulas gerais, e talvez como uma das principais, justamente a boa-fé. Ademais, é pelas cláusulas gerais que se experimenta a abertura do sistema, atribuindo ao juiz o "poder criativo" necessário à libertação das amarras das disposições legais estritas. Todavia, não são poucas as críticas no sentido da insegurança jurídica carregada pelo advento e pela inserção de tais cláusulas gerais no direito positivo brasileiro, vez que permitiriam os influxos da ideologia do julgador em detrimento da previsibilidade que o mundo negocial necessita. Procuraremos dirimir tais conflitos, traçando posição acerca da questão. Relacionaremos, ainda, as cláusulas gerais positivadas no Código Civil brasileiro.

O quinto capítulo deste trabalho é dedicado especificamente à boa-fé. Apresentaremos as noções preliminares ao tema, abordando o sentido da expressão "boa-fé" a partir de seus elementos (em especial, a ideia de "fé") para, ato contínuo, adentrarmos ao exame do seu conceito e de sua evolução na história. Buscaremos responder à seguinte questão: a boa-fé, no Direito brasileiro, consiste em norma de direito positivo, simples valor ou princípio jurídico? Nesta trilha, versaremos, de forma breve, o princípio do rendimento, relacionado por Plá Rodriguez à boa-fé. No prosseguimento, exibiremos os conceitos e as distinções pertinentes à boa-fé em seus aspectos subjetivo e objetivo para, pontuados os principais tópicos pertinentes ao tema, analisarmos as posições de Miguel Reale e Rizzatto Nunes, este último defendendo tratar-se a boa-fé de paradigma de conduta na sociedade contemporânea. Procuraremos, ainda, sistematizar de forma singela as funções da boa-fé objetiva e, na sequência, procederemos à sua análise, inclusive quanto ao tratamento que recebe no direito positivo brasileiro em vigor. Por fim, traçaremos relação entre boa-fé e equidade.

No capítulo subsequente, abordaremos especificamente a boa-fé na fase pré--contratual trabalhista. Procuraremos demonstrar que, tal qual ocorre na sociedade de consumo contemporânea, a boa-fé objetiva também consiste em paradigma de conduta garantidora do respeito aos direitos difusos e coletivos de natureza trabalhista. Neste diapasão, priorizaremos a análise da boa-fé nas negociações coletivas, analisando, inclusive, os seus principais aspectos e buscando conhecer a dinâmica dessa que nos parece ser a fase pré-contratual por excelência, no que tange à celebração das convenções e dos acordos coletivos de trabalho. Trabalharemos a questão da boa-fé expondo seus limites de aplicabilidade, seus efeitos e suas formas de manifestação nessa fase pré-contratual em contrato específico.

Ao final, pretendemos demonstrar que a boa-fé não deixa espaço para a visão ultrapassada de polos antagônicos digladiando em meio à relação laboral. A Constituição Federal fez a sua parte para harmonizar essa relação, ao fixar, no mesmo princípio, o valor social do trabalho e da livre-iniciativa. Já passa o momento de as partes do contrato de trabalho compreenderem que devem colaborar ao máximo para o bom cumprimento da avença, com respeito mútuo aos direitos e deveres oriundos do negócio, para o bem dos envolvidos e da própria coletividade, afetada no cenário econômico e social pelo insucesso empresarial, pelo desemprego e pela crise.

1. O DIREITO DO TRABALHO COMO RAMO DO DIREITO DIFUSO

A questão da melhor classificação do Direito do Trabalho quanto à sua natureza jurídica encontra diversas correntes na doutrina especializada.

Encontramos na doutrina majoritária a afirmação de que se trata, o Direito do Trabalho, de ramo do Direito Privado[1]. Todavia, a questão não se mostra totalmente pacificada.

Para alguns, trata-se de ramo do Direito Público, em razão da grande ingerência estatal no contexto contratual de trabalho, havida pela via normativa, bem como da existência de considerável quantidade de normas de natureza administrativa — em especial, pertinentes à fiscalização do trabalho, dentre outras.

Há quem defenda, ainda, que o Direito do Trabalho exibe-se como ramo do Direito Social[2], verdadeiro terceiro gênero em relação à dicotomia "público x privado". Dentre os adeptos desta corrente, destaca-se o professor Cesarino Junior.

Reconhecendo a existência de diversas normas de direito público e privado convivendo no âmago do Direito do Trabalho, outros defendem que sua natureza aponta para um "Direito Misto".

Evaristo de Moraes Filho, por sua vez, vê nessa última característica algo maior que mera coexistência, encontrando uma verdadeira fusão entre as ditas normas de direito público e privado, a fazer do Direito do Trabalho um "Direito Unitário".

Rodrigo Garcia Schwarz, por sua vez, após afirmar que uma primeira e equivocada reflexão poderia conduzir à afirmação de que a natureza jurídica do Direito do Trabalho aponta fundamentalmente para o direito privado, conclui que se trata, sobretudo, de um Direito *policial*, em razão do grau de intervenção estatal sobre as relações particulares intersubjetivas no campo do trabalho, com o fito de "disciplinar e desambiguar juridicamente as relações conflitivas de trabalho".

---

(1) MARTINS, Nei Frederico Cano; MAUAD, Marcelo José Ladeira. *Lições de direito individual do trabalho*, p. 32.
(2) Crítica que se faz, aqui, consiste no fato de que não apenas o Direito do Trabalho consiste em Direito Social. Aliás, na essência, todo o Direito o é, consoante afirmam MARTINS, Nei Frederico Cano e MAUAD, Marcelo José Ladeira. *Ibid.*, mesma página.

Salienta, ainda, o caráter tutelar e intervencionista do ramo em estudo, vislumbrando certa natureza "alternativa" na concepção do Direito do Trabalho, face ao dito caráter tutelar que lhe é único, bem como por sua essência que o faz um Direito "econômico-social e reivindicativo", "produto da ação coletiva de grupos espoliados", que nasce da vida social em busca de uma "nova ordem", com maior justiça e humanidade, e menor grau de alienação. Conclui, assim, tratar-se o Direito do Trabalho de um *gênero especial*, vez que suas características tornam a dicotomia tradicional (público e privado) insuficiente para a correta classificação de sua natureza jurídica[3].

Entendemos, porém, que se faz necessário vislumbrar o Direito do Trabalho sob outro prisma, o que nos conduz à conclusão diversa quanto à sua verdadeira e efetiva natureza como ramo do Direito.

Da análise da história do Direito do Trabalho percebe-se facilmente que esse encontra berço nas lutas das classes trabalhadoras pela conquista de dignidade no trabalho e a partir dele. Os trabalhadores, historicamente, anseiam por um ambiente de trabalho salubre e seguro, bem como pela justa contrapartida que lhes garanta uma vida digna.

Dessas lutas, inegáveis reflexos sociais foram desencadeados de modo a atrair a atenção estatal para o contexto de hipossuficiência, principalmente econômica, da classe trabalhadora, bem como para o cenário de exploração a que se viam submetidos os obreiros.

Assim, os efeitos da falta de isonomia na relação contratual de trabalho transbordavam — e, aliás, ainda transbordam — os limites da relação privada estabelecida entre as partes contratantes (detentor dos meios de produção — empresário, "capital"; e detentor da força de trabalho — trabalhador), gerando efeitos nocivos à sociedade e aos interesses do próprio Estado que, por isso, se viu compelido a intervir, na via normativa, garantindo condições mínimas aos trabalhadores. Tais normas, nos limites e observadas as condições ditadas em seus respectivos textos, passam a integrar todo e qualquer contrato de trabalho.

A garantia de tais direitos, porém, não se exibia suficiente. Ocorreu que a situação de hipossuficiência do trabalhador continuava existindo uma vez que a supremacia jurídica ainda esbarrava no fato de o obreiro ostentar absoluta dependência em relação ao detentor dos meios de produção, pois até a oportunidade de trabalho restava — como, de fato, ainda resta — submetida a esse. A ameaça de perder a oportunidade de trabalho sempre consistiu em grande aliada daqueles que almejam impor aos trabalhadores o sacrifício dos próprios direitos.

---

(3) *Curso de iniciação ao direito do trabalho*, p. 15-16.

Com isso, mostrou-se imperioso que, além de garantir direitos básicos à classe trabalhadora, restassem normatizados princípios como o da irrenunciabilidade de direitos, o da inalterabilidade contratual e o da irredutibilidade salarial, dentre outros, todos sob a proteção da nulidade, sob pena de continuar a existir a exploração pela imposição ao trabalhador de renúncia expressa de direitos pontuais, e, com isso, quebrar-se o sistema de proteção estatal (legal) dessa massa.

Disso, notamos que os direitos trabalhistas, em sua grande maioria, são irrenunciáveis pelo trabalhador, por não pertencerem especificamente a ele, interessando a todos os integrantes da sociedade. Esse aspecto social do Direito do Trabalho mitiga sua natureza privada, mesmo considerando que o contrato laboral nasce, no mais das vezes, da relação entre particulares. Assim, esse mesmo aspecto social traz ao referido ramo do Direito uma natureza difusa.

Vale salientar que temos na mencionada ingerência estatal o que se costuma chamar de "intervencionismo básico do Estado", que, reconhecendo a posição de hipossuficiência da pessoa humana do trabalhador, no cerne da relação juslaboral, impõe uma série de princípios e normas jurídicas protetivas, buscando, pela via da outorga de superioridade jurídica aos obreiros, obter o equilíbrio na relação contratual, originalmente desbalanceada pela supremacia econômica do detentor dos meios de produção, de forma tal a socializar esse sistema de proteção jurídica em razão de sua abrangência, almejando tutelar os direitos de toda uma massa, no caso, de trabalhadores

Ao assim proceder, o Estado, intervindo na relação laboral estabelecida entre particulares, passou a regulá-la em seus principais aspectos, limitando a autonomia da vontade privada e fazendo com que, no âmbito da relação contratual nascida entre particulares, possa notar-se constante interferência do Poder Público, a, de fato, impedir um enquadramento perfeito do Direito do Trabalho em uma das vertentes da dicotomia "público x privado". A partir disso, e da socialização da proteção juslaboral (tutela jurídica de interesses de massa), podemos afirmar que o ramo do Direito em questão tem natureza de Direito Difuso.

Não é outra, aliás, a posição do professor Rizzatto Nunes, que, manifestando visão moderna e precisa em sede de análise da taxinomia do Direito do Trabalho, afirma:

> *"O Direito do Trabalho engloba as normas jurídicas que regulam as relações entre o empregado e o empregador (patrão), compreendendo o contrato de trabalho, o registro do empregado, a rescisão, a despedida, as verbas trabalhistas, os salários e seus reajustes, a duração da jornada de trabalho etc."*[4]

---

(4) *Manual de introdução ao estudo do direito*, p. 144.

Nota-se que Rizzatto Nunes refere-se exatamente ao que, no campo de estudo específico do Direito do Trabalho, estrutura e sustenta o que se chama "Direito Individual do Trabalho". Em sua obra, o referido jurista alude também, na sequência, a institutos do chamado "Direito Coletivo do Trabalho", demonstrando que o Direito do Trabalho, em sua unidade, é ramo do Direito Difuso. E o faz, praticamente, sob os mesmos argumentos que aqui já defendemos — à luz da nova concepção social do Direito, em que há a mitigação do liberalismo e, logicamente, de princípios como o *pacta sunt servanda*, por meio da intervenção do Estado[5], a partir de princípios e com a fixação de normas aptas a reduzir as desigualdades naturais às relações contratuais especiais estabelecidas, como a de consumo e a de trabalho[6], esclarecendo:

> *"O princípio da autonomia da vontade privada já não podia dar conta dos critérios que pautavam os contratos. Assim, esse princípio foi cedendo terreno a outros, como o da boa-fé nos negócios, o da proteção à parte mais fraca, o do interesse coletivo etc.*
>
> *(...)*
>
> *Por isso podemos dizer que alguns ramos do direito positivo são caracterizados basicamente por serem difusos, ao contrário das outras duas espécies que se distinguem, basicamente, por estarem relacionadas ao interesse público ou privado"*[7]

Considerando que os direitos difusos consistem naqueles transindividuais, indivisíveis, cujos titulares não podem ser especificados, estando ligados por elementos, circunstâncias de fato (CDC, art. 81, I), Rizzatto Nunes elenca como seus ramos o Direito do Consumidor, o Previdenciário, o Econômico, o Ambiental e, como visto, o Direito do Trabalho, este, o primeiro mencionado[8].

Na mesma esteira, caminha Sandra Lia Simón, compartilhando a referida opinião quanto à taxinomia do Direito Laboral, conforme explica:

> *"as relações de trabalho caracterizavam-se pela disparidade de situação das partes, razão pela qual foi necessária a intervenção do Estado para proteger os trabalhadores, dando origem ao Direito do Trabalho, o qual, por ter se originado de relação entre particulares, mas regulamentada pelo Poder Público, não se enquadra na classificação estanque do público-privado, sendo ramo do direito difuso".*[9]

Portanto, resta demonstrado, em que pese de maneira deveras singela, ostentar o Direito do Trabalho natureza jurídica de Direito Difuso.

---

(5) Chamamos "intervencionismo básico do Estado".
(6) Neste sentido, vide *Manual de introdução ao estudo do direito*, p. 136-137.
(7) *Ibid.*, p. 137.
(8) *Ibid.*, p. 144-148.
(9) *A proteção constitucional da intimidade e da vida privada do empregado*. Dissertação apresentada à banca examinadora da PUC-SP/Pontifícia Universidade Católica de São Paulo/SP, como exigência para obtenção do título de Mestre em Direito, sob orientação do prof. dr. Luiz Alberto David Araújo. 1999. 292 f.

2. O SISTEMA JURÍDICO: PRINCÍPIOS E NORMAS JURÍDICAS

Neste capítulo, trataremos de aspectos básicos do sistema jurídico brasileiro, inclusive de alguns dos princípios e normas que o informam, no intuito de pautar o cenário no qual se encaixam as chamadas cláusulas gerais, entre as quais, a boa-fé objetiva. Pretendemos, ainda, pontuar os conceitos básicos indispensáveis à análise da questão quanto à natureza da boa-fé em nosso sistema: princípio, norma específica ou cláusula geral? Passemos, então, à breve análise do sistema jurídico brasileiro e de seus elementos.

2.1. Breves notas introdutórias sobre a visão ainda comum acerca da aplicação do Direito

A supervalorização do Direito positivado caracteriza o pensamento de considerável parcela dos operadores da técnica jurídica em nosso país — inclusive advogados, magistrados e membros do Ministério Público. Desse modo, com certa frequência olvida-se da qualidade sistêmica do ordenamento jurídico e da base principiológica que o informa. Com certa tranquilidade, podemos afirmar que esta realidade deve-se à influência romano-germânica verificada na formação jurídica no Brasil, fazendo-a tradicionalmente pautada nas relações privadas de natureza individual e, consequentemente, no Direito Civil, colocando este sub-ramo no centro do sistema. Desse modo, a exteriorização do Direito, pelo exercício da atividade típica do Estado-juiz, não raro é vista de forma simplista, como consistente no puro confrontar ou comparar dos fatos concretos com as previsões abstratas previstas em lei. Muitos resumem a atividade de interpretação jurídica praticamente a isso.

Como afirma Nelson Nery Junior[10], comum, até pouco tempo,

> "(...) interpretar-se e aplicar-se determinado ramo do direito tendo-se em conta apenas a lei ordinária principal que o regulamenta. Assim, o civilista via no Código Civil a única norma que deveria ser consultada na solução de problemas naquela área, o mesmo ocorrendo com o processualista civil, penal e trabalhista, com o penalista, com o comercialista".

---

(10) NERY JUNIOR, Nelson. *Princípios do processo civil na Constituição Federal*, p. 19.

Esse contexto indica um aparente esquecimento quanto à existência de todo um sistema harmônico, organizado *hierarquicamente*[11] — tendo no ponto mais elevado os princípios e as normas constitucionais —, formando a unidade que podemos chamar de ordenamento jurídico em vigor.

Este estranho senso comum, assim, faz com que o intérprete, por vezes, esqueça não somente da hierarquização que caracteriza o ordenamento pátrio bem como se distancie da própria realidade social que justifica o Direito enquanto instrumento de viabilização da vida em coletividade, hoje fortemente marcada pela massificação[12], característica do final do século passado.

Considere-se, porém, que, como salienta Rizzatto Nunes, a quase totalidade dos operadores do Direito ainda atuantes no Brasil teve sua formação calcada na tradição do direito privado, cuja estrutura, quer queira, quer não, remonta ao século XIX, baseada em sistema jurídico anterior à Constituição Federal atual — e, por óbvio, à edição do Código de Defesa do Consumidor[13] —, exibindo-se inadequada ao entendimento da sociedade de massa do século XX[14] e deste início de século XXI, e à solução ideal dos conflitos originados em seu âmago.

Aliás, esta tradição, que, no nosso entender, pode ser vislumbrada como a aderência de uma *memória jurídica* descompassada em relação ao atual estágio social decorrente da dinâmica que marca as relações havidas no âmago da sociedade contemporânea, justifica a grande dificuldade, ainda hoje existente, no que toca à compreensão dos princípios, das regras e das instituições pertinentes à tutela de interesses metaindividuais, favorecida pelo texto constitucional de 1988 e, de forma direta, pelo Código do Consumidor.

Tal diagnóstico, vale salientar, em que pese aparentemente voltado à tutela jurídica das relações de consumo, invade diversas outras searas. O código

---

(11) "A Constituição, como se sabe, no Estado de Direito Democrático é a lei máxima" (NUNES, Rizzatto. *Comentários ao código de defesa do consumidor*, p. 7). Continua Rizzatto Nunes, afirmando: "As normas constitucionais, além de ocuparem o ápice da 'pirâmide jurídica', caracterizam-se pela imperatividade de seus comandos, que obrigam não só as pessoas físicas ou jurídicas, de direito público ou de direito privado, como o próprio Estado e seus órgãos, o Legislativo, o Executivo, o Judiciário etc. (...) exprime um conjunto de normas supremas, que demandam incondicional observância, inclusive pelo legislador infraconstitucional. Não é por outro motivo que se diz que a Constituição é a *lei fundamental do Estado*" (*Ibid.*, mesma página). E, adiante: "(...) o motivo que deve levar o estudioso de qualquer sistema dogmático infraconstitucional à análise, em primeiro lugar, dos princípios e normas da Constituição aplicável ao setor jurídico escolhido é simplesmente o fato irretorquível da hierarquia do sistema jurídico" (*Ibid.*, p. 11).
(12) Rizzatto Nunes destaca, dentre as várias características da sociedade de massa, o planejamento da produção havido unilateralmente pelo fabricante, "isto é, o produtor pensa e decide fazer uma larga oferta de produtos e serviços para serem adquiridos pelo maior número possível de pessoas. A ideia é ter um custo inicial para fabricar certo produto, e depois reproduzi-lo em série. Assim, por exemplo, planeja-se uma caneta esferográfica única e se a reproduz milhares, milhões de vezes" (*Ibid.*, p. 3-4).
(13) *Ibid.*, p. 1.
(14) *Ibid.*, mesma página.

consumerista, é fato, forma com outros diplomas, em especial a Lei da Ação Civil Pública, verdadeiro "microssistema" para a tutela dos direitos difusos e coletivos em juízo. Aliás, a importância do Código do Consumidor no ordenamento e, cabe afirmar, no próprio sistema jurídico brasileiro vai além, face à sua clara aplicabilidade na regência de relações jurídicas alheias às consumeristas, servindo como norma aplicável e, portanto, definidora de direitos materiais e questões processuais em outras searas das relações humanas protegidas pelo Direito, em especial nas relações de trabalho, *ex vi* dos arts. 8º, parágrafo único, e 769, ambos da Consolidação das Leis do Trabalho, a autorizar — aliás, a exigir — a utilização do CDC diante das lacunas encontradas na legislação trabalhista, por força de positivadas regras de integração[15].

O formalismo, portanto, acaba por caracterizar aquele mencionado modo comum de exercitar a interpretação jurídica e a consequente aplicação do Direito na tutela dos interesses das pessoas, submetidas às decisões estatais, na qualidade de jurisdicionadas.

É fato que o longo lapso temporal de ausência de um contexto político democrático em nosso país emergiu como obstáculo a conceitos diversos como, por exemplo, o caráter ideológico do Direito, característica da chamada "Teoria Crítica". O autoritarismo que marcou a atividade governamental nessa fase histórica do Brasil não permitia que se admitisse possível ao intérprete a busca da justiça quando não a encontrasse na lei. Desse modo, a atividade jurisdicional resumir-se-ia a tornar concreta a lei, ampla, geral e abstratamente definida pelo exercício da atribuição legislativa do Poder, aplicando-a ao caso concreto nas ocasiões em que esse fosse submetido ao crivo do Judiciário.

Igualmente evidente que a produção legislativa pátria dava-se à luz dos interesses dominantes, fazendo do Direito mais um instrumento de controle social tendente à satisfação dos anseios de um grupo específico e minoritário do que uma ciência que, no final da linha, tivesse por ideal a efetivação da Justiça[16]. Por esses mesmos motivos, não se atribuía a merecida atenção ao Direito Constitucional, uma vez que, em um país onde o regime democrático e a estabilidade política se verificavam apenas em pequenos hiatos da História, as Constituições logicamente não eram respeitadas, nem tampouco efetivamente aplicadas[17].

Com o passar dos anos, o movimento jurídico-filosófico estabeleceu-se em segmentos da intelectualidade brasileira, chegando à magistratura, em especial a

---

(15) Nesse sentido, vide artigo de nossa autoria: O Código de defesa do consumidor como principal fonte subsidiária diante das lacunas na legislação trabalhista. *Revista Bonijuris*, ano XXIII, n. 569, p. 8-12. Ainda, tratando de tema correlato, vide CASTELO, Jorge Pinheiro. *O direito material e processual do trabalho e a pós-modernidade*, p. 227 e ss.
(16) No mesmo sentido, NERY JUNIOR, Nelson. *Princípios do processo civil na Constituição Federal*, p. 19.
(17) NERY JUNIOR, Nelson. *Ibid.*, mesma página.

um grupo de juízes defensores do chamado "direito alternativo", em especial no Rio Grande do Sul, dentre outros, como o "Direito achado na rua", de Brasília, que, embora tenha apresentado bons resultados, mitigou o apego às normas vigentes, por vezes sem maiores motivos, exibindo-se como expressão de um injustificado radicalismo, bastante criticado no meio jurídico.

Mas a grande transformação nesse modo de se entender o Direito em nosso país certamente se verificou com o advento da Constituição Federal de 1988, trazendo consigo a fixação do Brasil como Estado Democrático de Direito e, com isso, a paulatina transformação do estado das coisas. Gradativamente, os operadores do Direito passaram a buscar com maior intensidade o exame da Constituição Federal como pressuposto para fim de análise do Direito aplicável a cada caso concreto, relegando para um segundo momento a consulta à legislação infraconstitucional a respeito do tema. Mais do que isso, experimentou-se o fortalecimento do que se pode chamar de "interpretação principiológica" pela qual, embora o intérprete não possa ignorar a lei, devendo respeitá-la e aplicá-la, os valores éticos e sociais pertinentes passam a ser necessariamente considerados para fim do desempenho da atividade de interpretação. Os valores reais da sociedade passam a ser considerados como de observância obrigatória, com consciência, quando da aplicação da norma ampla, geral e abstrata a cada caso concreto. Emerge, assim, a ideia da função social do Direito em um contexto distinto, permitindo-nos falar em uma nova hermenêutica. A lógica do sistema[18] passa a pressupor a sua principiologia, partindo-se do ponto maior da estrutura hierárquica de nosso ordenamento jurídico: a Constituição Federal[19].

Dessa forma, estabeleceram-se, na Carta de 1988, diversos princípios; em especial, os chamados "princípios fundamentais": luzes que passaram a indiscutivelmente iluminar todo o caminho e a atividade do operador do Direito em sua busca pela correta interpretação do Direito positivo pátrio, tanto na seara constitucional quanto no campo infraconstitucional, e sua respectiva aplicação, concretizando a norma jurídica no plano dos fatos.

---

(18) "Adotar a noção de sistema é ponto relevante para o desenrolar do argumento científico. (...) A Constituição Federal, enquanto sistema, possui um conceito fundamental aglutinante configurado nos objetivos por ela consagrados. E, segundo Paulo de Barros Carvalho, 'onde houver um conjunto de elementos relacionados entre si e aglutinados perante uma referência determinada, teremos a noção fundamental de sistema'. Nesse passo, a ordem jurídica imposta pela Constituição Federal estabelece uma sistematização cujos elementos integrantes, as regras e princípios, desempenham relevante papel frente às condutas intersubjetivas da sociedade, segundo ensinamentos de J. A. Lima Gonçalves" (SANTOS, Nélida Cristina dos. Noções de sistema constitucional tributário brasileiro. *Revista da Faculdade de Direito de São Bernardo do Campo*, p. 244).
(19) "A Constituição forma um sistema, e esse, entendido como um conjunto ordenado e sistemático de normas, construído em torno de princípios coerentes e harmônicos, em função de objetivos socialmente consagrados" (ATALIBA, Geraldo. *Sistema constitucional tributário*, p. 3).

Nítida e indiscutível, pois, a importância, para a ciência jurídica aplicada, dos princípios fundamentais estatuídos na Constituição Federal. Por isso, certo é que os princípios em questão devem ser considerados, *a priori*, guias que são do processo criativo e interpretativo de toda a estrutura do sistema jurídico brasileiro.

2.2. O Estado brasileiro inaugurado pela Ordem Constitucional de 1988

A Constituição da República Federativa do Brasil inaugurou uma nova ordem, trazendo, já em seu preâmbulo, que os "representantes do povo brasileiro" reuniram-se em "Assembleia Nacional Constituinte" com a finalidade de **INSTITUIR** "um Estado Democrático, destinado a assegurar o exercício dos direitos sociais e individuais, a liberdade, a segurança, o bem-estar, o desenvolvimento, a igualdade e a justiça como valores supremos de uma sociedade fraterna, pluralista e sem preconceitos, fundada na harmonia social e comprometida, na ordem interna e internacional, com a solução pacífica das controvérsias".

Portanto, a partir da entrada em vigor do texto constitucional de 5 de outubro de 1988, surgiu um Estado brasileiro com novas feições, caracterizado pelo que consta do preâmbulo da Carta Constitucional.

Os artigos da Constituição Federal — incluam-se, aqui, os que compõem os Atos das Disposições Constitucionais Transitórias —, por sua vez, detalham o referido Estado, construindo-o gradativamente e dando-lhe feição jurídica, social, política e econômica[20]. Em suma, como ensina Nélida Cristina dos Santos[21]:

> *"Cabe ressaltar também que o papel linguístico do Texto Maior é delimitar a feição estatal frente ao ordenamento jurídico, sistematizando todos os regramentos afetos ao seu funcionamento e organização, bem como, garantir a presença do indivíduo como integrante do sistema jurídico-social.*
>
> *Em suma, a Constituição Federal de 1988, com sua linguagem prescritiva, constrói a realidade jurídica do Estado Brasileiro e sua ordenação jurídica, deixando ao cidadão a direção básica e ao legislador, os relevantes ditames delineadores de seu poder tributante, dentre outros papéis. Juridicamente a República Federativa do Brasil se faz presente, imperando perante outros Estados Estrangeiros."*

Inovando em relação à Carta que a antecedeu, a Constituição Federal de 1988 estabeleceu, já em seus quatro artigos inaugurais, que compõem o Título I

---

(20) Rizzatto Nunes afirma, quanto à Constituição, ser o diploma que carrega as mais importantes normas jurídicas. E conclui: "É ela que indica quem detém os poderes estatais, quais são esses poderes, como devem ser exercidos e quais os direitos e garantias que as pessoas têm em relação a eles." (*Comentários ao código de defesa do consumidor*, p. 8)
(21) Noções de sistema constitucional tributário brasileiro. *Revista da Faculdade de Direito de São Bernardo do Campo*, ano 8, n. 10, p. 243.

do texto, os "princípios fundamentais" do Estado brasileiro e, no art. 1º, especificamente, os "fundamentos" da República Federativa do Brasil, ou seja, seus pilares, elementos nos quais encontra as bases para a sua sustentação.

Da leitura de tais dispositivos, notamos que o legislador constituinte originário foi perspicaz, uma vez que, antes de esmiuçar o Estado que então se instituía, decidiu fixar seus princípios e, logo de início, seus fundamentos, ou seja, o alicerce sobre o qual se sustentaria o renovado Estado brasileiro[22]. Neste mesmo diapasão, da análise do art. 1º da Carta, notamos que o constituinte iniciou sua tarefa de onde realmente deveria, pois, é fato, fixou o que podemos entender como a definição constitucional do Estado brasileiro. Ora, parece-nos óbvio que da leitura do *caput* e dos incisos do artigo inaugural da Constituição extrai-se que o Estado brasileiro então instituído e esmiuçado, construído a partir do art. 5º de seu texto, consiste em um *Estado democrático de Direito*[23] *de economia capitalista* (*caput* e inciso IV, parte final)[24], *de governo republicano*[25], *formado pela união indissolúvel dos Estados, dos Municípios e do Distrito Federal*[26] (*caput*), *fundado na soberania popular* (inciso I e parágrafo único), *da qual deriva a cidadania* (inciso II) *e o pluralismo político* (inciso V), *que tem por razão de ser a garantia da plenitude do*

---

(22) Quanto aos princípios constitucionais, afirma Rizzatto Nunes consistirem em "verdadeiras vigas mestras, alicerces sobre os quais se constrói o sistema jurídico", dando estrutura e coesão ao "edifício jurídico". "Assim, devem ser estritamente obedecidos, sob pena de todo o ordenamento jurídico se corromper" (*Comentários ao código de defesa do consumidor*, p. 8).

(23) Rodrigo César Rebello Pinho entende que a noção de "Estado Democrático de Direito" consiste em um "aperfeiçoamento do tradicional conceito de Estado de Direito", uma vez que este se resume em um Estado regido por leis, em contraposição à noção de Estado absolutista, regido pela força e pela vontade do monarca (*Teoria geral da Constituição e direitos fundamentais*, p. 55). Neste diapasão, Rebello Pinho propõe o seguinte conceito para Estado Democrático de Direito: *"Podemos conceituar o Estado Democrático de Direito como o Estado regido por leis, em que o governo está nas mãos de representantes legitimamente eleitos pelo povo"* (*Ibid.*, mesma página).

(24) "Podemos perceber que os fundamentos da República Federativa do Brasil são de um regime capitalista, mas de um tipo bem definido em nossa Carta Constitucional, que diz, em seu art. 1º, que a República Federativa é formada com alguns fundamentos, dentre eles a cidadania, a dignidade da pessoa humana e, como trata o inciso IV, os valores sociais do trabalho e da livre iniciativa" (NUNES, Rizzatto. *Comentários ao código de defesa do consumidor*, p. 6).

(25) Rodrigo César Rebello Pinho ensina que "República é a forma de governo que se caracteriza pela eleição periódica do Chefe de Estado. Apresenta duas características básicas: a eletividade e a periodicidade deste. Prevalece no Brasil desde 1889, com a edição do Decreto n. 1, de 15 de novembro de 1889. Como consequência do regime republicano são previstas no Texto Constitucional eleições periódicas para a escolha de representantes da vontade popular para a ocupação de cargos nos Poderes Executivo e Legislativo. Uma das hipóteses de intervenção federal é assegurar a observância da forma republicana de governo nos Estados-Membros (art. 34, VII, *a*)" (*Ibid.*, p. 54).

(26) A aliança para a formação de um "Estado único", havida por unidades federadas, cada qual delegando a este centro comum parte de seus poderes (mais propriamente a soberania), preservando, entretanto, cada qual sua autonomia política, constitui o que se convencionou chamar de "Federação". Rebello Pinho ensina que a concepção de Federação "possibilita a constituição de diferentes coletividades políticas dentro de um Estado único, havendo diversas esferas de atribuições fixadas na própria Constituição entre a União e os Estados Federados" (*Ibid.*, p. 54-55).

direito à vida digna a todos os brasileiros e estrangeiros aqui residentes, na perseguição dos objetivos estatuídos no art. 3º da mesma Carta, como tivemos a oportunidade de melhor tratar alhures[27].

Este, o Estado brasileiro que, a partir do art. 5º da Constituição, passou a ser cuidadosamente construído, em cada detalhe. Desta forma, não há como se interpretar qualquer dispositivo constitucional sem se considerar que esse trata de algum aspecto do Estado definido no Título I, em especial no artigo inaugural da Carta Constitucional. Qualquer interpretação que se atribua ao dispositivo constitucional de forma a afastá-lo logicamente dos aspectos e da grande finalidade (a garantia de vida digna a todas as pessoas humanas aqui residentes) apontados na definição do Estado brasileiro supra-apresentada, portanto, deve ser sumariamente afastada, uma vez que divorciada da realidade constitucional pátria por estar constituindo algo diverso do Estado em questão[28]. Seria como projetar partes de um todo sem saber que todo é esse; como, por exemplo, projetar um motor pensando em uma motocicleta quando, na realidade, destina-se aquele a pôr em funcionamento um automóvel (ou vice-versa). Com isso, resta clara a intenção da norma máxima de 1988 ao fixar, já no título inaugural (em especial no art. 1º), o que seria (e efetivamente é) o Estado brasileiro que então se propunha a instituir para, a partir de então, construí-lo, artigo por artigo da Carta, impondo-se tal ordem de raciocínio ao intérprete, sob pena de divórcio da atividade interpretativa em relação à realidade da elaboração do texto constitucional e do próprio Estado instituído por ela.

Daí a importância da chamada "interpretação conforme a Constituição", como se verá melhor adiante.

Portanto, resta claro que os princípios fundamentais estatuídos no título inaugural da Carta Constitucional de 1988, por definirem o próprio Estado brasileiro, guiam a interpretação e condicionam a validade e eficácia de todas as demais normas que integram o ordenamento jurídico-positivo brasileiro. Se os princípios jurídicos, por si só, podem ser considerados normas qualificadas, "que ocupam

---

(27) Vide MAISTRO JUNIOR, Gilberto Carlos. O direito tributário constitucional como instrumento de tutela ambiental: uma introdução, *Repertório de jurisprudência IOB*, abr./2008.
(28) Teríamos, neste caso, hipótese de "inconstitucionalidade interna" ao próprio texto da Constituição Federal de 1988. Ademais, como salienta Rizzatto Nunes, o princípio jurídico (entenda-se: os princípios constitucionais) "influi na interpretação até mesmo das próprias normas magnas". E continua: "É que, se um mandamento constitucional tiver pluralidade de sentidos, a interpretação deverá ser feita com vistas a fixar o sentido que possibilitar uma sintonia com o princípio que lhe for mais próximo. Da mesma maneira, se surgir uma aparente antinomia entre os textos normativos da Constituição, ela será resolvida pela aplicação do princípio mais relevante no contexto." (*Comentários ao código de defesa do consumidor*, p. 9) Note-se, portanto, que os princípios fundamentais fixados na Constituição Federal de 1988, que, como já salientamos, delineiam a própria definição do Estado brasileiro instituído pela Carta em questão, condicionam a interpretação de todo o remanescente do ordenamento jurídico-positivo pátrio, inclusive as próprias normas carregadas pelo Texto Maior.

posição de destaque no mundo jurídico, orientando e condicionando a aplicação de todas as demais normas", uma vez que, embora tenham a mesma estrutura lógica destas, apresentam maior pujança axiológica[29], o fato é que os princípios fundamentais carregados pela Carta Maior em seu título inaugural constituem a luz suprema de nosso ordenamento jurídico, condicionando até mesmo a interpretação dos princípios específicos e das normas de cada sub-ramo do Direito[30].

Passemos, agora, a tratar dos princípios jurídicos, em especial os princípios constitucionais, que, na realidade constitucional brasileira, como visto, foram erigidos a fundamentos, estruturando o conceito de Estado brasileiro e conduzindo cada aspecto de sua estrutura jurídica, política, social e econômica.

2.3. Os princípios jurídicos

2.3.1. Conceito e características

"Princípio" tem raiz etimológica no latim *principium*[31], termo que, como "príncipe" (*princeps*) e "principal" (*principalis*), vem de *primum*, que designa "primeiro", + *capere*, que designa "tomar, pegar, apreender, capturar". Assim, *primum capere* significa "colocar em primeiro lugar"[32].

Neste diapasão é que ressoa a lição de Rodrigues Pinto, no sentido de que, embora tenham maior amplitude de significado, os princípios do Direito não fogem à noção primária do substantivo, consistindo no começo ou na causa originária de algo[33].

Desta forma, fica evidente que o "princípio" consiste naquilo que deve ser "colocado em primeiro lugar" de forma que, na base do termo, passa a se notar uma referência valorativa.

Sem maiores dificuldades, pois, pode-se concluir que os princípios representam "aquilo que vem antes de qualquer outro aspecto a ser considerado em dada análise". Grosso modo, por ocasião da interpretação acerca do direito aplicável a dado caso concreto, os princípios jurídicos pertinentes devem ser considerados

---

(29) NUNES, Rizzatto. *Comentários ao código de defesa do consumidor*, p. 10.
(30) Relembre-se a já mencionada lição de Rizzatto Nunes: "(...) o motivo que deve levar o estudioso de qualquer sistema dogmático infraconstitucional à análise, em primeiro lugar, dos princípios e normas da Constituição aplicável ao setor jurídico escolhido é simplesmente o fato irretorquível da hierarquia do sistema jurídico" (*Ibid.*, p. 11).
(31) Os gregos se referiam aos princípios como *arque*, que significa "a ponta, a extremidade, o lugar de onde se parte, o início, a origem" (vide CUNHA, Sérgio Sérvulo da. *Princípios constitucionais*, p. 5).
(32) CUNHA, Sérgio Sérvulo da. *Ibid.*, mesma página.
(33) *Tratado de direito material do trabalho*, p. 86.

antes de qualquer outra realidade, mesmo normativa. Valendo-nos de expressão popular, o princípio consiste naquilo que *"para começo de conversa"* deva ser considerado pelo intérprete no desenvolver de seu trabalho.

Tanto é assim que Américo Plá Rodriguez pontua ser o princípio "algo mais geral do que uma norma, porque serve para inspirá-la, para entendê-la, para supri-la". E ainda defende que o princípio pode ser definido como "a base geral onde repousa o ordenamento, um sentido da legislação, uma orientação recorrente nela, que se reflete em uma pluralidade de disposições"[34].

Não há como ter por perfeita qualquer interpretação que despreze um princípio, referencial de todas as normas existentes no ordenamento jurídico. As demais normas consistem apenas no que Carlos Maximiliano chamou de "resumo, síntese, *substratum* de um complexo maior de altos ditames"[35]. Os princípios consistem nestes ditames, sendo "diretivas, ideias do hermeneuta, os pressupostos científicos da ordem jurídica"[36].

Portanto, mostra-se importante ao presente trabalho esclarecermos, neste momento, ao menos de forma breve, o que se pode entender por um *princípio jurídico*[37].

Trata-se os princípios jurídicos, como afirmado, de verdadeiras diretivas, pressupostos científicos da ordem jurídica, prismas pelos quais deve ser vislumbrado o ordenamento como um todo. Considerando-se os chamados *princípios fundamentais,* consistem nas luzes informadoras de todo o sistema de normas, as diretrizes básicas do ordenamento constitucional brasileiro, sobre os quais foi elaborada a Constituição Federal, carregando os mais importantes valores que informaram a dita elaboração. São vinculantes e, embora nos pareça serem desprovidos de normatividade por si só, guiam e condicionam a interpretação das normas jurídicas, sobre as quais se sobrepõem. São elementos que fundamentam e definem o próprio Estado brasileiro e que, portanto, guiam toda a sua realidade jurídica, social, econômica e política.

Nesta linha, José Augusto Rodrigues Pinto conclui, acerca dos princípios do Direito: "Constituem, portanto, núcleo inicial do próprio Direito cuja volta vai tomando forma a toda sua estrutura cientificamente orgânica".[38] E continua:

---

(34) *Princípios de direito do trabalho*, p. 16.
(35) *Hermenêutica e aplicação do direito*, p. 295, apud COSTA, Tailson Pires da. *A dignidade da pessoa humana diante da sanção penal*, p. 17-18.
(36) *Ibid.*, mesmas páginas.
(37) Não se pode deixar de anotar a interessante síntese de CUNHA, Sérgio Sérvulo da. *Princípios constitucionais*, p. 5-10, listando onze acepções para o termo "princípio", passando, inclusive, pelas lições de Martin Heidegger, Lalande, Platão, Aristóteles, Kant, Littré e Montesquieu. No corpo deste trabalho, todavia, preferimos centrar nossa atenção e nosso cuidado para as acepções que guardam convergência com o conceito mais afinado ao nosso pensamento, escorando-o em lições doutrinárias devidamente citadas.
(38) *Tratado de direito material do trabalho*, p. 86.

> *"Tudo resumido, os princípios gerais do Direito são ideias fundamentais que lhe dão forma e estrutura. Do mesmo modo, os princípios peculiares de cada ramo lhe dão estruturas próprias dentro do Direito, servindo, em relação a ele, de instrumentos de identidade e autonomia."*[39]

Aluysio Sampaio, por sua vez, afirma o sentido dos princípios jurídicos da seguinte forma: *"Denominação genérica dos elementos que, aceitos e adotados universalmente como verdades axiomáticas, atuam na formação da consciência jurídica do homem da lei."*[40]

Manuel Alonso Olea, tratando dos princípios jurídicos sob o prisma do Direito do Trabalho, aponta que são linhas diretrizes ou postulados que inspiram o sentido das normas trabalhistas e *"configuram a regulamentação das relações de trabalho, conforme critérios distintos dos que podem encontrar-se em outros ramos do direito"*[41].

José Ribeiro de Campos, também abordando os princípios do Direito do Trabalho, salienta: *"O Direito do Trabalho clássico está fundamentado em princípios rígidos, à medida que tanto o legislador quanto quem vai aplicar a norma ao caso concreto não podem contrariar os princípios por ele instituídos."*[42]

Como elemento complementar ao já exposto, saliente-se a noção fornecida por Maurício Godinho Delgado, no sentido de que os princípios são *"proposições gerais inferidas da cultura e ordenamentos jurídicos que conformam a criação, revelação, interpretação e aplicação do Direito"*[43].

Assim, não se nega ao princípio a carga cultural, em especial quando tratamos dos princípios jurídicos, vez que o próprio Direito é produto da cultura. Todavia, parece-nos que a noção de cultura, aqui, deva ser bastante ampla, não se limitando a povos determinados. Os princípios emergem da consciência coletiva universal, e, por isso, comportam a mesma adjetivação, sendo, pois, absolutos. Com isso, o fator cultural local e específico parece propriamente influenciar mais o substrato dos princípios (os valores que irão preenchê-lo) do que sua própria existência e criação.

Quanto aos princípios jurídicos, especificamente, Maurício Godinho afirma que são as diretrizes gerais, as proposições fundamentais, induzidas e, ao mesmo tempo, indutoras do Direito. Consistem nas diretrizes centrais que se inferem de um sistema jurídico e que, após inferidas, a ele se reportam, informando-o. E conclui: *"Por isso é que se pode dizer que consubstanciam comandos jurídicos instigadores do universo do Direito."*[44]

---

(39) *Tratado de direito material do trabalho*, p. 87.
(40) *Dicionário de direito individual do trabalho*, p. 208.
(41) *Derecho del trabajo*, p. 247.
(42) As principais manifestações da flexibilização das normas trabalhistas no Brasil. *Revista da Faculdade de Direito de São Bernardo do Campo*, v. 6, t. 2, nov./2000, p. 195.
(43) Os princípios na estrutura do Direito. *Revista do Tribunal Superior do Trabalho*, v. 75, n. 3, jul./set./2009, p. 18.
(44) *Ibid.*, mesma página.

Parece-nos, todavia, que os princípios guiam inclusive a criação do próprio sistema jurídico, consistindo em elemento "suprajurídico" que antecede, pois, o contexto normativo, inspirando a atividade legislativa e a organização, pelos operadores do Direito, de todo o repertório na estrutura que será designada por sistema. Nesse momento, os próprios princípios acabam abarcados, como elementos do repertório, passando a integrar o sistema jurídico. Portanto, os princípios, de fato, após a estruturação do sistema, poderão dele ser inferidos e, após isso, a ele sempre se reportarão, informando-o, na exata forma proposta por Maurício Godinho. Todavia, não se pode ignorar que antecedem o sistema, sendo criador e não criatura em relação a esse.

Tanto é assim que o mesmo Godinho estabelece:

"Sabe-se, é claro, que a palavra princípios *traduz, de maneira mais ampla (não apenas no campo do Direito), a noção de* proposições ideais que gestam na consciência de pessoas e grupos sociais a partir de certa realidade e que, após gestadas, direcionam-se à compreensão, reprodução ou recriação dessa realidade."*[45]

No que toca às noções acerca do sistema jurídico e seus elementos, serão melhor tratadas, ainda neste trabalho, a partir do item 2.6, adiante, ao qual remetemos o leitor. Tratemos, agora, da universalidade dos princípios ético-jurídicos e sua relação com o conceito de "valor".

2.3.2. A universalidade dos princípios ético-jurídicos em relação ao conceito de "valor"

Por todo o supraexposto quanto ao conceito e às características dos princípios, em especial aos ético[46]-jurídicos, não poderia ser diferente a conclusão do insigne professor Rizzatto Nunes[47], que, com total propriedade, salienta impor-se o princípio como um *absoluto* que não admite nem comporta qualquer relativização ou variação no tempo, não sendo possível afastá-lo — ao contrário do *valor*, sempre um relativo na medida em que *vale* e, assim, aponta para uma relação, inclusive sofrendo variação no tempo e no espaço, em razão da influência do componente histórico, geográfico, pessoal, local, social, etc., sujeitando-se à atividade interpretacional.

---

(45) Os princípios na estrutura do Direito. *Revista do Tribunal Superior do Trabalho*, v. 75, n. 3, jul./set./ 2009, p. 18-19.
(46) Ao definir a lei humana ou ética, o saudoso professor André Franco Montoro assim explicava o sentido de ética: "A palavra 'ética', derivada do grego 'ethos', significa costume. Leis éticas são regras que dirigem o comportamento humano. E estabelecem deveres e direitos de ordem moral. São regras éticas: o respeito à dignidade das pessoas, o dever de não mentir, a exigência da solidariedade, a prática da justiça, o respeito às leis da natureza e preceitos semelhantes." (*Introdução à ciência do direito*, p. 300).
(47) *O princípio constitucional da dignidade da pessoa humana: doutrina e jurisprudência*, p. 19.

São os princípios axiomas inexoráveis que integram o Direito fazendo parte do próprio linguajar desse campo de conhecimento, não sendo possível, pois, dele se afastar. Consistem em realidade que deve ser adjetivada, como já afirmado, como universal, absoluta e constante, impondo-se sem alternativa de variação. E, nesta esteira, ensina ainda Rizzatto Nunes:

> "(...) os princípios são, dentre as formulações deônticas de todo o sistema ético-jurídico, os mais importantes a serem considerados, não só pelo aplicador do Direito mas por todos aqueles que, de alguma forma, ao sistema jurídico se dirijam. (...) Nenhuma interpretação será bem feita se for desprezado um princípio. É que ele, como estrela máxima do universo ético-jurídico, vai sempre influir no conteúdo e alcance de todas as normas."[48]

> "O princípio é um enunciado lógico, implícito ou explícito, que, por sua grande generalidade, ocupa posição de preeminência nos horizontes do sistema jurídico e, por isso mesmo, vincula, de modo inexorável, o entendimento e a aplicação das normas jurídicas que com ele se conectam."[49]

Na mesma trilha, José Augusto Rodrigues Pinto salienta que a compreensão dos princípios coloca em relevo a sua notável importância no estudo do Direito, uma vez que consiste na *"base ou alicerce científico de sustentação de toda a estrutura doutrinária e normativa que permite edificar sobre seus fundamentos"*.[50]

Como poderá ser notado no decorrer do presente trabalho, defendemos tratar-se o Direito de inegável produto cultural por emergir da identidade, das ações e dos costumes reinantes em um determinado contexto social, qualificado por uma cultura específica diante de um cenário econômico, em dado tempo e lugar. Neste diapasão, defendemos, ainda, que o preenchimento dos próprios princípios se dá à luz de tais elementos, posição que pode ser entendida como contraditória em relação ao caráter absoluto dos princípios, supra-afirmado. Entretanto, essa contradição inexiste. Os princípios, de fato, são absolutos,

---

(48) *Comentários ao código de defesa do consumidor*, p. 19. Vide, ainda, do mesmo doutrinador, *Manual de filosofia do direito*, p. 355-373. Saliente-se, outrossim, a lição de Celso Antonio Bandeira de Mello, acerca dos princípios e sua função sustentadora de todo o sistema, *verbis*: "Violar um princípio é muito mais grave que transgredir uma norma qualquer. A desatenção ao princípio implica ofensa não apenas a um específico mandamento obrigatório mas a todo o sistema de comandos. É a mais grave forma de ilegalidade ou inconstitucionalidade. Conforme o escalão do princípio atingido, pode representar insurgência contra todo o sistema, subversão de seus valores fundamentais, contumélia irremissível a seu arcabouço lógico e corrosão de sua estrutura mestra. Isso porque, com ofendê-lo, abatem-se as vigas que o sustêm e alui-se toda a estrutura nela esforçada" (*Curso de direito administrativo*, p. 409). Também citado por Rizzatto Nunes (*Comentários ao Código de Defesa do Consumidor*, p. 8-9).
(49) *Ibid.*, p. 9.
(50) *Tratado de direito material do trabalho*, p. 87.

constantes, universais. À guisa de exemplo, tomemos o princípio da dignidade da pessoa humana: ninguém pode negar que, em qualquer lugar, a dignidade humana ostenta ares principiológicos. A dignidade, aliás, é inata[51] à pessoa humana. O princípio, portanto, é absoluto e universal, não se curvando aos efeitos do tempo-espaço. Entretanto, a noção de dignidade sofre, sim, grandes alterações a depender do tempo, do lugar, da economia e dos costumes. Não se pode dizer que se exibem idênticas as noções de dignidade da pessoa humana encontradas no Brasil e na Faixa de Gaza ou no Iraque recente, em tempo de guerra, por exemplo.

Tanto é verdade o que ora se afirma que, até em um mesmo país, em uma mesma época, ainda assim é possível se identificar noções diversas acerca de um mesmo princípio. Ainda nos valendo da dignidade humana para fim de exemplo, podemos mencionar a existência de pena de morte em alguns Estados norte-americanos e a sua não admissão em outros. Mesmo entre Estados que admitem a pena capital, ainda assim verifica-se o preenchimento diverso do conceito, o que depreendemos das razões expressas para fim de justificar a adoção de determinada forma de execução. Questões devem ser respondidas para, através do estabelecimento dos valores então reinantes em dada sociedade, compreender-se a extensão do princípio, tais como: o condenado à morte pode ser considerado uma pessoa humana portadora de dignidade (em outras palavras, o delito cometido lhe retira a condição humana ou o direito à dignidade)? A condenação do criminoso à morte, a depender do delito cometido, é uma forma de devolução da dignidade ao ofendido? Existe direito do condenado à morte *digna*? Se existe, o que pode ser considerado agressivo à tal dignidade, no momento da execução? Estas, dentre outras, são questões que podem ser levantadas e cujas respostas efetivamente dependem da cultura local, em dado tempo. Pode-se ainda questionar: quais os delitos capazes de causar tamanha ofensa ao objeto tutelado pelo Direito a ponto de justificar a pena capital? Na cultura jurídica brasileira, em tempo de paz, nenhum;

---

(51) Salienta Dinaura Godinho Pimentel Gomes: "O valor da dignidade da pessoa humana — resultante do traço distintivo do ser humano, dotado de razão e consciência —, embora tenha suas raízes no pensamento clássico, vincula-se à tradição bimilenar do pensamento cristão, ao enfatizar cada *Homem* relacionado com um *Deus* que também é pessoa. Dessa verdade teológica, que identifica o homem à imagem e semelhança do Criador, derivam suas eminentes dignidade e grandeza, bem como seu lugar na história e na sociedade. Por isso, a dignidade da pessoa humana não é, nem nunca foi, uma criação constitucional, mas um dado que preexiste a toda experiência especulativa, razão por que, no âmbito do Direito, só o ser humano é o centro de imputação jurídica, valor supremo da ordem jurídica. Com efeito, no centro da concepção axiológica, 'o homem é o valor fundamental, algo que vale por si mesmo, identificando seu ser com a sua valia. De todos os seres, só o homem é capaz de valores, e as ciências dos homens são inseparáveis de estimativas." (*Direito do trabalho e dignidade da pessoa humana, no contexto da globalização econômica*, p. 21). Luis Roberto Barroso, citado por Maria do Perpétuo Socorro Wanderley (A dignidade da pessoa humana nas relações de trabalho. *Revista do Tribunal Superior do Trabalho*, v.75, n. 3, jul./set./2009, p. 106-115), por sua vez, adverte que "(...) o princípio da dignidade da pessoa humana identifica um espaço de integridade moral a ser assegurado a todas as pessoas por sua só existência no mundo. (...)".

já na cultura de outros povos, até questões políticas podem levar, por exemplo, "à forca", certamente um dos meios mais ultrajantes de execução de uma pessoa condenada. Dentro de um mesmo país, pode-se, também, notar respostas distintas a essa questão. E, ainda, variando no tempo, encontramos novamente distinções: relembre-se, por exemplo, a Santa Inquisição, referendada por diversos Estados à época e que, hoje, é objeto de repúdia — ao menos na forma de manifestação. E, ainda assim, não se nega a importância jurídica da preservação da dignidade das pessoas[52].

Como se nota, divergências conceituais à parte, de toda forma não se nega, em momento algum, a dignidade humana como direito absoluto, discutindo-se, apenas, a forma ideal de preenchimento do seu conceito. Logo, o que varia não é o princípio — que sempre vai estar presente e ser observado e defendido pela ciência jurídica e pela própria sociedade —, mas o seu conteúdo, este, sim, relativo e variável no tempo e no espaço, sujeito a influências históricas e culturais, econômicas, políticas e sociais.

Com isso, podemos concluir que os princípios, absolutos, acabam permitindo expressão concreta distinta, na medida em que são preenchidos por valores, variáveis de acordo com os fatores "tempo — espaço — economia — política — cultura". Assim, o relativismo que marca a realidade humana, reconhecido entre os gregos desde os sofistas, não alcança, em si, os princípios, mas o contexto que os preenche. Daí a afirmação de Lévi-Strauss quanto à existência de uma "dignidade intrínseca" de cada cultura[53].

---

(52) Para efeito do ora analisado, e abstraindo a possibilidade de ingerências de ordem não religiosa em tais momentos históricos, vale mencionar que, na literatura, encontramos obras em que, no campo religioso e, mais especificamente, católico o conflito valorativo emerge sem afastar, em tese, o caráter absoluto dos princípios. Neste sentido, dentre vários outros títulos: *O Código Da Vinci*, de Dan Brown, ou, ainda e principalmente, *O nome da rosa*, de Umberto Eco. Ainda quanto à dignidade humana, note-se que o princípio é tão absoluto que, mesmo quando da execução de um condenado, há o respeito à sua dignidade. Notamos isso em um dos primeiros dilemas éticos encontrados na obra *À espera de um milagre*, de Stephen King, também levada aos cinemas, em filme estrelado por Tom Hanks, dirigido por Frank Darabont (The Green Mile, 1999, duração: 188 minutos): a crítica ao carcereiro cruel e o consenso dos demais pelo necessário respeito à dignidade dos executados.
(53) Luiz Felipe Pondé, em sua coluna semanal publicada às segundas-feiras pela *Folha de São Paulo*, caderno Ilustrada, p. E-11, de 9.11.2009, sob o título A cruz, expõe o seguinte: "O relativismo existe desde os sofistas gregos e tem em Protágoras seu ícone máximo de então. Mas o que é 'relativismo'? Em Protágoras é: 'O homem é a medida de todas as outras coisas' (versão curta). Isto quer dizer que tudo é criação humana: a moral, a religião, enfim, as verdades de cada cultura. (...) A antropologia, por sua vez (e aqui entra Lévi-Strauss), afirmou que as culturas não podem ser comparadas umas com as outras sem cometermos o pecado de não percebermos que cada cultura seria um sistema fechado em si mesmo, em que um comportamento só poderia ser julgado pelos valores morais da própria cultura. Por exemplo, matar bebês pode ser um horror moral acima do equador e uma obrigação sublime abaixo dele. É comum remeter a Lévi-Strauss a descoberta da 'dignidade intrínseca' de cada cultura, e que não se deve julgar uma cultura usando valores de outra."

2.3.3. As funções dos princípios

Possuem os princípios, ainda, tríplice função, a saber:

1) **função fundamentadora:** estabelecem as regras básicas, as diretrizes de todo o sistema de normas constitucionais, possuindo eficácia derrogatória e diretiva. Plá Rodriguez a batizou de "função informadora", afirmando que assim se dá por destinadas a inspirar o legislador, servindo de fundamento para o ordenamento jurídico[54];

2) **função interpretativa** (chamada por Rodrigues Pinto, com base na lição de Plá Rodriguez, de função interpretadora[55]): permitem melhor interpretação axiológica e teleológica da lei por ocasião de sua aplicação[56]; e

3) **função supletiva:** tem a tarefa de integração do ordenamento jurídico (Lei de introdução às normas do direito brasileiro, art. 4º). Plá Rodriguez trata desta função sob a denominação de "normativa", explicando que atua como fonte supletiva, no caso de ausência da lei, propiciando meios de integração do Direito[57].

José Augusto Rodrigues Pinto afirma que a definição e análise das funções dos princípios jurídicos demonstra sua magna importância para a "atividade criadora, a evolução e a aplicação do Direito"[58].

A violação aos princípios fundamentais fulmina pela inconstitucionalidade a norma infraconstitucional que assim o fizer — e, entendemos, afasta a possibilidade de interpretação de qualquer dispositivo constitucional que o conduza para sentidos diversos do definido no Título I da Carta de 1988, pelos motivos já abordados —, impondo a sua retirada do mundo jurídico. É cediço na doutrina que a violação a um princípio é muito mais grave do que a transgressão a qualquer norma, posto que ofende não apenas a um específico mandamento, mas também a todo o sistema de comandos. Consiste, assim, na forma mais grave de inconstitucionalidade, caracterizando verdadeira insurgência contra todo o sistema e a subversão dos valores fundamentais[59].

---

(54) *Princípios de direito do trabalho*, p. 17.
(55) *Tratado de direito material do trabalho*, p. 87.
(56) Rizzatto Nunes afirma: "Na realidade o princípio funciona como um vetor para o intérprete. E o jurista, na análise de qualquer problema jurídico, por mais trivial que este possa ser, deve, preliminarmente, alçar-se ao nível dos grandes princípios, a fim de verificar em que direção eles apontam. Nenhuma interpretação será havida por jurídica se atritar com um princípio constitucional." (*Comentários ao código de defesa do consumidor*, p. 9).
(57) *Princípios de direito do trabalho*, p. 17.
(58) *Tratado de direito material do trabalho*, p. 87.
(59) Neste sentido, vide NUNES, Rizzatto. *O princípio constitucional da dignidade da pessoa humana: doutrina e jurisprudência*, p. 19 e ss.

Os princípios fundamentais, como salienta Taílson Costa Pires, são responsáveis pela preservação dos valores fundamentais da ordem jurídica brasileira e, portanto, de necessária e máxima atenção por parte dos estudiosos e operadores do Direito[60].

2.4. A Constituição Federal e os princípios fundamentais

Consoante já salientado, a Constituição da República Federativa do Brasil, de 1988, dedica seu título inaugural (Título I), composto por quatro artigos, aos chamados "princípios fundamentais". Assim, para expor os princípios fundamentais, informadores da organização e fixadores do próprio conceito de Estado brasileiro, o constituinte optou por separá-los em quatro grupos ou temas amplos, tratando dos fundamentos da República (art. 1º), dos objetivos da República (art. 3º), da tripartição das atribuições do Poder (art. 2º) e dos princípios inerentes às relações internacionais (art. 4º).

Tal opção do constituinte não deixa dúvida acerca da relevância do tema e da importância atribuída à base principiológica estabelecida como núcleo informador da organização estatal pátria.

Saliente-se que a Constituição Federal, ao explicitar os "princípios fundamentais", realiza uma espécie de divisão ou bipartimento de premissas: 1) estabelece como o sistema de direito positivo brasileiro se fundamenta, objetiva e organiza (como se realiza uma estrutura normativa em dado espaço); e 2) impõe o observar, no âmbito da interpretação interna, de princípios norteadores de como o Estado vai se portar no plano internacional (relações jurídicas).

Passemos, portanto, à análise dos princípios fundamentais, estudo este, todavia, necessariamente precedido por algumas singelas considerações acerca do preâmbulo da Constituição Federal de 1988 bem como quanto ao Direito como produto cultural.

2.4.1. O preâmbulo da Constituição Federal e o Direito como produto cultural

Ao menos de forma singela, a questão que merece análise no presente trabalho consiste na natureza e nos efeitos do preâmbulo da Constituição Federal de 1988, que traz:

> "Nós, representantes do povo brasileiro, reunidos em Assembleia Nacional Constituinte para instituir um Estado Democrático, destinado a assegurar

---

(60) *A dignidade da pessoa humana diante da sanção penal*, p. 18.

o exercício dos direitos sociais e individuais, a liberdade, a segurança, o bem-estar, o desenvolvimento, a igualdade e a justiça como valores supremos de uma sociedade fraterna, pluralista e sem preconceitos, fundada na harmonia social e comprometida, na ordem interna e internacional, com a solução pacífica das controvérsias, promulgamos, sob a proteção de Deus, a seguinte Constituição da República Federativa do Brasil."

A primeira grande questão a ser enfrentada aqui é a seguinte: qual é a natureza jurídica do preâmbulo da Constituição?

Parece-nos que até a forma como restou formulada a questão já induz à resposta que negue fazer o preâmbulo parte do Texto Maior: referiu-se a "preâmbulo *da* Constituição", logo, *fora* do texto (embora a esse se refira), e não "preâmbulo *na* Constituição". Entretanto, nossa análise, por mais que não tenha a pretensão de se exibir exauriente, não pode se contentar com conclusão oriunda de tão frágil argumento, em especial quando estamos diante de questão que tem suscitado considerável discussão na doutrina nacional e estrangeira[61].

Segundo o escólio de Luciano Nascimento Silva[62], a corrente majoritária da doutrina constitucional brasileira tem se posicionado no sentido de afirmar que o preâmbulo tem natureza de *princípio constitucional*, especificamente um princípio *político*. Dessa forma, a referida corrente majoritária nega ao conteúdo do estudo preâmbulo a natureza de *norma jurídica*. Assim, nega-se a ele poder normativo, em que pese admitir-se sua força principiológica norteadora "das diretivas do Estado".

Todavia, o mesmo jurista conclui de forma contrária ao entendimento desta corrente, afirmando:

> *"Não há como negar mais, não há como retardar mais — apesar da forma lacônica como a doutrina, especialmente a pátria, trata o tema em comento — que, efetivamente, os preâmbulos constitucionais, e, principalmente, o da Constituição de 1988, têm força normativa na medida em que, e quando, expressam normas, princípios e valores. São normas jurídico-constitucionais exequíveis em si mesmas, são normas jurídico-constitucionais de aplicabilidade e exigibilidade imediatas."*[63]

---

(61) "(...) cabe ressaltar que o Preâmbulo da Constituição da República Federativa do Brasil de 1988 foi escolhido, dentre outros, e votado em Assembleia Constituinte, e não é a sua posição dentro do Texto Constitucional — antes dos artigos propriamente ditos — que poderia(rá) justificar ou mesmo eliminar a sua legitimidade democrática e a sua força normativa, de caráter vinculativo, hauridas do respaldo da elaboração e aprovação pelos representantes do povo para tanto reunidos" (Luciano Nascimento Silva. O poder normativo do preâmbulo da Constituição: ensaio acerca da natureza jurídica dos preâmbulos constitucionais. *Jus Navigandi*, Teresina, ano 8, n. 269, 1º.abr.2004. Disponível em:<http://jus2.uol.com.br/doutrina/texto.asp?id=5033>. Acesso em: 20.jul.2007).
(62) *Ibid.*, mesma página.
(63) *Ibid.*, mesma página.

Diante do exposto, surge a seguinte questão: qual é a melhor corrente?

Para chegarmos à resposta, devemos analisar o Direito brasileiro à luz de suas mais óbvias características, análise esta que deve ter início pelo seu objeto. É fato que não se pode deixar de considerar o Direito como ciência[64] que visa ao estabelecimento de critérios e ações para fim de que se tenha obtido um contexto de estabilidade social. Considerando-se que a estrutura jurídica estatal pátria encontra-se estabelecida na Constituição Federal, fato é que a interpretação do texto constitucional, por questão de lógica e coerência, deve conduzir a conclusões acerca do direito vigente em nosso país no sentido de garantir a realização das mais claras exigências da sociedade pós-moderna, quais sejam, a dignidade da pessoa humana e a realização dos direitos sociais[65]. Qualquer interpretação, ao contrário, já levaria o Direito brasileiro a caminhar na contramão das vias trilhadas pelas mais importantes escolas jurídicas do mundo ocidental. Dessa forma, antes de iniciarmos a leitura do artigo inaugural da Carta Maior, independentemente de seu texto, fato é que a interpretação de seus dispositivos, necessariamente, deveria guardar atenção a tais primados.

Assim, deve o intérprete afastar-se, no exercício do seu mister, de uma postura estática e apegada a conceitos já estabelecidos, se conflitantes com as mencionadas exigências sociais (garantia da dignidade humana e dos direitos sociais) que passam, portanto, a pautar toda a atividade interpretativa do operador do Direito.

---

(64) Nos posicionamos, neste trabalho, considerando o Direito uma ciência social aplicada. Willis Santiago Guerra Filho também se posiciona pelo *status* científico do Direito, afirmando: "Ocorre com o Direito o mesmo que se dá com a História. Tanto nesta como naquele usa-se, indistintamente, igual nome para designar o objeto de estudo e a ciência que o estuda. Assim, como o objeto da história é a História, o objeto da ciência jurídica é o Direito. Este é por natureza um objeto multifacetado, donde a necessidade de uma 'divisão de trabalho no estudo do Direito'. Em sentido estrito, a ciência do Direito teria por objeto o sistema de normas jurídicas que compõe determinado ordenamento jurídico positivo, constituindo assim a Dogmática Jurídica." (*Teoria da ciência jurídica*, p. 27). Não ignoramos, todavia, os debates acerca da questão, inclusive as correntes que não aceitam sequer a existência de uma verdadeira ciência social, dentre outros argumentos, por não ser possível ou, minimamente, por não ser provável o consenso sobre os objetos da investigação. Lembramos, aqui, o exemplo da reunião de físicos em um estádio de futebol. Se, ao centro do campo, um deles defender que, ao largar uma moeda do alto, pelos princípios físicos, esta cairá, certamente contará com a concordância dos demais presentes. Todavia, se fizermos a mesma reunião com juristas, colocada questão jurídica corriqueira ao centro, mesmo assim será muito provável que algum dos presentes não concorde integralmente e apresente sua versão. A dinâmica social e o fato de o Direito ser um produto cultural respondem por isso. Assim, muitos defendem a inexistência de uma ciência, propriamente, no campo social e, portanto, na seara jurídica. Para outros detalhes sobre a questão, remetemos à obra de IHERING, Rudolf von. *É o Direito uma Ciência?*. Tradução de Hiltomar Martins Oliveira. São Paulo: Rideel, 2005.

(65) Neste sentido, vide ORRÚ, Giovanni. *Richterrecht — Il problema della libertà e autorità giudiziale nella dottrina tedesca contemporanea.* Milão: Giuffrè, 1988, apud REALE JUNIOR, Miguel. *Mens legis insana, corpo estranho.* In: DOTTI, Renê Ariel; TOLEDO, Francisco de Assis de; SCHECAIRA, Sérgio Salomão; TOLEDO, David Teixeira de e LOPES, Maurício Antonio Ribeiro. *Penas restritivas de direitos — críticas e comentários às penas alternativas — Lei n. 9.714, de 25.11.1998.* São Paulo: RT, 1999.

Se é "a partir de tais exigências" que se deve desenvolver qualquer atividade do intérprete na seara do Direito, bem como do fato de que os conceitos que a peculiarizam são abertos, temos claro, também, que ao intérprete caberá, como atividade inicial, o respectivo preenchimento. E como saber no que consiste a "dignidade humana"? O que a agride ou a consagra? Há contextos que, de forma universal, consagram o respeito à dignidade humana. Todavia, em alguns momentos fica bastante difícil se estabelecer uma premissa absoluta no que tange ao que consiste em "agressão" a tal princípio. O próprio direito à vida, inviolável no senso comum do brasileiro, sofre relativização alhures, como pudemos notar no decorrer da história, com os *kamikazes* e, recentemente, com outros que chegam a se autoglorificar afirmando — e concretizando — a predisposição de morrer por seus ideais, principalmente (pseudo) religiosos[66], ignorando o mal causado a terceiros inocentes.

Dessa conjectura, conclui-se que mesmo a noção de dignidade difere em relação aos locais: culturas diferentes carregam distintos aspectos que condicionam e peculiarizam a noção de dignidade humana no tempo e no espaço. Com o passar do tempo e as alterações experimentadas no espaço-território e no espaço-ocupantes (realidade social e ambiental, ou seja, relação da pessoa humana com outras pessoas e com o ambiente em que vive), alteram-se as "razões de ser" de cada instituto jurídico, a conduzir o Direito como um todo, tornando-o necessariamente dinâmico.

Mais do que isso, a partir do preenchimento dos mais variados conceitos, variando de acordo com o tempo e o espaço (espaço-território e espaço-ocupantes), surge a própria realidade social em dado tempo, qualificada, ainda, pelo contexto econômico que viabiliza ou que permeia a manutenção das relações em sociedade. O Direito, que regula e deve, ao mesmo tempo, espelhar a sociedade e sobre ela projetar seu reflexo, varia em sua expressão, portanto, de acordo com elementos nitidamente culturais, a torná-lo um inegável produto desta cultura.

Do exposto, entende-se que o Direito, produto cultural que é, tem como característica a dinâmica, refletindo as alterações incessantes do corpo social sobre o qual projeta a sua luz, disciplinadora de condutas e criadora de expectativas, afastando da sociedade a escuridão do possível caos criado pelo conflito dos interesses coexistentes.

Considere-se, outrossim, que o Direito não pode permitir o seu aprisionamento na seara teórica, não obstante sejam de inegável importância, à evolução da ciência jurídica, os estudos hipotéticos e suas conclusões. O Direito é eminentemente uma ciência social, devendo, ainda, ser vislumbrado como uma ciência social de necessária aplicação (ciência social aplicada). Engels já defendia que a teoria

---

(66) Relembre-se o fatídico 11 de setembro, nos Estados Unidos, com o atentado que culminou no choque de aeronave contra as "Torres Gêmeas" do World Trade Center.

de nada vale se não tiver aplicabilidade prática. Dessa forma, visando à estabilização das relações sociais, o Direito estabelece critérios de harmonização dos interesses coexistentes, marcados por maior ou menor abstração na exteriorização de seus enunciados, bem como formas de imposição da observância destes critérios postos. Se inegável a função jurídica de pacificação social, não menos certo se exibe a dinâmica da ciência do Direito supra-afirmada, sob pena de incoerência, falta de lógica, entre a teoria e a prática, criação e aplicação dos critérios de estabilização e viabilização da vida pacífica em sociedade. Tal se afirma com tranquilidade pois a própria sociedade evolui com o passar do tempo. Assim, se o Direito visa a regular a vida em sociedade para viabilizá-la, deve estar sempre atento ao real contexto fático de que cuida: se a vida social sofre alterações, se os anseios e as necessidades humanas são alterados pelas inovações tecnológicas, pelas novas descobertas da ciência, pelo fruto do dinamismo das relações intersubjetivas no seio da própria sociedade, é fato que a expectativa da sociedade quanto à postura do Estado perante dada situação concreta deixa de ser a mesma. Tomemos como exemplo a tutela jurídica das relações de consumo: é evidente que o consumidor da década de 1970, consciente da necessidade de ir ao estabelecimento comercial para adquirir os produtos que lhe interessavam, ao assim fazer, guardava expectativa completamente distinta do consumidor de hoje, conduzido às compras a distância, por telefone ou mesmo pela internet, e ao recebimento dos produtos em sua casa, em dado prazo e sem ter mantido qualquer contato físico com o objeto de consumo antes de recebê-lo e, muitas vezes, até mesmo, por ele pagar ao fornecedor. Sendo diversas as características das relações jurídicas sociais e econômicas, distintos serão, de fato, os anseios individuais homogeneamente conviventes no âmbito do corpo social quanto à tutela estatal de seus direitos enquanto consumidores. O que se diga, então, das exigências vislumbradas no âmbito de uma sociedade que, a dado momento — nos parece que, marcantemente, a partir da década de 1980 —, sofreu intensificação da pressão exercida pela dinâmica capitalista, em um inegável processo de massificação, sendo conduzida, pois, a trilhar um caminho que, a nosso ver, não tem volta?

E não se resume ao direito do consumidor a realidade apta a ilustrar o que ora defendemos: a partir das lições de Mauro Capelletti[67], a observação acerca da massificação ou coletivização de interesses e o surgimento do conceito de corpos intermediários, as épocas passaram a colocar o Direito "contra a parede", de modo que ou experimentava evolução, no que toca aos seus institutos, afastando-se da tradicional visão individualista no que tange à interpretação do Direito material e a concretização deste por via dos instrumentos legais disponíveis para tanto — Direito processual — ou, simplesmente, perderia a legitimidade por incoerência e, quiçá, até imprestabilidade de suas disposições em relação às necessidades do corpo social regulado.

---

(67) Formações sociais e interesses coletivos diante da justiça civil. *Revista de Processo*, n. 5, p. 147.

Fica claro, assim, que o Direito, para regular a sociedade, deve acompanhar a evolução dessa, estabelecendo princípios, regras e instituições coerentes e harmônicas com o atual contexto social, sendo dinâmico na mesma medida em que o é à própria sociedade que organiza. Somente assim pode o Direito compreender a sociedade e se exibir apto a harmonizar os interesses coexistentes no seio dessa. De nada adianta toda a sociedade evoluir rapidamente, experimentando desenvolvimento e bonança nas demais searas científicas, se, no prisma jurídico da ciência social aplicada, não se note a harmonia com o mesmo processo evolutivo pois, é fato, não podemos organizar e regular aquilo que não compreendemos.

Por tudo isto, entende-se precisa a lição de Celso Antonio Pacheco Fiorillo[68] no sentido de que o Direito consiste em:

> *"(...) um produto cultural, caracterizando-se, dentro de nossa realidade, por ser um verdadeiro patrimônio cultural, constituindo-se em bem de natureza material e imaterial, portador de referência (enquanto forma de expressão) à identidade, à ação assim como à memória dos diferentes grupos formadores da sociedade brasileira (art. 216 da CF)".*

Pois bem: se o Direito é um produto cultural, que varia de acordo com o tempo e o espaço; se é um produto cultural, em dada época à luz de dada economia, refletindo um momento da sociedade organizada, não condicionando à economia, mas organizando-a ou tentando fazê-lo, temos que sua expressão como tal exibe-se sob dois prismas: 1) o Direito é um produto cultural em sua formação (já que seus princípios, suas regras e suas instituições nascem da necessidade de imposição de critérios para harmonização de interesses e viabilização da vida social, sendo criados com base na realidade social e para a própria sociedade); e 2) o Direito é um produto cultural em sua interpretação (já que essa se pauta pelas exigências sociais em determinada época e determinado lugar[69], exigências essas balizadas por conceitos abertos, a exigir preenchimento pelo próprio intérprete, também à luz do senso comum, logo, marcado por carga cultural).

Desta forma, a relação ambiental da pessoa humana (intersubjetiva e pessoa--meio) dita, em certos aspectos, a própria sorte do Direito, uma vez que condicionam os caminhos dos interesses reinantes em dada sociedade.

Entretanto, embora o tempo e a evolução científica e social tragam alterações à realidade das pessoas que vivem em determinado local sob as regras de

---

(68) *Princípios do direito processual ambiental*, p. 2. No mesmo sentido: FIORILLO, Celso Antonio Pacheco e FERREIRA, Renata Marques. *Direito ambiental tributário*, p. 3.
(69) Por isto, dentre outros motivos, que, no processo de interpretação, busca-se a *mens legis* e não a *mens legislatoris*. Afinal, a dinâmica social exige e permite a evolução no ato interpretativo e a proporcional evolução ou dinamização da exteriorização da intenção da própria lei, incidindo de novas formas sobre os fatos concretos ao buscar manter seu desiderato mesmo face à alteração do contexto social, cultural e econômico pertinente.

determinada economia, no prisma cultural, muitos valores acabam sendo ratificados e mantidos, vencendo as mudanças experimentadas no seio da coletividade, e, por isso mesmo, erigindo-se como fortes características de um povo e sua nação. Com o Brasil não poderia ser diferente. Nesses poucos mais de 500 anos de existência, nosso país criou uma identidade de possível expressão em valores e princípios. Por isso, por ocasião da Assembleia Nacional Constituinte cujo trabalho deu origem à atual Carta Política, partiu-se de — ou, minimamente, concluiu-se — "quem somos", "o que é o Brasil" e "o que se espera *no* e *do* Brasil", textualizando-se esses conceitos no "preâmbulo" da Constituição Federal.[70]

Em suma, imortalizou-se a atual identidade brasileira (Estado Democrático instituído constitucionalmente por nós, que formamos o povo brasileiro, por meio de nossos *representantes* — e, assim, expôs-se quem elaborou o texto e com que autoridade, face à eleição que antecede à representação) e os objetivos de nosso Estado ("*assegurar o exercício dos direitos sociais e individuais, a liberdade, a segurança, o bem-estar, o desenvolvimento, a igualdade e a justiça como valores supremos de uma sociedade fraterna, pluralista e sem preconceitos, fundada na harmonia social e comprometida, na ordem interna e internacional, com a solução pacífica das controvérsias*"). Assim, encontramos no preâmbulo respostas a questões fundamentais, dentre as quais, o fracionamento da finalidade maior do Estado Constitucional pátrio e dos valores que preenchem os princípios fundamentais estatuídos a seguir, tudo a guiar a elaboração e, consequentemente, a interpretação, dos dispositivos que integram e compõem a Carta Constitucional.

Nesse mesmo sentido, afirma Rodrigo César Rebello Pinho o inegável valor do preâmbulo para fim de interpretação das normas constitucionais, inclusive por emanado do mesmo poder constituinte originário que elaborou a Constituição[71].

Desta feita, o preâmbulo da Constituição Federal de 1988[72] sofreu, em sua elaboração, a mesma influência cultural e histórica que recaiu sobre os artigos que

---

(70) Celso Ribeiro Bastos imortalizou em suas lições seu entendimento no sentido de carregar o preâmbulo a função de facilitar à comunidade a absorção — entenda-se: compreensão — da Constituição. Na lição de Bastos, pelo teor do preâmbulo o constituinte "procura fincar" a legitimidade do Texto Maior. Entendemos que também se confirma nos ensinamentos do saudoso professor a natureza de produto cultural do Direito brasileiro, atento a dada época marcada por um contexto econômico e cultural específico, vez que leciona, quanto ao preâmbulo: "É um retrato da situação de um momento, o da promulgação da Constituição." (*Curso de direito constitucional*, p. 141-2).
(71) *Teoria geral da Constituição e direitos fundamentais*, p. 51.
(72) Evidencia o direito como produto cultural em outra peculiaridade do preâmbulo da Constituição Federal: no aspecto teológico. "(...) *promulgamos, sob a proteção de Deus, a seguinte Constituição da República Federativa do Brasil.*" Demonstra-se nitidamente a forte influência da cultura judaico-cristã na formação cultural do Brasil. Neste sentido, saliente-se que o mesmo elemento teocrático é encontrado na CF de 1946, de forma idêntica, na de 1967 ("invocando a proteção de Deus"), na de 1934 ("pondo a nossa confiança em Deus") e na de Constituição de 1824 ("por Graça de Deus" e "em nome da Santíssima Trindade"), restando ausente nas Cartas de 1891 e de 1937 (vide Pedro Lenza, *Direito constitucional esquematizado*, p. 52).

integram o texto constitucional. Sob este prisma, e precedendo-o, faz parte de qualquer publicação que trouxer a Carta Maior, o que demonstra que o preâmbulo não pode ser separado da Constituição, inegavelmente servindo-a,[73] como elemento norteador da atividade do intérprete e não, propriamente, como norma constitucional. Isso nos possibilita afirmar que o preâmbulo integra a Constituição Federal, mas não o texto *normativo* constitucional, por aquele precedido.

A questão que permanece, todavia, guarda respeito à normatividade: o preâmbulo precede à Constituição com força normativa, meramente principiológica ou simplesmente enunciativa?

Tradicionalmente, encontramos na doutrina três correntes:

1) O preâmbulo possui efeito vinculante, normativo, vez que seus princípios integram o próprio texto constitucional. Assim, se qualquer lei violar princípio contido no preâmbulo, ainda que não ofenda explicitamente outro dispositivo, deve ser tida por inconstitucional. Neste sentido, à guisa de exemplo, o entendimento de Lauro Nogueira, citado nas lições de Paulino Jacques[74], para quem "o preâmbulo é lei, como parte que o é da Constituição".

Podemos mencionar a lição de Maurício Antonio Ribeiro Lopes[75] no sentido de o preâmbulo da Constituição carregar diversos valores fundamentais da Constituição (valores fundamentais ou superiores), tendo natureza jurídica normativa e exigibilidade/exequibilidade imediata.

Some-se, ainda, o entendimento de Pinto Ferreira, citado por Rebello Pinho[76], para quem o preâmbulo possui efeito vinculante, normativo, "pois seus princípios fazem parte do próprio Texto Constitucional", bastando a ofensa a qualquer princípio contido neste texto introdutório à Constituição para que a lei que o fizer reste fulminada pela inconstitucionalidade, "ainda que não ofenda explicitamente nenhum dispositivo".

Esta primeira corrente não nos parece a melhor, uma vez que já parte de premissa discutível: o texto do preâmbulo integrar o próprio texto constitucional. Pode-se dizer que, se é "preâmbulo", "antecede", e não integra, o texto *normativo* da Constituição.

Preferimos afirmar, como fizemos alhures, que as partes introdutórias realmente integram a Constituição, mas não o texto normativo constitucional,

---

(73) Afirma Rodrigo César Rebello Pinho que o preâmbulo, ou partes introdutórias, consiste no texto que precede os dispositivos constitucionais. Afirma o insigne membro do *parquet* bandeirante que o preâmbulo "faz parte da própria Constituição" (*Teoria geral da Constituição e direitos fundamentais*, p. 50).
(74) *Curso de direito constitucional*, p. 138 e ss.
(75) *Teoria constitucional do direito penal*. São Paulo: RT, 2000.
(76) *Teoria geral da Constituição e direitos fundamentais*, p. 51.

sendo composto, na verdade, de princípios a serem observados pelo intérprete por ocasião da correta leitura dos "demais princípios" e das regras que compõem a Carta Maior. Logo, a normatividade, tão só por tal motivo defendido pela corrente sob comento, parece-nos restar afastada.

Poder-se-ia tentar justificar o efeito vinculante do preâmbulo na forma da já mencionada lição de Luciano Nascimento Silva, no sentido de que a normatividade advém na medida em que expressa normas, princípios e valores, consistindo o preâmbulo, portanto, em verdadeiro conjunto de normas jurídico-constitucionais exequíveis em si mesmas, de aplicabilidade e exigibilidade imediatas[77].

Entretanto, também não conseguimos concordar com tal lição, uma vez que não encontramos no texto do preâmbulo qualquer norma propriamente dita que determinasse comando. Ao contrário, encontramos proposições tendentes a elucidar a missão do constituinte brasileiro originário, inequivocamente relevante por refletir as exigências sociais e o aspecto cultural então reinante, fixando, inclusive, o cenário político e econômico da época. Assim, as intenções expressas no preâmbulo certamente conduziram a atividade do constituinte na elaboração da *parte normativa e principiológica fundamental* de nosso ordenamento jurídico, ao guiar as atividades de construção dos textos dos artigos que integram a Carta Constitucional de 1988. Se, como supra-afirmado, o conceito de Estado brasileiro, que se extrai do Título I da Constituição Federal de 1988, não pode ser ignorado por ocasião da interpretação do remanescente dos princípios, das normas e instituições constitucionais, fato é que os próprios princípios fundamentais, dos quais se extrai o dito conceito de Estado brasileiro, não podem ser interpretados de forma divorciada do enunciado no preâmbulo da Carta Constitucional, sob pena de se ter constituído um Estado diverso daquele para o qual se reuniu a Assembleia Nacional Constituinte.

Assim, assume o preâmbulo, como um todo, aspecto principiológico fundamental, a guiar a interpretação de outras normas e princípios constitucionais, entretanto, sem qualquer autoaplicabilidade, até pelo alto grau de abstração que carrega.

Não se levante, aqui, o debate acerca da inadmissibilidade (logo, a real inexistência) de normas programáticas no texto constitucional, nem mesmo o princípio da unidade da Constituição. Ora, embora inegavelmente una, e, entendemos, também integrada formalmente — não normativamente — pelo preâmbulo, tal não altera o fato evidente de que não há dispositivo de direito positivo no dito texto preambular. Com isso, torna-se, na análise da questão vertente, descabido o debate acerca da admissibilidade ou não de normas

---

(77) *O poder normativo do preâmbulo da Constituição: ensaio acerca da natureza jurídica dos preâmbulos constitucionais*. Jus Navigandi, Teresina, ano 8, n. 269, 1º.abr.2004. Disponível em:<http://jus2.uol.com.br/doutrina/texto.asp?id=5033>. Acesso em: 20.jul.2007.

constitucionais programáticas (essas, de fato, a nosso ver, não admissíveis, em que pesem as diversas posições jurisprudenciais em contrário). Passemos à segunda corrente:

2) O preâmbulo não integra a Constituição, servindo apenas como elemento de interpretação do texto constitucional, não possuindo força normativa por ser desprovido de qualquer regra de direito positivo.

Pedro Lenza, por exemplo, afirma que *"o preâmbulo não tem relevância jurídica, não tem força normativa, não cria direitos ou obrigações, não tem força obrigatória, servindo, apenas, como norte interpretativo das normas constitucionais"*[78].

Aqui, há de se salientar que o preâmbulo não consiste em "apenas" mais um "elemento de interpretação": é, certamente, o principal norte do intérprete, pois, deve ser observado já na interpretação dos próprios dispositivos constitucionais que, por sua vez, servirão de condicionante de validade para todo o ordenamento infraconstitucional, fadado a observá-los sob pena de não recepção ou de sumário fulminamento pela inconstitucionalidade[79].

Por fim, vejamos a terceira corrente:

3) O preâmbulo integra a Constituição, mas seu conteúdo não tem a mesma eficácia jurídica de uma norma constitucional.

Esta corrente, da qual, dentre outros, levanta-se como defensor o ilustre jurista português Jorge Miranda[80], parece ser a que goza de maior prestígio na

---

(78) *Direito constitucional esquematizado*, p. 52.
(79) Dalmo de Abreu Dallari afirma que "o Preâmbulo da atual Constituição brasileira é bem adequado a uma Constituição democrática, segundo as modernas concepções. Ele ressalta que a Constituição foi elaborada por processo democrático, mas acrescenta que a Constituição é um instrumento para a consecução de objetivos fundamentais da pessoa humana e de toda a Humanidade. Um dado final que tem grande importância é que na obra de vários constitucionalistas brasileiros contemporâneos, assim como na jurisprudência, já é referido o Preâmbulo como norma constitucional, de eficácia jurídica plena e condicionante da interpretação e da aplicação das normas constitucionais e de todas as normas que integram o sistema jurídico brasileiro" (Preâmbulos das Constituições do Brasil. *Revista da Faculdade de Direito da Universidade de São Paulo*, v. 96, p. 242-269). Anote-se nossa concordância quanto ao fato de o preâmbulo ostentar poder condicionante da interpretação das normas que integram o sistema jurídico brasileiro, o que, todavia, não o "transforma" em norma de direito positivo, aplicável por si mesmo: guia e até condiciona a interpretação das demais normas, mas exaure-se neste mister a sua eficácia.
(80) Jorge Miranda, sobre o preâmbulo, ensina tratar-se de uma *"(...) proclamação mais ou menos solene, mais ou menos significante, anteposta ao articulado constitucional"*. Afirma, ainda, que o preâmbulo *"não é componente necessário de qualquer Constituição, mas tão somente um elemento natural de Constituições feitas em momentos de ruptura histórica ou de grande transformação político social"* (*Estudos sobre a constituição*, Lisboa: Livraria Petrony, p. 17, 1977, 2v., apud Pedro Lenza, *Direito constitucional esquematizado*, p. 51). O professor Lenza ainda menciona a lição do jurista português Jorge Miranda, na sistematização doutrinária por esse elaborada quanto à questão da relevância jurídica do preâmbulo, em três posições apontadas: a) tese da irrelevância jurídica: o preâmbulo situa-se

doutrina pátria. Aproximando-se desta corrente, ainda, outros ilustres nomes do Direito Constitucional, dentre os quais o saudoso Celso Ribeiro Bastos e o grande Ives Gandra da Silva Martins[81], Manoel Gonçalves Ferreira Filho[82], José Cretella Junior[83], Paulino Jacques[84], dentre outros, encontrando no preâmbulo a natureza de princípio constitucional.

Neste sentido, a lição deixada por Celso Ribeiro Bastos é objetiva, afirmando, quanto ao preâmbulo da Constituição Federal, que os "dizeres dele constantes não são dotados de força coercitiva"[85].

Manoel Gonçalves Ferreira Filho, por sua vez, defende a ausência de força obrigatória do preâmbulo da Constituição de 1988 por nele vislumbrar um texto cuja finalidade reside na realização da indicação das intenções e dos objetivos do constituinte, afirmando ser inaplicável, entre nós, a lição doutrinária e a jurisprudência francesa que atribuem força obrigatória aos preâmbulos das Cartas de 1946 e 1958, face às características distintas que marcam os textos, em especial a presença de normas precisas — e não *meros*[86] princípios — na Constituição de 1946 da França[87].

José Afonso da Silva classifica o teor do preâmbulo como normas de aplicabilidade da Constituição, valendo como orientação para a interpretação e aplicação das normas constitucionais e tendo, com isto, eficácia interpretativa e integrativa[88].

Nossa opinião aproxima-se dessa corrente, pois, é fato, o preâmbulo faz parte da Constituição, mas não do conjunto de normas constitucionais, não integrando o que se pode chamar de direito constitucional positivo.

Ressalte-se, todavia, nosso entendimento no sentido de que, no atual cenário constitucional, é de menor importância prática o debate em questão. E tal

---

no domínio da política, sem relevância jurídica; b) tese da plena eficácia: tem a mesma eficácia jurídica das normas constitucionais, sendo, porém, apresentado de forma não articulada (equivale, pois, à primeira corrente, por nós, supratratada); c) tese da relevância jurídica indireta: ponto intermediário entre as duas, já que, muito embora participe das características jurídicas da Constituição, não deve ser confundido com o articulado (*Ibid.*, mesma página).
(81) *Comentários à Constituição brasileira*, p. 405-410.
(82) *Manual de direito constitucional*, p. 15.
(83) *Comentários à Constituição brasileira*, p. 76-77.
(84) *Curso de direito constitucional*, p. 138.
(85) *Curso de direito constitucional*, p. 143, inclusive defendendo a relevância do preâmbulo em sua função auxiliar de interpretação do texto constitucional, embora desprovido de preceitos normativos que possam prevalecer sobre o que compõe o articulado (*Ibid.*, mesma página).
(86) Vale anotar que os princípios antecedem as próprias normas, condicionando-as, no mais das vezes. Desta forma, estranho nos parece a adjetivação de *"mero"* diversas vezes atribuída na doutrina aos princípios.
(87) *Manual de direito constitucional*, p. 15.
(88) *Aplicabilidade das normas constitucionais*.

afirmamos, pois, desde o início, esse "dilema" esvazia-se ante à leitura dos artigos que compõem a Constituição Federal, uma vez que, nos primeiros capítulos do título inicial, praticamente reafirma-se todo o conteúdo do preâmbulo e, sem dúvida alguma, com força normativa — mais do que isso, com força de direitos e garantias constitucionalmente positivadas como fundamentais[89].

Entretanto, se assim não fosse, a já abordada natureza do Direito como produto cultural que reflete as exigências sociais e, ao mesmo tempo, sobre a sociedade a que se projeta seria suficiente para atribuir enorme importância ao disposto no preâmbulo da Carta Constitucional, uma vez que esse traz justamente aquelas mencionadas exigências sociais. O preâmbulo consiste na expressão do que consiste o Estado e o que dele se espera, trazendo, pois, em forma textual, justamente as exigências da sociedade à época. Pelo caráter amplo e abstrato do texto do preâmbulo, evidente que seu teor exibe-se composto por princípios ou, minimamente, valores. No caso do preâmbulo do texto constitucional brasileiro, pelo grau de abstração e pela universalidade da aceitação dos primados nele estatuídos em relação à história do senso comum e do pensamento de nosso povo, parece-nos consistir em princípios. Sendo assim, consiste em exposição de princípios, trazidos de forma a anteceder os artigos da Constituição Federal, de certa forma justificando-os, fornecendo balizas de interpretação de todas as disposições constitucionais, estendendo suas asas sobre todo o ordenamento infraconstitucional em efeito cascata, à luz da estrutura hierárquica do ordenamento jurídico pátrio sistematizado.

Portanto, não se pode entender o preâmbulo como um conjunto de meros enunciados, uma vez que nele encontramos a resposta acerca dos objetivos do próprio Estado brasileiro que, depois, é organizado nos termos das disposições constitucionais. Ao reunir-se à Assembleia Nacional Constituinte para um dado fim, previsto no preâmbulo, o Texto Maior somente pode ser interpretado corretamente se o intérprete permitir-se guiar pelas premissas contidas no dito texto preambular. Este, o caminho para evitar-se a incoerência lógica, sob pena de afronta à base histórica, axiológica e teleológica das normas que compõem o ordenamento jurídico em vigor.

Não nos parece, de outro lado, ter o preâmbulo propriamente natureza de norma jurídica. De outro lado, não se pode negar sua relevância. Exibe-se, sim, como feixe de princípios balizadores da interpretação de todo o ordenamento jurídico.

Porém, podemos salientar a existência de jurisprudência do Supremo Tribunal Federal decidindo que o preâmbulo não integra a Constituição, sendo desprovido

---

[89] Neste sentido, afirma PINHO, Rodrigo César Rebello. *Teoria geral da Constituição e direitos fundamentais*, p. 51: "Os efeitos do preâmbulo são amplamente discutidos na doutrina. (...) Na Constituição brasileira, considerando o seu caráter analítico, essa questão teórica é desprovida de qualquer importância prática, pois todos os princípios contidos no preâmbulo foram reproduzidos em seu texto".

de relevância jurídica[90], o que não se sustenta. De toda sorte, não há como se negar que o preâmbulo surge como que um "rótulo", em que os propósitos constitucionais restam elencados. Logo, como supradefendido, deve ser considerado como um valioso vetor interpretativo, o que faz dele muito importante, uma vez que, feridos seus primados, qualquer texto legal que o faça deve restar considerado imprestável — por não atender aos destinos do próprio Estado Democrático de Direito brasileiro —, devendo o intérprete afastar-se de interpretação que conduza a este fim. Assim, se trilhados pelo intérprete caminhos diversos, conduzindo à conclusão acerca de norma jurídica que a torne conflitante com os primados estatuídos pelo preâmbulo da Carta de 1988, certo é que restará quebrada a coerência interpretativa, perdendo-se a norma invocada, se não por inconstitucionalidade, por absoluta imprestabilidade axiológica ou teleológica.

Como se vê, fazer o preâmbulo parte ou não da Constituição Federal passa a ser questão de menor importância já que ele, certamente, baliza a interpretação dos dispositivos constitucionais, estando, pois, imiscuído em todos eles.

Para concluir este estudo sumário acerca do preâmbulo da Constituição, resta uma última questão bastante importante na seara prática: o preâmbulo constitucional pode ser tido como paradigma comparativo único para declaração de inconstitucionalidade?

A resposta dependerá da corrente que restar adotada quanto à natureza do texto do preâmbulo. A nosso ver, pelo supraexposto, deve ser negativa. Afinal, como salienta Alexandre de Moraes, o preâmbulo, "por não ser norma constitucional, não poderá prevalecer contra texto expresso na Constituição Federal, e tampouco poderá ser paradigma comparativo para declaração de inconstitucionalidade, porém, por traçar as diretrizes políticas, filosóficas e ideológicas da Constituição, será uma de suas linhas mestras interpretativas"[91].

2.4.2. Os fundamentos da República Federativa do Brasil (CF, art. 1º)

Cientes do teor do preâmbulo da Carta Constitucional de 1988 e definida sua natureza jurídica (princípio) e seus efeitos (balizadores de todo o sistema),

---

(90) "CONSTITUCIONAL. CONSTITUIÇÃO: PREÂMBULO. NORMAS CENTRAIS. Constituição do Acre. 00I. Normas Centrais da Constituição Federal: essas normas são de reprodução obrigatória na Constituição do Estado-Membro, mesmo porque, reproduzidas ou não, incidirão sobre a ordem local. Reclamações 370-MT e 383-SP (RTJ 147/404). 0II. Preâmbulo da Constituição: não constitui norma central. Invocação da proteção de Deus: não se trata de norma de reprodução obrigatória na Constituição estadual, não tendo força normativa. III. Ação direta de inconstitucionalidade julgada improcedente" (ADI 2076-AC, rel.min.Carlos Velloso, DJ 8.8.2003) Deste julgamento, interessa-nos, neste momento, a conclusão do ministro Celso de Mello no sentido de que o preâmbulo não se situa no âmbito do Direito, mas, sim, da política, refletindo posição ideológica do constituinte, de forma a lhe retirar a relevância jurídica. Disponível em: <www.stf.gov.br>. Pesquisa de jurisprudência. Acesso em: 10.11.2008.
(91) *Direito constitucional*, p. 46.

bem como estabelecido o Direito como claro produto cultural, já temos contextualizado o cenário em que nos encontramos, que cria e mantém o atual Estado Democrático de Direito brasileiro. Assim, podemos partir para a análise de seus fundamentos, trazidos pela Constituição Federal, nos incisos de seu art. 1º, nos seguintes termos:

> "Art. 1º. A República Federativa do Brasil, formada pela união indissolúvel dos Estados e Municípios e do Distrito Federal, constitui-se em Estado Democrático de Direito e tem como fundamentos:
>
> I — a soberania;
>
> II — a cidadania;
>
> III — a dignidade da pessoa humana;
>
> IV — os valores sociais do trabalho e da livre iniciativa;
>
> V — o pluralismo político.
>
> Parágrafo único. Todo poder emana do povo, que o exerce por meio de representantes eleitos ou diretamente, nos termos desta Constituição."

Como nota-se, antes de enunciar os fundamentos da República, já em seu *caput* o artigo inaugural da Carta Maior afirma dois princípios, a saber:

1) O princípio republicano: a Constituição não deixa dúvida acerca da forma de organização do governo brasileiro (República), embora não se trate de cláusula pétrea, tanto que já submetida a plebiscito; e

2) O princípio federativo: a Carta Maior fixa como forma de organização do Estado brasileiro a federativa, ou seja, a aliança entre Estados para formação de um Estado único, com a preservação, por parte dos Estados-membros, de parte de sua autonomia política, porém com a transferência da soberania ao Estado Federal, coexistindo coletividades políticas distintas dentro de um Estado único, marcando-se tal relação pela distribuição de atribuições constitucionalmente fixadas. Aqui, estamos diante de cláusula pétrea (CF, art. 60, § 4º, I).

Logo na sequência, traz a Constituição, ainda no *caput* do art. 1º, o "princípio democrático", pelo qual estabelece que vivemos em um Estado *Democrático* de Direito. Tal opção, parece-nos claro, não significa apenas a reunião das três características básicas do Estado de Direito, quais sejam, o império das leis, a divisão de poderes e o enunciado e a garantia de direitos individuais. A mera aparência de Estado de Direito desvirtua a figura, não sendo esta a intenção que marcou a redação da Carta Maior. Há de se ter um Estado regido por leis, encontrando-se o governo "nas mãos dos legítimos representantes do povo", eleitos para tanto, em que os direitos e as garantias individuais e coletivas *lato sensu*, indispensáveis à manutenção da vida digna, restem não apenas nominalmente elencados mas efetivamente garantidos e disponibilizados às pessoas. Significa um Estado subordinado à legalidade constitucional, adjetivado pelo espírito democrático, o que, para muitos, consiste em exigência da modernidade. Neste sentido, leciona Canotilho, para quem se exibe imperioso ao Estado constitucional manter-se organizado e exercido em termos democráticos, tendo o domínio ou poder legitimado pelo próprio povo a valorizar — com justiça — o princípio da soberania popular.[92]

Portanto, resta revelado que o Estado brasileiro baseia-se em fundamentos democráticos, o que, no dizer do professor Celso Antonio Pacheco Fiorillo, consiste:

"na soberania popular combinada com a dignidade da pessoa humana (art. 1º, I, II, parágrafo único e principalmente preâmbulo da Carta Constitucional do Brasil), na soberania popular, cidadania e dignidade da pessoa humana com pluralismo político exercido pelo sufrágio universal e pelo voto direto e secreto, bem como pela livre criação de partidos políticos (arts. 1º, II e III, e 61, §2º, da Constituição Federal)"[93].

Fiorillo destaca ainda que, ao lado dos componentes básicos supradescritos, o princípio democrático exige seu desenvolvimento na seara econômica, social, cultural e dos meios de comunicação, bem como, particularmente, no que tange ao "plano de eventuais litígios ou mesmo acusações que possam ocorrer no plano jurídico-constitucional"[94]. Portanto, seria atribuível justamente ao caráter democrático do Estado de Direito a fixação, como direito e garantia fundamental de natureza principiológica, a inafastabilidade do Judiciário ou amplo acesso à ordem jurídica justa (art. 5º, XXXV), bem como o direito material de conhecer "a existência de eventuais ações judiciais em que estaria fazendo parte de determinado litígio ou mesmo sendo acusado de algo, oportunidade em que poderia se defender de forma ampla (art. 5º, LV, da CF)". O monopólio da jurisdição deixa de ser um atributo para, na prática, consistir em um dever hábil e suficiente a caracterizar o Estado (Democrático de Direito) como *Estado Fornecedor*, subordinado aos ditames constitucionais, obrigado a prestar o serviço jurisdicional de apreciação das lesões ou ameaças a direitos[95].

Sob este prisma devem ser, portanto, analisados os princípios fundamentais estatuídos nos cinco incisos do artigo inaugural da Carta Maior de 1988. Devemos, igualmente, fazê-lo já com vistas no disposto no art. 3º da Constituição Federal, onde restam consagrados os **objetivos** da República Federativa do Brasil, partindo do que dispõe o art. 1º para a obtenção do disposto no art. 3º, integrados pelo disposto no art. 6º, todos da Carta Constitucional, em necessária combinação de dispositivos, pautada, ainda, pelos primados fixados no preâmbulo constitucional, a permitir a correta interpretação e aplicação do que podemos chamar de direito positivo constitucional.

---

(92) *Direito constitucional e teoria da Constituição*, p. 94.
(93) *Princípios do direito processual ambiental*, p. 5.
(94) *Ibid.*, p. 6.
(95) *Ibid.*, mesma página.

Portanto, explicitando ou complementando o *caput* do art. 1º do texto constitucional, seguem-se cinco incisos indicativos dos fundamentos da República Federativa do Brasil. São justamente estes cinco princípios — esta, sem dúvida, a correta natureza jurídica desses — que indicam como deve ser interpretado e, consequentemente, aplicado o direito positivo em vigor no Brasil.

Como salienta o douto Celso Antonio Pacheco Fiorillo, cujas lições, pelo brilhantismo, sempre merecem menção:

> *"(...) formada pela união indissolúvel dos Estados e Municípios e Distrito Federal, a República Federativa do Brasil, a partir de 1988, veio a se constituir em Estado Democrático de Direito, adotando como alicerces a soberania, a cidadania, a dignidade da pessoa humana, os valores sociais do trabalho e da livre-iniciativa assim como o pluralismo político (art. 1º, I a V)"*[96].

Passemos, assim, à análise dos ditos fundamentos de nossa República.

2.4.2.1. A soberania (CF, art. 1º, I)

A soberania consiste em atributo do Estado: não há Estado perfeito sem soberania, havendo mesmo quem o defina como a própria organização (ou, como preferimos, forma organizada) da soberania[97]. Assim, o exato entendimento acerca do conceito de soberania exibe-se indispensável à compreensão do fenômeno estatal[98]. Implica a autodeterminação[99] do Estado, indicando: a) a supremacia do Estado brasileiro na ordem política interna manifestada, em especial, através da constituição de um sistema próprio de normas jurídicas; e b) a independência na ordem política externa, somente possível se traduzida na ideia de igualdade entre os Estados na comunidade internacional.

Desta forma, embora a soberania não possa sofrer restrições, restam estas admitidas, por exceção, quando decorram dos imperativos de convivência pacífica das nações soberanas[100]. Assim, deve-se encontrar limites nas leis humanas comuns a todos os povos, ou seja, no direito internacional ou direito das gentes, sob pena de perda de sua legitimidade.

---

(96) *Princípios do direito processual ambiental*, p. 1.
(97) Neste sentido, o professor Luiz Andrade Oliveira in <http://www.loveira.adv.br/material/tge7.htm>. Acesso em 20.7.2007.
(98) Rizzatto Nunes afirma: "A soberania é princípio fundamental do Estado brasileiro, que aparece estampado, como se viu, no inciso I do art. 1º. Volta no inciso I do art. 170 e está ligado ao art. 4º. Nasce com a própria Constituição (..)" (*Comentários ao código de defesa do consumidor*, p. 15).
(99) "A soberania de um Estado implica a sua autodeterminação com independência territorial, de modo que pode, por isso, pôr e impor normas jurídicas na órbita interna e relacionar-se com os demais Estados do Planeta, na ordem internacional. Nesta o Brasil se posicionou, a partir do estabelecido no *caput* do art. 4º do texto magno, (...)" (*Ibid.*, mesma página).
(100) *Ibid.*, mesma página.

Relaciona-se a poder, autoridade suprema, independência, caracterizando-se a soberania por sua **unidade, integralidade** e **universalidade**. Na lição de Miguel Reale, consiste em uma "espécie de fenômeno genérico do poder. Uma forma histórica do poder que apresenta configurações especialíssimas que se não encontram senão em esboços nos corpos políticos antigos e medievos"[101].

Em definição enciclopédica, pode ser tida como o "direito exclusivo de uma autoridade suprema sobre uma área geográfica[102], grupo de pessoas, ou o *self* de um indivíduo. A soberania sobre uma nação é geralmente atributo de um governo ou de outra agência de controle política, apesar de que existem casos em que esta soberania é atribuída a um indivíduo (como na monarquia, na qual o líder é chamado genericamente de *soberano*). Entende-se por soberania a qualidade máxima de poder social através da qual as normas e decisões elaboradas pelo Estado prevalecem sobre as emanadas de grupos sociais intermediários, tais como a família, a escola, a empresa, a igreja etc.[103]

Foi o francês Jean Bodin, em sua obra *Os seis livros da República*, que começou a sistematizar o conceito de soberania, sustentando que a monarquia francesa guardava origem hereditária, não se sujeitando o rei às condições postas pelo povo sendo ele, monarca, o detentor de todo o poder estatal[104]. Afirmava que "a soberania do rei é originária, ilimitada, absoluta, perpétua e irresponsável em face de qualquer outro poder temporal ou espiritual", tendo raízes históricas fincadas nas monarquias antigas, fundadas pelo direito divino. Acreditava-se, assim, que os monarcas eram representantes legítimos de Deus na ordem temporal, concentrando, pois, de forma natural, todos os poderes. Ao poder real não se admitiam limitações[105]. Desta forma, não haveria que se falar em partilha do poder com quem quer que fosse, seja o clero, a nobreza ou o povo. A essência da

---

(101) *Apud* OLIVEIRA, Luiz Andrade. Disponível em: <http://www.loveira.adv.br/material/tge7.htm>. Acesso em: 20.7.2007.
(102) Spósito, em sua obra *A vida nas cidades*. 2. ed. São Paulo: Contexto, 1996, *apud* Celso Antonio Pacheco Fiorillo, *Princípios do direito processual ambiental*, p. 8, afirma que o território consiste na "extensão relativa a uma área ou um país e base geográfica do Estado, sobre o qual ele exerce sua soberania, e as pessoas exercem suas atividades de produção e consumo".
(103) Disponível em: <http://pt.wilipedia.org/wiki/Soberania>. Acesso em 25.7.2007.
(104) *Apud* OLIVEIRA, Luiz Andrade. *Ibid.*, "não paginado". No mais, vide o material disponibilizado pelo já mencionado professor Luiz Oliveira em <http://loveira.adv.br/material/tge7.htm>. Vide, ainda, interessante trabalho monográfico da assessora no Tribunal Constitucional e Assistente na Faculdade de Direito de Lisboa, Portugal, Carla Amado Gonçalves, intitulado "A evolução do conceito de soberania", onde novamente temos reforçada a noção de direito como produto cultural bem como a relação da soberania com o patrimônio cultural de um povo, o que se depreende na lição exarada a título conclusivo no sentido de que: "A variação do conteúdo da noção de soberania não deve ser vista como uma perda do vector último da figura do Estado — a sua identidade histórica e cultural —, mas antes como um sinal do tempo". Disponível em: <www.esaf.fazenda.gov.br/parcerias/ue/cedoc-ue/monografias-1998/modulo-A/CONFERENCIA.pdf>. Acesso em 26.7.2007.
(105) *Ibid.*, mesma página.

soberania foi identificada como sendo o "poder de fazer e anular leis", supremo e exclusivo em um dado território, resumindo em si todos os outros e sendo capaz de erigir como força de coesão apta a manter unida toda a sociedade, segundo Matteucci, que vê no conceito, ainda, íntima ligação à noção de poder político, com a pretensão de ser a racionalização jurídica desse, transformando a força em poder legítimo, o poder de fato em poder de direito.[106]

Saliente-se, outrossim, que a tal teoria sucederam outras, tais como a da soberania popular, tendo por precursores Altuzio, Marsilio de Pádua, Francisco de Vitoria, Soto, Molina, Mariana, Suarez e outros teólogos e canonistas da chamada Escola Espanhola.

De direito divino sobrenatural do monarca, passa-se a defender o direito divino providencial: o poder civil advém da vontade de Deus e não de uma legítima representação sobrenatural. Ademais, promana da vontade popular, chegando Suarez a sustentar a limitação da autoridade do rei e o direito de resistência do povo, fundamentos do ideal democrático. Molina, por sua vez, embora reconhecendo a soberania real como *constituída*, ressaltou que o poder maior emana do povo e por este é exercido, no que denominou de *soberania constitucional*.

Depois, surgiu a teoria da soberania nacional, fortalecida pelos ideais do liberalismo que inspiraram a Revolução Francesa. Esta teoria advém da Escola Clássica Francesa da qual Rosseau foi certamente o maior expoente. Sustentava que a nação é a única fonte do poder, de modo que somente com o consentimento nacional há legitimidade para o seu exercício pelo órgão governamental, sendo a soberania una, indivisível, inalienável e imprescritível. Destaque-se que, aqui, o conceito de nação chega a confundir-se com o de povo nacional (nacionais ou nacionalizados, no gozo dos direitos de cidadania, na forma da lei).

Destaque-se, outrossim, a teoria da soberania do Estado, de berço germânico, tendo em Jellinek seu maior nome e defendendo que a soberania é a capacidade de autodeterminação do Estado por direito próprio e exclusivo, qualificando o poder estatal no sentido de tornar o Estado perfeito. Tanto a escola alemã, de Jellinek, quanto a austríaca, liderada pelo pensamento de Kelsen, sustentavam a estatalidade integral do Direito, atribuindo ao conceito de soberania uma natureza estritamente jurídica (direito absoluto do Estado, sem limitação, para o que, aliás, até mesmo o chamado "direito natural" era negado): o que existe é o direito estatal, com sua força coativa e previsões de sanções. Como conclui Luiz Andrade Oliveira, "se a soberania é um poder de direito e todo direito provém do Estado, o tecnicismo jurídico alemão e o normativismo kelseniano levam à conclusão lógica

---

(106) Neste sentido, vide FIORILLO, Celso Antonio Pacheco. *Princípios do direito processual ambiental*, p. 8. Fiorillo (*Ibid.*, mesma página) salienta, ainda, que, para Bodin, mais do que um atributo do poder, a soberania se exibia como a própria substância da República.

de que o poder de soberania é ilimitado e absoluto. Logo, toda forma de coação estatal é legítima, porque tende a realizar o direito como expressão da vontade soberana do Estado"[107].

Estas teorias da soberania absoluta do Estado tiveram ampla repercussão no pensamento político universal, não obstante seu caráter absolutista e totalitário. Justificaram atrocidades históricas cometidas pelo nazismo e fascismo, por exemplo, que, felizmente, acabaram contidos pelos ideais humanistas.

Diguit, desenvolvendo o pensamento de Ludwig Gumplowics, formulou a teoria negativista da soberania, afirmando ser esta uma ideia abstrata e que não existe no mundo concreto. Para Leon Diguit, Estado, nação, direito e governo são uma única realidade. O Estado é a única fonte de normatividade jurídica — logo, nega também o direito natural[108]. Resume-se a soberania em "serviço público".

Em contraponto, tem-se o conceito de soberania enraizado na filosofia aristotélica-tomista: soberania expressando-se na lei e legitimada pelo direito natural, que preside e limita o direito estatal.

Por fim, destaque-se neste breve resumo a teoria realista ou institucionalista, de notório destaque face à nova realidade global, tendo a soberania como poder relativo, sujeito a limitações, concretizado no Estado, que a exerce em nome e no interesse da nação, devidamente organizado à luz da ordem constitucional estabelecida e qualificada pelo dinamismo (ordenamento jurídico-formal dinâmico). A soberania é originariamente da nação, de onde emana o poder que, juridicamente, é exercido pelo Estado.

Entre nós, consiste a soberania em verdadeiro fundamento da República brasileira, previsto no art. 1º, I, da Constituição Federal. Trata-se, inclusive, de princípio limitador da ordem econômica, a teor do previsto no art. 170, I, integrante do Título VII da Carta Constitucional de 1988. Garante ao Estado brasileiro o poder de legislar internamente, de forma exclusiva, organizando juridicamente o poder na ordem interna e definindo as bases de suas relações na ordem externa, com independência (autodeterminação).

Como já afirmado, sendo o direito um produto cultural, que se expressa atento à identidade, à ação e à história dos diversos grupos formadores da sociedade; e restando fundada na soberania a garantia de exclusividade no que

---

(107) Material disponibilizado pelo mencionado professor Luiz Andrade Oliveira em: <http://www.loveira.adv.br/material/tge7.htm>. Acesso em: 20.7.2007.
(108) Sobre a relação existente no pensamento jurídico entre direito natural e direito positivo, ver Felipe Raminelli Leonardi, Direito natural e direito positivo: reflexões sobre uma possível relação de oposição. *Revista da Faculdade de Direito de São Bernardo do Campo*, ano 10, n. 12, p. 173-191, onde conclui: "A postura crítica da filosofia do direito em relação ao positivismo não se compreende, enquanto crítica, em uma mera oposição, mas enquanto fórmula de construção do próprio direito positivo na história (dialética)."

tange ao poder do Estado brasileiro de organizar-se internamente no aspecto jurídico — inclusive firmando as balizas orientadoras da estrutura política, social e econômica pátria —, resta evidente a afinidade guardada pela soberania, enquanto expressa no plano normativo, em relação ao patrimônio cultural brasileiro, nos moldes do art. 216 da Carta de 1988.

Como o direito expressa a realidade cultural diante de dada economia em determinada época e lugar, e sendo ele, principalmente no aspecto legal, expressão da própria soberania, evidente, pois, que o território brasileiro passa, também, a ser tido constitucionalmente como fundamento de nossa República — e nisso se inclui a proteção ao território a legitimar as críticas acerca da conduta de nosso governo, que, há tempos, não consegue conter a ação de "piratas" estrangeiros, em especial na região Norte, que invadem nosso país e levam consigo diversas riquezas naturais, em especial extraídas de nossa flora amazônica, descobrindo suas propriedades medicinais, patenteando-as e, depois, "vendendo-as" para nós, em verdadeira lesão à soberania brasileira. Do mesmo modo, salientamos os limites impostos pelo sistema constitucional ao fenômeno da globalização,[109] vez que fixada a soberania como princípio fundamental definidor do próprio Estado brasileiro.[110] Assim, o ingresso do Brasil em uma ordem globalizante há de ser limitado aos interesses do Estado e do povo brasileiro, sob pena de restar desvirtuado o próprio conceito constitucional de Estado brasileiro pela lesão à sua autodeterminação e, assim, à soberania.

2.4.2.2. A cidadania (CF, art. 1º, II)

Não apenas no que toca ao exercício de direitos políticos, mas, também, na garantia dos direitos civis, com destaque para os direitos e as garantias fundamentais e sociais (art. 5º, *caput* e incisos; arts. 6º a 11 da Constituição Federal de 1988): eis onde encontramos a noção de cidadania a ser considerada como fundamento da República brasileira.

---

(109) "Apesar de ainda ser vista por alguns como mera ideologia, a globalização é um processo real, de caráter multifacetado e contraditório. Um dos maiores estudiosos do assunto, o professor Roland Robertson, da Universidade de Pittsburgh, nos EUA, definiu a globalização como 'a concretização do mundo inteiro como um único lugar' e como o surgimento de uma condição humana global. A globalização como conceito 'se refere tanto à compreensão do mundo quanto à intensificação da consciência do mundo como um todo'" (Liszt Vieira, *Cidadania e globalização*, p. 133). Vieira, embora entenda que a globalização deva ser vista como uma nova estrutura de diferenciação, reconhece a possibilidade de processos ou patamares de homogeneização parcial, "provocados sobretudo pela dominação cultural do Ocidente". Defende o advogado e sociólogo que "o processo de globalização teria um impacto diferenciador que poderia levar à valorização das identidades particulares, da comunidade à nação. A diferenciação nacional, isto é, a diversidade cultural entre as nações, seria a outra face da constituição de uma sociedade mundial" (*Ibid.*, p. 133-134).
(110) Ensina Rizzatto Nunes: "É muito importante realçar o aspecto de soberania quanto mais quando se pretende, à guisa da implementação de uma 'ordem globalizada', impor uma série de condutas sem que o sistema constitucional o permita." (*Comentários ao Código de Defesa do Consumidor*, p. 15)

A origem da palavra "cidadania" é encontrada no latim *civitas*, relativo à cidade. *Cidadania* foi usada na Roma Antiga para fim de indicar a situação política de uma pessoa e os direitos que lhe tocavam. Consiste no conjunto de direitos que atribuem à pessoa a possibilidade de participação na vida e no governo de seu povo, opondo-se, pois, à noção de marginalização ou exclusão social. Tem, na continuação do discurso, característica integrativa em relação ao seio e à dinâmica de dada sociedade.[111]

Adquire-se na construção de novas relações e consciências, no convívio social e público, na interação com outras pessoas e com o meio ambiente. Abrange da questão social à econômica e à política, servindo como elemento aglutinador destas, focando-as no sentido de consagração do primado da dignidade humana. Envolve, pois, a solidariedade, a democracia, a ética, dentre outros aspectos balizadores da conduta humana em sociedade e para a sociedade. Portanto, o conceito de cidadania não pode ser resumido ao mero conjunto de direitos políticos de que goza um indivíduo e que lhe permitem intervir na direção estatal. Não se resume ao direito de votar e ser votado, indo além ao integrar socialmente, como verdadeiro cidadão, a pessoa humana "não eleita", bem como, em certos aspectos, até mesmo o "não nacional", permitindo a participação desses na gestão da coisa pública, consistindo em conceito dinâmico hábil a cooperar para o fim da exclusão social.[112]

Não se negue, também, que o conceito de cidadania encontra fundamento no princípio da isonomia, inclusive para fim de dignificação humana, garantindo a todos iguais oportunidades no que tange aos serviços, cuja prestação é necessariamente devida pelo *Estado Fornecedor*. Isso é típico do corrente século, independentemente da condição social, econômica, política ou cultural de cada um.

Assim, como supra-afirmado, a cidadania é conquistada pela inserção obtida pelo cidadão na vida não só da cidade enquanto *poder estatal local*, mas, principalmente, da cidade enquanto *sociedade local*. Afasta-se o trato social discriminatório garantindo aos cidadãos, antes mesmo da igualdade nos direitos políticos, a igualdade enquanto pessoas humanas portadoras de dignidade, detentoras do direito de ter observados, amplamente, todos os princípios fundamentais previstos nos quatro artigos inaugurais da Carta Maior, bem como efetivamente consagrados, no plano concreto, todos os direitos e as garantias fundamentais, além dos sociais, previstos nos arts. 5º e 6º a 11º, da Constituição Federal.

Neste contexto, feliz novamente a definição do professor Celso Antonio Pacheco Fiorillo, *verbis*:

---

(111) Neste sentido, DALLARI, Dalmo de Abreu. *Direitos humanos e cidadania*, p. 14: "A cidadania expressa um conjunto de direitos que dá à pessoa a possibilidade de participar ativamente da vida e do governo de seu povo. Quem não tem cidadania está marginalizado ou excluído da vida social e da tomada de decisões, ficando numa posição de inferioridade dentro do grupo social."
(112) Ver, também, COSTA, Taílson Pires. *Meio ambiente familiar*: a solução para prevenir o crime, p. 65-68, abordando a instituição e o cumprimento da norma jurídica como garantia da cidadania.

"Destarte entendermos o conceito de cidadão no plano do direito positivo brasileiro em vigor como a pessoa humana no gozo pleno de seus direitos constitucionais abarcados pelos fundamentos do art. 1º da Carta Constitucional (e particularmente pela soberania), ou seja, a cidadania diz respeito a atributo de todos os brasileiros e estrangeiros residentes no país (art. 5º) vinculado ao conceito de igual dignidade social independentemente de sua inserção econômica, social, cultural e evidentemente política.

O cidadão é, por via de consequência, o brasileiro ou mesmo o estrangeiro residente no País, em pleno gozo de seus direitos materiais constitucionais, portador de dignidade social."

2.4.2.3. A dignidade da pessoa humana (CF, art. 1º, III)

Paulo Bonavides afirma que a dignidade é o valor supremo que revela o caráter único e insubstituível de cada ser humano.[113]

Segundo Ernest Benda, a dignidade da pessoa humana tem seu berço ligado ao cristianismo, posição que defende em razão da premissa de que Deus criou o homem à sua imagem e semelhança.[114]

Enoque Ribeiro dos Santos[115], por sua vez, afirma que a dignidade da pessoa humana pode ser concebida como uma conquista da razão ética e jurídica da humanidade, sendo atribuída a todas as pessoas como fruto da reação dos povos às atrocidades cometidas pelo homem contra o próprio homem. Justifica isso defendendo que somente à luz das violações praticadas contra a dignidade humana é que poderemos defini-la. Hobbes, aliás, no *Leviatã*, já afirmara a condição humana de "lobo do homem" de modo que é justamente como consequência disso que devem ser vislumbrados os atentados contra a dignidade das pessoas, verificados ao longo da história da humanidade (os quais, salientamos, não foram poucos).

Maria do Perpétuo Socorro Wanderley afirma que a ideia da primazia da pessoa, fundada na dignidade humana, destacou-se como resposta à crise do positivismo jurídico, de modo que, com a doutrina de Kant, exaltou-se a noção de que o homem é um fim em si mesmo, e não um meio, sendo dotado de razão pelo que merece ser tratado como pessoa e ocupar o centro de imputação jurídica, de modo a determinar suas próprias leis.[116] E prossegue:

---

(113) *Curso de direito constitucional*, p. 642.
(114) Dignidad humana y derechos de la personalidad. *In:* HESSE, Konrad. *Manual de derecho constitucional*, p. 118.
(115) *Direitos humanos na negociação coletiva*, p. 40.
(116) A dignidade da pessoa humana nas relações de trabalho. *Revista do Tribunal Superior do Trabalho*, v. 75, n. 3, jul./set./2009, p. 106.

"Assim, enquanto as coisas têm preço, a pessoa humana tem dignidade, que é intrínseca a ela e constitui um valor absoluto. Enquanto os objetos têm valor condicional e são substituíveis ou têm equivalentes, o ser humano é único e dotado de valor intrínseco. Ele é a própria medida do seu valor, como um fim em si mesmo, único e insubstituível. (...)

No sentido contemporâneo de dignidade da pessoa humana, afirma-se sua plenitude e sentido ético, como valor primário e básico da própria existência do ser humano e pressuposto de direitos fundamentais."[117]

Assim, as construções jurídicas e legais modernas não deixaram de lado a necessária imposição do respeito aos valores adequados ao preenchimento e à concretização do desiderato da dignidade humana, não sendo diferente o caso brasileiro, já que nossa Carta Política, em vigor, fixa esta inata dignidade, no inciso III de seu artigo inaugural, como princípio fundamental da República Federativa do Brasil.

Importante evidenciar, porém, que o texto da Constituição Federal não pode ser interpretado como um conjunto formado por dispositivos autônomos. Em outras palavras, não se interpreta o texto constitucional "em tiras": deve ser conhecido como um todo harmônico, ativo, cujos princípios e cujas regras se projetam sobre as demais, as quais integram o ordenamento pátrio, servindo a tais como paradigma de validade, sendo, por isso, indispensável à interpretação de todas as demais normas — até para que sejam guiadas de modo a lhes manter em vigor.

Ressaltemos, também, que a Constituição Federal tem as suas especificidades enquanto sistema: parte-se da ideia de que o sistema é fundamentalmente um discurso, não bastando o conhecimento acerca de um artigo isoladamente, a exigir do operador do Direito o domínio acerca do que é a própria Constituição.

Ao lado disso, não se pode olvidar que os princípios devem ser considerados dentro de dada realidade econômica e cultural, tendo por razão de ser a viabilização da vida em sociedade, forma de vida essencial ao atendimento das necessidades e até mesmo à proteção da pessoa humana que, então, passa logicamente a ser a destinatária natural de todo o Direito. Portanto, antes de pensar no Direito, o produto cultural remete à pessoa humana. Concluímos, pois, ser o Direito um conjunto de regras para controle social diante de uma cultura e em face de uma economia, tendo por destinatária da norma justamente a pessoa humana[118].

---

(117) A dignidade da pessoa humana nas relações de trabalho. *Revista do Tribunal Superior do Trabalho*, v. 75, n. 3, jul./set./2009, p. 106-107.
(118) Sobre a origem da expressão "pessoa humana" e os seus atributos intrínsecos, vale ressaltar a visão humanista do Professor Lafayette Pozzoli: "Por questões histórias, não relevantes aqui, mormente tem-se tomado a palavra *Homem* como indicativo do gênero humano como um todo; no entanto, é mais abrangente tomar a palavra pessoa humana (ou ser humano), já que pode eventualmente evitar procedimentos discriminatórios. Entretanto, objetivando consignar um ponto de partida, tomemos

Neste ambiente, a reafirmar o Direito como produto cultural, exibe-se feliz a máxima de Martin Kriele:

> *"Toda geração desenvolve sua própria Teoria do Estado. Os temas e os pontos de vista variam com a mudança das exigências políticas do momento, tanto como do nível da metodologia epistemológica e da divisão do trabalho científico entre as diversas disciplinas."*[119]

Tanto é assim que, consoante bem lembra Eros Roberto Grau[120], a dignidade humana não somente se exige como fundamento de nossa República Federativa como, também, consiste num verdadeiro fim a ser perseguido pela ordem econômica, comprometendo todo o exercício da atividade econômica, sujeitando os seus agentes — principalmente as empresas — a se pautarem dentro dos limites impostos pelos chamados direitos humanos. Ilustrando a questão à luz do Direito do trabalho, sem perder o mesmo sentido, salienta Maria do Perpétuo Socorro Wanderley que não se pode perder de vista o enfoque econômico, na medida em que o contrato de trabalho, tido por oneroso, por classificação, "tem prestações pecuniárias a serem feitas pelo empregado [entenda-se: empregador], em retribuição ao trabalho; demais disso, o sistema capitalista demanda o manejo dos recursos materiais". Todavia, não é em razão da onerosidade do contrato que poderá agrilhoar o empregado às situações de menoscabo à sua dignidade mediante a pressão pela produtividade, dentre outros problemas.[121]

---

etimologicamente a palavra *homem*, cujo termo latino — *homo* — tem como uma das significações *o nascido da terra, o terrestre, o habitante da terra*. Essa consideração, embora de ordem etimológica, refere-se diretamente à essência do ser humano. A pessoa humana, como visto acima, é *nascida da terra*, exatamente como as demais coisas terrenas. A distinção se dá pelo fato de que ela pode elevar-se acima das outras coisas, penetrando num mundo superior. (...) No fenômeno gregário o grupo prevalece sobre a pessoa, enquanto no fenômeno social a pessoa busca livremente as condições de sua própria realização, prevalecendo sobre o grupo. E, precisamente por ser consciente, racional e livre, o ser humano possui direitos inalienáveis e deveres, enquanto o animal só tem instintos e hábitos. Desse conjunto de condições que caracterizam a pessoa humana — ser consciente, racional e livre e, portanto, social, sujeito de direitos e deveres — resulta a mesma dignidade absoluta e a mesma igualdade essencial para todos os seres humanos, independentemente de sua cor, situação socioeconômica, religião ou cultura" (*Maritain e o Direito*, p. 67-69). Adiante, a confirmar nossa conclusão de que a "razão de ser" do Estado consiste na garantia da vida digna àqueles que residam em seu território (efetivação do princípio da dignidade da pessoa humana), Pozzoli afirma que "(...) o ensinamento cristão é tido como um dos elementos formadores da mentalidade que tornou possível o reconhecimento da dignidade da pessoa humana. Os valores da pessoa humana agregaram-se, historicamente, àquilo que se convencionou chamar de direito natural ou fundamental. Este é, evidentemente, um tema mais amplo, uma vez que, na concepção de alguns filósofos — como foi o caso de Locke —, abrangia até mesmo a propriedade privada. (...) Identificados os valores pertinentes à dignidade da pessoa humana, inicia-se um processo — ainda que gradativo — de codificação de respectivos valores e direitos, cujo principal objetivo nada mais é do que fazer valer, de forma respeitosa, tais direitos inerentes a cada ser humano diante da sociedade e de suas instituições. Daí a importância de um elemento como o Estado, de pleno conhecimento contemporâneo" (*Ibid.*, p. 105).
(119) Sobre a renovação do Direito Público. *Revista de direito público*, v. 71, São Paulo: RT, setembro, 1984.
(120) *O direito posto e o direito pressuposto*, p. 2003.
(121) A dignidade da pessoa humana nas relações de trabalho. *Revista do Tribunal Superior do Trabalho*, v. 75, n. 3, jul./set./2009, p. 112.

A condição humana de destinatária final da norma e, consequentemente, de todo o Direito consiste, portanto, em conclusão lógica em sua essência.[122] Apesar disso, é reafirmada pelo direito positivo brasileiro já em sua expressão máxima: a Constituição Federal. Mais que isso, o constituinte foi além ao definir tal contexto, atribuindo-lhe a natureza de fundamento do Estado republicano brasileiro, o fazendo ao fixar como tal no art. 1º, III, da Carta Constitucional, a "dignidade da pessoa humana".

Fixado tal conceito, merece ser afirmado que, não obstante o princípio em análise impor que o sistema deva ser interpretado considerando-se a pessoa humana como destinatária da norma, qualificando-se como antropocêntrico[123], certo também é que isso não afasta a necessária proteção a outros seres vivos, como os animais e a flora. Entretanto, é inegável que tal proteção jurídica se dá em razão e para o interesse da pessoa humana, observada, ainda, a soberania, evitando-se o locupletamento de estrangeiros em prejuízo do povo brasileiro e às custas de nossas riquezas naturais, por exemplo. Neste sentido, a lição de Celso Antonio Pacheco Fiorillo, *verbis*:

> *"Dessa forma, a vida que não seja humana só poderá ser tutelada pelo direito ambiental na medida em que sua existência implique garantia da sadia qualidade de vida do homem, uma vez que numa sociedade organizada este é o destinatário de toda e qualquer norma.*
>
> *Vale ressaltar nesse sentido o Princípio n. 1 da Declaração do Rio de Janeiro sobre Meio Ambiente e Desenvolvimento de 1992:*
>
> *'Os seres humanos estão no centro das preocupações com o desenvolvimento sustentável. Têm direito a uma vida saudável e produtiva, em harmonia com a natureza'."*[124]

---

(122) Ensina Nelson Rosenvald: "Voltando à filosofia kantiana, José Afonso da Silva enfatiza que a dignidade da pessoa humana jamais será uma criação constitucional, mas um conceito *a priori* que preexiste a toda a experiência especulativa. Demonstra o constitucionalista que a pessoa humana é um valor absoluto, porque a natureza racional existe como um fim em si mesma. Contudo, acrescenta: 'Qualquer outro ser racional se representa igualmente assim sua existência, em consequência do mesmo princípio racional que vale também para mim, é, pois, ao mesmo tempo, um princípio objetivo que vale para outra pessoa. (...) Trata-se de atributo intrínseco à pessoa humana, que implica necessária estima por parte de seus semelhantes. A estima se dirige à proteção da vida da pessoa como realização da dignidade. Percebemos que o significado de dignidade se relaciona ao respeito inerente a todo o ser humano — por parte do Estado e das demais pessoas —, independentemente de qualquer noção da patrimonialidade. É simultaneamente valor e princípio, pois constitui elemento decisivo para a atuação de intérpretes e aplicadores da Constituição no Estado Democrático de Direito. O homem se encontra no vértice do ordenamento jurídico, pois o direito só se justifica em função do ser humano." (*Dignidade Humana e boa-fé no Código Civil*, p. 7-8).
(123) Quanto à visão antropocêntrica do direito constitucional (no caso, direito constitucional ambiental) e a pessoa humana como sua destinatária, vide Celso Antonio Pacheco Fiorillo. *Curso de direito ambiental brasileiro*, p. 15-19.
(124) *Ibid.*, p. 16.

Considere-se, ainda, que não podemos deixar de afirmar que a lógica do sistema jurídico pressupõe sua principiologia, bem como serem os princípios preenchidos por valores o que, é fato, aproxima a sombra da ideologia de cada intérprete da interpretação do sistema jurídico. Tendo em vista a existência de um sem-número de concepções ideológicas, fato é que a influência da ideologia na atividade interpretativa do fenômeno estatal, social e principalmente jurídico se exibe como elemento desarmonizador, a potencializar os conflitos sociais. A ideologia, tida como um direcionamento de valores, não pode desvirtuar a função precípua do Direito, que é, justamente, a viabilização da vida harmônica em sociedade havida em nosso sistema, principalmente pela imposição de normas amplas, gerais e abstratas, regradoras das condutas humanas no corpo social, pautadas por princípios. Dessa forma, a concepção ideológica de cada um deve guardar coerência com o direito positivo.

Em razão disso, e frente à unidade do sistema jurídico constitucional que caracteriza a organização e a estrutura de nosso ordenamento jurídico, colocando no topo do gráfico hierárquico normativo a Constituição Federal, conclui-se, em um primeiro momento, pela inexistência ou inadmissibilidade, nos tempos atuais, da supervalorização dos sistemas infraconstitucionais: tudo deve se dar a partir do Direito Constitucional, balizador da validade, vigência e eficácia das disposições inerentes aos demais ramos do Direito, resumidos claramente a subsistemas.

E tal surge em razão das características do nosso sistema jurídico-constitucional, das quais a primeira é a unidade: trata-se de um conjunto reunido em um diploma no qual cada elemento encontra referência.

Ao lado da unidade, outra característica ostentada pelo sistema e, também, pelos princípios constitucionais é a organização (harmonia/coesão e hierarquia): a Constituição consiste em um todo organizado e condicionante do remanescente do sistema.

Somente após observado isso é que deve ser interpretado o sistema constitucional. Como leciona Nelson Nery Junior, deve o intérprete "buscar a aplicação do direito ao caso concreto, sempre tendo como pressuposto o exame da Constituição Federal. Depois, sim, deve ser consultada a legislação infraconstitucional a respeito do tema"[125]. E continua:

> *"Caso a lei infraconstitucional esteja em desacordo com o texto constitucional, não deve, por óbvio, ser aplicada. Comprovada a divergência: a) se a norma legal tiver sido editada antes da Constituição Federal, terá ocorrido o fenômeno da não recepção; b) se a norma legal tiver sido editada depois do advento da Constituição Federal, será inconstitucional e não poderá ser aplicada para a solução do caso concreto: estará sujeita à declaração in concreto ou in abstrato dessa referida inconstitucionalidade.*

---

(125) *Princípios do processo civil na Constituição Federal*, p. 20.

> *Esta é a razão pela qual todos devem conhecer e aplicar o Direito Constitucional em toda a sua extensão, independentemente do ramo do direito infraconstitucional que se esteja examinando."*[126]

Portanto, relembrados tais aspectos já analisados neste trabalho, partindo da certeza de que o sistema jurídico como um todo tem por fundamento a Constituição Federal e que esta estabelece a dignidade da pessoa humana como princípio fundamental (na definição de Estado brasileiro que, propomos, se extraia do Título I da Carta de 1988, em especial do artigo inaugural, consiste a dignidade humana na "razão de ser" do Estado instituído pela, então nova, ordem constitucional), passa o referido princípio a exteriorizar-se como um verdadeiro "fundamento dos fundamentos" do ordenamento pátrio, a assumir posto supra-principiológico e atingir, verdadeiramente, a condição de megaprincípio ou até protoprincípio do sistema jurídico-constitucional pátrio.[127]

Próximo a isso, afirma Hermano Queiroz Junior[128]:

> *"Em outras palavras, reputamos, na esteira do entendimento esposado por boa parte da melhor doutrina constitucionalista, que o princípio da*

---

(126) *Princípios do processo civil na Constituição Federal*, p. 20.

(127) "(...) no atual Diploma Constitucional, pensamos que o principal direito fundamental constitucionalmente garantido é o da dignidade da pessoa humana. É ela, a dignidade, o primeiro fundamento de todo o sistema constitucional posto e o último arcabouço de guarida dos direitos individuais. (...) É a dignidade que dá a direção, o comando a ser considerado pelo intérprete" (Rizzatto Nunes, *O princípio constitucional da dignidade da pessoa humana: doutrina e jurisprudência*, p. 45). Vale mencionar, ainda, a lição de André Franco Montoro: "'A dignidade do homem é inviolável', são as primeiras palavras do art. 1º da Constituição da Alemanha, no após guerra. Como texto constitucional, essa expressão tem caráter normativo. Não se trata de simples enunciado ou declaração. 'Inviolável', no caso, significa 'não pode ser violada'. Trata-se de uma norma proibitiva de qualquer ação contrária à dignidade da pessoa humana no território da Alemanha. Qualquer norma legal, administrativa ou ato jurídico que desrespeitar essa dignidade será inconstitucional e, por isso, sem validade. É a reafirmação expressa do valor da pessoa humana como fundamento de toda a ordem jurídica" (*Ética na virada do milênio — busca do sentido da vida*, p. 19). Diógenes Madeu, sobre o tema, afirma: "Da análise do Direito Positivo do Brasil, da Alemanha e da Espanha, como modelos para a compreensão da dignidade, é possível extrair que a dignidade da pessoa humana é um Princípio Constitucional Fundamental estruturante desses Ordenamentos Jurídicos. É a base em que se assentam os direitos fundamentais, como a liberdade, a igualdade, o direito à vida, os direitos da personalidade, dentre outros, e é integrado pelo valor consubstanciado na autodeterminação da pessoa humana, na vontade que rege a extensão da personalidade na atuação social. Os seres humanos são iguais porque possuem uma dignidade comum. A dignidade do ser humano está na sua autodeterminação e na manifestação da sua personalidade. Sem dignidade não há liberdade, nem tampouco igualdade. (...) O princípio da dignidade da pessoa humana, como mandamento constitucional, é o comando central do sistema jurídico, sua viga de sustentação e serve para compor o espírito das normas dando-lhes a direção traçada pelo Ordenamento Jurídico, este, calcado e construído com base nos valores sociais. As normas do Ordenamento Jurídico, entendidas as regras e princípios como tais, devem ser harmonizadas pelo princípio maior da dignidade(...)" (A dignidade da pessoa humana como pressuposto para a efetivação da Justiça. *Revista Dignidade*[do Programa de Mestrado em Direito-UNIMES/Santos], p. 50).

(128) *Os direitos fundamentais do trabalhador na Constituição de 1988*, p. 29. Adiante, aliás, conclui o mesmo professor e magistrado do Trabalho, Hermano Queiroz Junior, na obra citada: "Do quanto foi

dignidade da pessoa humana há de ser considerado como o fundamento de todo o sistema de direitos fundamentais, no sentido de que estes constituem exigências, concretizações e desdobramentos da dignidade da pessoa humana e com fundamento nesta devem ser interpretados."

Na mesma linha, Manoel Jorge e Silva Neto afirma que a dignidade da pessoa humana "é o fim supremo de todo o direito; logo, expande os seus efeitos nos mais distintos domínios normativos para fundamentar toda e qualquer interpretação. É o fundamento maior do Estado brasileiro"[129].

Assim, resta evidente que os direitos fundamentais, fixados no texto constitucional, partem da dignidade e a ela retornam, uma vez que o princípio em questão é o ponto de partida de todo o sistema de direitos fundamentais, por ser necessariamente considerado sempre, *a priori*, no ato de fixação e interpretação do Direito, bem como o objetivo de todo o sistema jurídico, visto que vocacionado à sua efetivação e garantia.

A bem da verdade, o princípio da dignidade da pessoa humana vai além, alcançando não apenas os direitos fundamentais, mas, também, expressando-se na efetividade dos demais princípios fundamentais, inclusive no que toca aos previstos nos outros incisos do art. 1º da Carta de 1988: vai além da conjugação com esses, representando o próprio conteúdo dos demais fundamentos, ao mesmo tempo em que também deve ser interpretado a fim de garantir a efetividade e a harmonia do sistema de fundamentos, vendo, portanto, integrados aos valores que o preenchem, a necessária atenção à valorização do resultado harmônico da relação capital e trabalho, a garantia dos direitos políticos e sociais, a soberania etc.

Como salienta Taílson Pires Costa, a dignidade humana "está agregada ao ser humano em forma de fatores como a liberdade, o trabalho, a família, a cultura, enfim, as raízes que identificam aquela pessoa" — raízes as quais "representam o elemento intrínseco do ser humano, que se reflete na individualidade quanto à sua própria essência"[130]. Trata-se do contexto social, portanto, criando o individual, e não o contrário; a equalização das condições socioambientais, econômicas e políticas visando a efetivar o direito da pessoa à própria vida.

---

acima exposto, arrematamos com a assertiva de que, à luz do Direito Constitucional positivo vigente, é na fonte do princípio da dignidade da pessoa humana que os direitos fundamentais vão se abeberar, para dela haurir seu conteúdo básico, seu valor fundante, seu fundamento unificador. Referido princípio, na condição de norma basilar e uniformizadora de toda a ordem constitucional vigente, encontra-se imbricado com os direitos fundamentais à liberdade, à igualdade e à fraternidade, para os quais todos os demais direitos fundamentais, sejam eles positivados, no catálogo constitucional ou fora dele, em textos de tratados internacionais e na legislação infraconstitucional, ou não escritos (implícitos ou decorrentes dos princípios e regime adotados pela Constituição), podem ser reconduzidos. Todos estes, é iniludível, configuram, em maior ou menor grau, meras explicitações do princípio da dignidade da pessoa humana, que, desta feita, há de ser eleito como critério basilar para a construção de um conceito material de direitos fundamentais." (p. 31)
(129) *Direitos fundamentais e o contrato de trabalho*, p. 21.
(130) *A dignidade da pessoa humana diante da sanção penal*, p. 13.

Assim, a realidade social deve ser considerada para o preenchimento do conceito de dignidade da pessoa humana, cuja preservação consiste na maior aspiração do Direito e cujo conceito, elaborado ao longo da história, "chega ao início do século XXI repleta de si mesma, como valor supremo, construído pela razão humana"[131], decorrente do direito natural, vez que "preenchido *a priori*, isto é, todo ser humano tem dignidade só pelo fato já de ser pessoa"[132].

Portanto, em que pese tratar-se efetivamente do megaprincípio de nossa ordem jurídico-constitucional, o primado da dignidade humana deve ser corretamente observado e, para tanto, em sua interpretação (inclusive no que toca ao seu preenchimento pelos valores) deve-se lançar mão da proporcionalidade ou da razoabilidade, mantendo-se o prestígio aos demais fundamentos da República estatuídos nos outros incisos do art. 1º da Carta Maior, todos com força e natureza principiológica, sem qualquer inferioridade hierárquica expressa, no âmbito constitucional, em relação à dignidade humana. Todavia, não se pode permitir que a proporcionalidade leve ao afastamento ou ao desprestígio da dignidade humana em benefício de outro fundamento de nosso Estado Democrático, dado que esta equiparação entre os princípios fundamentais acaba sendo verificada tão somente no aspecto formal e como condição balizadora da estrutura geral de nossa República. Mesmo assim, no centro, em razão do caráter antropocêntrico da norma e do mais já exposto, restará sempre o megaprincípio da dignidade da pessoa humana, de onde se parte e para onde se deve sempre caminhar no que tange à interpretação de qualquer norma ou outro princípio em nosso Direito. O que não se pode permitir, em suma, é que a dignidade humana sirva de instrumento de aniquilação dos demais princípios fundamentais, sob pena de perda da coerência lógica do sistema. Assim, tomando emprestada a lição de Ingo Wolfgang Sarlet, podemos afirmar:

> *"Cuidando-se a dignidade — e aqui tomamos emprestadas as expressivas palavras de Cármen Lúcia Antunes Rocha — do que se poderia denominar de 'coração do patrimônio jurídico-moral da pessoa humana', é imprescindível que se outorgue ao princípio fundamental da dignidade da pessoa humana, em todas as suas manifestações e aplicações, a máxima eficácia e efetividade possível, em suma, que se guarde e proteja com todo o zelo e carinho este coração de toda sorte de moléstias e agressões, evitando ao máximo o recurso a cirurgias invasivas e, quando estas se fizerem inadiáveis, que tenha por escopo viabilizar que este coração (ético-jurídico) efetivamente esteja (ou, pelo menos, que venha a estar) a bater para todas as pessoas com a mesma intensidade. (...) não se poderá olvidar (...) que a dignidade da pessoa humana (assim como os direitos fundamentais que lhe são inerentes) aponta — de*

---

(131) NUNES, Rizzatto. *O princípio constitucional da dignidade humana: doutrina e jurisprudência*, p. 46.
(132) *Ibid.*, p. 52.

acordo com a lapidar lição de Gomes Canotilho — para a ideia de uma comunidade constitucional (republicana) inclusiva, necessariamente pautada pelo multiculturalismo mundividencial, religioso ou filosófico e, portanto, contrária a qualquer tipo de 'fixismo' nesta seara, e, para além disso, incompatível com uma visão reducionista e até mesmo 'paroquial' da dignidade."[133]

Evidenciamos, por fim, que a dignidade da pessoa humana, fulcrada como princípio fundamental devidamente positivado no art. 1º, III, da Carta Constitucional brasileira, exterioriza-se na consagração de direitos e garantias fundamentais, nos moldes do art. 5º da Constituição Federal. Além disso, apresenta seu aspecto social no artigo seguinte (art. 6º), que fixa como conteúdo fundamental para compreensão de qualquer direito em nosso país a garantia a todos no que tange ao acesso à educação, à saúde, à alimentação, ao lazer, ao trabalho, à moradia, à segurança, à previdência social, à proteção à maternidade e à infância, bem como à assistência aos desamparados[134], em outras palavras, ao *piso vital mínimo*. Indubitável, pois, que a dignidade da pessoa humana vai além da inclusão da tutela da personalidade — ou da garantia dos chamados direitos da personalidade —, alcançando verdadeiramente tanto os direitos individuais e pessoais, como a vida, a integridade física e a própria seara da garantia da incolumidade do patrimônio moral, quanto os direitos econômicos, culturais e, principalmente, sociais, garantidos simultaneamente a todo um grupo ou conjunto de pessoas unido por relações fáticas ou jurídicas, considerado em sua unidade — ou seja, direitos da coletividade, direitos coletivos *lato sensu*.

Aliás, quanto à dignidade da pessoa humana trabalhadora, ou, em outras palavras, o princípio da dignidade humana e sua projeção sobre o Direito do Trabalho, algumas considerações podem ser traçadas.

De início, não se pode ignorar que a pessoa humana passa considerável parte da sua vida trabalhando — logo, em seu ambiente laboral. Portanto, se o Direito não garantir a dignidade humana no ambiente laboral, estará relativizando o princípio em questão, resultando em algo que não se pode admitir. Por isso que José Felipe Ledur afirma ser inalcançável a dignidade humana quando o trabalho humano não merece a valorização adequada[135], já demonstrando a íntima ligação desse princípio com o fixado no inciso seguinte do mesmo dispositivo constitucional (art. 1º, IV): o valor social do trabalho.

Observamos que os direitos trabalhistas — e o próprio Direito do Trabalho — surgem de um cenário de lutas e reivindicações dos trabalhadores, organizados

---

(133) *Dignidade da pessoa humana e direitos fundamentais na Constituição Federal de 1988*, p. 144-145.
(134) FIORILLO, Celso Antonio Pacheco; FERREIRA, Renata Marques. *Direito ambiental tributário*, p. 6.
(135) *A realização do direito do trabalho*, p. 95.

ou não, que culminaram em importantes conquistas. Neste diapasão, a evolução histórica do próprio conceito de trabalho humano que, na Antiguidade, consistia em verdadeira punição, submissão, pois entregue aos integrantes dos povos que, vencidos nas batalhas, eram escravizados. Esse contexto de humilhação, ao que nos parece, permaneceu vivo no período feudal, embora notada já alguma bilateralidade relacionada ao trabalho — pelo trabalho, a contrapartida ao trabalhador. Com o crescimento populacional, a produção possível no sistema feudal deixou de ser suficiente ao atendimento das necessidades que surgiam das massas humanas. Foi na busca de solucionar essa questão de produtividade que, no decorrer da História, a humanidade passou pela época das chamadas "corporações de ofício" com suas inadequadas e rudimentares condições de trabalho, até chegar à era da Revolução Industrial, que, por sua vez, marcada por avanços tecnológicos, inseriu a humanidade em uma nova fase: de produção em massa com intuito de lucro (acumulação de riquezas). A pessoa humana do trabalhador, que até então já pouco significava, com a Revolução Industrial passou efetivamente a ocupar um papel secundário no campo das preocupações e dos anseios dos detentores dos instrumentos de trabalho (meios de produção), a marcar o início daquela que talvez tenha sido a maior fase de exclusão social da história da humanidade.[136]

Mediante a esse quadro, os trabalhadores foram percebendo que somente pelas lutas e reivindicações, em especial quando unidos em torno do mesmo ideal, poderiam reverter este "massacre" ao que suas pessoas, física e emocionalmente, se viam submetidas. E a luta começou pela própria possibilidade de ter garantida a liberdade de associação e coalizão.

Por isso que se defende que o Direito do Trabalho tem na Revolução Industrial uma de suas raízes, pois, economicamente, criou um novo contexto que conduziu os trabalhadores à causa jurídica do surgimento deste ramo do Direito: as lutas e os demais movimentos sociais em busca da garantia de melhores condições de trabalho e de direitos mínimos à pessoa humana trabalhadora, como forma de reconhecimento de sua dignidade. Torna-se nítido que foi a dignidade ferida que conduziu, em boa parte, o ânimo dos homens e das mulheres explorados pelo poder do detentor dos meios de produção a buscar, nas reivindicações havidas, melhores condições de trabalho, com o reclame e a conquista de direitos

---

(136) Um bom e bem-humorado retrato do afirmado pode ser encontrado no filme de Charles Chaplin *Tempos Modernos*, e toda a crítica ao sistema de produção industrial que "desumaniza" a pessoa do trabalhador, transformando-o praticamente em uma "parte" do sistema mecanizado — quando não o "confundindo" com as próprias engrenagens dos equipamentos, de modo a esmagar sua dignidade. Lembre-se a passagem do capitalista, do alto de seu escritório, controlando o trabalho das máquinas e pessoas sem qualquer outra preocupação senão com a produtividade, bem como a impagável cena do invento que permitiria aos trabalhadores se alimentarem sem deixar o posto de labor — de resultados obviamente desastrosos.

decorrentes do labor — contrapartidas pelo trabalho — e para o labor — condições de trabalho. Daí, inegável a íntima ligação da dignidade humana com a própria história de surgimento e desenvolvimento do Direito Laboral.

Observemos, ainda, que, a partir do seu surgimento, o Direito do Trabalho experimentou evolução coerente com os progressos da própria sociedade. Assim, a massificação social teve reflexo na seara juslaboral, a trazer para o bojo desse ramo a tutela de interesses que extrapolam o campo do meramente individual: acabou organizando melhor o direito coletivo do trabalho e, depois, admitiu a existência e permitiu a tutela jurídica dos chamados direitos metaindividuais trabalhistas. Com isso, historicamente, a tutela jurídica da dignidade da pessoa humana enquanto trabalhadora evoluiu da simples proteção individual para uma dimensão coletiva, permitindo a salvaguarda da dignidade de toda uma coletividade de trabalhadores, quando lesados de forma comum ou simultânea.

É nesse cenário que emerge a tutela jurídica do meio ambiente do trabalho, bem como a proteção jurídica às mulheres e aos menores trabalhadores, aos obreiros portadores de deficiências, a vedação às discriminações, a tutela associada à tríade de valores "trabalho-saúde-segurança", dentre outras expressões da coletivização da tutela juslaboral.

Assim, no atual estágio do Direito do Trabalho, como nos demais sub-ramos da ciência jurídica, temos o reconhecimento da dignidade humana, positivada na Constituição Federal, como farol principal do mundo jurídico.

Todavia, não há como negar que a expressão máxima dos direitos sociais é o trabalho — tanto que o capítulo do Texto Maior pertinente a esses, que abarca os arts. 6º a 11 do art. 7º em diante, trata tão somente de Direito do Trabalho —, e sendo o conjunto dos direitos sociais elencados no art. 6º da Carta de 1988 verdadeiro prisma social do primado da dignidade humana, por certo é na garantia do trabalho digno que se concretizará, em boa parte, o megaprincípio constitucional em testilha. Por isso, o Direito do Trabalho emerge como um dos direitos fundamentais da pessoa humana, a demonstrar a relevância desse ramo à ciência jurídica para a efetiva consagração dos desideratos do Estado brasileiro. O desrespeito a um direito de ordem trabalhista consiste diretamente em afronta à dignidade humana, e isso se verifica tanto na hipótese de inadimplemento do salário quanto no descuidado com as condições ambientais de trabalho, e em todos os demais possíveis casos de infração aos deveres empresariais-trabalhistas, afinal, o trabalhador entregou ao empregador, em troca da remuneração contratada, algo que nunca mais poderá ser restituído: seu esforço pessoal, seu tempo, seu suor, enfim, sua força de trabalho. É uma parte do contexto imaterial do trabalhador que foi dada em benefício dos interesses do empreendedor--empregador ou tomador do serviço e que, assim, não pode ser menosprezada. É, por vezes, uma parte do contexto material do mesmo trabalhador, que, não raro, com o tempo e em razão dos esforços no trabalho, vê sua saúde física e mental deterioradas, quer pelas lesões sofridas em virtude das rotinas de trabalho (nesse sentido, as LER/DORT[137], por exemplo), quer pelo estresse ou por outros males (muitas vezes, decorrentes da nefasta constatação de assédio moral sofrido pelo trabalhador). Tudo sem considerar os trabalhos perigosos por contato com um considerável número de possíveis agentes de risco, expondo a vida e a integridade física do trabalhador a cada instante da prestação de serviços, ou, ainda, as hipóteses de labor em contato com agentes insalubres, ou mesmo em condições ergonômicas desfavoráveis.

A amplitude da tutela jurídica dos Direitos Laborais, viabilizada na esfera individual e coletiva *lato sensu*, assegura às pessoas humanas a efetividade do Poder garantido ao povo pelo contexto constitucional pátrio (art. 1º, parágrafo único, adiante melhor abordado), uma vez que outorga a essas pessoas a oportunidade de conduzirem ao Judiciário seus conflitos de interesses e, na guarida do Estado-juiz, encontrarem o restabelecimento da dignidade negada, não alcançada ou ferida pela conduta do detentor dos meios de produção.

Antes, ainda, é na íntima relação do primado da dignidade humana com os desideratos do Direito do Trabalho que encontramos justificativa para princípios específicos da seara juslaboral como o protetivo (princípio da proteção), por exemplo, buscando-se não a imposição de prejuízos injustificados ao empregador, mas, certamente, a equiparação das forças contratuais, a verdadeira equalização das condições das partes contratantes, considerando a posição de superioridade econômica do empregador[138], ao atribuir ao empregado/trabalhador maior poderio jurídico no âmago da relação sob a tríade variável de aplicação apontada por Plá Rodriguez e também observada no Direito Laboral brasileiro: *in dubio pro operario*, condição mais benéfica e norma mais favorável[139]. Interessante, todavia,

---

(137) LER: lesões por esforços repetitivos. DORT: distúrbios osteomusculares relacionados ao trabalho.
(138) Everaldo Gaspar Lopes de Andrade afirma: "O Direito do Trabalho propõe superioridade jurídica para o empregado, a fim de compensar a superioridade econômica do empregador. O objetivo, portanto, é colocar as partes em igualdade de condições. Esta sofisticada elaboração teórica se resplandece, na experiência normativa, mediante normas de caráter imperativo — com conteúdos de irrenunciabilidade, inderrogabilidade, indisponibilidade e ordem pública. Com isso, gerou o princípio da igualdade das partes." (*Princípios de direito do trabalho e seus fundamentos teórico-filosóficos*, p. 221). Por sua vez, Luiz de Pinho Pedreira da Silva, *Principiologia de Direito do Trabalho*, p. 24-25, destaca: "Detém o empregador o poder diretivo sobre o trabalhador, que lhe assegura o direito de lhe comandar, dar ordens e direção, e o poder disciplinar, que lhe possibilita aplicar-lhe sanções por descumprimento das ordens ou pela prática de outras faltas. Embora esses poderes estejam submetidos a limites no seu exercício, não podendo, salvo em casos excepcionalíssimos, alcançar a vida do empregado fora do trabalho, criam para o trabalhador, como já visto, uma ostensiva situação de inferioridade."
(139) Everaldo Gaspar Lopes de Andrade (*Ibid.*, p. 79) assim trata o tema: "Em Américo Plá Rodriguez, o princípio fundamental é o da proteção, do qual se irradiam três variáveis de aplicação: *in dubio pro operario*, a regra de aplicação da norma mais favorável e a regra da condição mais benéfica. Proteção dirigida às relações individuais, ao contrato individual de trabalho. Por isso, na interpretação e aplicação das regras jurídicas destinadas a disciplinar essas relações individuais, o intérprete e o aplicador do Direito devem, em caso de dúvida, privilegiar a parte economicamente mais fraca, o empregado. Do

salientarmos que a mais efetiva expressão do princípio da dignidade da pessoa humana se encontra em outro primado específico do Direito do Trabalho: o princípio da proteção *social*. Logo, se o princípio da proteção e sua tríplice via de aplicação se encontram ligados umbilicalmente ao chamado Direito *Individual* do Trabalho, o princípio da proteção social busca algo mais, visando garantir a isonomia almejada, no campo da realidade, não considerando trabalhador por trabalhador, mas, efetivamente, a totalidade daqueles que se encontrem no mercado de trabalho ou pretendam assim estar. Nesse sentido, salienta Everaldo Andrade:

> *"Um verdadeiro Princípio de Proteção Social deve surgir da força das organizações coletivas e de uma proposta econômica adaptada à sociedade pós-industrial, a fim de atender indistintamente a todos os cidadãos que vivem ou pretendem viver de uma renda ou de um trabalho dignos, sobretudo do trabalho livre."*[140]

Ainda no âmbito do Direito Laboral, Maria do Perpetuo Socorro Wanderley[141] salienta que, nos julgamentos havidos pelo Supremo Tribunal Federal, em que invocado o princípio da dignidade da pessoa humana em matéria trabalhista, embora tratado como questão penal, a questão de maior destaque remete ao trabalho escravo. Neste diapasão, Maria Wanderley exemplifica com o julgamento do Recurso Extraordinário 398041-PA, sob relatoria do ministro Carlos Ayres Britto, cuja ementa traz:

> *"DIREITO PENAL E PROCESSUAL PENAL. ART. 149 DO CÓDIGO PENAL. REDUÇÃO A CONDIÇÃO ANÁLOGA À DE ESCRAVO. TRABALHO ESCRAVO. DIGNIDADE DA PESSOA HUMANA. DIREITOS FUNDAMENTAIS. CRIME CONTRA A COLETIVIDADE DE TRABALHADORES. ART. 109, VI, DA CONSTITUIÇÃO FEDERAL. COMPETÊNCIA. JUSTIÇA FEDERAL. RECURSO EXTRAORDINÁRIO PROVIDO. A Constituição de 1988 traz um robusto conjunto normativo que visa à proteção e efetivação dos direitos fundamentais do ser humano. A existência de trabalhadores a laborar sob escolta, alguns acorrentados, em situação de total violação da liberdade e da autodeterminação de cada um, configura crime contra a organização do trabalho. Quaisquer condutas que possam ser tidas como violadoras não somente do sistema de órgãos e instituições com atribuições para proteger os direitos e deveres dos trabalhadores, mas também dos próprios trabalhadores, atingindo-os em esferas que lhes são mais caras, em que a Constituição lhes confere proteção máxima, são enquadráveis na categoria dos crimes contra a organização do trabalho, se praticadas no contexto das relações de trabalho. Nesses casos, a prática do crime prevista no art. 149 do Código Penal (Redução à condição análoga à de escravo) se caracteriza como crime contra a organização do trabalho, de modo a atrair a competência da Justiça Federal (art. 109, VI, da Constituição) para processá-lo e julgá-lo. Recurso extraordinário conhecido e provido."*

Torna-se visível, por fim, o entendimento que já manifestamos alhures no sentido de entendermos o princípio do devido processo legal, em seu duplo aspecto

---

mesmo modo, quando houver mais de um enunciado normativo disciplinando a matéria, hipótese em que devem eles aplicar aquela que for mais benéfica àquela parte. Assim se procede, também, no tocante à regra da condição mais benéfica."
(140) *Princípios de direito do trabalho e seus fundamentos teórico-filosóficos*, p. 216.
(141) A dignidade da pessoa humana nas relações de trabalho. *Revista do Tribunal Superior do Trabalho*, v.75, n. 3, jul./set./2009, p. 113.

(material e processual), como expressão instrumental máxima do arcabouço principiológico vocacionado à salvaguarda dos direitos e das garantias fundamentais, bem como dos direitos sociais, dado que, fundado no trinômio vida-liberdade-propriedade (considerados em seus conceitos mais amplos), possibilita a previsibilidade do curso processual. Dessa forma, garante o trato isonômico às partes, qualificando o acesso ao Judiciário a transformá-lo, efetivamente, no que se pode ter como "acesso a uma ordem jurídica justa", da garantia do direito de ação ao contraditório e ampla defesa, tudo pautado pela razoabilidade na duração do processo, agregando à solução estatal das controvérsias o valor "tempo", como elemento de consagração da dignidade humana e não fulminador dessa (afinal, justiça tardia pode consistir em verdadeira injustiça).[142]

2.4.2.4. O valor social do trabalho e da livre-iniciativa (CF, art. 1º, IV)

A primeira Constituição brasileira a fazer referência expressa ao valor do trabalho foi a de 1946, que em seu art. 145 trazia: "A ordem econômica deve ser organizada conforme os princípios da justiça social, conciliando a liberdade de iniciativa com a valorização do trabalho humano."

O atual texto também consagra o trabalho e a livre-iniciativa como fundamentos da ordem econômica e social pátria (CF, art. 170), indispensáveis ao desenvolvimento e à própria definição do que vem a ser o Estado brasileiro, devendo, para tanto, ser harmonizados. Se, ainda, considerarmos que a ordem econômica visa assegurar a todos a existência digna conforme os ditames da justiça social, e se observarmos os princípios estatuídos nos incisos I a IX do art. 170 da Constituição, poderemos afirmar sua função consagradora da própria dignidade humana.

Ademais, dentre os fundamentos que compõem a base da ordem econômica em nosso Estado, encontra-se a conjugação harmônica do capital com o trabalho, do valor social do trabalho com a livre-iniciativa (CF, art. 1º, IV). Portanto, entre "capital e trabalho", a luz do fixado na Constituição Federal de 1988, não há relação de oposição, mas, claramente, de complementação, de colaboração visando a determinados fins de indiscutível repercussão social e econômica.

Trabalho, aqui, há de ser considerado de forma ampla, vislumbrando seu aspecto social e econômico: trata-se, indiscutivelmente, de elemento consagrador do primado da dignidade humana[143] e, ao mesmo tempo, portador de valor,

---

(142) *O princípio do devido processo legal e a Justiça do Trabalho*, monografia não publicada, elaborada sob a orientação da professora Eliana Borges Cardoso, apresentada em 9.1.2007 à Faculdade de Direito de São Bernardo do Campo em atendimento à exigência parcial para obtenção do título de especialista em Direito e Relações do Trabalho, a qual foi atribuída nota máxima. Disponível na biblioteca da referida faculdade.
(143) "A proteção e defesa da dignidade da pessoa humana alcançam importância ímpar neste novo século, principalmente em virtude dos avanços tecnológicos e científicos experimentados pela humanidade que potencializam cada vez mais os riscos nos ambientes de trabalho, o que vem se agravando diante das diretrizes estabelecidas pelo capitalismo globalizado dos séculos XX e XXI, que não prioriza soluções para as questões sociais e humanitárias." (Melo, 2006, p. 492-493)

gerador da *mais valia*, na lição de Marx[144]. Aqui, tutelam-se mais os efeitos do trabalho do que a atividade laboral: trabalho proporcionando dignidade, viabilizando o acesso aos demais direitos sociais como saúde, lazer, educação, dentre outros, possibilitando o desenvolvimento das atividades econômicas, sendo força motriz do crescimento da economia nacional, quer no aspecto produtivo, quer no aspecto fomentador de consumo (salário + anseios materiais do trabalhador + oferta + preço do produto compatível com as condições de pagamento do obreiro = *consumo*).[145]

O princípio estatuído no art. 1º, IV, da Carta Política, outrossim, não para no aqui já exposto: estabelece a necessária harmonização do trabalho com a livre--iniciativa (entenda-se, economia capitalista). Assim, o trabalho existe como fator de produção dentro de uma lógica capitalista que busca, por certo, lucro. A atividade empresarial desenvolve-se visando a acumulação de riqueza bem como, vale repetir, o "lucro". Para tanto, essa atividade necessita do trabalho humano, que se desenvolve em troca da devida "contrapartida", em regra, o pagamento de salário teoricamente condizente com a labuta verificada em dado período.

Não é outro o escólio de Manoel Jorge e Silva Neto:

> *"A livre-iniciativa, por sua vez, deve ser compatibilizada à valorização do trabalho humano. Para tanto, valer-se-á o aplicador do direito do postulado da concordância prática, dirigindo à solução que equilibre os bens constitucionalmente tutelados. Nem o excessivo peso a ser atribuído à liberdade de iniciativa, nem conferir-se maior densidade aos valores sociais do trabalho.*
>
> *A tentativa do elemento constituinte originário de pôr ambos em um único dispositivo e reputá-los como fundamentos do Estado brasileiro indica, de forma declarada, a opção constitucional pela ideologia democrático-social.*
>
> *E a ideologia do jaez, percebida com sensibilidade pelo aplicador do direito do trabalho, não conduz a outra hipótese senão a de reverência aos direitos fundamentais dos trabalhadores."*[146]

Foi observado que da perfeita conjugação do capital com o trabalho advêm inúmeros benefícios à sociedade, proporcionando o desenvolvimento de suas instituições com a consequente redução das mazelas sociais. Neste nível e para tanto, os referidos fatores devem funcionar mutuamente como uma espécie de freio, de modo que não se retire a dignidade da pessoa humana trabalhadora (o

---

(144) Ver IASI, Mauro Luis. *Ensaios sobre consciência e emancipação*, p. 10 e ss.
(145) Para um estudo do tema sob esse enfoque, vide artigo de nossa autoria: O contrato de trabalho como instrumento da dignidade humana, *Revista Bonijuris*, v. 22, n. 564, p. 11-16, nov./2010.
(146) *Direitos fundamentais e o contrato de trabalho*, p. 24.

que exige a viabilização, pelo trabalho, da conquista ou o acesso aos demais direitos sociais por parte do obreiro), bem como não se inviabilize o lucro suficiente a justificar a continuidade dos empreendimentos.

Contexto próximo ao ora analisado, encontramos no embate entre o capitalismo e a necessária sustentabilidade no desenvolvimento econômico: embora, em um primeiro olhar, pareçam excludentes, devem ser harmonizados no sentido de se viabilizar as atividades econômicas e o lucro por esses almejado, mesmo porque indispensáveis ao necessário desenvolvimento da economia brasileira, entretanto, tudo com o mínimo impacto possível ao meio ambiente.[147]

Pelo exposto, nota-se que o fundamento da República Federativa do Brasil fixado no art. 1º, IV, da Carta de 1988, a caracterizar e definir o Estado Brasileiro inaugurado por esta ordem, tem aspecto dicotômico, exprimindo a partir de dois vértices um único princípio, que impõe o regime capitalista brasileiro, caracterizado pela responsabilidade social limitadora da livre-iniciativa — uma vez que o texto do inciso em questão alude aos valores sociais do trabalho e *da livre-iniciativa*, logo, valores sociais do trabalho e *valores sociais da livre-iniciativa*[148] —, tudo a partir da valorização da pessoa humana e de seu trabalho.

2.4.2.5. O pluralismo político (CF, art. 1º, V)

Consiste o princípio na liberdade de formação de correntes políticas no país, representativas dos diversos grupos componentes da chamada "opinião pública". Afasta-se da ideia de partido único ou mesmo do sistema de bipartidarismo forçado, dentre outros.

Parte-se da noção de que um grupo maior, detentor do poder — o povo —, entregará o controle deste a outro grupo, representativo. Inegável, sem distinção, a coexistência de diversas ideologias — valores sociais especificamente direcionados — no seio da mesma sociedade. Dessa forma, busca-se harmonizar tais correntes de pensamento ou de representação de grupos sociais específicos para viabilizar o

---

(147) Neste sentido, vide FIORILLO, Celso Antonio Pacheco. *Curso de direito ambiental brasileiro*, p. 27.
(148) Salienta Rizzatto Nunes sobre o fundamento fixado no inciso em comento: "Tem-se dito, de forma equivocada, que esse fundamento da livre-iniciativa, na República Federativa do Brasil, é o de uma livre-iniciativa ampla, total e irrestrita. Na verdade, é uma leitura errada e uma interpretação malfeita do texto. O inciso IV do art. 1º é composto de duas proposições ligadas por uma conjuntiva 'e': 'os valores sociais do trabalho' e 'da livre-iniciativa. Para interpretar-se o texto adequadamente basta lançar mão do primeiro critério de interpretação, qual seja, o gramatical. Ora, essas duas proposições ligadas pela conjuntiva fazem surgir duas dicotomias: trata-se dos valores sociais do trabalho 'e' dos valores sociais da livre-iniciativa. Logo, a interpretação somente pode ser que a República Federativa do Brasil está fundada nos valores sociais do trabalho e nos valores sociais da livre-iniciativa, isto é, quando se fala em regime capitalista brasileiro, a livre-iniciativa gera responsabilidade social sempre. Ela não é ilimitada." (*Comentários ao código de defesa do consumidor*, p. 6-7)

também harmônico exercício do poder. Quando isso não é possível, busca-se o poder da maioria, como forma de justa e legítima entrega do comando do poder a dado grupo. Assim, a Constituição, neste desiderato, afirma e garante a existência dos direitos políticos (art. 14 a 16), reconhece a existência do pluralismo de correntes sociais (art. 1º, V) e garante a existência da representatividade dessas correntes e a possibilidade de acesso de cada uma ao comando do poder, inclusive e principalmente pela garantia da coexistência de partidos políticos (art. 17).

2.4.2.6. A soberania popular (CF, art. 1º, parágrafo único)

Como apontado no parágrafo único do artigo inaugural da Constituição Federal, "todo poder emana do povo, que o exerce por meio de seus representantes eleitos ou diretamente".

De início, podemos notar que o parágrafo em questão distingue "titularidade" e "exercício" do poder. A titularidade, como facilmente se depreende da leitura do dispositivo em questão, cabe ao povo. De outro lado, quanto ao exercício, temos que se pode dar de duas formas:

1) por meio de representantes eleitos; e

2) diretamente pelo povo.

Quanto à primeira das formas, qual seja, o exercício do poder por meio de representantes eleitos, não vislumbramos grandes dúvidas. A questão a ser analisada, entretanto, guarda pertinência à segunda forma: o exercício do poder diretamente pelo povo.

É fato que a possibilidade de exercício direto do poder pelo povo consolida o que podemos chamar de "soberania popular". Segundo dispõe a Lei n. 9.709, de 18 de novembro de 1998, a soberania popular "é exercida por sufrágio universal e pelo voto direto e secreto, com valor igual para todos, nos termos desta Lei e das normas constitucionais pertinentes, mediante: plebiscito, referendo e iniciativa popular".

Entendemos, todavia, que a soberania popular, o exercício direto do poder pelo povo, não se dá apenas por tais meios, mas, principalmente, pelo "direito de ação" (princípio da inafastabilidade da jurisdição, art. 5º, XXXV, da Carta Constitucional de 1988), em especial a ação popular, prevista no art. 5º, LXXVIII, da Constituição Federal como garantia fundamental, nos seguintes termos:

> "qualquer cidadão é parte legítima para propor ação popular que vise a anular ato lesivo ao patrimônio público ou de entidade de que o Estado participe, à moralidade administrativa, ao meio-ambiente e ao patrimônio histórico e cultural, ficando o autor, salvo comprovada má-fé, isento de custas judiciais e do ônus da sucumbência".

Assim, como bem salienta Pedro Lenza, ao lado do voto, da iniciativa popular, do plebiscito e do referendo, "a ação popular, corroborando o preceituado no art. 1º, parágrafo único, da CF/88, constitui importante instrumento de democracia direta e participação política. Busca-se a proteção da *res publica*, ou, utilizando-se uma nomenclatura mais atualizada, tem por escopo a proteção dos interesses difusos".[149]

Entretanto, não vislumbramos apenas na ação popular a via processual para o exercício direto do poder pelo povo. No direito de petição e obtenção de certidões (art. 5º, XXXIV, da CF), por exemplo, também encontramos importante instrumento para o exercício do poder, uma vez que viabilizada, como direito fundamental, a obtenção de informações e respostas, inclusive do Estado.

Outro importante meio de exercício direto do poder inicia-se pelo direito de associação (Constituição Federal, art. 5º, incisos XVII, XVIII, XIX, XX e XXI). Organiza-se um grupo em torno de uma finalidade associativa adquirindo-se, preenchidos os requisitos legais estatuídos na Lei n. 7.347, de 24 de julho de 1985, legitimidade para propor ação civil pública. Trata-se, certamente, do principal instrumento processual de tutela dos interesses metaindividuais, devendo sua lei de regência, para tal fim, ser considerada e interpretada em conjunto com as disposições processuais do Código de Defesa do Consumidor (Lei n. 8.078/90), formando com esse um microssistema vocacionado à referida tutela dos direitos e interesses coletivos *lato sensu*. Salientemos, então, a importância das diversas associações de proteção aos consumidores no que toca à divulgação dos direitos desses, com participação ativa na busca da garantia de seus representados e dos consumidores em geral, inclusive com denodada participação positiva na formação da melhor jurisprudência pátria emanada das lides consumeristas.

Não podemos nos esquecer, ainda, na seara do direito ambiental artificial, da gestão democrática das cidades e das garantias, no processo de elaboração do plano diretor e na fiscalização de sua implementação, da realização de audiências públicas e debates com a participação da população e de associações representativas dos vários segmentos da comunidade, publicidade quanto a documentos e informações produzidos, bem como o acesso de qualquer interessado a esses, tudo imposto pelo Estatuto das Cidades (Lei n. 10.257, de 10 de julho de 2001, capítulo IV, arts. 43 a 45, e capítulo III, arts. 39 a 42, em especial art. 40, § 4º, I a III, respectivamente), a minimamente viabilizar a informação, importante "trunfo" para o exercício direto do poder, já que facilita, pela via do Judiciário, a atuação do povo, no exercício direto do poder, visando a impedir determinadas medidas governamentais contrárias aos interesses da coletividade e do próprio Estado, ou, ao menos, desfazer as ações e os respectivos resultados contrários a tais interesses.

Demonstrada, assim, a extensão da soberania popular, a trazer para a seara do mundo concreto o enunciado teórico afirmativo do poder do povo, viabilizando, ao menos na via do controle, a participação dos legítimos titulares na gestão do Poder.

---

(149) LENZA, Pedro. *Direito constitucional esquematizado*, p. 450.

Todavia, ressaltemos três últimos aspectos sobre a questão do exercício do poder diretamente pelo povo. Se fato é que tal se dá pela via do Poder Judiciário, temos:

1. que os discursos pela "desjudicialização", ou seja, pela criação e imposição de mecanismos que afastem do Judiciário as lides e, assim, "desafoguem" esta atribuição do Poder, exibem-se equivocados. O problema é outro: há de se estruturar o Poder Judiciário para receber e resolver cada vez mais lides. Afastar o jurisdicionado do Judiciário significa agredir o princípio fundamental da soberania popular, pela obstaculização do direito de exercício direto da soberania pelo povo, via ação judicial.

2. que há de se estruturar o Judiciário para, recebendo as ações, poder solucionar as respectivas lides com celeridade, vez que *justiça tardia não é Justiça*[150]! Neste sentido, lembra José Rogério Cruz e Tucci que não raro se depara com a injustificada morosidade na solução dos feitos — o que, aliás, atualmente consiste em verdadeiro desrespeito ao direito fundamental de solução do processo em tempo razoável (CF, art. 5º, LXXVIII) —, ao contar, valendo-se de elogiável humor:

> *"Com efeito, não deixava de ter razão o saudoso Prof. Joaquim Canuto Mendes de Almeida quando pesarosamente gracejava, há mais de vinte anos, que o advogado, em muitas ocasiões, deve sentir incontido desejo de exibir nos autos a 'foto de um bolo de aniversário', para comemorar, juntamente com o juiz, o transcurso de mais um ano sem ter-se chegado ao ato decisório final."*[151]

3. e, finalmente, que, pelo supraexposto, a maior questão a ser discutida atualmente não reside no "acesso à Justiça", mas "em como sair dela com a solução do feito!", uma vez que a demora, por vezes, é tamanha que, por ocasião do julgamento, já se pereceu a razão de ser do embate, com prejuízos, não raro, para ambas as partes ou, no mais das vezes, para quem detém a razão!

2.4.2.7. A separação (tripartição) dos poderes (CF, art. 2º)

Como bem afirma Michel Temer[152]:

> *"Não há Estado sem poder. Este é a emanação da soberania. (...) Evidencia--se o poder pela circunstância da organização. (...) Não há sociedade sem organização. Daí a parêmia secular: ubi societas, ibi jus; ubi jus, ibi societas."*

---

(150) "E retrata-se na famosa advertência, atribuída ao antigo Conselheiro De la Bruyere, de que 'a demora na administração da justiça constitui, na verdade, pura denegação de justiça!'" (José Rogério Cruz e Tucci, *Tempo e processo*, p. 15).
(151) *Ibid.*, mesma página.
(152) *Elementos de direito constitucional,* p. 117.

Justamente para fim da aludida organização jurídica do poder emanado do povo e, logo, da sociedade (diante da natureza gregária da pessoa humana), bem como para evitar o seu exercício arbitrário, o Direito cria mecanismos de controle e harmonização. No que tange ao Direito brasileiro, tal se dá principiologicamente, sendo certo que encontramos o referido princípio fixado no art. 2º da Constituição Federal, que dispõe: "São Poderes da União, independentes e harmônicos entre si, o Legislativo, o Executivo e o Judiciário."

A primeira anotação a se fazer é no sentido de se afirmar que a separação dos poderes, enunciada no artigo sob comentários, consiste em cláusula pétrea. Neste sentido, traz o texto constitucional, em seu art. 60, § 4º, III:

"Art. 60. A Constituição poderá ser emendada mediante proposta:

(...)

§ 4º. Não será objeto de deliberação a proposta de emenda tendente a abolir:

(...)

III — a separação dos Poderes;

(...)."

Outra questão deve ser salientada: no que se refere à separação dos poderes, melhor seria tratá-la como "tripartição das atribuições típicas do Poder", pois esse mantém sua unidade sofrendo apenas divisão funcional, atribuindo cada função governamental básica predominantemente (e não exclusivamente) a um órgão independente e especializado.

São três as funções básicas mencionadas: a legislativa, a executiva e a judiciária. Tais denominações são devidas às destinações dadas às ditas funções — de modo direto e simplificado, atento à função típica de cada atribuição, a incumbência de legislar, executar ou administrar e julgar, respectivamente.

Funcionam, como já salientado, em sistema de mútuo controle, evitando-se, assim, o exercício arbitrário do poder, embora caracterizem-se pela especialização e pela independência.

Embora possamos encontrar berço histórico à sistematização da separação de poderes no pensamento de Aristóteles e, principalmente, Montesquieu, como bem salienta Fiorillo, atualmente (pleno século XXI), reconhecendo ser o direito um produto cultural: "seria descabido afirmar no plano normativo constitucional brasileiro que efetivamente o art. 2º de nossa Carta Constitucional poderia ser interpretado a partir da estrutura preconizada no século XVIII por Montesquieu"[153]. Na separação das atribuições do poder que principiologicamente marca a estrutura política brasileira, temos o estabelecimento e a divisão de

---

(153) *Princípios do direito processual ambiental*, p. 21.

"funções preponderantes", admitindo-se, entretanto, as chamadas funções *atípicas*, de modo que a Constituição estabelece quem deve legislar, julgar e administrar "o quê e na forma quê" entende pertinente.

Quanto à independência dos "poderes", porém, cabe aqui uma ressalva: a falta de autonomia financeira do Judiciário, a nosso ver, torna-o "menos independente" do que o Legislativo e o Executivo, uma vez que desses emanam as decisões pertinentes "ao quanto de verba terá o Judiciário para prover à sua gestão", o que, é certo, muitas vezes inviabiliza a melhor atuação do Estado-juiz (por absoluta falta de recursos) bem como o torna "dependente" economicamente das decisões dos demais "poderes".

2.4.3. Os objetivos da República Federativa do Brasil (CF, art. 3º)

Traz o art. 3º da Constituição Federal os objetivos de nosso Estado Democrático de Direito (republicano), nos seguintes termos:

"Art. 3º. Constituem objetivos fundamentais da República Federativa do Brasil:

I — construir uma sociedade livre, justa e solidária;

II — garantir o desenvolvimento nacional;

III — erradicar a pobreza e a marginalização e reduzir as desigualdades sociais;

IV — promover o bem de todos, sem preconceitos de origem, raça, sexo, cor, idade e quaisquer outras formas de discriminação."

Da simples leitura do dispositivo em questão já se extrai conclusão inequívoca: o constituinte reconheceu expressamente tratar-se o Brasil de um país marcado pela pobreza, pela absoluta crise na distribuição de renda e consequente marginalização social. Ao mesmo tempo, reconhecendo o Brasil como economia capitalista (conflito "capital x trabalho" devendo necessariamente ser minimizado, harmonizando-se os sujeitos da relação capitalista de forma a viabilizar o desenvolvimento econômico, a distribuição de renda e a dignidade humana), impõe a adaptação do sistema de direito positivo pátrio visando à redução — e não à eliminação, como anota Fiorillo[154] — das desigualdades sociais e regionais no Brasil.

Para tanto, orienta-se tanto o trabalho do legislador quanto do intérprete no sentido de fomentar a positivação nas searas material e processual de direitos e instrumentos, respectivamente, hábeis à persecução e ao alcançamento dos objetivos fixados na Carta Política de 1988.

Vejamos, resumidamente, alguns aspectos dos referidos objetivos:

1. Construir uma sociedade livre, justa e solidária; estabeleceu o constituinte dois aspectos, a saber: a) os integrantes de nossa sociedade, naquela ocasião — e

---

(154) *Princípios do direito processual ambiental*, p. 28.

ainda hoje —, não gozam de plena liberdade, sendo que aquela não é caracterizada pela justiça e carece de solidariedade em seu seio; e b) é objetivo de todo o sistema jurídico-constitucional brasileiro — logo, do legislador ao intérprete e operador do Direito — transformar o contexto social, garantindo tais atributos à nossa sociedade, partindo-se dos fundamentos da República estabelecidos no art. 1º da Carta Maior (inclusive a dignidade humana, que, a nosso ver, somente restará consagrada de forma ampla se atingidos esses primeiros objetivos constitucionais, instituindo-se a dignidade, portanto, como ponto de partida e de chegada, em princípio, a ser observado na persecução de tais objetivos e, ao mesmo tempo, também um objetivo, um fim a ser atingido e preservado), da atribuição de efetividade aos direitos e às garantias fundamentais (CF, art. 5º, *caput* e incisos) e da efetivação dos direitos sociais (arts. 6º ao 11), em especial do que, com propriedade, Fiorillo designa como "piso vital mínimo"[155] (art. 6º da Constituição Federal).

2. Garantir o desenvolvimento nacional: não apenas econômico, mas também social. Ademais, trata-se necessariamente de um desenvolvimento sustentável, marcado pela mínima degradação ambiental[156], consagrando-se o direito de todos ao meio ambiente ecologicamente equilibrado, bem de uso comum e essencial à sadia qualidade de vida (CF, art. 225). Para tanto, há de ser observada a realidade capitalista, a impor a consciência e a responsabilidade (ambiental) no processo de exploração (embora reconhecida a busca do lucro em todos os projetos e a necessidade de se viabilizar as atividades econômicas e empresariais como forma de consagração dos interesses sociais e, assim, da própria dignidade humana).

3. Erradicar a pobreza e a marginalização e reduzir as desigualdades sociais: Um bom exemplo de tentativa, neste sentido, resta positivado no art. 7º, IV, da Constituição, com a unificação do salário mínimo em âmbito nacional. Entretanto, cabe questionar se tal consistiu em medida correta, uma vez que a igualdade (substancial) real exige tratar desigualmente os desiguais. Logo, o poder aquisitivo de um trabalhador no interior do Brasil é bastante superior, no mais das vezes, ao que toca ao trabalhador que vive nas proximidades ou nas próprias capitais ou em grandes centros. Injusta, portanto, sob esse prisma, a unificação do salário mínimo no âmbito nacional. De outro lado, o comando constitucional em questão alude à fixação válida para todo o território nacional de um valor salarial mínimo que garanta — ao menos em tese — a dignidade da pessoa humana trabalhadora em qualquer lugar. Nada impede, outrossim, aos Estados-membros, por exemplo, o estabelecimento de salários mínimos estaduais (por conseguinte, regionalizados),

---

(155) *Direito ambiental tributário*, p. 13.
(156) Abordando a necessidade do desenvolvimento sustentável e a sua harmonização com a economia capitalista, Flávia Nobre Galvão conclui: "Pelo sistema econômico adotado, não é possível simplesmente uma preocupação com o meio ambiente, pois esse sistema visa sempre ao lucro. Por isso, o meio ambiente precisa se adaptar a esse sistema, senão qualquer projeto que visasse apenas à sua proteção, sem gerar lucro nenhum, não sairia do papel." (Desenvolvimento sustentável & capitalismo: possibilidades e utopias. *Revista IOB de Direito Administrativo*, p. 118).

desde que superiores ao mínimo nacionalmente unificado, uma vez que tal medida, em vez de agredir a dignidade da pessoa humana trabalhadora, caminhará no sentido de servir como elemento consagrador da isonomia real, ao equilibrar a relação capital e trabalho de acordo com a realidade regional — social, política e econômica, principalmente — vivida naquele momento. Nesse sentido, a existência de salário mínimo estadual em Estados como o Rio de Janeiro e, recentemente, São Paulo.[157]

4. Promover o bem de todos, sem preconceitos de qualquer natureza: a justiça, no conceito aristotélico, importa em equilíbrio, e não há equilíbrio sem igualdade, inclusive no que toca à condição humana, a tornar inexplicável, injusto e inaceitável qualquer manifestação de preconceito.

Agir contra os objetivos supraexpostos consiste em desobedecê-los e, assim, afrontar princípio(s) fundamental(is) da ordem constitucional.

2.4.4. Princípios que regem a República Federativa do Brasil nas relações internacionais (CF, art. 4º)

A Constituição Federal de 1988 traz positivado em seu texto um conjunto de princípios que regem a República Federativa do Brasil nas relações internacionais. Tal se dá no art. 4º da Carta Maior, nos seguintes termos:

"Art. 4º A República Federativa do Brasil rege-se nas suas relações internacionais pelos seguintes princípios:

I — independência nacional;

II — prevalência dos direitos humanos[158]*;*

III — autodeterminação dos povos;

IV — não intervenção;

V — igualdade entre os Estados;

VI — defesa da paz;

VII — solução pacífica dos conflitos;

VIII — repúdio ao terrorismo e ao racismo;

IX — cooperação entre os povos para o progresso da humanidade;

X — concessão de asilo político.

---

(157) No caso de São Paulo, por exemplo, a Lei Estadual n. 13.485/2009, que revaloriza os pisos salariais mensais dos trabalhadores que especifica, instituídos pela Lei n. 12.640, de 11 de julho de 2007. Depois, no mesmo sentido da lei de 2009, a de n. 13.983, de 2010.
(158) Logo, o Brasil não poderia manter relações comerciais com países que exploram o trabalho forçado ou degradante.

Parágrafo único. A República Federativa do Brasil buscará a integração econômica, política, social e cultural dos povos da América Latina, visando à formação de uma comunidade latino-americana de nações."[159]

Trata-se de princípios até certo ponto ambíguos, já que, em parte, demonstram uma orientação nacionalista (independência nacional, não intervenção, igualdade entre os Estados) enquanto, em outra parte, seguem uma linha internacionalista (prevalência dos direitos humanos, autodeterminação dos povos, repúdio ao terrorismo e ao racismo). No mais, abraça-se uma série de princípios universais, em iniciativa merecedora de aplausos (defesa da paz, solução pacífica dos conflitos e concessão de asilo político).

O mesmo artigo traz, em seu parágrafo único, que o Brasil buscará a integração econômica, política, social e cultural dos povos da América Latina, visando à formação de uma comunidade latino-americana de nações, busca essa que nos parece mais árdua do que esperava o constituinte pátrio, face aos poucos avanços e muitos retrocessos experimentados até pelo Mercosul — que ainda está longe de ser tido juridicamente como uma comunidade de nações.

Dessa forma, a própria interpretação do direito positivo resta condicionada aos princípios jurídicos, uma vez que não apenas informam como também atuam como vértice interpretacional de todo o sistema jurídico. Assim, sem saber o que são os princípios fundamentais, não há como conhecer o direito positivo.

2.5. A relação dos princípios com os direitos e as garantias fundamentais e os princípios da proporcionalidade e razoabilidade

O pós-positivismo aproximou do ordenamento jurídico e do império da norma a eticidade que, em essência, já os caracterizava e inexplicavelmente deles se encontrava deveras afastada. Com isso, a ideia de Justiça parece cada vez mais tender à aproximação em relação à formação do que se entende "de Direito", o que se tem materializado na positivação de diversos princípios, como os aqui já estudados, e o preenchimento desses com valores reinantes em dada sociedade, em momentos e lugares específicos.

Os princípios, com sua carga valorativa, garantem a unidade do sistema jurídico pautando a atuação do intérprete e do operador do Direito, harmonizando o sistema.

Pelo seu alto grau de abstração, exigem o preenchimento de seus conceitos abertos, o que se dá à luz de valores mutáveis de acordo com as transformações sociais, podendo, por isso, restar comprometido seu objetivo (diretivo do

---

(159) Vide Decreto n. 350/1991, que promulga o Tratado para a Constituição de um Mercado Comum — MERCOSUL, bem como o Decreto n. 922/1993, referente ao Protocolo para a solução de controvérsias — MERCOSUL.

ordenamento) na medida em que, por ocasião do dito preenchimento, podem, quiçá, restar privilegiados os interesses das classes dominantes. Como forma de evitar esse nefasto contexto, o constituinte estabeleceu direitos e garantias fundamentais (art. 5º), bem como direitos sociais (a partir da fixação do "piso vital mínimo" no art. 6º, até o art. 11). Logo, estabeleceu o "mínimo" preenchimento, a partir de direitos logicamente decorrentes do princípio da dignidade da pessoa humana de modo a garantir o essencial à efetivação/ consagração do referido princípio no Direito brasileiro.

Dessa forma, a par da característica dinâmica do sistema, consequência natural da mutabilidade de sua base de sustentação (relações sociais), e do fato de os princípios experimentarem preenchimento valorativo, a Constituição estabeleceu outro conjunto de princípios e regras para fim de realizar o Direito, consistindo em algo que se aproxima a um "filtro".

O Direito, porém, não encontra, apenas no estabelecimento desses direitos e das garantias fundamentais, as vias para obtenção de tal fim, municiando o intérprete, ainda, com a possibilidade de valer-se do chamado "princípio da razoabilidade" ou, na expressão do direito alemão, "princípio da proporcionalidade"[160], como preciso instrumento cujo escopo consiste em servir de combate à discricionariedade da Administração e do Legislativo, permitindo ao Judiciário invalidar ato legislativo e administrativo quando: a) inadequado o fim com o meio empregado; e b) só legitimado pela necessidade e pela exigibilidade se, de outro modo, menor ônus resultar para o direito individual.

Permite a proporcionalidade, ainda, uma coerente solução frente a conflitos aparentes entre princípios constitucionais, baseada no sopesar de soluções, no agir prudente, buscando o equilíbrio entre os valores e princípios envolvidos, atingindo-se a Justiça de forma próxima ao conceito aristotélico.[161]

A proporcionalidade, portanto, viabiliza a possibilidade de o Judiciário caminhar buscando a construção de interpretações jurisprudenciais consagradoras da Justiça, em nítida atividade de pacificação social.

No campo juslaboral, nota-se também a aplicação do referido princípio como forma de solução harmoniosa dos aparentes conflitos de direitos. Nesse diapasão,

---

(160) Como leciona BARROS, Alice Monteiro de. *Curso de direito do trabalho*, p. 189, remetendo aos escritos de Suzana de Toledo Barros (*O princípio da proporcionalidade e o controle de constitucionalidade das leis restritivas de direitos fundamentais*. Brasília: Editora Brasília Jurídica, 2003 — dissertação de mestrado): "Esse princípio [princípio da razoabilidade] atribuído aos norte-americanos corresponde ao princípio da proporcionalidade como construção dogmática dos alemães." Sobre o princípio da proporcionalidade, vide: Celso Antonio Pacheco Fiorillo e Renata Marques Ferreira, *Direito tributário ambiental*, p. 125-129; Nelson Nery Junior, *Princípios do processo civil na Constituição Federal*, p. 152-153; NUNES, Rizzatto. *Manual de filosofia do direito*, p. 385-388; CUNHA, Sérgio Sérvulo da. *Princípios constitucionais*, p. 279 e ss.
(161) Vide, neste sentido, NUNES, Rizzato. *Manual de filosofia do direito*, p. 338 e ss.

Alice Monteiro de Barros, após indicar que Plá Rodriguez arrola o "princípio da razoabilidade" dentre aqueles afetos ao Direito do Trabalho, opina que o referido princípio, tal qual a boa-fé, não é peculiar à seara juslaboral, mas comum a todos os ramos do Direito, dado que a ordem jurídica se constrói "sobre os alicerces da razão e da justiça", sendo certo que se parte do pressuposto de que o homem aja razoavelmente, com bom-senso, fugindo de condutas arbitrárias[162]. Ressalta a autora que o princípio em testilha instrumentaliza a possibilidade de se impor limites a situações quando a lei não o fizer de forma rígida, "dadas as inúmeras circunstâncias que podem surgir no caso concreto". É nessa visão que encontramos lição da mesma autora no sentido de que se torna inegável que o princípio da proporcionalidade pode auxiliar a tarefa do magistrado no processo de interpretação, "permitindo-lhe a harmonização desses direitos e, em consequência, o proferimento de uma decisão mais justa"[163].

Todavia, em que pese a possibilidade de o princípio da proporcionalidade servir como instrumento de efetiva harmonização dos direitos e de outros princípios em conflito aparente, colaborando para a manutenção da coerência e da unicidade do sistema jurídico e para a obtenção da pacificação social — entendendo-se como tal o resultado eficaz do funcionamento dos mecanismos de solução das controvérsias admitidos pelo ordenamento em vigor —, não podemos ignorar as críticas também dirigidas a esse por parte da doutrina. Neste contexto, urge salientar a posição de Mauro Cappelletti, que questiona acerca dos riscos trazidos pela aplicação do princípio estudado nesse tópico, em razão de atribuir-se ao juiz o controle sobre a razoabilidade de uma lei, em atividade que poderia comprometer a tripartição e a independência das atribuições do Poder Estatal, uma vez que igualaria a função jurisdicional à legislativa[164].

2.6. Classificação dos princípios e das garantias constitucionais

Cabe singela menção à classificação dos princípios em *políticos* — delineiam o Estado como nação; *jurídicos* — formadores da ordem jurídica; e *econômicos* — atribuidores de base financeira para manutenção do Estado.

Quanto às garantias constitucionais, como visto, atuam na limitação do poder estatal, na defesa do direito posto, e impedem a atuação arbitrária dos detentores do exercício do Poder. Não deixam de ser princípios: na realidade, são princípios qualificados pelo seu conteúdo que, ao lado dos demais direitos legais ou supralegalmente estabelecidos, formam e informam o sistema. Exemplo de garantias são as medidas processuais (ações) previstas na Carta Maior, tais como o *habeas corpus* e o *habeas data,* dentre outras.

---

(162) *Curso de direito do trabalho,* p. 189.
(163) *Ibid.*, p. 179.
(164) *Juízes legisladores?,* p. 73.

2.7. A existência de um sistema jurídico

Sabedores da existência de normas emanadas da atribuição legislativa do Poder brasileiro, bem como da importância dos princípios jurídicos, consoante supracitado, a pergunta natural a ser respondida, nesta altura do presente trabalho, passa a ser a seguinte: existe um sistema jurídico brasileiro?

Há pouco, afirmamos que sim. Todavia, cabe, neste momento, mesmo que de forma objetiva — até pelo fato de essas primeiras considerações terem por razão de ser apenas o delineamento de alguns conceitos que consideramos essenciais para melhor compreensão do grande objeto deste trabalho[165] —, demonstrar os motivos que lastreiam nossa conclusão nesse sentido. Para tanto, é indispensável, também, a explanação acerca da ideia de "ordenamento jurídico".

E, neste diapasão, cabe questionar: existe um ordenamento jurídico brasileiro?

A resposta também é afirmativa, uma vez que, por ordenamento, de forma simplista, podemos ter um "conjunto de normas". Assim, considerando-se que o Direito brasileiro, como supra-apontado, de conhecimento geral, é informado por diversas normas e princípios, claro resta que existe um ordenamento jurídico brasileiro composto de todas as normas jurídicas válidas no Brasil.[166]

Ocorre que surge a possibilidade da existência de normas criadoras de contextos jurídicos e direitos não harmônicos, conflitantes, o que se erige em sério problema, já que a cogência dos mandamentos nelas fixados é a mesma, afinal, tratam-se de direitos estabelecidos em lei! Poder-se-ia questionar acerca dessa possibilidade, uma vez que, se a lei existe como instrumento do poder para diminuição dos conflitos sociais, estabelecendo de forma prévia — ou não — o que cabe a cada um nas relações intersubjetivas e/ou coletivas, não seria lógica a existência de conflito normativo, visto que a norma, nesse caso, deixaria de ser um elemento de pacificação social para servir apenas como meio de deslocamento dos fundamentos do conflito: do interesse por si para qual seria a norma aplicável ao caso. Em suma, o conflito continuaria, embora sob novo rótulo.

Todavia, não há como negar que, na prática, é muito difícil evitar a produção de leis aparentemente conflitantes, pois, como explica Ricardo Regis Laraia, "o legislador, por natureza, tende a captar os anseios da sociedade e transformá-los em normas, sem necessariamente ocupar-se em sistematizar o seu trabalho legislativo"[167].

---

(165) A boa-fé objetiva na negociação coletiva de trabalho.
(166) Neste sentido, aliás, a lição de Lafayette Pozzoli (*Maritain e o Direito*, p. 144).
(167) Sistema jurídico e antinomia de normas. In: Renan Lotufo (org.), *Cadernos de teoria geral do direito*, p. 183.

Entretanto, em que pese justificado, o problema continua existindo, inclusive a desvirtuar a função pacificadora da lei e, podemos dizer, também do Direito. Porém, neste ponto, o mesmo Direito cria instrumentos próprios para correção das ditas distorções, uma vez que propõe e fixa meios para organização dessas normas. Seguindo tal linha de raciocínio, considera-se a existência de um Estado Democrático de Direito brasileiro, delineado a partir dos princípios fixados no título inaugural da Carta Constitucional de 1988 e construído na forma dos demais dispositivos da Constituição Federal mencionada, regido juridicamente pelo princípio da legalidade, dentre outros, a permitir a existência de um grande número de normas que, porém, devem obrigatoriamente conviver como partes de uma mesma realidade, exibindo-se convergentes no que toca à grande finalidade e razão de ser de todas elas: a garantia da plenitude do direito à vida digna a todos os brasileiros e estrangeiros aqui residentes, na perseguição dos objetivos estatuídos no art. 3º da mesma Carta.

Para tanto, passa a ser tarefa do Direito a organização das normas que compõem o ordenamento jurídico brasileiro e a sua redução ao sistema. Aliás, Ricardo Laraia afirma que os juristas, de maneira geral, convergem quanto à ideia do sistema "como ordenamento racional, e que um dos mais importantes resultados da sistematização realizada pela Ciência do Direito é o de ressaltar a busca pela coerência do próprio sistema"[168].

E como saber se, no Direito brasileiro, temos verificada tal ordem de organização, de modo a caracterizar a existência de um sistema jurídico?

Concluímos que o direito pátrio resta informado por diversas normas — existe, pois, uma realidade normativa plúrima. Consideradas tais normas isoladamente, cada uma delas se exibe como um "elemento" do ordenamento jurídico. Logo, são partes de um todo. Pois bem: se considerados simultaneamente todos os elementos do ordenamento, passamos a ter um "repertório". A existência de um repertório não afasta a possibilidade de conflito normativo — ao contrário, o fomenta. Diante disso, emerge a necessidade da edição de regras que ditem como deve ocorrer a relação entre esses elementos (normas), estabelecendo uma "estrutura" dentro da qual deve ser organizado o ordenamento, visando a torná-lo coerente e, com isso, viável.[169]

---

(168) LARAIA, Ricardo Regis. Sistema jurídico e antinomia de normas. In: LOTUFO, Renan (org.), *Cadernos de teoria geral do direito*, p. 183.
(169) O professor Lafayette Pozzoli, em sua obra, repete exemplo fornecido pelo professor Tércio Sampaio Ferraz Junior (*Introdução ao Estudo do Direito*, p. 165), também mencionado pelo professor Rizzatto Nunes (*Manual de introdução ao Estudo do Direito*, p. 204-205), que, entendemos, merece ser transcrito, ao menos em nota, por facilitar a compreensão da ideia de sistema: "Por exemplo, uma sala de aula é um conjunto de elementos: as carteiras, a mesa do professor, o quadro-negro, o giz, o apagador etc.; mas esses elementos, todos juntos, não formam uma sala de aula, pois pode tratar-se de um depósito da escola. É a disposição deles, uns em relação aos outros, que nos permite identificar a sala de aula. Tal disposição depende de regras de relacionamento. O conjunto dessas regras e as relações por elas

Como salienta Lafayette Pozzoli, essas regras não são normas jurídicas, uma vez que não integram o repertório do ordenamento, mas, simplesmente, auxiliam na organização desse, integrando sua estrutura. São, pois, "regras estruturais"[170].

A partir do momento em que o ordenamento jurídico passa a ter seus elementos organizados à luz do estabelecimento de uma estrutura fixada pelo próprio Direito, com regras próprias, visando a sua harmonização e coerência, podemos afirmar que existe um sistema jurídico. E isso se verifica no Direito brasileiro, informado por um grande número de normas ("elementos" do ordenamento jurídico pátrio), com convivência viabilizada pela existência de regras de harmonização que estabelecem critérios de hierarquia, tendo no ápice a Constituição Federal, fixando-se, assim, uma "estrutura" dita piramidal, de modo que as normas que se encontram nos patamares mais elevados da estrutura passam a servir às inferiores como fundamento de validade. Resta fixado no Direito brasileiro, outrossim, regras, tanto específicas quanto gerais, para o preenchimento das lacunas, bem como para a solução de conflitos normativos, quer de hierarquia diferenciada, quer integrantes do mesmo patamar na "pirâmide" jurídica pátria. Sendo o sistema um complexo composto de estrutura e repertório, temos, pois, um sistema jurídico brasileiro.

Assim, em resumo: (a) no Brasil, existem diversas leis em vigor; (b) esse conjunto de leis encontra-se estruturado; (c) essa estrutura resta, devidamente, organizada; (d) logo, as leis em questão não consistem em todos distintos, mas, sim, em partes ou peças de uma mesma realidade, qual seja, o ordenamento jurídico-positivo brasileiro; (e) visam, cada uma com referência ao tema pertinente, a viabilizar uma mesma realidade, a vida gregária da pessoa humana, ou, em outras palavras, a vida em sociedade no âmbito da soberania brasileira; (f) para tanto, são harmônicas — e a harmonia vai ser obtida, muitas vezes, na via interpretativa, como veremos adiante; (g) as normas obedecem, ainda, a critérios hierárquicos, para viabilizar a harmonia normativa, uma vez que se dita, de cima para baixo, qual é a realidade na qual vão conviver as pessoas no Brasil (ou seja, o que é, como "funciona" e o que nossa sociedade almeja com o "Estado brasileiro"), pautando, assim, a atividade legislativa tendente a regular cada aspecto das relações intersubjetivas e coletivas no corpo da sociedade e nas relações internacionais; e (h) portanto, são organizadas como peças de uma realidade única, interagindo de forma harmônica e hierarquizada, podendo ser representadas pela clássica "pirâmide jurídica", formando e caracterizando a existência de um sistema jurídico brasileiro.

---

estabelecidas é a estrutura. O conjunto de elementos é apenas o repertório. Assim, quando dizemos que a sala de aula é um conjunto de relações (estrutura) e de elementos (repertório), pensamos nela como um sistema. Sistema é, portanto, um complexo que se compõe de uma estrutura e de um repertório" (*Maritain e o Direito*, p. 144).
(170) POZZOLI, Lafayette. *Ibid.*, p. 144.

A mencionada unicidade que marca o ordenamento jurídico-positivo brasileiro, organizado de forma sistêmica, faz com que as características desse sistema, fruto da harmonização que necessariamente há de reinar entre os textos normativos em vigor, imponham sua consideração prévia a todo e qualquer esforço interpretativo. Observe-se que a falta de harmonização leva ao desvirtuamento da finalidade maior da atividade legislativa e do próprio direito, afastando o perseguido ordenamento da vida pacífica e plena em sociedade para atrair o verdadeiro e indesejado caos; uma vez que a permissão da coexistência de normas conflitantes vigorando em um mesmo tempo e no mesmo espaço afasta do controle das relações sociais, ao que se vocaciona o Direito e a atividade normativa, a necessária coerência. Assim, ao menos implicitamente, a noção de sistema vai marcar e influenciar o trabalho do operador do direito, elevando-se a uma condição *a priori* do seu trabalho intelectual, como salienta Rizzatto Nunes[171].

Essa mesma noção de sistema, enquanto construção científica, serve ao intérprete por explicar a realidade a que a dita construção (sistema) se refere, delineando o universo jurídico pertinente e fornecendo a noção do que a ele pode adentrar ou dele deve sair, visando a necessária manutenção da harmonia (coesão) e hierarquia. Assume, pois, o caráter de "tipo ideal" (um modelo que permite a captação de sentidos e a remoção do que é alheio, daquilo que não se encaixa e deve ser deixado de lado), na forma da expressão de Max Weber, conectando as realidades normativas e trazendo a unicidade necessária pela via da coesão[172]. Nesse mesmo sentido, se destaca a função de redução da realidade inerente ao conceito de sistema[173].

Assim, o conhecimento do sistema como realidade única (unidade do sistema) vai permitir conhecer seus elementos (normas, instituições e princípios) pela afinidade ao todo, mantendo-se viva a harmonização necessária à ordenação da sociedade e viabilizando, outrossim, a coesão necessária a tal desiderato.

Com isso, temos que o sistema jurídico-positivo, formado pela organização das normas jurídicas que o compõem, estrutura-se a partir da hierarquização e coesão, obtidas em razão do resultado do estabelecimento e da aplicação de regras estruturais condutoras à harmonização do todo normativo, gerando uma realidade única, unidade essa que, por sua vez, permitirá o conhecimento de cada norma a partir da necessária referência e afinidade que há de guardar com o todo, o próprio sistema.

---

(171) *Comentários ao código de defesa do consumidor*, p. 12.
(172) *Ibid.*, p. 12-13.
(173) LARAIA, Ricardo Regis. Sistema jurídico e antinomia de normas. In: LOTUFO, Renan (org.), *Cadernos de teoria geral do direito*, p. 183.

2.8. A interpretação do sistema jurídico

Interpretar significa atribuir sentido e alcance à norma jurídica[174], trabalho esse que se mostra indispensável quando falta à norma objeto de interpretação a devida clareza que naturalmente deveria caracterizá-la[175].

Portanto, ao esmiuçar o objeto da interpretação, para alcançar a sua essência, deve valer-se o intérprete de outros signos (palavras escritas ou faladas, principalmente) e, então, demonstrar como deve ser entendida e aplicada a norma em questão.

Salienta Rizzatto Nunes que o intérprete "busca captar do objeto de interpretação, sua essência e colocá-la de forma traduzida como um novo plano de entendimento. Em outras palavras, interpretar é extrair do objeto tudo aquilo que ele tem de essencial"[176].

Há de se destacar que a interpretação jurídica não se confunde com a hermenêutica, sendo certo que enquanto a primeira aponta para um trabalho de fixação de sentido e alcance das normas jurídicas e demais expressões do Direito, a segunda consiste em sua "teoria científica".

A hermenêutica, portanto, é "a Teoria Científica da Interpretação, que busca construir um sistema que propicie a fixação do sentido e alcance das normas jurídicas"[177]. Logo, o objeto da hermenêutica é o próprio ato interpretativo, a interpretação em si[178], e, dessa forma, não se pode negar que se aproximam, embora não se confundam[179].

---

(174) O caráter geral e abstrato das leis se justifica para que possam ser estendidas a todos os casos da mesma espécie, passando do texto abstrato ao caso concreto, "da norma jurídica ao fato real" pelo trabalho do aplicador do Direito, trabalho esse que consiste em fixar "o verdadeiro sentido da norma jurídica e, em seguida, determinar o seu alcance ou extensão". Neste sentido, o saudoso professor André Franco Montoro, *Introdução à ciência do Direito*, p. 369. Montoro afirma, ainda, que esse trabalho do aplicador do Direito se dá pela interpretação, hermenêutica ou exegese (*Ibid.*, mesma página).
(175) Como salienta Rizzatto Nunes: "O que ocorre, de fato, não é que *in claris cessat interpretatio*, mas, sim, que, quando a norma jurídica é clara, não há necessidade de interpretação, porque ela é pressuposta, firmada com a condição *a priori* do mero ato de ler, porquanto está evidente na linguagem que se tornou natural. A norma jurídica, nesses casos, faz parte daquilo que se chama entendimento. É tão simples quanto ler e entender. Em outras palavras, quanto mais o estudioso assimila e utiliza a linguagem do Direito, mais e mais vai tendo para si os termos jurídicos como evidentes. O que é linguagem técnica, para ele torna-se natural. (...) Em suma: normas jurídicas claras são compreendidas como linguagem natural, que, pela evidência, dispensam fixação de sentidos e alcance." (*Manual de introdução ao estudo do Direito*, p. 254)
(176) *Ibid.*, p. 245.
(177) *Ibid.*, p. 247.
(178) *Ibid.*, mesma página.
(179) Segundo MAXIMILIANO, Carlos. *Hermenêutica e aplicação do Direito*, p. 2, a verificada aproximação entre interpretação jurídica e hermenêutica conduz muitos a vislumbrá-las como sinônimas. Rizzatto Nunes (*Ibid.*, mesma página), todavia, salienta que "a doutrina em geral insiste em separá-las

Assim, cabe ao intérprete buscar a fixação de sentido e alcance pretendidos pela norma jurídica (*mens legis*), trabalho no qual há de considerar a realidade da organização normativa brasileira e sua característica sistêmica, dentre outros aspectos.

Por isso, importante se faz tratar, nesse momento, da interpretação em face da hierarquização que caracteriza o sistema jurídico brasileiro.

2.8.1. A interpretação em face da hierarquização das normas enquanto elementos do sistema jurídico brasileiro

O sistema jurídico brasileiro é caracterizado pela hierarquização que marca sua organização. Assim, toda a estrutura do ordenamento jurídico-positivo pátrio resta disposta e organizada de modo a admitir a existência de normas de maior estatura hierárquica em relação a outras, e assim sucessivamente, até se chegar ao topo dessa "pirâmide jurídica", ocupado pela norma máxima, que em nosso sistema é a Constituição Federal.

Ademais, a simples possibilidade de se representar o sistema jurídico-positivo pátrio em uma figura geométrica piramidal, face à hierarquização que o adjetiva, impõe, logicamente, o alinhavar dos diversos diplomas legais que sustentam a dita pirâmide, a torná-los harmônicos entre si, estendendo a referida harmonia a todo o edifício jurídico, a caracterizá-lo pela unidade.

Toda a organização dessa estrutura se dá à luz do determinado pelo próprio texto constitucional. Aliás, o Texto Maior, por si só, assume característica sistêmica, uma vez que cuida de diversos temas na estruturação do Estado brasileiro, devendo ser interpretado como realidade harmônica e única, não se admitindo a análise de dispositivos constitucionais isolados, de forma divorciada do espírito que conduziu o constituinte na elaboração da Carta Maior de 1988 e que aderiu a essa.

Aqui, mais uma vez, merecem menção os princípios fundamentais trazidos no título inaugural da Carta de 1988, em especial o teor do art. 1º e seus incisos e parágrafo único, vez que define o Estado brasileiro então instituído, de modo que os ditames desses dispositivos balizam toda a interpretação dos artigos remanescentes da Constituição Federal, consistindo, pois, na positivação desse espírito mencionado. Assim, não bastasse o fato de o próprio constituinte ter atribuído ao teor do art. 1º da Constituição Federal o estado de "princípios

---

e, quando o faz, acaba trazendo à tona a questão típica de ocultação propiciada pelo uso efetivo da linguagem do jurista, que lança mão de um modo descritivo, escondendo, porém, uma função prescritiva". Sobre o problema da linguagem, vide NUNES, Rizzatto. *Ibid.*, p. 248-251. Montoro, por sua vez, afirma: "É usual, em português como em outras línguas, o emprego dos termos 'interpretação' e 'hermenêutica', como sinônimos. A rigor, entretanto, eles se distinguem (...)" (*Introdução à ciência do Direito*, p. 369).

fundamentais" — o que, por si só, já impõe sua observância de forma preliminar, em qualquer atividade interpretativa do sistema ou de parte deste —, a localização física de tais dispositivos, inaugurando o Texto Maior, e, principalmente, a forma como foram redigidos, a definir o Estado que se instituía, condiciona a interpretação do remanescente da Carta. E tal ação possibilitará, pois, uma análise sistêmica e a perfeita e harmônica interpretação de todas as normas, dos demais princípios específicos e das instituições positivadas na Constituição Federal de 1988, por consistir em realidade que deve ser levada em consideração na análise dos demais dispositivos, uma vez que redigidos no intuito de instituir esse mesmo Estado definido no artigo inaugural mencionado.

Portanto, o exame das normas, dos demais princípios específicos e das instituições carregadas no Texto Maior de 1988 devem ter como "ponto de partida" o teor do Título I da Constituição Federal, a partir do que poderão e deverão ser interpretados.

Ocorre que, como supra-aludido, a Constituição de 1988 ocupa o topo da hierarquia do sistema jurídico-positivo brasileiro, condicionando a eficácia e a validade de todas as demais normas dele integrantes. Com isso, a interpretação de qualquer norma jurídica infraconstitucional depende diretamente do seu confrontar com o disposto na Constituição Federal, uma vez que, se colidentes, a primeira certamente restará descartada por absoluta inconstitucionalidade, tornando-se, pois, imprestável.

Dessa forma, razão assiste a Rizzatto Nunes quando afirma que qualquer exame de norma jurídica infraconstitucional necessariamente há de ter início na norma máxima, uma vez que essa "irá iluminar todo o sistema normativo"[180]. E continua Rizzatto Nunes:

> "(...) A análise e o raciocínio do intérprete se dão, assim, dedutivamente, de cima para baixo. A partir disso o intérprete poderá ir verificando a adequação e constitucionalidade das normas infraconstitucionais que pretende estudar.
>
> A inconstitucionalidade ele resolverá, como o próprio nome diz, apontando o vício fatal na norma infraconstitucional. A adequação será norteadora para o esclarecimento, ampliação e delimitação do texto escrito da norma infraconstitucional, bem como para a apresentação precisa de seus princípios. É a Constituição Federal, repita-se, o órgão diretor"[181].

Portanto, resta evidente o risco que corre o intérprete caso decida executar a análise de qualquer questão jurídica pela pura interpretação da norma infraconstitucional, vez que suas conclusões, se conflitantes com os ditames

---
(180) *Comentários ao código de defesa do consumidor*, p. 11.
(181) *Ibid.*, mesma página.

constitucionais, levarão ao fulminar da norma invocada ou, ainda, à surpresa de uma interpretação mal executada, não raro com resultados danosos.

De outro lado, não se deve iniciar a análise de qualquer questão pelo texto de diploma infraconstitucional relegando-se a um segundo ou mais longínquo momento o seu confronto com o espírito constitucional ou com os princípios e as normas abstratamente fixados na Carta Maior, tanto os gerais (fundamentais) quanto os específicos, uma vez que nesse caminho também há risco para a qualidade da atividade do intérprete e, consequentemente, para a segurança da posição a ser tomada. Ocorre que não raro esse caminho conduz o intérprete à renovação da atividade interpretativa já havida quanto à norma infraconstitucional, pois, ao chegar aos princípios e às normas magnas, muitas vezes, encontra o verdadeiro prisma pelo qual deveria ter procedido à leitura dos princípios e das normas já analisados e, consequentemente, à constatação de que se equivocou nas conclusões até então estabelecidas, caracterizando verdadeira "perda de tempo". O perigo, nessa hipótese, acaba sendo o mesmo enfrentado pelo intérprete que sequer buscou, posteriormente, a análise constitucional da questão, contentando-se com o encontrado na lei infraconstitucional, vez que, não raro, exteriorizam-se as conclusões parciais obtidas ao longo da análise, antes de concluí-la, o que, em face de eventuais concordâncias ou conveniências em relação ao interesse que se busca consagrar, tornam convidativo o "encerramento" do estudo e o "abraçar" da conclusão obtida na pura e simples análise do dispositivo infraconstitucional, a tornar possível futuras e desagradáveis surpresas: o afastar da pretensão, pelo Judiciário, em meio a dada demanda, sob o fundamento de inconstitucionalidade da interpretação ou da própria norma invocada como sustentáculo dos pedidos deduzidos ou das defesas arguidas.

Por tudo isso é que, mais uma vez, não se pode negar razão ao ensinado por Rizzatto Nunes, *verbis*:

> "É um grande erro interpretativo, como ainda se faz, iniciar a análise dos textos a partir da norma infraconstitucional, subindo até o topo normativo e principiológico magno. Ainda que a norma infraconstitucional em análise seja bastante antiga, aceita e praticada, e mesmo diante do fato de que o texto constitucional seja muito novo, não se inicia de baixo. Em primeiro lugar vem o texto constitucional."[182]

Assim, resta claro que o único meio de corretamente se interpretar o Direito posto no Brasil consiste em partir da análise dos princípios fundamentais fixados na Constituição Federal e, em seguida, dos princípios e das normas constitucionais específicos pertinentes à matéria para, somente então, buscar no plano infraconstitucional os diplomas e demais princípios, as normas e instituições que

---

(182) *Comentários ao código de defesa do consumidor*, p. 11-12.

porventura vigorem e guardem referência com a questão sob análise, sempre procedendo ao confronto desses com o disposto no Texto Maior para verificação de sua constitucionalidade. Disso, a inegável importância da chamada interpretação conforme a Constituição.

Para tanto, o intérprete possui ferramentas, verdadeiras regras de interpretação que serão a seguir brevemente indicadas.

2.8.2. As regras de interpretação

Consistem nos meios pelos quais o intérprete — em regra, o estudioso do Direito — aprende e compreende o sistema jurídico[183]. Evidentemente, devem ser aplicadas de forma paralela à "interpretação conforme a Constituição", visando à compreensão do sistema jurídico — entenda-se: normas (elementos, repertório) e relações entre elas (estrutura) — de forma integral, sempre a partir do fundamento maior de validade, qual seja, o texto da Constituição Federal de 1988. Consistem as regras de interpretação nas seguintes:

2.8.2.1. Interpretação gramatical

A interpretação gramatical ou filológica consiste na análise e fixação de sentido e alcance da norma a partir do significado das palavras da lei e de sua função gramatical. Na lição de Montoro, trata-se do "primeiro passo na interpretação de um texto"[184].

A interpretação gramatical, entretanto, não é autossuficiente, na medida em que não considera a característica sistêmica do ordenamento jurídico e o dinamismo social, que exige a adequação da norma à realidade vivida na sociedade, no momento da aplicação do texto, da condução da norma do mundo geral e abstrato para o fato concreto.

Desta feita, em que pese sua inegável importância, a regra de interpretação gramatical há de ser associada, pelo intérprete, a outras espécies ou regras que regem tal atividade.

2.8.2.2. Interpretação lógico-sistemática

Consoante ensina André Franco Montoro, a referida regra considera "o sistema em que se insere o texto" e busca concatenar o referido sistema e "os demais elementos da própria lei, do respectivo campo do direito ou do ordenamento jurídico geral"[185].

---

(183) NUNES, Rizzatto. *Manual de introdução ao estudo do direito*, p. 262.
(184) MONTORO, André Franco. *Introdução à ciência do direito*, p. 372.
(185) *Ibid.*, p. 373.

Montoro denomina essa espécie de "lógico-sistemática", pois considera que em suas modalidades diversas "o método lógico supõe sempre a unidade e coerência do sistema jurídico". Portanto, vislumbra como uma regra única e indissociável a análise lógica e sistemática do objeto de interpretação, no caso, a norma jurídica.

Rizzatto Nunes, por sua vez, prefere analisar separadamente o aspecto lógico e o sistemático do ato de interpretar. Assim, afirma que, sob o prisma lógico, a interpretação consiste em considerar:

> "(...) os instrumentos fornecidos pela lógica para o ato de intelecção, que, naturalmente, estão presentes no trabalho interpretativo. Além disso, o intérprete usa tais instrumentos para verificar a adequação e o conflito dos instrumentos normativos, buscando com sua utilização resposta ao problema encontrado"[186].

Complementa afirmando que a lógica "comparece também através dos raciocínios, como o indutivo e o dedutivo"[187].

Quanto à interpretação sistemática, afirma o professor Rizzatto Nunes que, por tal regra, "cabe ao intérprete levar em conta a norma jurídica inserida no contexto maior do ordenamento ou sistema jurídico"[188], avaliando a norma dentro do sistema para observar as concatenações que ela estabelece com as demais nele inseridas[189]. E continua:

> "O intérprete, em função disso, deve dar atenção à estrutura do sistema, isto é, aos comandos hierárquicos, à coerência das combinações entre as normas e à unidade enquanto conjunto normativo global. (...) A interpretação sistemática leva em conta, também, a estrutura do sistema jurídico: a hierarquia, a coesão e a unidade"[190].

2.8.2.3. Interpretação histórica

Por esta regra, consideram-se os antecedentes da norma para tentar fixar seu sentido e alcance. Salienta Montoro ser possível ao intérprete, nessa espécie de interpretação, socorrer-se do "histórico do processo legislativo, desde o projeto de lei, sua justificativa ou exposição de motivos, discussão, emendas, aprovação e promulgação" bem como "aos antecedentes históricos e condições que a precederam"[191].

---

(186) *Manual de introdução ao estudo do direito*, p. 265.
(187) *Ibid.*, p. 266.
(188) *Ibid.*, p. 267.
(189) *Ibid.*, mesma página.
(190) *Ibid.*, p. 267-269.
(191) *Introdução à ciência do direito*, p. 373-374.

A dita técnica de interpretação auxilia na captação do sentido exato da norma, visto que essa é fruto da percepção do Estado-legislador no que toca à necessidade de sair da condição liberal para a intervencionista, visando a atribuir os direitos, deveres, obrigações e responsabilidades pertinentes à dada espécie de relação ou conduta verificada em sociedade, em determinado tempo e local, diante da cultura que a caracterize e em face de determinada economia. Assim, os fatos — concretos ou abstratamente projetados — precedem à norma. É do estudo da evolução histórica de cada norma, princípio ou instituição que se pode extrair o ponto de partida para uma melhor compreensão da *mens legis*, em seu sentido e alcance originário exato.

Da interpretação histórica, ainda, extrai-se a noção acerca da adequação da norma à realidade, a indicar a viabilidade ou não da manutenção de sua vigência. Neste sentido, ensina Rizzatto Nunes:

> *"Esse tipo de interpretação pode ser útil para a compreensão das condições de nascimento e continuidade de aplicação da norma, em especial se se descobrir, por exemplo, que a norma foi feita em período de emergência ou de exceção que justificava sua edição. Pode acontecer, nesse caso, que, dadas as circunstâncias sociais e atuais, a norma já não tenha razão de existir, por completa inadequação à realidade."*[192]

2.8.2.4. Interpretação teleológica

Consiste a interpretação teleológica (de *telos*, fim) na busca de fixação do sentido e alcance da norma, considerando sua finalidade, os fins aos quais a norma jurídica se dirige, fins esses que devem ser admitidos desde que nos limites impostos pelos princípios maiores que regem a ciência jurídica; logo, fins maiores e irrenunciáveis[193].

2.8.2.5. Interpretação sociológica

Consiste na atividade pautada pela adaptação do sentido da lei às realidades e necessidades verificadas na sociedade. O Direito positivo brasileiro consagra tal regra no art. 5º da Lei de introdução às normas do direito brasileiro, *verbis*: "Na aplicação da lei o juiz atenderá aos fins sociais a que ela se dirige e às exigências do bem comum."

2.8.3. A interpretação quanto aos seus efeitos

Quanto aos seus efeitos ou resultados, podemos classificar a interpretação em declarativa ou especificadora, extensiva e restritiva.

---

(192) *Manual de introdução ao estudo do direito*, p. 273.
(193) Neste sentido, NUNES, Rizzatto. *Ibid.*, p. 270.

A interpretação **declarativa ou especificadora** é encontrada quando limita-se a declarar o pensamento expresso na lei, sem ampliá-lo ou restringi-lo em relação a outros casos. Considerando-se que o legislador deve expressar-se de forma clara e exata, consiste a interpretação declarativa na regra. As exceções seriam as chamadas interpretações extensiva e restritiva.

A interpretação **extensiva** é verificada quando o intérprete conclui que a norma possui alcance maior do que o meramente indicado de forma expressa em seus termos, tendo o legislador escrito "menos do que queria" a autorizar a aplicação da lei a determinadas situações ou casos não previstos expressamente.

Nesse tema, Rizzatto Nunes salienta que, na verdade, não há propriamente uma ampliação da norma, mas um desvendar do seu real fim, da sua intenção[194]. Enfim, mais do que ampliar, a interpretação extensiva busca reconhecer que a *mens legis* vai além do expresso no texto normativo analisado.

Por fim, a interpretação dita **restritiva** consiste quase no inverso da extensiva: aqui, o legislador teria escrito "mais" do que pretendia, a exigir do intérprete a restrição do sentido da lei, tornando sua aplicação justa e razoável. Como salientado por Rizzatto Nunes, não há verdadeiramente uma diminuição na norma, mas, sim, a fixação daquilo que seja a sua real intenção/finalidade como verdadeiro marco para não se permitir sua aplicação além ou aquém disso.

2.9. As lacunas e a função integrativa dos princípios

O sistema jurídico-positivo, como dito, consiste em uma realidade unitária que almeja garantir uma harmônica e coerente organização das relações interpessoais e coletivas no âmbito da sociedade, viabilizando, assim, a pacífica e digna vida em coletividade.

Assim, é evidente que o sistema jurídico-positivado em vigor deve refletir a sociedade que regula, estando atento às suas conformações e transformações.

Ocorre que, por vezes, esse "acompanhamento" perde espaço face à dinâmica social, emergindo situações desprovidas de previsão normativa ampla, geral e abstrata, de modo que surgem as chamadas "lacunas".

Diversos são os estudos acerca do tema; porém, no presente trabalho, não nos aprofundaremos em sua análise. Neste momento, o que nos convém é apontar que a constatação dessa ausência de norma justifica o princípio da integração, a dar-se pela atividade do intérprete. Tal princípio, no Direito brasileiro, resta positivado no art. 4º da Lei de introdução às normas do Direito brasileiro, que dispõe: "Quando a lei for omissa, o juiz decidirá o caso de acordo com a analogia, os costumes e os princípios gerais do direito."

---

(194) *Manual de introdução ao estudo do direito*, p. 275.

Salientemos, ainda, que o Direito do Trabalho traz regra específica quanto à questão das lacunas, fazendo-o no art. 8º, *caput* e parágrafo único da CLT. No *caput*, a CLT carrega regra próxima à estatuída pela Lei de introdução às normas do Direito brasileiro, art. 4º, fixando:

> "As autoridades administrativas e a Justiça do Trabalho, na falta de disposições legais ou contratuais, decidirão, conforme o caso, pela jurisprudência, por analogia, por equidade e outros princípios e normas gerais de direito, principalmente do direito do trabalho, e, ainda, de acordo com os usos e costumes, o direito comparado, mas sempre de maneira que nenhum interesse de classe ou particular prevaleça sobre o interesse público".

Já no parágrafo único, o art. 8º do texto consolidado fixa que o "Direito comum"[195] será fonte subsidiária do Direito do Trabalho, naquilo em que não for incompatível com os seus princípios fundamentais.

Nesse compasso, Pedro Paulo Teixeira Manus e Carla Teresa Martins Romar afirmam:

> "O art. 8º da CLT enfatiza a vedação no sentido de que qualquer interesse individual ou de grupo prevaleça sobre o comum, regra básica para o Direito do Trabalho. No mesmo sentido, estabelece que o direito material comum será fonte subsidiária do Direito do Trabalho, quando omisso este, desde que não incompatível a norma ser aplicada com os princípios deste. Havendo a incompatibilidade não se aplica a norma legal comum, solucionando-se o caso por uma das fontes materiais mencionadas pelo caput do art. 8º da CLT. O procedimento é igual ao adotado no campo do direito processual do trabalho, relativamente ao direito processual comum, conforme o art. 769 da CLT, (...)"[196].

A questão das lacunas será retomada adiante, no decorrer do tratamento dos temas aos quais foram dedicados os capítulos 4 e 5 do atual trabalho, quando das abordagens das cláusulas gerais e, especificamente, da boa-fé negocial.

2.10. O conceito de norma jurídica

À guisa de conclusão, traçaremos algumas singelas linhas sobre as normas jurídicas, desde já salientando que não temos, aqui, a pretensão de esgotar o tema, mas, tão somente, pontuar os conceitos que consideramos pertinentes à boa compreensão do objeto central desta pesquisa, qual seja, a boa-fé objetiva na fase pré-contratual da relação de trabalho.

---

(195) Sobre a correta interpretação da CLT, art. 8º, parágrafo único, no que toca ao sentido de "direito comum", vide artigo de nossa autoria: O Código de defesa do consumidor como principal fonte subsidiária diante das lacunas na legislação trabalhista. Revista Bonijuris, ano XXIII, n. 569, p. 8-12.
(196) *CLT e legislação complementar em vigor*, p. 75.

Para tanto, salutar, neste ínterim, seria pontuar as noções acerca do que vem a significar "lei".

Montoro afirma que o vocábulo tem três origens. A primeira vem de "legere", ou seja, ler. A lei, assim, seria a norma escrita, que se lê — em contraposição às normas costumeiras, que não são escritas e, portanto, não lidas[197].

A segunda, da qual se destaca como defensor São Tomás de Aquino, vem de "ligare", que significa ligar, obrigar, vincular, de modo a remeter ao sentido de que a lei obriga as pessoas à determinada maneira de agir[198].

Por fim, a terceira acepção remete a "eligere", ou seja, eleger, escolher. A lei, assim, é a norma escolhida pelo legislador para reger determinada atividade humana[199].

De toda forma, notamos que a "lei" está ligada à noção de norma de comportamento humano. Neste trabalho, nos interessa a chamada lei jurídica, espécie do gênero lei humana ou ética.

São leis humanas aquelas que se destacam das leis naturais, criadas pelo homem para, descrevendo as condutas a serem observadas, fixar o "dever ser", ao contrário das leis naturais, que indicam o "ser". As leis humanas, portanto, são imperativas ou normativas, e não simplesmente enunciativas[200].

Já a lei jurídica pode ser vislumbrada sob dois prismas: um restrito, tida, então, como sinônimo de lei escrita; e outro mais abrangente, abrangendo todas as normas jurídicas: lei escrita, costume jurídico etc.[201]

A norma jurídica, assim, consiste em regra de conduta social cujo objetivo é regular a atividade dos homens em suas relações sociais. Distinguem-se das demais normas éticas por sua força coercitiva, sendo certo que seus comandos, em regra, são acompanhados por sanções as quais se submeterão os infratores, tudo visando a compelir e garantir o cumprimento da ordem legal posta.

As normas, como já salientado, devem ser criadas bem como interpretadas e aplicadas a partir dos princípios jurídicos, pelos motivos e pela forma supraexplanados.

Assim, entendemos que o exposto já basta para pontuar o necessário ao propósito deste trabalho, permitindo a análise acerca da seguinte questão: a boa-fé nos negócios, no sistema jurídico brasileiro, consiste em princípio, norma ou cláusula geral? Antes de procedermos a esta resposta, interessante tratarmos propriamente do negócio jurídico e do contrato, bem como do conceito de boa-fé. Então, de fato, teremos reunidos no bojo deste texto os elementos necessários para fim de enfrentar a questão ora posta.

---

(197) *Introdução à ciência do direito,* p. 293.
(198) *Ibid.,* p. 294.
(199) *Ibid.,* mesma página.
(200) *Ibid.,* p. 300.
(201) MONTORO, André Franco. *Ibid.,* p. 305.

3. O NEGÓCIO JURÍDICO E O CONTRATO: RELAÇÃO "CONTINENTE E CONTEÚDO"

Importante tratar, aqui, ao menos de forma superficial, das noções de *negócio jurídico* e *contrato*, até para fim de melhor compreensão do instituto da boa-fé nas relações contratuais trabalhistas. Imbuídos desse espírito é que cuidaremos do tema enunciado.

3.1. Negócio jurídico: conceito e finalidade

A teoria do negócio jurídico, termo cunhado por Nettelbladt (1749), surgiu no século XVIII, fruto do trabalho dos pandectistas alemães. Savigny, todavia, foi o responsável por sua explicitação, como espécie de fato jurídico que não se resume a ações livres, "mas em que a vontade dos sujeitos se dirige imediatamente à constituição ou extinção de uma relação jurídica"[202].

Em sua evolução enquanto instituto jurídico, a figura foi acolhida pelo direito positivo, com regime específico, por ocasião do BGB (Código Civil alemão), sendo incorporado pela doutrina italiana, espanhola e portuguesa, e chegando ao direito brasileiro com o Código Bevilácqua[203] de 1916, na esteira da doutrina unitária francesa, que não o distinguia do ato jurídico. Pouco tempo depois, porém, os estudos advindos do Direito alemão conduziram à distinção, em categoria, dos chamados atos jurídicos lícitos. Disso resultou que grandes juristas brasileiros passaram a se filiar à chamada corrente ou posição dualista, distinguindo o ato jurídico em sentido estrito do negócio jurídico, dentre os quais podemos citar o festejado Pontes de Miranda, bem como Orlando Gomes e José Carlos Moreira Alves, todos citados por Carlos Roberto Gonçalves[204].

Com o advento do atual Código Civil, em seu Título I, do Livro III, encontramos a atualização necessária no tratamento jurídico dispensado ao negócio jurídico, uma vez que notamos a substituição, pelo legislador, da expressão genérica antes utilizada ("ato jurídico"), preferindo valer-se de denominação mais específica.

---

(202) *Sistema del derecho romano atual*, t. 2, p. 202.
(203) Código Civil brasileiro de 1916, cuja responsabilidade pelo projeto coube a Clóvis Bevilácqua.
(204) *Direito civil brasileiro*, v.1, p. 284.

Assim, a partir do Código de 2002, o ordenamento legal brasileiro passou a prestigiar o tratamento da figura do "negócio jurídico" sob esta específica denominação, pois, segundo ensina Carlos Roberto Gonçalves, "somente este é rico em conteúdo e justifica uma pormenorizada regulamentação"[205].

Consoante conclui César Fiuza, os negócios jurídicos são o oposto dos atos jurídicos em sentido estrito. Esses apontam para toda ação lícita não voltada a fim específico, cujos efeitos jurídicos são produto mais da lei do que da vontade do agente, possuindo, pois, dois elementos: (1) uma ação humana combinada com o (2) ordenamento jurídico. Exemplo típico de ato jurídico em sentido estrito são os atos de registro civil. Diferenciam-se dos chamados negócios jurídicos pelo fato de não serem atos de autonomia privada, geradores de efeitos que derivem da vontade do agente[206].

Aproximam-se do exposto as lições de Pontes de Miranda e Miguel Reale.

Pontes de Miranda, adotando a posição doutrinária dualista, diferencia ato jurídico de negócio jurídico, afirmando que

> "a presente função do conceito de negócio jurídico está a servir à distinção entre negócio jurídico e ato jurídico não negocial ou stricto sensu, naqueles casos em que o suporte fático do ato jurídico stricto sensu consiste em manifestação de vontade"[207].

Miguel Reale, por sua vez, ao tratar do negócio jurídico, o define como

> "(...) aquela espécie de ato jurídico que, além de se originar de um ato de vontade, implica a declaração expressa de vontade, instauradora de uma relação entre dois ou mais sujeitos tendo em vista um objetivo protegido pelo ordenamento jurídico. Tais atos, que culminam numa relação intersubjetiva, não se confundem com os atos jurídicos em sentido estrito, nos quais não há acordo de vontade, como, por exemplo, se dá nos chamados atos materiais, como os da ocupação ou posse de um terreno, a edificação de uma casa no terreno apossado etc. Um contrato de compra e venda, ao contrário, tem a forma específica de um negócio jurídico (...)"[208].

Portanto, o negócio jurídico pode ser conceituado como toda ação humana que, combinada com o ordenamento jurídico (até para fim de sua licitude)[209],

---

(205) *Direito civil brasileiro*, v.1, p. 271.
(206) *Direito civil: curso completo*, p. 201.
(207) *Tratado de direito privado*, parte geral, tomo 3, p. 3.
(208) *Lições preliminares de direito*, p. 206-207.
(209) GAGLIANO, Pablo Stolze; PAMPLONA FILHO, Rodolfo. *Novo curso de direito civil*, v. IV, t. 1, p. 12, após indicar o elemento volitivo como indispensável para a caracterização do negócio jurídico,

reste voltada a criar, modificar ou extinguir relações ou situações jurídicas, cujos efeitos decorrem da manifestação de vontade do agente[210]. É, com isso, uma das espécies em que se subdividem os atos jurídicos lícitos, não se resumindo ao sentido comum de "operação ou transação comercial"[211]. Por isso que Fiuza afirma: "A vontade, condicionada à satisfação de necessidades ou desejos, é a principal fonte de seus efeitos"[212].

Discutível, contudo, ser correta a fixação da vontade — puramente — como principal fonte dos efeitos do negócio jurídico.

Parece-nos claro que o elemento volitivo emerge como propulsor para o surgimento do negócio jurídico, uma vez que este se materializará pela declaração de vontade privada. Todavia, como visto, esta não se exibe suficiente para a completude do instituto em apreço: resta imperioso que o Direito a reconheça como legítima. Desta feita, a aferição da existência do negócio jurídico não foge da lógica silogística, devendo se encontrar na conjugação da premissa maior (permissivo jurídico) com a premissa menor (contexto fático calcado na declaração de vontade). Por isso, parece-nos que razão assiste a Antônio Junqueira de Azevedo ao criticar as correntes voluntarista e objetivista, preferindo um conceito estrutural e encarando o negócio jurídico como um fato jurídico concreto, "consistente em declaração de vontade, a que o ordenamento jurídico atribui os efeitos designados como queridos, respeitados os pressupostos de existência, validade e eficácia impostos pela norma jurídica que sobre ele incide"[213].

---

afirmam: "Ocorre que toda essa manifestação de vontade deverá fazer-se acompanhar pela necessária responsabilidade na atuação do contratante, derivada do respeito a normas superiores de convivência, com assento na própria Constituição da República."
(210) Como lembram GAGLIANO, Pablo Stolze e PAMPLONA FILHO, Rodolfo. *Ibid.*, v. IV, t. 1, p. 11: "Não se poderá falar em contrato, de fato, sem que se tenha por pedra de toque a *manifestação de vontade*. Sem '*querer humano*', pois, não há negócio jurídico. E, não havendo negócio, não há contrato."
(211) Neste sentido, GONÇALVES, Carlos Roberto. *Direito civil brasileiro*, v.1, p. 275.
(212) *Direito civil: curso completo*, p. 202, onde César Fiuza, com remissões às lições de Serpa Lopes e Bevilacqua, assim conclui e, depois, remetendo ao italiano Betti (*Teoria General del negócio jurídico*), ainda complementa: "Daí se dizer que os negócios jurídicos se baseiam em vontade de resultado, enquanto os atos jurídicos em sentido estrito se baseiam em vontade de manifestação. Por exemplo, em contrato de locação, as partes, locador e locatário, se reúnem e celebram o negócio, pactuando todas as cláusulas e efeitos do contrato. A Lei nada mais faz do que estabelecer algumas regras, procurando aparar possíveis arestas e proteger a vontade manifesta no contrato. Os efeitos deste contrato não são produto inteiro da Lei, mas, principalmente, da vontade das partes contratantes."
(213) *Negócio jurídico: existência, validade e eficácia*, p. 16. Note-se, outrossim, que a idoneidade é fixada pela doutrina como um dos requisitos de existência do negócio jurídico, ou seja, um de seus elementos estruturais, como salienta Carlos Roberto Gonçalves, que, após negar a uniformidade entre os autores, assim os elenca: declaração de vontade, finalidade negocial e idoneidade do objeto. "Faltando qualquer deles, o negócio inexiste." (*Direito Civil brasileiro*, v. 1, p. 306) Quanto à idoneidade do objeto, não se mostra recente sua inclusão dentre os requisitos de existência do negócio jurídico. Francisco Amaral afirma que o objeto jurídico deve ser idôneo, no sentido de que "deve apresentar os requisitos ou qualidades que a lei exige para que o negócio produza os efeitos necessários" (*ob. cit.*, p. 394). Neste diapasão, ainda, a inegável relação com o disposto no art. 104, II, do Código Civil em vigor (requisitos de caráter geral para a validade do negócio jurídico).

O negócio jurídico ostenta, com isso, o papel de principal instrumento posto pelo sistema à disposição das pessoas para que essas realizem seus interesses, observados os limites impostos pela lei, causa eficiente dos negócios jurídicos, limites esses os quais definem o que Fiuza trata como "área de autonomia privada"[214]. Assim, a "autorregulação consiste na composição que os particulares realizam dos próprios interesses. Se isto se der nos limites da lei, esta os dotará de eficácia jurídica", de modo que os negócios jurídicos, é certo, "devem, pois, deixar de ser definidos como atos de vontade para se definirem como atos de autonomia privada"[215]. É nesse sentido que também caminha Renan Lotufo para conceituar o negócio jurídico, afirmando-o como "o meio para realização da autonomia privada, ou seja, a atividade e potestade criadoras, modificadoras ou extintoras das relações jurídicas entre particulares"[216].

Seguindo neste particular, e aproveitando a lição de Lotufo, cabe-nos afirmar que do conceito de negócio jurídico já extraímos sua finalidade: a manifestação de vontade buscando a aquisição, conservação, modificação ou extinção de direitos. Advém, assim, como evolução do conceito de ato lícito, trazido pelo art. 81 do antigo Código Civil (de 1916)[217], renomeado em razão de sua clara finalidade (intuito) negocial[218], o que, muitas vezes, conduz ao equívoco de considerar "negócio jurídico" e "contrato" como sinônimos, ignorando que, na realidade, trata-se de continente e conteúdo, conforme será melhor abordado adiante (item 3.3).

3.2. Negócio jurídico: classificação

O negócio jurídico, enquanto instituto, comporta classificação que, simplificadamente, pode ser assim apresentada:

(a) quanto ao número de declarantes ou de manifestações de vontade necessárias ao seu aperfeiçoamento, os negócios jurídicos classificam-se em *unilaterais*, *bilaterais* ou *plurilaterais*.

(b) quanto às vantagens patrimoniais que podem ser produzidas para as partes, classificam-se em *gratuitos* e *onerosos*, *neutros* e *bifrontes*.

(c) quanto ao momento da produção dos efeitos, serão *inter-vivos* ou *causa-mortis*.

(d) quanto ao modo de existência, serão *principais* ou *acessórios*.

---

(214) *Direito civil: curso completo*, p. 202.
(215) *Ibid.*, p. 203.
(216) *Código Civil comentado*, p. 271.
(217) O dispositivo mencionado carregava que "todo ato lícito, que tenha por fim imediato adquirir, resguardar, transferir, modificar ou extinguir direitos, se denomina ato jurídico".
(218) Neste sentido, Carlos Roberto Gonçalves, *Direito civil brasileiro*, v. 1, p. 278.

(e) quanto às formalidades a observar, podem ser *solenes* (formais) ou *não solenes* (informais; de forma livre).

(f) quanto ao número de atos necessários, podem ser *simples, complexos* ou *coligados*.

(g) quanto às modificações que podem produzir, podemos classificá-los em *dispositivos* e *obrigacionais*.

(h) quanto ao modo de obtenção do resultado, classificam-se em *negócio fiduciário* e *negócio simulado*.

E assim por diante. Aqui, todavia, não nos vai interessar tratar de outro senão o primeiro dos modos de classificação dos negócios jurídicos, qual seja, quanto ao número de declarantes ou de manifestações de vontade necessárias ao seu aperfeiçoamento. Dentro desse exame, poderemos obter o conhecimento necessário à resposta que perseguimos neste capítulo, ou seja, se "negócio jurídico" e "contrato" são sinônimos. É o que tentaremos elucidar.

Como já salientamos no início deste capítulo, quanto ao número de declarantes, os negócios jurídicos podem ser classificados em: 1. unilaterais; 2. bilaterais; e 3. plurilaterais.

Os negócios *unilaterais* são aqueles que se aperfeiçoam com uma única manifestação de vontade, tal qual ocorre nos codicilos, testamentos, na renúncia de direitos etc. Subdividem-se em *receptícios*, nos quais a declaração de vontade tem de vir a ser conhecida do destinatário para que se produzam os seus efeitos (exemplos, aproveitáveis inclusive pelo Direito do Trabalho: denúncia ou resilição do contrato), ou *não receptícios*, quando o conhecimento por parte de outras pessoas é irrelevante (a confissão de dívida mostra-se como um bom exemplo, inclusive por ser aproveitável também na seara juslaboral).

Já os negócios *bilaterais* são aqueles que exigem consentimento mútuo ou acordo de vontades. Imperioso, aqui, que duas manifestações de vontades se exibam coincidentes sobre um mesmo objeto, como se dá, por exemplo, nos contratos. Podem ser *bilaterais simples* ou *sinalagmáticos*. Os primeiros referem-se àqueles em que somente uma das partes aufere vantagens. Um bom exemplo é a doação. Já os sinalagmáticos[219] são aqueles em que há reciprocidade de direitos e obrigações. O caráter sinalagmático encontra-se presente como marca do contrato de trabalho, em que as obrigações são recíprocas e antagônicas: o trabalhador presta seus serviços enquanto ao empregador toca o pagamento dos salários que, aliás, em razão da comutatividade que também caracteriza tanto o contrato de emprego quanto o próprio instituto juslaboral do salário, deve ser proporcional (o salário deve representar a justa paga pelo serviço prestado, à luz das características desse). Este, um bom exemplo.

---

(219) "Sinalagma" é vocábulo grego que significa contrato com reciprocidade. Daí, o sentido de contrato "sinalagmático" suprarreferido. Neste sentido, GONÇALVES, Carlos Roberto. *Direito civil*

Aqui, cabe uma pausa para comentarmos o sempre interessante posicionamento do grande Caio Mário da Silva Pereira. Encontramos na doutrina do festejado jurista que o contrato pode não deixar de ser bilateral mesmo em certos casos em que existam várias pessoas no polo ativo e também várias no polo passivo. Ocorre que o contrato, para ser bilateral, exige duas partes, conceito que é distinto de "pessoas". Assim, a "parte", no caso concreto, pode ser composta de uma ou várias pessoas. Desta feita, quando duas ou mais pessoas, em sede de negócio jurídico, manifestam declaração de vontade na mesma direção, passam a constituir parte única, a manter o caráter bilateral[220].

Já os negócios sinalagmáticos *plurilaterais* envolvem mais de duas partes, como o contrato de sociedade com mais de dois sócios e os consórcios de bens moveis e imóveis. Como ensina Carlos Roberto Gonçalves, nesses casos, as deliberações "não decorrem de um intercâmbio de declarações convergentes, de unanimidade de manifestações", mas, na verdade, "da soma de sufrágios". Assim, a maioria decide, "como sucede nas deliberações societárias, nas resultantes de assembleia geral de acionistas e dos credores que deliberam no processo de concurso"[221]. Na doutrina, é comum a referência a tais negócios jurídicos como figura diferenciada dos contratos, sob o tratamento de "acordos", em razão de que se destinam às decisões comuns em assuntos de interesse supraindividual (interesses coletivos). Desse modo, enquanto nos contratos (negócios jurídicos bilaterais) emerge, por pressuposição, a existência necessária de interesses opostos e divergentes que acabam por se harmonizar, nos acordos (negócios jurídicos plurilaterais) temos interesses convergentes ou paralelos, bem exemplificados nos negócios de direito familiar e na fusão de sociedades comerciais[222].

Neste ponto surge-nos uma outra questão: *as convenções e os acordos coletivos de trabalho representam negócios jurídicos bilaterais ou plurilaterais ?*

Para tanto, cabe relembrar os conceitos pertinentes, e, nessa busca, encontramos na CLT, art. 611, *caput*, o seguinte:

> *"Convenção Coletiva de Trabalho é o acordo de caráter normativo, pelo qual dois ou mais sindicatos representativos de categorias econômicas e profissionais estipulam condições de trabalho aplicáveis, no âmbito das respectivas representações, às relações individuais de trabalho."*

---

brasileiro, v. 1, p. 286. Quanto ao contrato de trabalho, há de se reafirmar sua natureza sinalagmática, tanto que Gustavo Filipe Barbosa Garcia, ao pontuar as suas características, o afirma como: "Contrato bilateral, pois envolve obrigações de ambas as partes, caracterizando-se por ser sinalagmático, tendo em vista a reciprocidade no conjunto de prestações." (*Curso de Direito do Trabalho*, p. 103) Vide, também, Francisco Ferreira Jorge Neto e Jouberto de Quadros Pessoa Cavalcante (*Curso de Direito do Trabalho*, p. 51) e Renato Saraiva (*Direito do trabalho: versão universitária*, p. 127).
(220) *Instituições de direito civil.* v.1, p. 314.
(221) *Direito civil brasileiro*, v.1, p. 286.
(222) Neste sentido, vide Emílio Betti, *Teoria geral do negócio jurídico*, tomo 2, p. 189-201. Vide, também, Carlos Roberto Gonçalves, *Ibid.*, v.1, p. 286-287.

O mesmo artigo, em seu § 1º, por sua vez, indica:

> "É facultado aos sindicatos representativos das categorias profissionais celebrar Acordos Coletivos com uma ou mais empresas da correspondente categoria econômica, que estipulem condições de trabalho aplicáveis no âmbito da empresa ou das empresas acordantes às respectivas relações de trabalho."

Assim, o elemento diferenciador entre a convenção e o acordo coletivo de trabalho, de fato, reside nos signatários, visto que, enquanto na convenção temos um instrumento normativo resultante do avençado entre sindicato da categoria profissional (empregados; trabalhadores) e sindicato da categoria econômica (empregadores; patronal), visando a fixar condições de trabalho aplicáveis às relações laborais no âmbito das respectivas representações, no acordo coletivo temos também um instrumento normativo, porém pactuado entre sindicato da categoria profissional e uma ou mais empresas, objetivando fixar condições aplicáveis às relações de trabalho no âmbito dessas empresas acordantes[223].

A partir dos ditos conceitos, e conhecendo o mecanismo prático de desenvolvimento das negociações coletivas e celebração de convenções e acordos coletivos de trabalho, parece-nos inegável que não há convergência pura de vontades no cenário do qual resultam — principalmente no caso das convenções coletivas.

De fato, o que temos são interesses antagônicos, por vezes deveras conflitantes, que, ao final da negociação coletiva, acabam por se harmonizar, viabilizando a solução negocial das controvérsias coletivas de trabalho, então concretizadas na celebração da convenção ou do acordo, conforme o caso.

Portanto, os acordos e as convenções coletivas de trabalho consistem, inegavelmente, em negócios jurídicos, fundados na vontade das partes balizada pelos ditames da lei. Projetam seus efeitos para um grande número de pessoas (inclusive trabalhadores e empresários/empresas). Porém, em que pese existam várias pessoas interessadas, atreladas a cada parte negociante, não se trata de acordos pautados, desde sempre, por interesses convergentes e paralelos, havendo, no final das contas, apenas duas partes: os órgãos de representação coletiva da categoria profissional e os órgãos de representação coletiva da categoria econômica (ou a empresa, nos acordos coletivos). Trata-se, com isso, de negócios jurídicos bilaterais, que merecem uma atenção especialíssima, pois, apesar de sua inegável natureza contratual, mostra-se indiscutível, também, a espetacular força normativa que carregam, hábil a produzir efeitos até sobre empresas e trabalhadores que não mantenham qualquer vínculo associativo ao ente sindical representativo da categoria.

Também neste sentido nos parece a lição de Renato Saraiva, que, após salientar que várias são as teorias existentes, criadas na busca de melhor definição da natureza

---

(223) Neste sentido, vide Renato Saraiva, *Direito do trabalho*, p. 486.

jurídica da convenção coletiva de trabalho[224], afirma que prevaleceu a teoria mista, indicando que a convenção tem dupla natureza, contratual e normativa, explicando:

> "É contratual, pois é fruto de um acordo de vontades entre os celebrantes do instrumento normativo. E é normativa, pois tem efeitos erga omnes, gerando direitos e obrigações para todos os integrantes das categorias profissionais e econômicas, mesmo aos não-associados."[225]

Na mesma esteira, Rodolfo Pamplona e Pablo Stolze Gagliano, segundo os quais "convenção" designa acordos de vontade geral enquanto "contrato" aponta para o negócio jurídico derivado de uma convergência de vontades que se conjugam formando o consentimento[226].

Curioso, todavia, que diversos doutrinadores, para nomear os negócios jurídicos plurilaterais em geral, usam justamente o termo "convenção". Como elucida Orlando Gomes, a convenção compreenderia "não só os negócios plurilaterais destinados a criar obrigações, mas também a modificar ou extinguir obrigações preexistentes, enquanto o contrato seria idôneo à criação de obrigações", como negócio jurídico bilateral. A convenção, ainda segundo Orlando Gomes, teria para muitos o sentido estrito de acordo normativo.[227]

O argentino Guillermo Borda, por sua vez, ensina que o contrato é um acordo de vontades destinado a regular os direitos patrimoniais ao passo que a convenção se refere a todo acordo de vontades, seja ou não de caráter patrimonial, como pode ser o acordo sobre o regime de visitas dos filhos, convencionado pelos pais divorciados. Desse modo, convenção seria um gênero do qual o contrato seria espécie.[228]

Logo, o contrato é espécie do gênero convenção, que, por sua vez, também é abarcado por continente maior, dos negócios jurídicos.

Outra questão interessante: quanto à natureza da obrigação, o contrato, considerado em si, tem sua classificação mais abrangente. Aqui, toma-se a natureza da obrigação como parâmetro, em função da prestação pactuada. Dentro dessa classificação, a doutrina admite contratos unilaterais, bilaterais e plurilaterais.[229]

Ora, mas o contrato é negócio jurídico bilateral, aliás, exemplo típico e comum desse. E aqui é que se instalam muitos questionamentos, que podem, a nosso ver, experimentar solução simplória e, ao mesmo tempo, satisfatória.

---

(224) Renato Saraiva cita, dentre elas, as de matizes contratualistas, normativas e mistas (*Direito do trabalho*, p. 486).
(225) *Ibid.*, mesma página.
(226) *Novo curso de direito civil*, v. IV, t. 1, p. 24.
(227) *Contratos*, p. 9.
(228) *Manual de contractos*, p. 7.
(229) Vide PAMPLONA FILHO, Rodolfo e GAGLIANO, Pablo. *Novo curso* cit., v. IV, t. 1, p. 112.

Socorrendo-nos mais uma vez das ideias de Pamplona Filho e Stolze Gagliano: "Toda relação contratual pressupõe a existência de duas ou mais manifestações de vontade."[230]

Desta lição introdutória já podemos situar o contrato dentro dos negócios jurídicos, uma vez que se aperfeiçoa a partir do elemento volitivo, bem como excluí-lo do âmbito dos negócios jurídicos unilaterais, posto que exige "duas ou mais" manifestações de vontade. Restam, então, os negócios jurídicos bilaterais e os plurilaterais.

O contrato, sabemos, é negócio jurídico bilateral. Pensemos no contrato individual de trabalho. Temos, de um lado, como parte, o empregador, que tem os meios de produção e necessita do trabalho humano, e, de outro, o empregado, que tem a força de trabalho humano e necessita da estrutura guarnecida pelos meios de produção. Os interesses são antagônicos, mas acabam por se harmonizar, por ocasião da efetiva celebração do contrato.

Resta, ainda, analisar se há possibilidade de o contrato ter natureza de negócio jurídico plurilateral. Parece-nos que não. Ora, o negócio jurídico plurilateral é caracterizado pela existência de convergência de interesses, não no sentido de se ter na via negocial o meio de harmonizar interesses opostos para se obter um resultado satisfatório para ambas as partes, mas, de fato, na existência de um negócio conduzido no interesse comum das partes como, por exemplo, as deliberações em assembleia geral, em suas muitas possibilidades jurídicas.

Portanto, o contrato não se inclui dentre os negócios jurídicos plurilaterais.

Não obstante, como, então, admitir a existência de contratos unilaterais e plurilaterais, nos casos em que classificados doutrinariamente quanto à natureza da obrigação?

O que ocorre aqui, ao contrário do que possa parecer em um primeiro momento, não colide com qualquer uma das nossas conclusões, expressas neste trabalho. Sucede que a classificação mencionada, acerca dos contratos, se estabelece à vista da extensão dos efeitos de natureza patrimonial em relação às partes.

Tanto que Stolze Gagliano e Pamplona Filho afirmam, após impor a existência de duas ou mais manifestações de vontade para fim da formação do contrato: "Todavia, isso não quer dizer que produza, necessariamente, efeitos de natureza patrimonial para todas as partes."[231]

Desse modo, toda vez que o contrato onerar apenas uma das partes, estaremos diante de hipótese de contrato unilateral. Por sua vez, quando mais de dois contratantes ostentarem obrigações, estaremos diante de um contrato plurilateral.

---

(230) *Novo curso de direito civil*, v. IV, t. 1, p. 112.
(231) *Ibid.*, p. 112.

Portanto, enquanto negócio jurídico, o contrato classifica-se como bilateral. Todavia, à luz de seus efeitos em relação à criação de deveres para as partes, pode ser plurilateral. Um bom exemplo, aqui, seria a convenção coletiva de trabalho, a qual não se pode negar, a nosso ver, a natureza contratual — como já salientado. Porém, seus efeitos vão além das partes contratantes — sindicatos, por exemplo —, alcançando todos os representados, em outras palavras, toda a categoria econômica e profissional dentro dos limites territoriais de representação (base territorial), independentemente de se tratarem as empresas e os trabalhadores, em relação aos signatários da convenção, de associados ou não. Temos, quanto aos efeitos, um contrato plurilateral. Logo, o contrato enquanto tal é plurilateral, mas enquanto negócio jurídico ainda é bilateral, não havendo como considerá-lo um negócio jurídico plurilateral.

A mesma conclusão nos parece devida aos acordos coletivos de trabalho. Ora, em que pese a denominação recebida do art. 611, § 1º, do texto legal trabalhista consolidado, o acordo coletivo também não se desenvolve a partir de interesses paralelos e convergentes. No mundo ideal assim seria, uma vez que haveria a consciência dos empregados acerca do valor social da livre-iniciativa — até porque do sucesso do empregador depende, em muito, a manutenção dos empregos, em relação aos quais a grande maioria das pessoas humanas trabalhadoras em nosso país guarda laços de dependência vital —, bem como os empregadores o teriam em relação ao valor social do trabalho e à dignidade do trabalhador. Desta feita, restariam automaticamente consagrados, na vivência cotidiana, os primados fundamentais esculpidos nos incisos III e IV do artigo inaugural da Constituição Federal de 1988. A isso, some-se que seria lógica e esperável que essa realidade conduzisse à concretização de um dos principais comportamentos bradados como esperados pelos (e dos) contratantes: o solidarismo, assim entendido como a manutenção de postura ética voltada a tudo fazer no sentido de facilitar o adimplemento contratual pela outra parte.

Portanto, tendo representante dos empregados de um lado e uma ou mais empresas de outro, surgem nitidamente duas partes, com interesses conflitantes e opostos.

Há de se observar, todavia, a existência de interesses paralelos e convergentes *em cada um* dos polos. Assim, no que toca ao lado das empresas, quando há mais de uma acordante, essas podem manter interesses paralelos e convergentes. O mesmo se verifica com relação aos sindicatos dos profissionais que, para fim de aprovação da negociação coletiva, devem submeter seus pontos à assembleia geral, observando a forma e os demais requisitos previstos na CLT, art. 612.

A análise disso nos leva a concluir que as convenções e os acordos coletivos, de caráter certamente contratual — logo, de negócio jurídico bilateral[232] —, tendo

---

(232) Orlando Gomes afirma: "Interessa, assim mesmo, fixar o exato sentido da palavra *contrato* porque a outras modalidades do concurso de vontades não se aplicam as regras que o regem. Deve ser

dentre seus requisitos uma fase de consulta aos representados — que assume, também, caráter negocial —, afina-se ao conceito de negócio jurídico, envolvendo declaração de vontade no processo de deliberação e votação em assembleia geral, tudo pautado pelos ditames legais pertinentes, tendente à criação, modificação ou extinção de direitos. Todavia, em tal fase não se nota o embate de interesses conflitantes e opostos buscando harmonização, mas o debate de qual seria o melhor caminho na busca de conquistar guarida para interesses comuns, convergentes e paralelos. Trata-se, pois, de negócio jurídico específico e preliminar, que pode ter natureza plurilateral, cujo sucesso condiciona outro, de natureza bilateral, havido pelos órgãos de representação coletiva (convenção coletiva de trabalho) ou pelo órgão de representação da categoria profissional com uma ou mais empresas (acordo coletivo de trabalho).

3.3. Negócio jurídico versus contrato: sinônimos?

Consoante já exposto acima, em nosso entender, os contratos consistem em exemplo típico de negócio jurídico bilateral. Assim, resta evidenciado que constituem conteúdo da realidade de um instituto de maior abrangência, qual seja, o negócio jurídico. Esse, por sua vez, também pode expressar-se de modo unilateral — e, aqui, certamente por meio de institutos jurídicos outros que não guardam natureza contratual.

O negócio jurídico, portanto, seria o continente integrado pelo contrato; o primeiro, gênero, é integrado pelo segundo, espécie.

A confusão, por vezes criada entre os conceitos, deve-se à prática comum de se empregar o vocábulo "contrato" em dois sentidos: um amplo e outro estrito. Em sentido amplo, contrato designaria todo negócio jurídico que se forma pelo concurso de vontades. Já no segundo sentido, designaria o "acordo de vontades produtivo de efeitos obrigacionais na esfera patrimonial"[233]. Para solução disso, remetemos ao tópico anterior (3.2), em que a questão recebeu melhor tratamento.

Vencida essa etapa, indispensável para o estabelecimento das noções imprescindíveis à análise da boa-fé objetiva nas relações laborais de direito coletivo, passaremos a tratar das cláusulas gerais, dentro das quais encontramos inserida a da boa-fé objetiva, à luz do nosso ordenamento legal em vigor. No capítulo 5 deste trabalho, abordaremos especificamente a boa-fé, que há de ser observada

---

observada para designar o negócio bilateral, cujo efeito jurídico pretendido pelas partes seja a criação de vínculo obrigacional de conteúdo patrimonial." (*Contratos,* p. 9) Adiante, afirma que o contrato designa ("o negócio jurídico bilateral gerador de obrigações"). (*Ibid.*, mesma página).
(233) Neste sentido, Orlando Gomes, *Contratos,* p. 9.

em qualquer negócio jurídico, seja para fim interpretativo, seja para fim de verificação de intenção ou conduta dos agentes. Portanto, ao encerrar o presente capítulo, cabe salientar que, daqui em diante, utilizaremos sem maiores distinções as expressões boa-fé negocial e boa-fé contratual, uma vez que o cerne deste trabalho recai sobre a análise do princípio (da boa-fé) em relação a momentos do contrato de trabalho — portanto, sempre em um contexto contratual que, enquanto conteúdo, não deixa de ser negocial, continente.[234]

---

[234] Vale salientar a lição de Francesco Carnelutti, *verbis*: "O contrato é historicamente a forma primitiva de um fenômeno jurídico mais amplo, ao qual se denomina *negócio jurídico*. Há aproximadamente um século, a ciência obteve a nucleação dessa figura jurídica, da qual o contrato é o exemplo mais antigo e mais conhecido, porém não o único." (*Como nasce o direito*, p. 42)

4. CLÁUSULAS GERAIS

4.1. Noções introdutórias: conceito e extensão

A partir das características do conceito geral de "sistema" — ordem e unidade —, podemos afirmar a existência de um "sistema jurídico", estruturando o que chamamos de "ordenamento jurídico". Esta, a visão de Claus-Wilhelm Canaris, que, aliás, vislumbra no ordenamento jurídico um sistema aberto, impossível se ter por completo o conhecimento científico, notadamente passível de progresso, ao que se soma a inegável mutabilidade dos valores jurídicos fundamentais, decorrentes do fato de o Direito ser um fenômeno situado na História[235]. Salientamos, aqui, a já referida e sempre precisa lição de Celso Antonio Pacheco Fiorillo e Renata Marques Ferreira, no sentido de que o Direito brasileiro é um produto cultural, caracterizando-se dentro de nossa realidade, por ser um verdadeiro patrimônio cultural, "constituindo bem de natureza material e imaterial portador de referência (enquanto forma de expressão) à identidade, à ação, assim como à memória dos diferentes grupos da sociedade brasileira"[236]. Em que pese a referência ao Direito brasileiro, fato é que o afirmado não se resume à realidade pátria, integrando, assim, a arte do Direito de qualquer povo. Portanto, o Direito é expressão da cultura de um povo, que varia de acordo com o contexto econômico, social e político, conforme constatado em determinado momento histórico.

Canaris, citando Wilburg, lembra, ainda, que o sistema jurídico, além de aberto, é móvel[237], ou seja, nele verifica-se "a igualdade fundamental de categoria e a mútua substituibilidade dos critérios adequados de justiça, com a renúncia simultânea à formação de previsões normativas fechadas"[238]. Com isso, a rigidez do sistema jurídico positivado acaba necessariamente abrandada por "partes móveis" que permitem a aproximação do ideal da justiça, considerada sua acepção aristotélica, em relação ao caso concreto. Cabe também a essas partes viabilizar o confronto do resultado da aplicação da norma ampla, geral e abstrata, rigidamente estabelecida na lei — fruto da tendência generalizadora da aplicação da justiça,

---

(235) GONÇALVES, Camila de Jesus Mello. *Princípio da boa-fé: perspectivas e aplicações*, p. 115.
(236) FIORILLO, Celso Antonio Pacheco; FERREIRA, Renata Marques. *Direito ambiental tributário*, p. 3.
(237) Wilburg, citado tanto por Camila de Jesus Mello Gonçalves (*Princípio da boa-fé:* perspectivas e aplicações, p. 116) quanto por Claus-Wilhelm Canaris (*Pensamento sistemático e conceito de sistema na ciência do direito*, p. 282), afirma que o sistema jurídico contém "a nota da mobilidade".
(238) CANARIS, Claus-Wilhelm. *Ibid.*, mesma página.

oriunda do princípio da igualdade —, com as características próprias do caso concreto, em uma espécie de aplicação individualizadora da mesma justiça. Desta feita, obtém-se a possibilidade de ponderação entre a determinação em geral dos critérios de justiça e a análise das consequências jurídicas concretas à luz de um dado caso singular, a resultar em solução adequada. Neste diapasão, afirma Canaris que "o sistema móvel representa um compromisso particularmente feliz entre os diversos postulados da ideia de Direito (...) e equilibra a polaridade deles numa solução ponderada e 'intermédia'"[239].

Justamente nesta medida é que surgem as chamadas "cláusulas gerais", como ferramentas para a dita "abertura" do sistema jurídico, em reconhecimento à sua incompletude e à mutabilidade que lhe é peculiar, enquanto fenômeno histórico e cultural. Aliás, quanto à incompletude, trata-se de característica da lei que não comporta defesa em contrário. Fenômeno histórico-cultural que é o Direito, e, consequentemente, o texto legal, que com o primeiro não se confunde, mas integra seu objeto de preocupação, estudo e criação, tem necessariamente de acompanhar as mutações sociais, políticas e econômicas, o que, por si só, já afasta a possibilidade de esgotamento, pelo legislador, de todas as situações concretas da vida humana. A lei é estabelecida em determinada época e pode tornar-se imprópria ao fim a que antes se destinava, em razão do progresso da humanidade e do natural surgimento de novas relações intersubjetivas, antes desconhecidas ou evoluídas de tal forma que descaracterizam a realidade anterior, vigente por ocasião da edição da norma. Como salienta Camila de Jesus Mello Gonçalves: "O reconhecimento de tal limite é, inclusive, o pressuposto da equidade", complementando com a lição de Fábio Konder Comparato no sentido de que a necessidade da aplicação da equidade surge do fato de que as leis destinam-se genericamente a todos, sem diferenciar as "nuanças" que podem existir, de modo que surgem hipóteses ou casos em que, se aplicada a lei, na busca do "justo legal", obter-se-á, *no plano concreto*, uma injustiça[240]. A equidade, que há de ser tida como a aplicação da justiça do caso concreto, marcada pelas virtudes da moderação e do bom-senso como meio de correção dos excessos advindos da aplicação fria da norma ampla, geral e abstrata, é, ao mesmo tempo, viabilizada e limitada pela técnica das cláusulas gerais.

Consistem as ditas cláusulas gerais em técnica legislativa que confere ao intérprete maior flexibilidade, para fazer prevalecer os valores do ordenamento diante de situações novas, não previstas pelo legislador[241], a demonstrar íntima relação com os princípios. Trata-se de enunciados normativos genéricos marcados por conceitos indeterminados, cujo conteúdo e cuja extensão são relativamente

---

(239) *Pensamento sistemático e conceito de sistema na ciência do direito*, p. 145.
(240) GONÇALVES, Claudia de Jesus Mello. *Princípio da boa-fé:* perspectivas e aplicações, p. 118.
(241) TEPEDINO, Gustavo. *Temas de direito civil*, p. 207.

incertos, ou, como afirma o professor Tércio Sampaio Ferraz Junior, manifestam vaguidade, a impedir, de antemão, a determinação da sua extensão denotativa[242].

Esta vagueza que caracteriza os conceitos indeterminados não pode ser entendida como a completa ausência ou indeterminação de sentido, mas, sim, no sentido dado por Claudio Luzzati, como uma "vagueza socialmente típica", uma vez que o preenchimento do conceito dar-se-á por "valores", fixados pelos parâmetros variáveis da moral e dos bons costumes encontrados no ambiente social. Difere da chamada "vagueza comum", na qual a precisão do significado da norma jurídica resta alcançada pelas *máximas da experiência*, independendo do recurso a valorações. No mesmo sentido, posiciona-se Chaim Perelman, preferindo, todavia, a expressão "noções de conteúdo variável" para designar os ditos conceitos vagos introduzidos na lei, o que justifica em razão da infinita variedade das circunstâncias, que não podem ser previstas de forma precisa, a tornar difícil a aplicação de regras rígidas a situações naturalmente mutáveis e exigir que se permita ao juiz defini-las caso a caso[243], proporcionando aos princípios valorativos o ingresso no ordenamento por meio da inclusão de cláusulas gerais no texto legal.

Para tanto, como observa Judith Martins-Costa, as cláusulas gerais escoram--se em *standards,* máximas de conduta, arquétipos exemplares de comportamento, normas constitucionais e diretivas econômicas, sociais e políticas, viabilizando a sua sistematização no ordenamento positivo[244]. Portanto, não se confundem "princípios" e "cláusulas gerais", mas, inegavelmente, interagem para abertura do sistema, na forma já explanada, permitindo a melhor análise do caso concreto, por parte do juiz, à luz do emprego de expressões marcadas por indeterminação semântica, propícias ao preenchimento sob o ponto de vista das peculiaridades do objeto sob exame, para fim de julgamento futuro. Neste sentido, exemplifica o professor Alberto Gosson Jorge Junior, acerca dessa espécie de indeterminação semântica, valendo-se, para tanto, das expressões "animal bravio", "despesas ordinárias", "iminente risco de vida", dentre outras[245].

---

(242) FERRAZ JUNIOR, Tércio Sampaio. *Introdução ao estudo do direito:* técnica, decisão, dominação, 3.ed., p. 312.
(243) *Apud* Claudia de Jesus Mello Gonçalves, *Princípio da boa-fé:* perspectivas e aplicações, p. 116.
(244) COSTA, Judith Martins. *A boa-fé no direito privado*, p. 274.
(245) Claudio Luzzati, *La vaguezza dele norme: un'analisi del linguaggio giuridico*. Milano: Giuffrè, p. 302-304, 1990, *apud* Alberto Gosson Jorge Junior, *Cláusulas Gerais no novo Código Civil,* p. 6-7. Por clara, merecedora de transcrição se faz a lição do professor Gosson Jorge Junior acerca do tema em questão, *verbis:* "Para elucidarmos a matéria, vejamos o que diz o art. 156 do CC, que introduz a figura do 'estado de perigo' como vício de consentimento propiciador da anulação do negócio que lhe seguiu: 'Configura-se o estado de perigo quando alguém, premido da necessidade de salvar-se, ou a pessoa da família, de grave dano conhecido pela outra parte, assume *obrigação excessivamente onerosa*. Parágrafo único. Tratando-se de pessoa não pertencente à família do declarante, *o juiz decidirá segundo as circunstâncias'* (itálico nosso). Com base no citado dispositivo, analisamos o seguinte exemplo: alguém faz um empréstimo para pagar o resgate de um sequestro assumindo juros extorsivos. O *caput* da norma do art. 156 menciona 'para salvar-se' ou a 'pessoa da família', o que faz pressupor, como requisito para enquadramento na segunda espécie, que haja uma obrigação familiar de assistência

Assim, a generalidade, a presença de conceitos de conteúdo indeterminado e a necessária observância, pelo intérprete, de valores variáveis à luz do contexto histórico impõem, diante das cláusulas gerais, a necessária complementação dos ditos conceitos por elas carregados. Essa complementação fica a cargo do intérprete, proporcionando ao Direito, no que toca às relações contratuais, a necessária elasticidade para fim de que possa acompanhar a dinâmica social e econômica. Proporciona-se, assim, a flexibilização do sistema jurídico, abrindo-o e evitando distorções entre a realidade da sociedade (em determinado tempo e perante um dado cenário econômico) e a disciplina jurídica dos comportamentos das pessoas que nela interagem. Desta feita, dota-se o sistema da mobilidade apregoada por Canaris, obtendo, na lição do professor Gosson Jorge Junior, meios de se evitar "a tensão entre preceitos normativos rígidos e valores em mutação a implicar um indesejável mal-estar decorrente de um embate sem solução sistêmica"[246].

No entender de Karl Engisch, cada cláusula geral consiste em uma "formulação da hipótese legal que, em termos de grande generalidade, abrange e submete a tratamento jurídico todo um domínio de casos"[247].

Segundo especifica o autor, citando Nipperdey, há possibilidade de criação de uma hipótese legal unitária do ato ilícito[248], emergindo, assim, as cláusulas gerais, em oposição às chamadas normas casuísticas.

O já citado professor Alberto Gosson Jorge Junior, em brilhante monografia sobre o tema, exemplifica a distinção entre cláusulas gerais e normas casuísticas,

---

decorrente dos laços de parentesco. Ressalva a norma do parágrafo único que, em se tratando de 'pessoa não pertencente à família', o juiz deverá avaliar as circunstâncias, isto é, deverá verificar as provas quanto ao grau de amizade, as circunstâncias em que se operou o relacionamento entre quem tomou o empréstimo e a vítima etc. Conclui-se que o magistrado deverá sopesar até mesmo circunstâncias inusitadas, como na hipótese de duas pessoas que se conheçam num passeio turístico a bordo de um barco e, em ali havendo a violência e a chantagem, o contexto em que se encontravam viesse a justificar uma atitude de solidariedade humana ainda que não houvesse relacionamento mais próximo entre a vítima e quem assumiu o resgate. Perguntamos: haveria nesse caso hipotético um aplicação de *máximas de experiência* (vagueza comum) por parte do juiz para solução do caso ou o contexto teria ensejado propriamente uma *valoração* (vagueza socialmente típica) das *circunstâncias*? Poderemos entender que, à determinação do conteúdo da expressão *obrigação excessivamente onerosa,* haverá necessidade de se valorar a classe social e a capacidade patrimonial da vítima em cada caso concreto ou poderemos pensar que, em essência, a análise que o juiz deverá fazer para concluir por uma prestação que seja 'excessivamente onerosa' em nada dista da que fará para avaliar as 'circunstâncias' da relação com 'pessoa não pertencente à família'? Abstraindo-se as inevitáveis 'zonas cinzentas' para um posicionamento sobre a questão, aceitaremos, como hipótese de raciocínio, a distinção de natureza *qualitativa* entre a *vagueza comum* e a *vagueza socialmente típica*, de forma que a primeira não comporte análise de valores para fixação de seu significado, enquanto a segunda, sim, para passarmos posteriormente à análise das cláusulas gerais sob a perspectiva dos *conceitos valorativos,* o que nos levará à aproximação das *cláusulas gerais* com os *princípios jurídicos.*" (p. 7-9).
(246) JORGE JUNIOR, Alberto Gosson. *Cláusulas gerais no novo Código Civil,* p. 10.
(247) ENGISCH, Karl. *Introdução ao pensamento jurídico,* p. 228-229.
(248) *Ibid.,* mesmas páginas.

valendo-se, para tanto, do BGB em contraposição ao Código Civil brasileiro. Neste sentido, contrapõe o § 823 do BGB, dado como exemplo de normas casuísticas, aos arts. 186 e 927 do atual Código Civil brasileiro (bem como ao art. 159 do texto anterior, de 1916), indicando os mencionados dispositivos legais brasileiros como paradigma para formulação da mesma norma esculpida no Direito alemão, todavia, aqui como uma cláusula geral.

Ocorre que assim dispõe o § 823 do BGB: *"Quem, por dolo ou negligência, lesar, antijuridicamente, a vida, o corpo, a saúde, a liberdade, a propriedade ou qualquer outro direito de uma pessoa estará obrigado, para com essa pessoa, à indenização do dano daí resultante."*

Notamos, com isso, que o texto legal transcrito detalha o bem lesado, ensejador da reparação civil, ao aludir à vida, ao corpo, à saúde etc. De outro lado, o Código Civil brasileiro, ao versar sobre o mesmo instituto, fá-lo de forma a generalizar o conteúdo da norma. Isso porque prescreve a violação do direito e a ocorrência do dano patrimonial ou extrapatrimonial, como elementos para a definição dos bens jurídicos que podem tanto sofrer lesão como ensejar direito à reparação civil. Trazem os artigos mencionados:

> "Art. 186. Aquele que, por ação ou omissão voluntária, negligência ou imprudência, violar direito e causar dano a outrem, ainda que exclusivamente moral, comete ato ilícito.
>
> Art. 927. Aquele que, por ato ilícito (arts.186 e 187), causar dano a outrem, é obrigado a repará-lo."

Da leitura dos ditos dispositivos legais, verificamos a abrangência do conteúdo da norma, de modo a possibilitar que se atinjam diversas situações oriundas do choque intersubjetivo de interesses. Isso é obtido graças à fixação de norma com conteúdo geral (qualquer hipótese de dano a outrem), sem limitação de objeto, ao contrário do que fez o legislador germânico. Assim, o empregado que sofre assédio moral, independentemente da dinâmica dos fatos que o caracterizaram, tem direito à reparação dos danos morais daqueles resultantes. O mesmo é afirmado quanto ao trabalhador que é acometido por doença[249], em razão das

---

(249) "DOENÇA LABORAL. PERDA AUDITIVA. NEXO CAUSAL COMPROVADO. DIREITO À INDENIZAÇÃO. O empregado detém o direito social, constitucionalmente garantido, de trabalhar sob condições seguras, protegido de agentes nocivos, pois o art. 7º, inciso XXII garante a redução de riscos inerentes ao trabalho, por meio de normas de saúde, higiene e segurança. Estes procedimentos foram ignorados, no caso em foco, pois não há, nos autos, provas no sentido de que tenham sido adotadas as providências salutares, a exemplo do regular fornecimento e da fiscalização do uso dos equipamentos de proteção auricular. Assim, é de se concluir que as alegações da reclamada no sentido de eximir--se da condenação estão divorciadas da legislação pertinente à matéria, pois patente sua responsabilidade objetiva, conforme art. 927 do Código Civil, cujo parágrafo único preconiza que haverá obrigação de reparar o dano, independentemente de culpa, nos casos em que a atividade normalmente desenvolvida pelo autor do dano implicar, por sua natureza, risco para os direitos de outrem. Ainda que admitida a responsabilidade subjetiva, conforme adotada pela D. Magistrada sentenciante, é de se registrar que se a ré sabia das condições agressivas do ambiente laboral ao ponto de emitir documentos nesse

condições do meio ambiente laboral, desprovidas de melhores cuidados ergonômicos por ocasião da estruturação definida pelo empregador[250]. Também fará jus à reparação civil o trabalhador que tem sua dignidade ferida em razão do comportamento do empregador ou de superiores hierárquicos, por exemplo[251]. Em suma: todo e qualquer dano, material ou imaterial, haverá de ser reparado na seara civil, em razão da formulação geral do comando legal.

Aqui encontramos um dos sentidos atribuídos por Judith Martins-Costa às cláusulas gerais. No entender dessa brilhante jurista, além de ferramenta propícia a conferir ao intérprete maior flexibilidade para o enfrentamento de casos não previstos pelo legislador, a cláusula geral comporta outros dois sentidos: presta-se tanto para designar certas normas jurídicas, aqui entendidas como cláusulas gerais — aquelas normas que contêm uma cláusula geral —, quanto para designar as normas produzidas por uma cláusula geral[252]. Opõem-se, pois, às ditas normas

---

sentido e não adotou as providências cabíveis para elidir sua nocividade, agiu com negligência, atraindo assim, a responsabilidade, que traz em sua esteira, o dever de indenizar o prejuízo." (TRTSP, 4ª Turma, Recurso Ordinário, Processo n. 02337-1999-464-02-00-6, Rel.Paulo Augusto Camara, Rev.Silvana Abramo M.Ariano, DJ 6.10.2009, d.p. 16.10.2009) No sentido de o trabalhador fazer jus ao recebimento de pensão vitalícia: "DOENÇA OCUPACIONAL. PENSÃO VITALÍCIA. INCAPACIDADE PARA O EXERCÍCIO DA MESMA ATIVIDADE. Tratando-se de trabalhador de avançada idade, com experiência em uma determinada atividade, cuja realização resta impossibilitada pela doença ocupacional, devida a pensão pela empregadora que deu causa à incapacidade e à perda de tal fonte de subsistência. FISCALIZAÇÃO DO USO DE EPIS. ÔNUS DO EMPREGADOR. Tendo o empregador controle sobre o meio ambiente laboral e poder diretivo sobre seus empregados, a ele compete fiscalizar e impor o uso de equipamentos de proteção individual. NATUREZA INDENIZATÓRIA. IMPOSTO DE RENDA. AUSÊNCIA DE INCIDÊNCIA. Não incide imposto de renda sobre a pensão e as indenizações por danos morais e patrimoniais, por serem recomposição, e não acréscimo, patrimonial." (TRTSP, 4ª Turma, Recurso Ordinário, Processo n. 02638-2005-046-02-00-4, Rel.Lucia Toledo Silva Pinto Rodrigues, Rev.Sergio Winnik, d.j.22.06.2010)
(250) "DOENÇA PROFISSIONAL. DANOS MATERIAIS. INDENIZAÇÃO DEVIDA. A reclamante é portadora de patologia de caráter ocupacional e irreversível, com nexo de causalidade estabelecido em função de perícia médica e vistoria do local e condições do trabalho, e apresenta redução na capacidade laborativa, não podendo desempenhar as funções anteriormente exercidas. A exposição a riscos ocupacionais por agentes ergonômicos foi reconhecida no Atestado de Saúde Ocupacional emitido pela reclamada. Em conformidade com o preceito constitucional (art. 7º, XXII), o empregador deve se acautelar, adotando medidas que visem, se não eliminar, ao menos reduzir os riscos de danos à saúde dos empregados, e verifica-se que a reclamada foi omissa no tocante ao aspecto da Ergonomia, objeto da NR-17, da Portaria n. 3.214/78." (TRTSP, 2ª Turma, Recurso Ordinário, Processo n. 00006-2004-070-02-00-9, Rel.Rosa Maria Zuccaro, Rev.Mariangela de Campos Argento Muraro, DJ 11.2.2009, d.p. 27.2.2009)
(251) Por exemplo: "DANOS MORAIS. 'BRINCADEIRAS'. VIOLAÇÃO À DIGNIDADE DO TRABALHADOR. INDENIZAÇÃO PERTINENTE. É certo que o empregador detém o poder diretivo, que lhe permite traçar as diretrizes para o alcance de seus objetivos. Todavia, esta prerrogativa não se sobrepõe jamais ao princípio da dignidade humana. Os procedimentos patronais pela busca do lucro encontram limite intransponível nos direitos personalíssimos, incumbindo ao empregador zelar para que seus representantes e os empregados que ocupam cargos de maior hierarquia se conduzam de forma digna e tratem os subordinados com urbanidade. A prática de injustificadas ofensas reiteradas ao longo da contratualidade não pode ser admitida, pois são invioláveis a intimidade, a vida privada, a honra e a imagem das pessoas, direitos estes assegurados por norma de *status* constitucional (art. 5º, inc. X da Constituição Federal de 1988)." (TRTSP, 4ª Turma, Recurso Ordinário, Processo n. 02214-2007-013-02-00-0, Rel.Paulo Augusto Camara, Rev.Ricardo Artur Costa e Trigueiros, DJ14.9.2010, d.p. 24.9.2010)
(252) Vide MARTINS-COSTA, Judith. *A boa-fé no direito privado*, p. 286-290.

casuísticas, tanto que a mesma jurista demonstra vislumbrar as cláusulas gerais por um prisma negativo, afirmando-as como o "modelo da não casuística"[253].

4.2. As possíveis cláusulas gerais

Algumas são as cláusulas gerais possíveis de citação. Para tanto, vale menção ao rol detalhado trazido, em sua obra, por Judith Martins-Costa: "boa-fé (Cco, art. 130, CDC arts. 40, III e 51, V, LD, art. 14, parágrafo único, CC [16], arts. 221, 490, 491, 510, 514, 516, 549, 550, 551, 612, 619, 622,m 933, parágrafo único, 935, 1.072, 1.318, 1.321, 1.404, 1.507); negligência CC [16], arts. 159, 1545, 1533, ECA, art. 5º); imprudência (CC [16], arts. 159, 1545, 1527); interesse geral (CC [16], art. 1.180); injúria grave (CC [16], art. 1.183); cuidado e diligência que costuma ter com o que lhe pertence (CC [16], art. 1.266); exercício regular de direito (CC [16], art. 160, I); ...; abuso de poder (CC[16], art. 394); bons costumes (CC[16], art. 395, III); mau procedimento (CC[16], art. 413, V); mau uso (CC[16], art. 554); motivo razoável (CC[16], art. 1.268); ...; justa causa (CC[16], arts. 973, I, 1.498, CDC, art. 39, I); ...; necessidade manifesta (CC[16], art. 1.528)", dentre outros[254].

4.3. A função das cláusulas gerais no sistema jurídico

O operador do Direito, não raro, depara-se com o que considera injusto, desejando corrigir esse contexto. Algumas vezes, porém, nota a ausência de lei específica aplicável à hipótese, ou, pior, a existência de lei cuja aplicação, considerado o resultado da interpretação de seus dispositivos pela via meramente gramatical, conduz ao mesmo cenário de injustiça. Estas, as distorções de um sistema puramente positivista-legalista e, consequentemente, fechado[255].

Trazendo a questão para a seara juslaboral, vale mencionar a visão de Eduardo Milléo Baracat, para quem o sistema jurídico trabalhista sempre foi fechado, sob a justificativa de conferir segurança ao indivíduo portador de patrimônio, para que pudesse livremente usar, fruir e dispor de sua propriedade, "conforme o liberalismo econômico, estampando os valores da burguesia liberal"[256].

---

(253) COSTA, Judith Martins. *A boa-fé no direito privado*, p. 296. Traz, ainda: "Observa-se nessas normas [as casuísticas] uma perfeita especificação ou determinação dos elementos que compõem a *fattispecie*. O legislador fixa, de modo o mais possível completo, os critérios para aplicar uma certa qualificação aos fatos, de modo que, em face da *tipificação de condutas* que promovem, pouca hesitação haverá do intérprete para determinar o seu sentido e alcance." (p. 297)
(254) *Id. Ibid.*, p. 313-315.
(255) Sobre o tema, ver BARACAT, Eduardo Milléo. *A boa-fé no direito individual do trabalho*, p. 31.
(256) *Ibid.*, p. 35.

Entendemos, todavia, que o contexto mencionado não mais se sustenta, sendo certo que, gradativamente, até a jurisprudência pátria — seja no campo do direito civil, do consumidor, do trabalho, dentre outros — tem caminhado no sentido de buscar mitigar o rigor característico do positivismo legalista exegético.

Assim resta verificado pois, vislumbrando o sistema jurídico sob uma óptica funcional, ou seja, na perseguição dos fins almejados pelo Estado, considerando que visa a regular o comportamento das pessoas em sociedade — mostrando-se essa em constante transformação —, não há como aceitar que o jurista se encontre circunscrito, em seu mister, a um regime institucional fechado, marcado pela delimitação característica dos sistemas fundados em rígido corpo normativo. Como salienta Alberto Gosson Jorge Junior, na sociedade atual, "encontraremos o ambiente propício para a inserção de cláusulas gerais de modo a dotar o sistema jurídico da mobilidade necessária para enfrentar situações cambiantes"[257].

Neste cenário, não há como deixar de atribuir razão ao pensamento de Norberto Bobbio no que toca ao espaço e necessário interesse que emerge no seio da comunidade jurídica quanto à atividade criativa do juiz, "por meio da distinção entre aquilo que ele diz, ou acredita fazer, e o que ele efetivamente faz, com a afirmação da exigência de um maior empenho do juiz na tarefa de adaptação do direito às mudanças sociais"[258].

Neste diapasão, diversos são os julgados nos quais podemos perceber a clara preocupação do julgador em priorizar os princípios e valores identificados nos contextos das lides, relegando a aplicação da letra fria da norma a um plano secundário. Justamente por meio das cláusulas gerais, por abrirem o sistema jurídico ao intérprete, atribuindo a esse o considerável poder de completar os conceitos gerais nelas carregados, encontramos preciosa ferramenta para a concretização dos valores carregados nos princípios jurídicos que informam nosso sistema[259]. Servem como exemplos as seguintes decisões do Tribunal Regional do Trabalho da 2ª Região:

---

[257] JORGE JUNIOR, Alberto Gosson. *Cláusulas gerais no Novo Código Civil*, p. 12.
[258] BOBBIO, Norberto. *Dalla struttura alla funzione*, p. 51-52.
[259] Neste sentido, a lição de Judith Martins-Costa, para quem as cláusulas gerais "constituem o meio legislativamente hábil para permitir o ingresso, no ordenamento jurídico, de princípios valorativos, expressos ou ainda inexpressos legislativamente, de *standards*, máximas de conduta, arquétipos exemplares de comportamento, das normativas constitucionais e de diretivas econômicas, sociais e políticas, viabilizando a sua sistematização no ordenamento positivo" (*A boa-fé no direito privado*, p. 274). Adiante, ensina a mesma autora, quanto às cláusulas gerais: "Estas normas buscam a formulação da hipótese legal mediante o emprego de conceitos cujos termos têm significados intencionalmente imprecisos e abertos, os chamados conceitos jurídicos indeterminados. Em outros casos, verifica-se a ocorrência de normas cujo enunciado, ao invés de traçar punctualmente a hipótese e as suas consequências, é intencionalmente desenhado como uma vaga moldura, permitindo, pela abrangência de sua formulação, a incorporação de valores, princípios, diretrizes e máximas de conduta originalmente estrangeiros ao *corpus* codificado, bem como a constante formulação de novas normas: são as

Recurso Ordinário. Abuso do direito. Dano moral Afronta à dignidade humana.: "O contrato de trabalho, ainda que considerado em seu aspecto econômico, tem conteúdo eminentemente social e, portanto, mais do que qualquer contrato, deve atender ao sentido finalístico dos direitos para coibir o abuso de direito. Comprovado que a empresa disponibilizava assistentes sociais para atendimento psicológico de seus empregados e ciente esse setor de que o autor enfrentava problemas de saúde e manifestava intenção de se afastar do trabalho para superar a dependência química, à evidência não poderia, valendo-se dessa informação, efetuar dispensa injusta arrimando-se tão só em seu poder diretivo. A boa-fé objetiva que deve presidir qualquer contrato, aí manifestada pelo dever de confidencialidade, foi violada em evidente afronta ao princípio que coloca a dignidade humana como fundamento de nosso Estado Democrático de Direito. Dispensa obstativa que se reconhece para determinar o pagamento de indenização por dano moral. Recurso a que se dá provimento parcial." (Recurso Ordinário, TRT-SP, 1ª Turma, Processo n. 01089-2004-262-02-00-5, Ac.20070617346, rel.Maria Inês Moura Santos Alves da Cunha, rev. Beatriz de Lima Pereira, DJ 2.8.2007, d.p. 21.8.2007).[260]

"LEALDADE PROCESSUAL E ABUSO DO DIREITO DE DEFESA. PUNIÇÃO DE OFÍCIO OU A REQUERIMENTO DA PARTE. A lealdade processual é um dos princípios fundamentais da ordem jurídica ora reinante. Decorre do simbiótico relacionamento da legislação laboral (CLT) com as legislações civil (novo Código de 2002 — especialmente no que se refere a boa-fé objetiva, calcada no princípio da eticidade) e processual respectivo (CPC). Nesse sentido deve a legislação, juntamente com a doutrina e a mais recente jurisprudência, servir como norte para todos os partícipes da relação processual, mormente magistrados e advogados que, com certeza, sentem na prática diária o fato de que já se faz tardia uma maior ênfase no comportamento ético, e na postura leal de todos os operadores jurídicos, mormente a estes últimos, porque sabem que, dentro da Teoria Geral do Processo, o direito natural e as leis positivas garantem a todo cidadão o acesso ao Poder Judiciário para apreciação de toda e qualquer lesão ou ameaça de direito, o mesmo podendo ser dito quanto à plenitude de defesa, conforme erigido na Carta Política de 1988 (CF, art. 5º, incisos XXXV e LV), direito este que deve ser pautado pela lealdade processual, sob pena de caracterizar abuso de direito a ser punido sem pestanejar pelo magistrado, de ofício ou a requerimento." (Recurso

---

chamadas cláusulas gerais" (*Ibid.*, p. 286). Saliente-se, ainda, o que ensina Gosson Jorge Junior: "Na visão de Karl Larenz: 'Os princípios éticos jurídicos são pautas orientadoras da normação jurídica que, em virtude da sua própria força de convicção, podem 'justificar' decisões jurídicas. (...) Enquanto 'princípios' não são regras imediatamente aplicáveis aos casos concretos, mas ideias diretrizes, cuja transformação em regras que possibilitem uma resolução tem lugar em parte pela legislação, em parte pela jurisprudência, segundo o processo anteriormente descrito da concretização e do aperfeiçoamento de princípios mais especiais mediante a formação de grupos de casos'. Josef Esser estabelece distinção entre o que denomina princípios normativos e princípios informativos. Para esse jurista, somente os primeiros constituem elementos institucionalizadores do direito positivo porque previstos pelo legislador ou aplicados pela jurisprudência. Já os princípios informativos se revestem de meros guias para o desenvolvimento do direito, não representando direito efetivo. Na linha do que se expôs, assinala Larenz que 'existem também princípios que, condensados numa regra imediatamente aplicável, não só são *ratio legis*, mas, em si próprios, *lex*. Denomino-os de 'princípios com forma de proposição jurídica'. Em contraposição a estes, poderíamos denominar os princípios que não têm caráter de norma, de 'princípios abertos', ressaltando o jurista que a distinção não deve ser encarada rigidamente. As cláusulas gerais se inseririam na classe dos princípios em forma de proposição jurídica, apresentando todo o leque de complexidade decorrente do controle das fundamentações e na apreciação dos valores aos quais a norma remete, preenchendo a função de componentes destinadas à conformação do ordenamento jurídico." (*Cláusulas gerais no novo Código Civil*, p. 20-21)
(260) Disponível — inclusive o inteiro teor — em: <www.trtsp.jus.br>. Pesquisa de jurisprudência.

Ordinário, TRT-SP, 5ª Turma, Processo n. 02035-2002-010-02-00-0, Ac. n. 20060120651, rel. Ricardo Verta Luduvice, rev. José Ruffolo, DJ 7.3.2006, d.p.24.03.2006)[261]

"Responsabilidade subsidiária da Administração Pública. Inaplicabilidade do art. 71, § 1º, da Lei n. 8.666/93. Os princípios da dignidade da pessoa humana, valor social do trabalho e da moralidade, consagrados nos incisos III e IV do art. 1º e no art. 37, caput, ambos da CF, juntamente com a Súmula n. 331, IV, do C. TST, cuja redação foi dada após a publicação da Lei n. 8.666/93, afastam a interpretação de que o art. 71, § 1º, do diploma referido impede o reconhecimento da responsabilidade subsidiária da administração pública, mormente quando se considera que esta se submete, inclusive, ao dever de se conduzir pautada pela boa-fé objetiva e probidade, ante o fato de ser terceira beneficiária dos serviços prestados pela obreira." (Recurso Ordinário, TRT-SP, 8ª Turma, Processo n. 01263-2006-062-02-00-3, Ac.n. 20100405325, rel. Adalberto Martins, rev. Rovirso Aparecido Boldo, DJ 12.5.2010, d.p. 20.5.2010)[262]

Outra questão que deve ser mencionada consiste na possibilidade de aplicação dos princípios independentemente da existência de norma legal de caráter genérico, como a cláusula geral.

Para alguns, como Clóvis do Couto e Silva, isso é possível[263]. Para outros, todavia, não. Esses últimos entendem que não há de se confundir a norma que carrega um princípio em seu bojo (exemplo: CC, art. 422, quanto à boa-fé), com a identificação pura e simples da cláusula geral, com as normas de princípio ou simplesmente com os princípios.

Sobre o tema, Judith Martins-Costa adverte que as cláusulas gerais não são princípios, embora, em seu enunciado, costumem contê-los ou permitam sua formulação. Ressalva, todavia, que outros assim não entendem, tais como o ministro Ruy Rosado de Aguiar Junior, que, segundo Martins-Costa, equipara as categorias. Teresa Negreiros também relaciona a cláusula geral com a expressão legislativa de um princípio (no caso, a boa-fé)[264].

Conclui Alberto Gosson Jorge Junior, em pensamento que afirma parecer convergir com o de Gustavo Tepedino: "a assimilação recíproca entre cláusulas gerais e princípios, desde que respeitada a hierarquia normativa, vem facilitar a tarefa do intérprete", que entende "dificultada na identificação e no dimensionamento dos valores na norma", afirmando não ser aconselhável estabelecer "distinções conceituais ainda que a pretexto de se estabelecer uma melhor precisão lógico-analítica"[265].

---

(261) Disponível — inclusive o inteiro teor do acórdão — em: <www.trtsp.jus.br>. Pesquisa de jurisprudência.
(262) *Ibid.*, mesma página.
(263) SILVA, Clóvis do Couto e. *A obrigação como processo*, p. 382.
(264) NEGREIROS, Teresa. *Fundamentos para uma interpretação constitucional do princípio da boa--fé*, p. 87-88.
(265) JORGE JUNIOR, Alberto Gosson. *Cláusulas gerais no novo Código Civil*, p. 41.

O mesmo professor avança, traçando comparativo entre princípios e cláusulas gerais, afirmando que "os princípios irradiam uma identidade própria no interior do sistema jurídico", fenômeno não verificado no que toca às cláusulas gerais, que "necessitam trazer consigo" ou "remeter a princípios, que acabam por se fundir" com a razão de ser das ditas cláusulas gerais[266]. E prossegue:

> *"Os princípios formam-se, ganham consistência no meio social, adquirem identidade e uma objetividade que lhes confere o atributo de serem invocados para aplicação no ordenamento jurídico. Isto não quer dizer que, em regra, possam ser aplicados independentemente de uma norma jurídica que lhes faça a introdução no sistema.*
>
> *O exemplo citado na doutrina de Clóvis do Couto e Silva, para quem o princípio da boa-fé poderia ser aplicado independentemente de uma norma semelhante à do § 242[267] do Código Civil alemão, deve ser visto, no nosso entender, com cautela, e, caso se propenda por sua aplicação, só deverá sê-lo em casos excepcionais, onde esteja indubitavelmente patente uma ruptura de valores, uma antinomia entre princípios dotados de hierarquia e força indiscutíveis em conflito com normas vetustas e, a toda evidência, iníquas.*
>
> *A preocupação de se incorrer em flagrante injustiça, caso se opte pela aplicação da norma jurídica adequada à fattispecie, poderá, então, excepcionalmente, justificar o prevalecimento do princípio autônomo sobre a regra jurídica, (...)*
>
> *A questão angustiante que se coloca ante temática tão complexa reside em saber em que medida este reenvio deverá ser direcionado para princípios e valores totalmente identificados na estrutura lógico-semântica da norma e em que medida a norma poderá conter um enunciado, que acabe por permitir derivações de princípios e valores a serem desenvolvidos pelo intérprete ou pelo aplicador e que não estejam necessariamente presentes no sistema jurídico interno."*

4.4. As cláusulas gerais no Código Civil Brasileiro em vigor

Sabemos que, dentre as características do atual Código Civil, ressaltadas pelo professor Miguel Reale, encontra-se a chamada *eticidade*.

---

(266) *Cláusulas gerais no novo Código Civil*, p. 42.
(267) Nota minha — ROSENVALD, Nelson. *Dignidade humana e boa-fé*, p. 78, destaca: "Conforme o exposto no § 242 do BGB de 1900, 'o devedor está adstrito a realizar a prestação tal como exija a boa-fé, com consideração pelos costumes do tráfego.'"

Essa eticidade, por certo, tornou o texto do Código Civil lugar propício para o desenvolvimento das chamadas cláusulas gerais entre nós, em que pese não se poder olvidar que tais — em especial, nos parece, a boa-fé objetiva e a função social do contrato — já se mostravam presentes na realidade do direito positivo brasileiro, uma vez que presentes no Código de Defesa do Consumidor.

Como salienta o professor Alberto Gosson, fato é que, se algumas cláusulas gerais revelam-se "patentes", outras, afirma, "deverão ser 'descobertas' no ordenamento, pois nem sempre é o arcabouço da proposição normativa que por si só as caracterizam", utilizando como exemplo a responsabilidade pelo dano moral, referida singelamente no Código Civil de 2002, em seu art. 186, mas que, mesmo antes da vigência do referido diploma, já merecia tutela, consistindo em instituto com amplo desenvolvimento doutrinário e jurisprudencial[268].

Assim, dentre as cláusulas gerais que podem ser localizadas no texto do vigente Código Civil, temos:

(a) boa-fé objetiva: art. 422 (e, quanto à atividade do intérprete, art. 113);

(b) função social do contrato: art. 421;

(c) cláusula geral para o dano moral: art. 186;

(d) o "melhor interesse" da criança na adoção: art. 1.625;

(e) função social da propriedade: art. 1228, § 1º;

(f) proibição de "interferências prejudiciais", no direito de vizinhança: art. 1.227;

(g) no instituto da responsabilidade civil, os conceitos de culpa e risco; dentre outros.

4.5. A influência da ideologia do julgador no ato de julgar e a sua possibilidade de efetivação sob o manto das cláusulas gerais

Talvez a principal crítica à existência, no cenário legal, das cláusulas gerais consista no fato de atribuírem, segundo os críticos, uma *liberdade excessiva* aos juízes por ocasião da análise e decisão das lides originadas nas relações contratuais.

Não raro, afirma-se que o juiz, em diversos casos, poderá praticamente *ignorar* a lei, o primado constitucional da liberdade e os princípios que regem a teoria geral dos contratos — em especial, a autonomia da vontade —, julgando de acordo com aquilo que, subjetivamente, entenda por correto. Em outras palavras, o juiz

---

(268) *Cláusulas gerais no novo Código Civil*, p. 83.

passaria a ter o poder de fixar o direito no caso concreto, pois definiria, à luz das peculiaridades de cada caso, qual seria a *função social do contrato* firmado bem como quais seriam as *justas expectativas* das partes que ditariam os limites de lealdade e confiança recíprocos que, no caso concreto, balizariam a ideia de boa-fé objetiva[269].

Assim, as cláusulas gerais abririam um caminho perigoso que, percorrido pelo julgador, tornaria possível a esse decidir os conflitos submetidos ao Estado- -juiz valendo-se de critérios pura ou principalmente ideológicos.

De fato, tal possibilidade, a depender da forma de concretização, conduz a cenário preocupante, visto que apta a gerar um contexto de inegável insegurança jurídica. Não olvidamos que, no atual contexto histórico e econômico, as relações jurídicas restam predominantemente celebradas à razão de negócios jurídicos, e, não raro, de verdadeiros contratos, sejam as estabelecidas entre particulares, sejam as que envolvam entes do Poder Público, nacionais ou internacionais. Assim, desde o matrimônio até o contrato de trabalho, ou de consumo, ou mesmo nas grandes transações internacionais e, por vezes, nos pactos de colaboração entre Estados soberanos[270], temos um negócio jurídico que, na base de celebração, encontra um contrato em que restam fixadas as condições avençadas para tanto.

Permitir a ampla interpretação do contexto contratual por parte do juiz, a partir do livre e casuístico preenchimento das cláusulas gerais, a gerar direitos e deveres não previstos no texto do instrumento contratual, ou mesmo a afastar alguns previstos, de fato consistiria em ignorar o princípio da legalidade. Não bastasse isso, resultaria em afronta direta ao princípio fundamental da valorização social da livre- -iniciativa (CF, art. 1º, IV, *in fine*), uma vez que restaria dificultada qualquer negociação empresarial, pela insegurança jurídica que marcaria o ato. Afinal, em muitas situações tornar-se-ia discutível o direito das partes — não no sentido de possibilidade de submissão das lides ao Judiciário, que principiologicamente é sempre garantida (CF, art. 5º, XXXV), mas no sentido de não se ter certeza de qual será a interpretação do contrato, uma vez que submetido sempre à alta carga ideológica do julgador. Prejudicada, pois, a necessária segurança jurídica, sustentadora do próprio sistema jurídico e justificadora da existência do Direito, uma vez que qualquer insegurança conduz à falta de paz social.

Saliente-se, aqui, que a insegurança contratual reflete na busca de mecanismos práticos que a minimizem ou, ao menos, que compensem os eventuais prejuízos que possa a parte contratante sofrer em razão da imprevisibilidade do resultado da

---

(269) O conceito de boa-fé objetiva será tratado no capítulo seguinte, ao qual remetemos o leitor para fim de melhor entendimento acerca do que aqui se afirma.
(270) Nesse último exemplo, há espaço para a classificação como "convenção", na forma já abordada no capítulo anterior, ao que remetemos o leitor.

futura interpretação acerca da juridicidade do avençado. Nesta trilha, emergem as contenções na contratação direta de trabalhadores — a refletir de forma negativa, econômica e socialmente, pelo aumento dos índices de desemprego —, diminuindo o passivo trabalhista e tributário-previdenciário, o aumento das terceirizações — no mais das vezes prejudiciais aos trabalhadores envolvidos, com diminuição de padrão salarial e outras condições laborais —, a maior cautela para fim de concretização dos negócios empresariais/comerciais, a refletir no mercado econômico, a busca de seguros etc.[271]

Pertinente, pois, analisar a questão do conflito entre a ideologia e a lei no que Indalécio Gomes Neto afirma tratar-se da "arte de julgar"[272].

A grande responsabilidade da atividade judicante, em um Estado Democrático de Direito, conduz à proposta de assegurar os direitos sociais e individuais, a liberdade, a segurança, o bem-estar e a livre-iniciativa. Por isso, afirma Indalécio Gomes Neto que ao juiz cabe a "atribuição relevante que o texto constitucional lhe deu", a exigir do magistrado conduta serena e atuação com eficiência, independência, isenção e equilíbrio no cumprimento de seu dever de decidir as lides submetidas ao seu conhecimento e julgamento, devendo, no exercício de tal mister, "fazer valer o cumprimento das normas legais vigentes no país". Neste diapasão, apregoa, ao tratar da dedicação que os juízes devem emprestar ao seu ofício, que esta se traduz em segurança para o jurisdicionado, de modo que o correto exercício da magistratura é verificado na ausência de partidarismos ou desvios, diretriz importante, pois conduz à garantia do cumprimento da lei e dos contratos, de modo imune às concepções ideológicas ou pessoais do aplicador[273].

Parece-nos que a lição acima citada merece prestígio. Como salientado, em uma República Federativa como a brasileira, sustentada também pelo princípio da valorização social da livre-iniciativa, espera-se que, minimamente no âmbito interno, ou seja, da aplicação do Direito nacional, sejam cumpridas as obrigações legais e contratuais. É evidente que disposições ilegais e abusivas devem sucumbir à análise do Judiciário. Todavia, o que não se pode aceitar é que critérios meramente

---

(271) Indalécio Gomes Neto afirma que decisões que reconhecem, por vezes, vínculos empregatícios duvidosos não se dão conta — ou não se importam com isso — de que "a imprevisibilidade nos julgamentos judiciais é um forte veneno contra o desenvolvimento do país; retraem-se investimentos; atrasam-se obras de infraestrutura, e não aumenta o mercado de trabalho. Daí ser oportuna a advertência lançada pelo ministro João Oreste Dalazen, citada em artigo do professor José Pastore, *verbis*: 'Ai a sociedade cuja magistratura não sabia aquilatar os impactos econômicos e sociais das decisões judiciais'" (A arte de julgar: entre a lei e a ideologia. *Revista do Tribunal Superior do Trabalho*, v. 75, n. 3, jul./set.2009, p. 169).
(272) *Ibid.*, p. 157.
(273) *Ibid.*, p. 158.

subjetivos e ideológicos afastem direitos legalmente garantidos ou contratualmente fixados, de forma legítima e equilibrada, o mesmo devendo ser afirmado quanto aos deveres assumidos pelas partes contratantes.

Neste caminho, cabe ao julgador levar em conta as normas e os princípios jurídicos decorrentes do nosso sistema, e não concepções pessoais ou ideológicas, exigindo-se do juiz que se posicione acima de tais conflitos, conduzindo o processo de forma a estabelecer e manter o equilíbrio entre as partes, sopezando os interesses em disputa, harmonizando a ética da convicção com a ética da racionalidade. Dessa forma, o julgador mantém a sadia previsibilidade que a legalidade garante e, consequentemente, atua no sentido de concretizar a necessária segurança jurídica. Consoante conclui Indalécio Gomes Neto: "Em nome de princípios vagos, o juiz não pode ceder à tentação de deixar de aplicar a lei, querendo ser visto como agente de transformação social."[274]

De outro lado, não podemos ignorar que as regras, por melhores que sejam, não se exibem totalmente imunes às sadias exceções. Somos obrigados a considerar que o caráter vago de alguns princípios e dispositivos de lei — no caso dos últimos, enquadrando-se às cláusulas gerais admitidas por nosso sistema —, ao mesmo tempo em que podem outorgar "aparente" amparo legal ao arbítrio ou mesmo ao "desabafo" do julgador, em sede de decisão movida por conceitos mais ideológicos do que jurídicos e legais, proporcionam, também, vantagens já tratadas nesse capítulo. Afinal, consistem em válvulas de escape para a solução de questões não abordadas específica e expressamente pela lei ou mesmo para a contenção de construções contratuais que aparentemente gozam de sustentação legal, mas que conduzam ao abuso ou ao desequilíbrio entre as partes. Como já salientamos, por vezes, a regra geral não se mostra suficiente para reger, de forma adequada, uma relação contratual e seus efeitos. A essa realidade some-se a impossibilidade de exaurimento, pelo legislador, de todas as hipóteses, percalços e consequências das diversas relações contratuais possíveis no âmbito da sociedade brasileira — e internacional. Assim, é indispensável que ao juiz reste outorgada a possibilidade de bem julgar as lides que lhe são submetidas, decidindo com justiça e sem fugir dos ditames do Direito, em especial

---

(274) *Ob. cit.*, p. 160-161. Observe-se que o ora defendido pauta-se principalmente pela análise do processo decisório e, antes, de formação da convicção, que não pode, parece-nos, desgarrar-se da legalidade, sob pena de afronta ao sistema jurídico-constitucional pátrio. Todavia, não se nega a possibilidade do agir discricionário do juiz, em especial na condução do processo, por vezes agindo de modo até assistencialista em benefício de uma das partes, quando tal se mostre necessário à isonomia processual. Como salienta Marcus Orione Gonçalves Correia, o juiz não pode ser reduzido a um "mero convidado de pedra" na relação jurídica-processual. Assim, diante da disparidade de condições das partes, no que tange ao exercício de suas faculdades processuais, por força do princípio da paridade de armas, deve o juiz fazer agir de acordo com os seus poderes assistenciais, equiparando essas armas e, assim, estabelecendo (ou restabelecendo) a igualdade no âmbito processual. Sobre o tema, vide, de Marcus Orione, *Teoria geral do processo*, p. 27 e seguintes.

face à regra do art. 126 do CPC, que o impede de deixar de decidir determinada causa por lacuna da lei, ou mesmo em razão do art. 5º da Lei de introdução às normas do Direito brasileiro, que determina que a interpretação da norma há de atentar ao seu fim social. Eis, aqui, a extrema relevância das chamadas cláusulas gerais, reconhecidas por nosso direito positivo.

Não podemos negar razão àqueles que defendem que o aprisionamento do julgador à interpretação gramatical dos dispositivos legais e contratuais pode conduzir ao indesejado afastamento da Justiça. Vale salientar a lição de Oriana Piske de Azevedo Barbosa:

> *O Juiz, no nosso sistema judicial, sem extrapolar o marco jurídico constitucional, pode e deve desempenhar sua tarefa de dirimir litígios de modo socialmente mais justo cumprindo papel inteiramente distinto do juiz legalista-positivista, criado pela Revolução Francesa para ser* la bouche de la loi. *A prestação jurisdicional deve ser exercida como instrumento de pacificação social e afirmação da cidadania, o que é facilmente verificado quando da ocorrência de sua aplicação célere e justa, consubstanciando-se, dessa forma, como um poderoso instrumento a serviço da população, razão primordial da existência do Poder Judiciário*[275].

Ao mesmo tempo, não podemos nos olvidar do necessário respeito aos termos da lei e do contratado, inclusive em prestígio da previsibilidade dos resultados das condutas em sociedade e, consequentemente, da segurança jurídica.

O problema, então, passa a ser outro: não a admissão das cláusulas gerais e o reconhecimento de sua utilidade para o atingimento dos objetivos da Arte do Direito, mas, de fato, a forma de sua utilização ou seu "preenchimento". Não podemos negar a relevância das cláusulas gerais para a solução justa de todas as controvérsias contratuais. Dessa forma, devemos atenção ao verdadeiro fim a que se prestam, qual seja, exibirem-se como importante fator (ou "instrumento") de interpretação das próprias normas legais pertinentes, uma vez que, se a lei impõe determinado direito ou dever à dada parte contratante, ao mesmo tempo determina que tal direto deva ser exercido de forma coerente, sem abusos, de modo condizente à boa-fé, com respeito às funções sociais do contrato firmado etc.

Outrossim, não negamos os sérios problemas que a excessiva carga ideológica do julgador pode causar, se refletida no julgamento proferido, afastando o ato jurisdicional principal de sua grande meta: a verdadeira pacificação social[276].

---

(275) A atuação criativa do juiz. *Revista Bonijuris*, n. 564, nov.2010, p. 23-24.
(276) Entendemos, aqui, que, em processo, a "pacificação social", na realidade, se atinge com a coisa julgada material, vez que a parte sucumbente dificilmente se contentará com o resultado, e quando muito, lhe restará o conformismo, conceito que diverge da verdadeira paz. Todavia, nem processualmente se obterá a paz se o julgamento for contrário à lei, vez que, em diversas hipóteses, a depender do que se verifique nos autos, possível será até o corte rescisório, a teor do CPC, art. 485, V.

Assim, como dito, o que resta é a forma como dar-se-á o preenchimento das chamadas cláusulas abertas ou gerais pelo julgador, quando de sua aplicação. Pretender o absoluto afastamento das amarras ideológicas é praticamente impossível, afinal, o juiz também é um ser humano, que vive, pensa, sente e age de acordo com suas influências familiares e sociais, naturalmente formado à luz da época, do local e do regime econômico reinante em seu ambiente de convívio e desenvolvimento pessoal[277]. Como salienta Marco Antonio Marques da Silva:

> "O juiz não pode afastar-se de suas posições sociais e de suas experiências de vida na hora de decidir. A sua essência como julgador é ponderar, de forma racional e imparcial, como a sociedade aceita os fatos em análise, **encontrando nas leis** a solução mais justa para aquele caso em questão." (negrito meu)[278]

Essas conclusões demonstram, a nosso entender, a grande responsabilidade e a difícil missão do julgador, pois esse deverá utilizar-se das cláusulas abertas contendo sua personalidade para julgar de acordo com aquilo que, em regra, constitui expectativa justa dos contratantes e da própria sociedade no que toca aos deveres e direitos sob análise.[279]

---

[277] Sobre a questão, Alisson da Cunha Almeida, ao tratar das lições de Rui Portanova acerca da motivação da sentença e de seus três planos (probatório, pessoal e ideológico), salientando o plano ideológico, pontua: "Já as motivações ideológicas são aquelas das quais nenhum homem e, portanto, nenhum juiz pode fugir. Caracterizam pela atividade, até mesmo involuntária, de atribuir significado à ordem jurídica valores impressos na sua consciência individual. Neste tocante, ressalta o autor que três ideologias resistem ao tempo e influenciam mais ou menos o juiz: o capitalismo, o machismo e o racismo. Salienta o autor que a ideologia a qual se refere não se confunde com má-fé, caracterizando-se por ser um *"conjunto de representações, saberes, diretrizes ou pautas de condutas"*. (*Rui Portanova e as "Motivações Ideológicas da Sentença"*. Disponível em: <http://www.juspodivm.com.br/novo/arquivos/artigos/outros/alisson-cunha-mativacoes-ideologicas-da-sentenca.pdf>. Acesso em: 2.1.2011). Posição mais radical, mas que vale a leitura, a de Luciano Karlo Pertischi, que conclui: "Na verdade, o julgador, quando profere uma decisão, o faz imbuído de todas as suas crenças, idiossincrasias e ideologias, não sendo possível despir-se de tais elementos apenas no exercício da magistratura, por se tratarem de signos intrínsecos ao indivíduo." (*Ideologia e politização das decisões judiciais*. Disponível em: <http://www.ambito-juridico.com.br/site/index.php?n_link=revista_artigos_leitura&artigo_id=5237>. Acesso em: 3.1.2011).
[278] O poder do juiz e a segurança jurídica. Entrevista concedida à *Revista Prisma Jurídico*, p. 6. Disponível: <http://portal.uninove.br/marketing/cope/pdfs_revistas/prisma_juridico/pjuridico_v1/prismav1_entrevista_marcoantoniosilva.pdf>. Acesso em: 3.1.2011. Cite-se, ainda, conclusão da socióloga Regina Parmeggiani e da psicóloga Vera E.Hartmann: "É irretocável o fato de que toda a decisão provém de um ser que sente e pensa. A ação do Juiz deve-se transfigurar tal qual uma ponte entre a lei, o desejo de quem pede e a possibilidade de atender a essa pretensão. Sua subjetividade, seu mundo interno, participará de todas as decisões. Afora esse aspecto, surge o seu atrelamento às demandas sociais, institucionais e políticas. Mediante um melhor conhecimento de si próprio, ele poderá canalizar sua subjetividade para um julgamento mais próximo do ideal." (*O mundo interno e o juiz*. Disponível em: <http://www.ajufergs.org.br/revistas/rev01/12_dra_vera.pdf>. Acesso em: 3.1.2011).
[279] Sobre a questão, Indalécio Gomes Neto afirma: "É claro que, em todo julgamento, sobretudo em matéria de fato e na interpretação de norma de conteúdo aberto, é grande o espaço que permite ao

Assim, deve o julgador libertar-se de preconceitos contra categorias, raças e segmentos sociais ou de classes, verdadeira *doença da alma* que não pode permear o ato de julgar, uma vez que conduz à avaliação errada da causa.

Observa-se, então, a difícil missão do julgador, qual seja, agir sobre os influxos da razão sem, com isso, tornar-se um simples aplicador de preceitos gramaticalmente interpretados. Há de prestar total atenção à realidade que marcou a avença sob análise e, conforme as luzes das peculiaridades da causa, proceder à devida interpretação do caso e dos princípios e das regras que o regem, valendo--se, para tanto, de todo o instrumental disponibilizado ao intérprete. Nesse momento, deve, ainda, conter-se para não ceder às suas paixões, fazendo do ato decisório palco para a exteriorização de sua pura ideologia pessoal. Portanto, o juiz há de exercer seu *mister* com absoluta prudência, de modo equilibrado, controlando a tentação de decidir puramente à luz de seus atributos pessoais para aplicar a lei e demonstrar que o Judiciário zela pela segurança jurídica sem, com isso, permitir os abusos que a insuficiência legal acarretada pela dinâmica social possibilita aos oportunistas, em detrimento da Justiça[280]. Por isso, a importância da positivação das chamadas cláusulas gerais, que, na análise dos casos concretos, devem ser preenchidas e, para tanto, interpretadas, à luz do consenso jurídico que há de se formar em relação às peculiaridades dos negócios jurídicos específicos, definindo as justas expectativas dos contratantes e da sociedade, oriundas dos firmados pactos dessa espécie. A experiência e o senso médio em cada prática negocial fornecerão, no contexto da realidade, o instrumental

---

juiz decidir de acordo com a sua convicção. Mas exatamente por ser grande esse espaço é que cresce a sua responsabilidade e onde se sobressaem as virtudes do equilíbrio, da serenidade e da exação. Aqui, se tiver preconceito com categoria ou classe, contra ela vai a sua sentença, independentemente de ter ou não razão. Juiz que age assim não está a serviço do Estado Democrático de Direito, nem cumpre com os deveres institucionais e legais." (A arte de julgar: entre a lei e a ideologia. *Revista do Tribunal Superior do Trabalho*, v. 75, n. 3, jul./set.2009, p. 161).

(280) Destacamos as palavras de Mário Elfmann, então juiz titular do Juizado da 1ª Instancia n. 18 de Buenos Aires (Argentina), professor da universidade de Buenos Aires e vice-presidente da Associação Latino-Americana de Juízes do Trabalho (ALJT) para o Cone Sul, fixadas em artigo elaborado a partir de sua participação, como expositor, no XIII CONAMAT, Congresso da Associação Nacional dos Magistrados do Trabalho do Brasil, sob o título *A Justiça do Trabalho na sociedade latino-americana contemporânea*: "Nosso papel como juízes implica refutar concretamente aquela concepção limitada que reduz a atividade judicial à interpretação de normas com abstenção de seu contexto social. E uma disposição para quebrar paradigmas na admissão daqueles procedimentos urgentes através dos quais se pode distinguir o direito puramente declarado a despeito do alcançado ou realizado através da sentença. Para finalizar, quero deter-me nos aspectos centrais da adequação necessária dos juízes às demandas sociais mais inquestionáveis. Um, seu protagonismo — não exclusivo mas protagonismo afinal — no processo de democratização das relações de trabalho e do próprio aparato jurisdicional. O juiz do trabalho não deve nem pode ser indiferente àquela verdade contida na afirmação do Norberto Bobbio de que não se fará autêntica a democracia enquanto tal democracia acabar no portão exterior das empresas. O que também vale sobre a articulação das relações dos juízes com seus funcionários e pessoal, com os profissionais e com os destinatários de seus pronunciamentos e sentenças." Disponível em: <http://www.facid.com.br/novo/v2/txt.php?id=390>. Acesso em: 2.1.2011.

necessário ao julgador, para que esse, com bom-senso, contendo qualquer tentação para as práticas arbitrárias, possa aplicar a lei (que, inclusive, prevê a observância das cláusulas gerais em todo o histórico das negociações), mantendo intactas, quando lícitas, as expectativas geradas reciprocamente e de forma justa entre as partes contratantes, afastando "surpresas" indesejadas, tudo para o bem da almejada aproximação do Direito à Justiça.

Relembre-se, aqui, que, no campo das relações contratuais, a força vinculante daí decorrente pode ser contida pela autoridade judicial apenas em certas circunstâncias, caracterizadas pela excepcionalidade ou pela extraordinariedade. Tal fato visa a impedir que a imprevisível onerosidade excessiva no cumprimento da prestação transforme-se em injustiça contratual, impondo-se à alteração do avençado para restaurar o equilíbrio entre os contratantes. Fora de situações como essa — ou, anotamos, semelhantes —, o contrato deve ser preservado[281].

Trazendo a questão especificamente para o Direito do Trabalho, parece-nos que há agravamento, sendo possível encontrar o que Indalécio Gomes Neto trata por "jurisprudência sentimental"[282], realidade que, de forma antijurídica e afastada dos princípios fixados no art. 170 da Carta Constitucional de 1988, penaliza sempre a atividade econômica, por criar contexto de instabilidade e incerteza jurídica, inaceitável no atual estágio evolutivo do Direito e, principalmente, no âmbito de um sistema regido por princípios fundamentais positivados; dentre os quais, o equilíbrio entre os valores sociais do trabalho e da livre-iniciativa.

O resultado desta expressão "sentimental" da atividade jurisdicional, denunciada por Indalécio Gomes Neto, é a existência de equívocos cometidos nas caracterizações de relações de emprego, "normalmente ignorando contratos, sobretudo de autônomos, inclusive quando regidos por leis especiais, como no caso dos representantes comerciais e motoristas autônomos (Leis ns. 4.886/65, 7.290/84 e 11.442/07), ou mesmo nos casos de estágio, que foram firmados e cumpridos nos termos da lei"[283]. Segundo o dito jurista, tais decisões vão além da

---

(281) A arte de julgar: entre a lei e a ideologia. *Revista do Tribunal Superior do Trabalho*, v. 75, n. 3, jul./set.2009, p. 164.
(282) "Na área das chamadas relações sociais, sempre há um campo fértil para a proliferação da chamada jurisprudência sentimental. Essa jurisprudência se apresenta de diversas formas, mas sempre penalizando a atividade econômica. Esse sentimento anticlasse não se harmoniza com as relevantes funções do juiz, até porque a Constituição Federal atribui igual peso ao capital e ao trabalho, como se colhe do seu art. 170. Dê a cada um o seu direito; condene quem violar a lei, mas sem atentar para a sua origem. Só assim se estabelece a harmonia entre os valores sociais do trabalho e da livre-iniciativa, sem preconceitos; só assim se gera confiança no sistema jurídico do país, estimulando a expansão da iniciativa privada, o aumento do emprego e da distribuição de renda.Do mesmo modo, a postura de isenção que se espera do Poder Judiciário não recomenda que o juiz ceda à tentação de querer se transformar em instrumento de distribuição de renda pela via dos julgamentos. (...)" *Ibid.*, p. 161-162).
(283) *Ibid.*, p. 168-169.

mera simplificação, construindo contexto de clara insegurança jurídica, a desestimular a dinâmica das relações comerciais, de forma afinada à nossa posição, já firmada acima, além de constituir contexto também injusto, vez que tais profissionais, depois de trabalharem anos por conta própria usufruindo, em regra, de retribuição muito superior do que se empregados fossem, ao final do pacto, levam ao conhecimento do Judiciário trabalhista pretensões de reconhecimento de vínculo empregatício e recebimento de verbas que não raro são tidas por procedentes. Tal contexto gera para o tomador dos serviços, contratante, enorme passivo, podendo levá-lo até a ruína em algumas situações. Partindo disso, constatando um protecionismo exacerbado, fixa a seguinte conclusão: "Para beneficiar uma pessoa, a decisão que desrespeita o contrato prejudica centenas."[284]

Trata-se, assim, de contexto que extrapola os poderes constitucionalmente entregues ao magistrado que, embora deva considerar a realidade fática posta ao seu exame para criar a regra concreta aplicável ao caso, não pode olvidar de que a legalidade consiste em princípio constitucional e que, portanto, não pode ser ignorada[285], o mesmo ocorrendo quanto às disposições contratuais que, *se lícitas* — e, aqui, há de se considerar o necessário respeito às cláusulas gerais, inclusive a boa-fé objetiva —, devem ser observadas concretamente.

O juiz não deve ser um "escravo da lei", porém, dela não pode se desgarrar pautado, unicamente, em suas convicções pessoais. Deve aplicá-la de forma justa e adequada, como bem salienta Marco Antonio Marques da Silva:

> *"A força da expressão 'escravo da lei' por si só indica uma consciência positivista em nossos julgamentos. A lei não foi idealizada para cada caso concreto; sua função está muito mais para orientadora do que para vinculadora. Reservar ao juízo a responsabilidade de levar o Direito ao caso concreto é reconhecer a necessidade de uma decisão individuada*

---

(284) A arte de julgar: entre a lei e a ideologia. *Revista do Tribunal Superior do Trabalho*, v. 75, n. 3, jul./set. 2009, p. 168. O mesmo jurista afirma que devem ficar distantes do Judiciário figuras como a retratada no folclore inglês do juiz Robin Hood, que saqueava os ricos para dar aos pobres (*Ibid.*, p. 169).
(285) Reconhecendo a razão do mencionado jurista, na jurisprudência, à guisa de exemplo: "MEDIDA CAUTELAR — DEFESA DE INTERESSE PESSOAL — IMPROPRIEDADE — GARANTIA DE EMPREGO — AUSÊNCIA DE ESTABILIDADE LEGAL OU DISCRIMINAÇÃO — IMPOSSIBILIDADE DE CRIAÇÃO DE DIREITO NÃO PREVISTO EM LEI PELO PODER JUDICIÁRIO. O processo cautelar constitui medida de caráter urgente, com o escopo de assegurar o resultado útil de processo futuro ou pendente, e não defender interesse pessoal. Além disso, à mingua de demonstração de que o ajuizamento de ação de cumprimento com lista de empregados sindicalizados tenha acarretado qualquer prejuízo aos substituídos ou ameaça a seus postos de trabalho, não se pode presumir a violência patronal se não apresentado nenhum elemento concreto que evidencie a conduta discriminatória da empresa contra os empregados sindicalizados, não sendo possível ao poder judiciário assegurar emprego a trabalhadores, porquanto a norma constitucional do artigo 7, I, é de eficácia limitada, dependendo de regulamentação por lei complementar. Descabe utilizar o ativismo judicial, a pretexto de criar direito não previsto em lei, quando a própria Carta Magna delega ao legislador ordinário essa tarefa. Recurso ordinário desprovido." (TRTSP, 8ª Turma, Processo n. 00706-2009-025-02-00-3, Rel.Rovirso Aparecido Boldo, Rev.Lilian Lygia Ortega Mazzeu, DJ 22.9.2010, d.p. 24.9.2010).

para cada crise estabelecida. **Não há possibilidade de afastar o juízo do binômio lei-justiça, mas também não se pode transformá-lo em simples sancionador ou executor de normas**. *Ao juízo cabe a aplicação do justo e do adequado. Ainda que na legislação não se encontre solução adequada para determinada questão, ao juiz caberá a prestação da justiça. A segurança jurídica está na aplicação da justiça e não na aplicação da lei. [...]*

Evidentemente que um dos objetivos da prestação jurisdicional deve ser alcançar a segurança jurídica. Não podemos aceitar que o ato decisório, naturalmente ligado ao entendimento pessoal, pautado na norma e nos elementos informadores da justiça, deixe de indicar um caráter vinculatório e, em algumas hipóteses, sancionador, que proporcione estabilidade às relações jurídico-sociais estabelecidas. *A subjetividade na promoção da prestação jurisdicional importa, necessariamente, adequar a norma ao caso concreto, de acordo com os elementos de fato e de direito que levaram o juízo, em um exercício de seu livre convencimento, a proclamar uma decisão que considera justa e apropriada. Isto é segurança jurídica."* (negrito meu)[286]

Enfim, a conduta adequada, do julgador, parece-nos residir não no extremo das soluções alternativas que negam a norma, nem no apego à literalidade desta, óbices a serem vencidos, para fim de efetivação do Direito como instrumento de conquista da justiça, verdadeiramente transformador, servindo como mitigador — até aniquilador — da iniquidade e do desequilíbrio intersubjetivo, desde o trato contratual ao social. Vale, aqui, salientar a sempre precisa lição de Tarso de Melo:

"A esperança, afinal, é de que o mundo do Direito possa abandonar seus principais vícios, seja o do corte absoluto entre norma e realidade, seja o da indiferença ou perplexidade diante de problemas sociais gravíssimos. Enfim, que os profissionais jurídicos, todos, troquem o habitual lavo minhas mãos *do saber dogmatizado, contente com* interpretar por interpretar, *por um compromisso com* interpretar para transformar.*"*[287]

Ainda sobre a questão vertente, traz o Informativo da AMB[288], edição 81, de 22 a 31 de dezembro de 2005, que, em pesquisa realizada pela referida

---

(286) O poder do juiz e a segurança jurídica. Entrevista concedida à *Revista Prisma Jurídico*, p. 6. Disponível: <http://portal.uninove.br/marketing/cope/pdfs_revistas/prisma_juridico/pjuridico_v1/prismav1_entrevista_marcoantoniosilva.pdf>. Acesso em: 3.1.2011.
(287) *Direito e ideologia:* um estudo a partir da função da propriedade rural, p. 137.
(288) Associação dos Magistrados Brasileiros.

associação com 3.258 magistrados, 84% dos entrevistados responderam que, no ato decisório, consideram não apenas a lei, mas as suas consequências (efeitos) sociais. Todavia, afirmaram que assim procedem *sem deixar de observar a lei*.

À luz do exposto, temos por certo que não se sustentam as críticas às cláusulas gerais, podendo, certamente, servir ao seu propósito sem sofrer distorções absolutas pela ingerência ideológica do julgador. Assim, a defesa, no sentido de que deve o magistrado abster-se de sua carga ideológica no ato do julgamento — tarefa que, pela condição humana do juiz, como já salientado, se buscada em termos absolutos, mostra-se inglória, mas que pode exibir-se bem-sucedida quando almejada a máxima aproximação de tal desiderato —, não remete à afirmação de que o juiz deva reduzir sua atuação à simples subsunção dos fatos à norma jurídica.

Não se nega ao juiz "a faculdade de aplicar princípios da lei a casos novos ou a dar a princípios da lei sentido novo, desde que não entre em desarmonia com o sistema jurídico do país"[289]. O que não se pode permitir — sob pena de fulminar a segurança jurídica nas relações negociais, inclusive no âmbito contratual trabalhista, seja em questões de direito individual ou coletivo — ao intérprete é "desviar-se conscientemente da lei, querer transformá-la ou inová-la de acordo com a sua ideologia ou o seu sentimento de justiça", sob pena de usurpação da função legislativa[290], desarmonizando o sistema de exercício e a contenção do Poder.

O sentimento do juiz, no sentido de que a lei não conduz à solução mais justa e adequada, não pode justificar sua omissão quanto ao exercício de um dever de ofício que lhe toca, vez que lhe falta competência para legislar no caso concreto. E não se afirme que o faz o magistrado quando decide invocando as cláusulas abertas previstas no sistema, pois a correta interpretação da própria lei limita e baliza tal ato, na forma já abordada anteriormente, neste mesmo trabalho.

Não neguemos que, por vezes, até em razão da evolução das instituições, das mudanças de paradigmas sociais e econômicos e da própria época, a lei, considerada aqui como direito escrito, pode tornar-se injusta, em parte. Carlos Maximiliano assim já afirmava em suas lições acerca da hermenêutica e da aplicação do Direito. Cabe ao intérprete, então, manter a atualidade e a prestabilidade da lei pela via da interpretação, mas nunca ignorá-la, ao seu pessoal e exclusivo critério, sob pena de afronta ao princípio da legalidade.

Outro direito dos jurisdicionados e que, certamente, atua como fator de contenção da ideologia do julgador quando do ato de julgar consiste no princípio do livre convencimento motivado ou da persuasão racional. Por esse, o juiz tem

---

(289) Cf. NETO, Indalécio Gomes. A arte de julgar: entre a lei e a ideologia. *Revista do Tribunal Superior do Trabalho*, v. 75, n. 3, jul./set.2009, p. 166.
(290) *Ibid.*, mesma página.

liberdade para analisar as provas e julgar. Todavia, não podemos desgarrar da necessidade de fundamentação das decisões (princípio reconhecido pela CF, art. 93, IX), da consideração dos termos da lei e das provas e dos demais elementos constantes dos autos, sob pena de nefasta parcialidade, mácula intolerável quando considerado que o sistema apregoa exatamente ao contrário no que toca ao comportamento do juiz, no exercício de seu mister: figura equidistante das partes e, portanto, sujeito imparcial da relação jurídica processual. O juiz tem independência, mas isso difere do livre-arbítrio, que não lhe toca por ocasião do exercício de seu ofício, limitado pela Constituição e pela legislação infraconstitucional.

A retidão conceitual do próprio Direito exige que se mantenha a certeza em todas as pessoas, no âmago da sociedade, de que no Judiciário encontrarão guarida para a garantia da aplicação da lei e das legítimas cláusulas contratuais firmadas nos negócios celebrados, e não a expectativa própria das brincadeiras de criança com "caixa de surpresas": inconcebível, aliás, que haja "expectativa" daquele que ajuíza sua ação, levando ao conhecimento do Judiciário um conflito de interesses a ser dirimido, desde o ato da distribuição, no sentido de saber "quem será o juiz" que deverá conhecer e julgar a causa, pois todos, afinal, integram a mesma Justiça do Trabalho. Ademais, é inconcebível, ainda, que a fase de instrução processual não se mostre suficiente para a busca do necessário, visando ao convencimento do juiz, devendo cada parte não apenas pautar-se pela lei e pelas demais fontes do Direito, mas, também, esperar que o juiz o faça.

Ao mesmo tempo, não se pode resumir a figura do juiz a mero aplicador da lei, o que seria absurdo, contrário ao sistema e gerador de amarras que conduziriam, por diversas vezes, a soluções injustas, quando não impossíveis por falta de previsões legais específicas. Eis, portanto, reitere-se, a difícil tarefa dos juízes brasileiros: aplicar a lei e considerar as cláusulas gerais por ocasião da análise dos contextos contratuais submetidos à apreciação judicial, fazendo-o, todavia, com os critérios e as contenções supraindicados, a exigir extremo conhecimento jurídico, atualização acerca das questões econômicas, políticas e sociais, formação humanística e, certamente, muito bom-senso.

Essa, a alma diferenciada que deve caracterizar o bom, o consciente e o justo julgador. Afinal, se no que determina a norma não há justiça, no ver do juiz, muito menos justiça haverá no posterior "quebrar" das justas expectativas das partes contratantes, desenvolvidas legitimamente antes, no ato da contratação e na execução da avença, à luz do sistema legal pertinente.

Quanto às cláusulas gerais, será a sua observância que completará a dita legitimidade, pois, como salienta Ruy Rosado de Aguiar Junior, tratando da boa-fé:

> *"(...) conforme toda cláusula geral, permite a atividade criadora do juiz, que, porém, não é arbitrária, mas contida nos limites da realidade do*

contrato, sua tipicidade, estrutura e funcionalidade, com aplicação dos princípios admitidos pelo sistema. A boa-fé tem função integradora da obrigação, atuando como fonte de direitos e obrigações ao lado do acordo de vontades, além de servir para interpretação das cláusulas convencionadas"[291].

Justamente a boa-fé que passará a ser tratada neste trabalho.

---

[291] A boa-fé na relação de consumo. *Revista de Direito do Consumidor*, n. 14, abr./jun.1995, p. 24.

5. A BOA-FÉ

5.1. Noções preliminares

Etimologicamente, "fé", do latim *fides*, carrega noção oriunda do hebraico *emunáh*, que significa fidelidade, confiança, lealdade, bem como remete a verdade, retidão, sinceridade, honradez, firmeza, crédito, dentre outros conceitos.

"Fé" consiste na convicção, independentemente de qualquer prova, de que algo representa a verdade. A noção de fé tem íntima ligação com a ideia de confiança: quem tem fé confia e acredita em algo ou alguém sem ter necessariamente qualquer comprovação concreta de sua razão. Por isso, a assertiva atribuída a Mahatma Gandhi, no sentido de a fé transcender o intelecto sem contradizê-lo.

Neste diapasão, aliás, a própria lição bíblica: "Ora, a fé é a certeza de coisas que se esperam, a convicção de fatos que se não veem." (Hebreus, 11:1) Ou, ainda, as palavras de Santo Agostinho: "Fé é crer no que não vemos. O prêmio da fé é ver o que cremos."

Santo Tomás de Aquino, por seu turno, afirmava: "A fé constitui um certo antegozo daquele conhecimento que nos fará felizes no futuro."[292]

É interessante, ainda, a noção de "crer" e de "fé" defendidas pela Conferência Nacional dos Bispos do Brasil — *CNBB*:[293]

> *"Crer/acreditar é 'dar crédito' a uma pessoa (adesão pessoal) ou a um conhecimento (assentimento intelectual). #A. A fé é antes de tudo o sentido de adesão pessoal, confiança, fidelidade, e isso, do ser humano para com Deus e de Deus para com o ser humano (2Tm 2,13). (...) #D. No fim do NT[294] (2 Pd 1,1), aparece o sentido de fé como conteúdo (verdades) em que se crê."*

Navegando pelas mesmas águas, Allan Kardec, após afirmar, baseado no Evangelho de São Mateus (17: 14-19), que a fé gera na pessoa a confiança necessária para fazer até aquilo que julgava impossível, conceitua:

---

(292) A Fé: primeiro tratado, cap. II. *Os pensadores*, p. 153.
(293) *Bíblia Sagrada:* com introduções e notas, p. 1465.
(294) NT = Novo Testamento.

"(...) considera-se fé a confiança que se deposita na realização de determinada coisa, a certeza de atingir um objetivo. Nesse caso, ela confere uma espécie de lucidez, que faz antever pelo pensamento os fins que se têm em vista e os meios de atingi-los, de maneira que aquele que a possui avança, por assim dizer, infalivelmente"[295].

Kant, por sua vez, salienta que a fé [racional] consiste na admissão de verdade subjetivamente suficiente, tendo [o agente; aquele que deposita sua fé em algo ou alguém] objetivamente a consciência da insuficiência, de modo que a noção de fé se opõe à de saber[296].

Sendo assim, a fé, sentimento de confiança em algo ou alguém mantido de forma natural, impulsiona a conduta da pessoa, exteriorizada de forma comissiva ou omissiva, sem maiores indagações, encorajando-a com base na certeza de que aquele em quem deposita sua fidelidade lhe será leal.

A multiplicidade de fontes das quais são extraídas essas conclusões, ou seja, das Escrituras Sagradas a outras fontes filosóficas e religiosas e, portanto, da ideia de fé da mesma natureza, não desvirtua o sentido do vocábulo: ao contrário, encontramos nítida identidade no cerne do sentido atribuído a ele, o que nos auxilia na busca do preenchimento de seus significados possíveis, da forma mais precisa que possamos ter.

E entendemos ser importante traçar estas parcas linhas acerca do conceito de "fé" para melhor compreendermos o objeto central deste trabalho. Ora, precisamos, já de início, formar uma ideia que se aproxime ao máximo do que vem a ser "boa-fé" no âmbito contratual. Logo, parece-nos indispensável analisar a expressão, e isso nos remete à busca do que venha a ser a "fé".

Nessa mesma linha de raciocínio, temos que a "boa-fé" nada mais pode ser senão a conduta daquele que age com íntegra fé. Considerando que "fé", como visto, remete à lealdade e à confiança, a conduta de "boa-fé" somente pode ser aquela havida com total atenção e respeito a tais atributos — e isso também é aplicado à teoria dos contratos. Aliás, ao ditar as normas pertinentes à conduta para a vida, Ralph Waldo Emerson pontua: "O pacto mais nobre que podemos celebrar com o nosso companheiro é o seguinte: 'Que a verdade reine entre nós dois para todo o sempre'."[297]

Assim, em uma relação contratual, age com "boa-fé" a parte contratante que se mantém fiel ao pactuado e que, para tanto, desde a fase pré-contratual, pauta sua conduta na retidão. Na verdade, respeita a "boa-fé" a conduta caracterizada pela lealdade com relação ao outro contratante, e em respeito à

---

(295) *O Evangelho segundo o espiritismo*, p. 244.
(296) *Fundamentação da metafísica dos costumes e outros escritos*, p. 107.
(297) *A conduta para a vida*, p. 124.

confiança que deve ser reciprocamente desenvolvida e mantida, fazendo com que as partes possam desenvolver apenas justas expectativas e essas, como regra, restem protegidas de indevidas frustrações.[298]

Buscando na fé religiosa elementos para compreender o sentido da palavra (fé), encontramos, ainda, interessante pensamento de Leonardo Boff sobre a fé cristã. Afirma Boff que a fé (cristã) é o elemento aglutinador das pessoas (no âmbito da Igreja) à Palavra das Escrituras, "lida na comunidade e posta sempre em confronto com a realidade vivida pela comunidade"[299]. Pois bem: no Direito dos Contratos também notamos a presença clara da fé (boa-fé) como elemento aglutinador das partes contratantes, que devem manter-se firmes e leais, maximizando as probabilidades de estrito cumprimento do avençado, em especial quando não submetida a relação aos maus influxos do imprevisível. Devem as partes, reciprocamente, honrar a confiança depositada, uma nas mãos e na probidade da outra[300], para, juntas, trabalharem harmonicamente pelo sucesso da empreitada contratual, afastando da avença qualquer traço de "aventura".

Todavia, o conceito de boa-fé, trazido à seara do Direito, apresenta mais de uma faceta, erigindo-se em instituto que comporta classificação, bem como possibilita enfrentamentos, quando estudado o que será, a partir de agora, singelamente tratado.

5.2. Conceito e evolução histórica

A ideia que baliza a concepção de contrato, por si, aproxima desse a noção de boa-fé. E não poderia ser diferente, pois, em tese, os contratos são firmados em razão da intenção das partes contratantes de, pelo cumprimento recíproco das obrigações, atingirem determinada finalidade, que consiste no objeto do negócio celebrado. Sendo assim, é indiscutível que cada parte espera legitimamente da outra o respeito ao avençado e o máximo esforço no sentido da efetivação do objeto do contrato, sendo presumido o interesse recíproco em tal desiderato. Ademais, presunção também aceitável e compreensível consiste na expectativa de cada contratante no sentido de que a narrada intenção de adimplemento encontre-se firme *também* na outra parte. Dessa feita, por óbvio, não poderia o Direito deixar de emprestar justa proteção a esse estado psíquico dos contratantes.

---

(298) O que nos faz afirmar que, na essência, o conceito de boa-fé se aproxima mais da ideia de boa-fé objetiva, ou seja, não cogita, para restar descaracterizada, a intenção do agente ou da parte contratante no sentido de agir com deslealdade, por exemplo.
(299) *Ética da vida*, p. 167.
(300) De Carnelutti, a seguinte lição: "[...] O contrato implica, assim, em uma projeção futurista: ter a finalidade de fixar o futuro de certas posições atuais; implica uma *promessa* recíproca, e a promessa é sempre uma declaração que se refere ao futuro. Por sua vez, a promessa se fundamenta na *fides*, isto é, em última análise, na moralidade da outra parte; exatamente para reforçar essa confiança haviam certas formas solenes que no direito antigo acompanhavam o contrato" (*Como nasce o direito*, p. 39).

E assim notamos ao longo do desenvolvimento histórico da boa-fé como instituto jurídico.

No Direito Romano, já se encontra a noção de *bona fides*, em diversos momentos, tida como a conduta caracterizada pela "consciência de agir honestamente", devendo, aliás, ser presumida[301]. Afinal, a atividade humana, naturalmente, há de encontrar por limites os óbices levantados pela própria consciência[302]. Sendo assim, e existindo obrigação pactuada, é natural, também, a firme perspectiva da parte contratante acerca da intenção da outra, no que toca ao perfeito adimplemento, independentemente da existência de sanção cominada para o contrário, quer em lei, quer em cláusula contratual. Por isso, razão assiste a Eduardo Milléo Baracat quando afirma que a *confiança* consiste em um dos elementos que formam o conteúdo substancial da boa-fé[303].

A comprovar o narrado, mencione-se a lição de Edilton Meireles acerca da boa-fé, remontando as suas origens na doutrina alemã. Afirma Edilton Meireles que, na Alemanha, trata-se a boa-fé subjetiva por *guter glaube* e a objetiva por *treu und glauben*. No mesmo sentido, Pablo Stolze Gagliano e Rodolfo Pamplona Filho salientam que foi no Direito Romano que primeiro utilizou-se a já mencionada expressão *bona fides* (boa-fé), embora com conotação diversa da que lhe fora atribuída pelos juristas alemães[304]. Neste diapasão, explicam:

> "Em Roma, partindo-se de uma acentuada amplitude semântica, pode-se afirmar que: 'A fides seria antes um conceito ético do que propriamente uma expressão jurídica da técnica. Sua juridicização só iria ocorrer com o incremento do comércio e o desenvolvimento do *jus gentium*, complexo jurídico aplicável a romanos e a estrangeiros.'"[305]
>
> Já no Direito Alemão, a noção de boa-fé traduzia-se na fórmula do Treu und Glauben *(lealdade e confiança), regra objetiva, que deveria ser observada nas relações jurídicas em geral.*"

Os referidos autores mencionam, ainda nesse sentido, a lição da insigne Judith Martins-Costa, para quem a fórmula *Treu und Glauben* "demarca o universo da boa-fé obrigacional proveniente da cultura germânica", de modo distinto do entendimento oriundo do Direito Romano, vez que não se limita à ideia da fidelidade ao pactuado, inserindo na fórmula a noção de lealdade (*Treu*) e crença (*Glauben*), "as quais se reportam às qualidades ou aos estados humanos objetivados"[306].

---

(301) CHAMOUN, Ebert. *Instituições de Direito Romano*, p. 256.
(302) Neste sentido, vide CHAMOUN, Ebert. *Ibid.*, p. 25-26.
(303) *A boa-fé no Direito individual do trabalho*, p. 177.
(304) GAGLIANO, Pablo Stolze e PAMPLONA FILHO, Rodolfo. *Novo curso de direito civil*, v. IV, t. 1, p. 63.
(305) LEWICKI, Bruno. Panorama da boa-fé objetiva. In: TEPEDINO, Gustavo. (coord.), *Problemas de Direito Civil Constitucional*, Rio de Janeiro: Renovar, 2000, p. 58, *apud* GAGLIANO, Pablo Stolze e PAMPLONA FILHO, Rodolfo. *Ibid.*, p. 63.
(306) COSTA, Judith Martins. *A boa-fé no direito privado*, p. 124.

Seguindo a mesma trilha, Nelson Rosenvald afirma:

> "Com efeito, é na Alemanha da Idade Média que nasce a formulação da boa-fé que perdura até a codificação de 1900 e, posteriormente, migraria para as outras codificações romanísticas. Explica Menezes Cordeiro que Treu und glauben *exprime, em linguagem comum escrita, as correspectivas noções de lealdade e crença/confiança que devem presidir as relações negociais. O emprego jurídico dos termos é documentado desde o século XIV, separadamente, e não muito adiante, de forma conjunta em uma fórmula par."*[307]

Salientam Stolze Gagliano e Pamplona Filho que não há surpresa da influência do Direito Alemão no desenvolvimento teórico e dogmático do instituto da boa-fé, o que concluem face à característica aberta[308] do conceito, o que conduz à abstração, por parte do intérprete, no ato do preenchimento do seu conteúdo, do esclarecimento acerca do que seja a boa-fé. Assim, emerge como necessário um cuidado ainda maior com a precisão semântica, característica que também marca a língua alemã, de modo a facilitar, como dizem os mencionados autores, "a concretização linguística dos mais profundos pensamentos jurídicos"[309].

Entretanto, há de se ressaltar que, conforme aponta Nelson Rosenvald, o pandectismo germânico concebeu o Código em atenção a um sistema fechado, não sendo formulado o § 242, alusivo à boa-fé, com a intenção de reconstruir o sistema de direitos obrigacionais, de modo que, em um primeiro momento, o princípio em tela não logrou concretude. Não era a intenção do legislador germânico conceder *tamanho poder* ao juiz, servindo o dispositivo legal apenas como reforço material aos contratos, "conforme o § 157, que se referia à tradicional regra da interpretação dos negócios jurídicos segundo a boa-fé e os costumes do tráfico"[310].

Foi em razão dos esforços dos juristas, por meio da doutrina e, principalmente, da jurisprudência alemã que, no pós-Primeira Grande Guerra[311], o princípio da boa-fé encontrou sua verdadeira vocação, sendo preenchido e sistematizado, como afirma Rosenvald, "pela criativa atuação dos tribunais, traduzido em juízos de valor e fonte autônoma de direitos e obrigações"[312].

---

(307) ROSENVALD, Nelson. *Dignidade humana e boa-fé no Código Civil*, p. 77-78.
(308) Pablo Stolze Gagliano e Rodolfo Pamplona Filho afirmam tratar-se a boa-fé de conceito demasiadamente aberto, que exige do jurista acentuada carga de abstração (*Novo curso de Direito Civil*, v. IV, t. 1, p. 64).
(309) *Ibid.*, p. 63. Aliás, interessante a conclusão dos autores, na sequência, ainda neste diapasão: "Não por outra razão, aliás, os maiores filósofos da modernidade e psicanalistas exprimiam suas ideias também nessa língua."
(310) ROSENVALD, Nelson. *Ibid.*, p. 78.
(311) Note-se, aqui, identidade com o momento histórico (marco inicial) da preocupação com a tutela dos direitos humanos.
(312) *Dignidade humana e boa-fé no direito privado*, p. 78.

No estudo da evolução do instituto, não podemos deixar de mencionar a influência do Direito Canônico que, embora introduzindo o aspecto religioso na análise do instituto como, por exemplo, ao associar a boa-fé à ideia de ausência de pecado (estado contraposto à má-fé), acabou por enfrentar o tema, como um todo, em termos semelhantes aos do Direito Alemão[313].

Rosenvald, mencionando lição de Menezes Cordeiro, destaca a presença da boa-fé no pensamento jurídico da Igreja, havido na linha de valores do cristianismo. Assim, afirma que, ao contrário do Direito Civil Romano, no qual a boa-fé se associa à posse e às obrigações, no Direito Canônico experimentou-se o estender do conceito aos acordos meramente consensuais (*nuda pacta*), "em virtude da transcendência do respeito pela palavra dada". A boa-fé, afirma, "adquire uma dimensão ética e axiológica por se situar em uma escala que traduz a concretização da lei divina".[314]

Há de se ressaltar, ainda, que a boa-fé é indissociável da noção de justiça contratual, para a qual se mostra indispensável a manutenção do estado de equilíbrio entre as partes contratantes, a plena consciência dessas quanto ao objeto contratado — inclusive no que tange às obrigações assumidas e aos direitos conquistados —, de modo a garantir a plenitude do Direito consistente na liberdade de contratar[315], a proteção às "justas" expectativas criadas em razão do negócio e o "justo" resultado do pactuado. A comprovar o afirmado, reparemos que não há como se verificar a boa-fé sem considerar que as partes pactuaram no perfeito domínio da faculdade espiritual, tendo servido de meio para lhes permitir bem conhecer e julgar o negócio celebrado, logo, em estado de razão. Tanto é assim que a boa-fé é tratada, no Código Civil holandês, art. 6.2, al.1, sob a terminologia "razão e equidade"[316]. Com isso, o bem comum e a equidade emergem como elementos justificadores da própria arte do Direito, definida pelos romanos como *ars boni et aequi*.

Nesse diapasão, Chamoun elucida:

> "Com efeito, o bem comum (bonum) deve ser um dos últimos ideais do direito e êle não pode ser alcançado sem uma distribuição igual da justiça (aequum). Por outro lado, viver honestamente, não lesar outrem e dar a cada um o que é seu, podem ser limites muito mais amplos à atividade humana do que os demarcados pelo direito. Não há dúvida, entretanto, de que quem procede dentro dêles, procede de acôrdo com o direito e poderá agir livremente sem temor de quaisquer sanções"[317].

---

(313) Neste sentido, vide MARTINS-COSTA, Judith. *A boa-fé no direito privado.*, p. 129, e GAGLIANO, Pablo Stolze e PAMPLONA FILHO, Rodolfo. *Novo curso de Direito Civil*, v. IV, t.1, p. 64.
(314) Ob. cit., p. 76-77.
(315) Uma vez que ninguém contrata com liberdade quando desconhece qualquer aspecto ou reflexo do negócio celebrado, seja jurídico, econômico, político ou social. Ressalte-se, outrossim, a ofensa à boa-fé em qualquer hipótese de afastamento das condições necessárias à caracterização do trabalho decente, por exemplo.
(316) LOUREIRO, Luiz Guilherme. *Contratos: teoria geral e contratos em espécie*, p. 75.
(317) CHAMOUN, Ebert. *Instituições de Direito Romano*, p. 26.

Já no Código de Napoleão, do século XIX, de tanta importância e influência na formação da legislação civil brasileira, também encontramos cuidado com o tema, na previsão do dever de boa-fé dos contratantes.

Assim, no capítulo dedicado aos efeitos das obrigações, mais precisamente nas alíneas do art. 1.134, após fixar a propagada ideia de que *o contrato faz lei entre as partes*[318], bem como acerca da possibilidade de revogação por mútuo consentimento (alínea II), fixou na terceira que as convenções devem ser executadas "de boa-fé"[319].

Por isso, podemos afirmar que, na era moderna, na França, é que encontramos a fixação ou, ao menos, o extremo reconhecimento e fortalecimento da boa-fé como instituto jurídico, apoiada pela tradição canonista, pela doutrina de Domat e sustentada pela teoria do direito natural. Baseando-se nisso, a boa-fé passou a ser vislumbrada, por ocasião da concepção do Código Civil francês de 1804, como conceito fundamental do Direito dos Contratos, noção consolidadora do apregoado, no projeto de Código Civil do Ano VII, que trazia, em um de seus artigos, a obrigatória observância da boa-fé por ocasião da contratação e execução das convenções[320].

Na atualidade, o tema continua ostentando inegável relevância, objeto de diversos debates e teses, sendo certo que os Códigos mais recentes vêm reafirmando o papel de preponderância da boa-fé. Assim como o Código Civil brasileiro, em vigor desde janeiro de 2003, dispõe acerca da boa-fé (neste sentido, em especial os arts. 113 e 421, que serão adiante melhor estudados), também o faz, dentre outros, o Código Civil de Quebec, em vigor desde 1º de janeiro de 1994, e o da Holanda, vigorando desde um ano antes[321].

---

(318) Segundo tradução livre de Luiz Guilherme Loureiro (*Contratos:* teoria geral e contratos em espécie, p. 75-76), a alínea inaugural do art. 1.134 do *Code Napoleon* traz que "as convenções legalmente formadas têm força de lei perante aqueles que a celebram".
(319) LOUREIRO, Luiz Guilherme. *Ibid.*, p. 76. Nelson Rosenvald (*Dignidade humana e boa-fé no Código Civil*) também precisa o mesmo fato, indo além ao classificá-lo como momento histórico intermediário, afirmando que a boa-fé ressurge no Código Napoleônico de 1804, em seu art. 1.134, mas que, pelo prestígio da autonomia da vontade, restou sufocado o princípio, não logrando, à ocasião, grande desenvolvimento no Direito Francês. Salienta que "[...] do ideário clássico da Revolução Francesa, 'liberdade, igualdade e fraternidade', a burguesia se apossou dos dois primeiros valores e comodamente se esqueceu do dever de solidariedade, que ressurgiu 150 anos após", ante a fusão entre a redutibilidade positiva e o anseio da classe dominante pela irrestrita liberdade de contratar, adiando-se "o desabrochar das potencialidades contidas na boa-fé objetiva, o que apenas se deu no direito germânico", como supratratado. Por fim, aqui, há de se salientar que os códigos europeus, em grande parte, incorporaram o princípio da boa-fé. Neste sentido, Nelson Rosenvald cita Reinhard Zimmermann para acentuar que, na perspectiva de uma gradual formação de um direito privado europeu, "[...] a boa-fé é enaltecida nos princípios de direito contratual europeu, sobremaneira pela cláusula geral do art. 1.106, segundo o qual, no exercício dos direitos e em cumprimento de suas obrigações, cada parte deve-se comportar de acordo com os mandamentos da boa-fé e negociação leal".
(320) Neste sentido, LOUREIRO, Luiz Guilherme. *Ibid.*, p. 76.
(321) LOUREIRO, Luiz Guilherme. *Ibid.*, p. 75.

O interessante, todavia, é notar que o prestígio da boa-fé enquanto elemento natural e, portanto, fundamental do direito contratual, apregoada desde o Direito Romano, passando pela formação do Direito Civil francês e presente tanto no *Code Napoleon* como em diversos dos Códigos Civis modernos e vigentes mundo afora, como visto, sofreu, já na era moderna, período de sufocamento, por assim dizer, em especial a partir da geração de juristas franceses seguinte à responsável pelo advento da lei de 1804.

Ocorre que o princípio da autonomia da vontade sofreu evolução prática, vindo a tornar-se praticamente um dogma absoluto, pela interpretação literal do art. 1.134, alínea I, do *Code Napoleon* (o contrato é lei entre as partes). Não bastasse isso, o Antigo Regime ainda era de lamentável memória, de modo que os juristas de então temiam que o vislumbrar de falta da exigida boa-fé na conduta concreta das partes contratantes pudesse servir aos juízes como fundamento suficiente para modificar o teor dos contratos, agindo de forma arbitrária e possibilitando, assim, a manipulação das situações contratuais em benefício de uma ou outra parte. Diante disso, negar ao juiz qualquer função interpretativa e criativa era exigência na busca de uma aplicação neutra e segura da lei, caminho esse para se proteger os interesses da pessoa humana contra o Estado. Aproximam-se, portanto, as ideias de justiça e legalidade, marca característica do positivismo jurídico[322].

Por isso, a doutrina do século XIX acabou por não emprestar maior atenção à terceira alínea do art. 1.134 do Código francês, sob a justificativa de que o único objetivo de seu texto seria afastar a distinção oriunda do Direito Romano dos contratos de direito estrito e os chamados contratos de boa-fé, há muito em desuso. Seguindo a mesma esteira, na jurisprudência também não se encontrava invocação da boa-fé no direito obrigacional, especialmente no que toca às questões contratuais, e nem mesmo referência à terceira alínea do art. 1.134[323].

A partir do final do século XIX, a relutância mencionada começou a diminuir, o que se verificou a partir do trabalho de pensadores como Gény, que, no desenvolver de sua doutrina da "livre pesquisa científica", sustentou o poder criador da jurisprudência. O centro do debate doutrinário-jurídico de então passou a ser o abuso de direito, de início no que toca às questões pertinentes à propriedade, alcançando, não muito depois, o campo do direito contratual. Porém, durante bons anos ainda se conviveu com o ignorar da boa-fé enquanto vetor de interpretação da norma e do contrato, bem como de aferição da conduta dos contratantes. Tanto que o Código Civil argentino (Código de Vélez), em seu art. 1.197, praticamente repete o texto do art. 1.134 do Código francês, já referido, porém, com a *exclusão* da expressa menção à observância da boa-fé no cumprimento do convencionado.

---

(322) GONÇALVES, Camila de Jesus Mello. *Princípio da boa-fé:* perspectivas e aplicações, p. 1.
(323) LOUREIRO, Luiz Guilherme. *Contratos:* teoria geral e contratos em espécie, p. 77.

O mesmo se verifica no Código Civil brasileiro de 1916, que, ao contrário do encontrado no § 242 do Código alemão, não consagrou expressamente o princípio da boa-fé. Notamos que, em matéria contratual, o Código Civil brasileiro de 1916 citava a boa-fé tão somente no art. 1.143, ao disciplinar o contrato de seguro, trazendo: "o segurado e o segurador são obrigados a guardar no contrato a mais estrita boa-fé e veracidade, assim a respeito do objeto, como das circunstâncias e declarações a ele concernentes". No mais, parece-nos que o Código brasileiro de então prestigiou o positivismo e o velho dogma do *pacta sunt servanda*, o que se defendia sob a afirmação da vagueza e imprecisão dos princípios, tais quais a boa-fé, contrários ao reclame da segurança jurídica, a exigir a utilização de termos precisos que garantissem, de forma tranquila, a inexistência de dúvidas e discussões que pudessem justificar o descumprimento dos contratos.

Neste contexto, a jurisprudência brasileira, quando se valia da boa-fé — o que se notava de forma esporádica —, fazia-o para sancionar ações desleais ou contrárias à equidade[324].

Foi a partir da década de 1960 que passamos a notar o efetivo "renascimento" do debate jurídico sobre a boa-fé, o que parece advindo da preocupação com a efetivação do equilíbrio nas relações contratuais e a necessidade de proteção, para tanto, da parte detentora de menor poder. Esse contexto ganhou força a partir do desenvolvimento do comércio internacional em que, não raro, há disparidade de poderio econômico entre os contratantes, e as discussões em torno da *lex mercatoria*. Começa a prevalecer, a partir da segunda metade do século XX, a concepção solidarista, na busca de uma solução mais justa para o caso concreto, quer como objeto para formulação dos comandos legais, quer como parâmetro para a atividade do intérprete e operador do Direito, o qual pode valer-se da boa-fé para fim de integração da norma[325].

Ao lado disso, voltando um pouco no tempo, a industrialização e o desenvolvimento econômico impuseram alterações significativas na estrutura da sociedade, de modo a produzir inúmeras *desigualdades*[326]. Assim, em especial a partir do início do século XVIII, com o advento da Revolução Industrial resultante da introdução da máquina no processo de produção de bens e circulação de riquezas, duas consequências diretas foram observadas no tecido econômico das relações sociais: uma, consistente na produção de larga escala, demandando, de início, maior emprego da atividade pessoal do trabalhador e, sucessivamente, sua valorização pelo domínio adquirido do *know-how* do processo produtivo; outra,

---

(324) LOUREIRO, Luiz Guilherme. *Contratos:* teoria geral e contratos em espécie, p. 78.
(325) Neste sentido, vide LOUREIRO, Luiz Guilherme. *Ibid.* mesma página.
(326) GONÇALVES, Camila de Jesus Mello. *Princípio da boa-fé:* perspectivas e aplicações, p. 1. Para a questão na seara dos embates no mundo do trabalho, vide, também, Rodrigo Garcia Schwarz, *Curso de iniciação ao direito do trabalho*, p. 4.

verificada na concentração do elemento humano, antes disperso nos pequenos núcleos artesanais e agora reunido em torno das unidades onde se instalaram as máquinas[327].

A partir de então, desenvolveu-se a história, chegando-se a uma chamada Segunda Revolução Industrial, e até a uma Terceira (também conhecida como Revolução Tecnológica).

O problema é que a Revolução Industrial trouxe consigo um contexto bastante degradante à vida dos trabalhadores. Com seu advento, substituiu-se a força humana, enquanto fonte de energia, pela máquina a vapor. Isso deveria representar um alento aos trabalhadores, todavia, o que se verificou foi o contrário. Como era necessária mão de obra humana para operar as máquinas a vapor e têxteis, e havendo interesse político e econômico em tal processo, substituiu-se o trabalho escravo, servil e corporativo pelo trabalho assalariado[328].

Porém, as condições de trabalho eram péssimas, com excessivas jornadas e exploração do labor de mulheres e crianças, fazendo surgir a chamada "questão social", em torno da qual os trabalhadores começaram a se reunir, visando a reivindicar melhorias nas condições de trabalho (ambientais e salariais), o que foi viabilizado pela referida aglutinação dos obreiros em torno das máquinas, própria da industrialização verificada e de sua forma de organização do trabalho.

O sofrimento comum e a aproximação dos trabalhadores possibilitaram o desenvolvimento de uma consciência coletiva em relação ao que José Augusto Rodrigues Pinto chama de "dois extremos de exploração" a que eram submetidos:

> *"(...) a péssima retribuição da energia pessoal empregada e a utilização em intensidade desmedida, que, associadas, levavam ao rápido esgotamento do homem como unidade de produção e à quase total marginalização dos trabalhadores do gozo dos benefícios de conforto e satisfação proporcionados pela expansão das fronteiras da produção de bens"*[329].

Esse contexto impulsionou o Estado a deixar sua posição de espectador das relações econômicas, fruto do liberalismo então vigente, para passar a intervir nas relações de trabalho, impondo limitações à liberdade das partes, para a proteção do trabalhador, por meio de legislação proibitiva de abusos do empregador, visando a preservar a dignidade do homem no trabalho. Eis o chamado "intervencionismo básico do Estado" e o surgimento do Direito do Trabalho, com a elaboração de leis trabalhistas.

---

(327) RODRIGUES PINTO, José Augusto. *Tratado de direito material do trabalho*, p. 31-32.
(328) GARCIA, Gustavo Filipe Barbosa. *Curso de direito do trabalho*, p. 32.
(329) RODRIGUES PINTO, José Augusto. *Tratado de direito material do trabalho*, p. 33.

Esse fenômeno não se verificou apenas na seara juslaboral, mas também nos demais campos do Direito, e permitiu a constatação de duas realidades, ao menos: uma, no sentido de que, por vezes, a lei revelou facetas totalmente desprovidas de maior racionalidade e razoabilidade, como a criação de um sistema legal de execução da morte de pessoas, organizado burocraticamente pelo Estado, embora totalmente contrário à tolerância necessária ao convívio humano — tolerância essa que seria alcançada pelo pacto social, de acordo com Hobbes; e outra, no sentido de que as leis, em geral, por maior que fosse o esforço do legislador, não conseguiram prever toda e qualquer hipótese possível do ponto de vista da dinâmica das relações intersubjetivas e negociais, deixando lacunas que, na prática, consistiram em verdadeiras portas para a arbitrariedade e para a injustiça.

Assim, o Direito, que, pelo positivismo exacerbado, buscava minimizar o espaço pelo qual pudesse expressar o arbítrio, na verdade, por sua total incapacidade de sanar completamente as lacunas, podia ser visto como viabilizador exatamente do contrário, pois, à luz da rígida autonomia da vontade bem como da "permissão de tudo fazer desde que inexistente norma em contrário", abria caminho a diversas construções ditas jurídicas que, ao final, conduziam invariavelmente uma das partes contratantes a vantagens muito desproporcionais em relação à outra — quando não a verdadeiros e consideráveis prejuízos. Esse contexto certamente deve-se, também, ao dinamismo das relações sociais, de modo que a cada dia surgem novas possibilidades negociais e relacionais entre os seus possíveis sujeitos.

Experiências como as atrocidades que marcaram a história da humanidade por ocasião da Segunda Grande Guerra demonstraram que o positivismo exacerbado não era suficiente para garantir um Direito responsável e comprometido com a sobrevivência da humanidade[330], fazendo levantar, gradativamente, um conjunto de vozes a clamar pela necessária atenção aos valores fundamentais e universais da vida e da convivência humana, aproximando o Direito da ética. Preocupações com os direitos humanos e o meio ambiente, com a dignidade da pessoa humana, inclusive como trabalhadora, foram demonstrando que o Direito não tem seu objeto de estudo e aplicação cingido à racionalidade meramente lógico-formal, sendo de rigor a elevação da pessoa humana ao centro da proteção legal, como princípio a ser considerado e fim a ser perseguido. Com isso, o Direito não poderia mais deixar de considerar as demais normas de conduta que, embora não estabelecidas pelo Estado, permeiam as relações humanas. Não era mais possível ao Direito ignorar a Justiça e a ética e, para tanto, nada melhor do que o prestigiar da boa-fé, como verdadeira ponte ou ferramenta de inter-relacionamento entre o Direito e a ética ou entre o Direito e a Justiça.

Desta feita, a boa-fé, esteja ou não prevista no ordenamento legal, emerge minimamente como princípio geral oriundo de uma exigência ético-social que é

---

(330) GONÇALVES, Camila de Jesus Mello. *Princípio da boa-fé:* perspectivas e aplicações, p. 2.

assumido pelo Direito e necessariamente observado, até como forma de respeito aos direitos da personalidade dos contratantes, funcionando, consequentemente, como *consagrador* da dignidade da pessoa humana. Ademais, surge como princípio fomentador da conduta de colaboração recíproca que há de caracterizar as partes da relação negocial. Com isso, a boa-fé, inegável exigência social de convivência negocial, demonstra suas peculiaridades, pois, além de exteriorizar-se, sob seu aspecto positivo — deve ser observada na conduta das pessoas —, também exibe característica ativa, no sentido de exigir das partes contratantes o fazer ou não fazer necessário à efetiva facilitação/viabilização da execução do avençado também pela parte contrária.

Como salienta Almir Pazzianotto:

> *"O mercado de trabalho está em crise. Não cabe à lei contribuir para o agravamento da situação, mantendo disposições impregnadas de subjetividade, de impossível compreensão pelo homem comum. É o caso da legislação que trata empregados e empregadores como classes antagônicas, não exige que procedam com boa-fé, ignora condutas de má-fé e desanima a geração de empregos."*[331]

5.3. A boa-fé: norma de direito positivo, simples valor ou princípio jurídico?

Questão interessante no contexto deste trabalho consiste na busca da essência do instituto em apreço. Neste diapasão, urge analisar se trata-se a boa-fé de dever das partes contratantes, em virtude de imposição do direito positivo — portanto, dever meramente legal —, simples valor decorrente da moralidade ou verdadeiro princípio jurídico.

O atual cenário legal já auxilia, e muito, a obtenção da melhor resposta ao questionamento aqui posto, uma vez que os textos expressos dos arts. 113 e 422 do Código Civil brasileiro impõem a observância à boa-fé nas relações contratuais e, antes, na própria interpretação dos negócios jurídicos.

Não podemos ignorar que a boa-fé consiste sempre em uma via de comunicação do Direito com a Moral, assistindo razão a González Pérez[332] quando assim afirma. Porém, é inegável que a boa-fé contratual, no caso brasileiro, vai além, erigindo-se como instituto que integra, de forma expressa, o direito positivo, tendo, pois, caráter normativo. Desta feita, não se resume a "simples valor", atrelado tão somente às regras da moralidade e desprovido de qualquer cogência, com violação apenada pelo manto da reprovação social. Ao contrário, o elemento ético-moral que impõe a boa-fé foi acolhido de forma expressa pelo Direito positivo pátrio de modo que, pelo princípio da legalidade, há de ser observada por qualquer

---

(331) *O futuro do Direito do Trabalho*, 2006, p. 71.
(332) *El princípio general de la buena fe en el derecho administrativo*, p. 12.

contratante ou celebrante de negócio jurídico, sob pena de restar caracterizada infração aos ditames legais que regem o que podemos seguramente chamar de teoria geral dos negócios jurídicos.

Observemos, igualmente, que a ausência de previsão legal imediata, acerca das sanções aplicáveis diante da não observância da boa-fé por qualquer das partes contratantes/negociantes, não conduz ao esvaziamento da obrigação legal em questão. Enquanto vetor de interpretação do negócio jurídico, baseado no art. 113 do Código Civil em vigor, a boa-fé automaticamente conduzirá a solução da avença de modo a não permitir o desgarrar das partes das obrigações afetas à esperada boa conduta e honestidade. Com isso, o aludido dispositivo legal complementa o fixado no art. 422 do mesmo diploma, a criar um sistema intrínseco e completo de aplicação da boa-fé, do qual, pela correta atividade do intérprete-aplicador, à luz do caso concreto, não restará margem para o seu ignorar, por qualquer das partes contratantes/negociantes.

Todavia, ainda resta analisar o seguinte: a boa-fé dependeria da positivação havida no Direito brasileiro para, entre nós, ser de necessária observância no que toca à regência dos negócios jurídicos? Ou, em outras palavras: a obrigação de as partes guardarem boa-fé resulta do comando legal ou se extrai de um contexto "supralegal", erigindo-a a verdadeiro princípio jurídico?

Como salientado alhures, o "princípio" é absoluto, não comportando as variações inerentes aos valores, sofrendo, todavia, influência desses para fim de seu preenchimento.

O Direito, por sua vez, como também salientado, em que pese nem sempre reflita a moral, representando o círculo menor no célebre gráfico das primeiras aulas do curso de Direito, a ela persegue, até em razão do primado da Justiça.

Não raro, o Direito acolhe os primados morais, fazendo-os de forma expressa pela via da positivação. Outras vezes, contudo, a lei acaba por não incorporar os ditames morais — o que não significa sua irrelevância jurídica.

Chegamos ao momento de incluir, especificamente, a boa-fé neste cenário. Mesmo quando menos prestigiada pelo direito positivo, como verificamos no texto do Código Civil de 1916 — se comparado com o atualmente em vigor —, ainda assim a boa-fé consistia em elemento a ser considerado na interpretação dos negócios jurídicos — ao menos em seu aspecto subjetivo. Afinal, ninguém pode negar que a confiança recíproca das partes no cumprimento do avençado consiste em elemento indispensável à estabilidade das relações negociais e, consequentemente, à segurança jurídica, consistindo em fator de pacificação social. Extraímos daí, inclusive, a presença da boa-fé na origem da cláusula *pacta sunt servanda*. Sendo a estabilização das relações jurídicas um dos objetivos primários do próprio Direito, torna-se indiscutível a relevância jurídica do fato de que a boa-fé é, essencialmente, regra absoluta a ser observada na conduta e no ânimo[333] dos negociantes/contratantes, o que se aplica a qualquer espécie de negócio jurídico.

Trata-se a boa-fé, portanto, de dever supralegal, exigido pelo senso comum **em qualquer ato negocial**, de modo que independe da positivação para integrar o Direito.

Parece-nos mais: a boa-fé, especialmente enquanto verificada na conduta, não pode ser resumida a "valor", uma vez que se impõe de modo absoluto (as partes *sempre* devem observá-la), variando apenas na forma como deve ser verificada ou como se expressa, de acordo com as peculiaridades da espécie de negócio celebrado[334]. Assim, os valores pertinentes à modalidade negocial específica, variáveis de acordo com o tempo, o lugar e o cenário econômico, político e social, é que pautarão o preenchimento concreto do ditame amplo, geral e absoluto da boa-fé negocial.

Logo, a boa-fé consiste em exigência ética de comportamento[335], a permitir a diminuição das possibilidades de termos, diante de caso concreto, avença que, embora juridicamente justa e perfeita, exiba-se moralmente reprovável, o que se exige independentemente de sua positivação. Consiste, pois, em um **princípio geral de Direito**, devendo ser observado em qualquer espécie de negócio jurídico.

Carlos F. Zimmermann Neto conclui exatamente nesse sentido ao afirmar: "Existem princípios que fazem parte do Direito como um todo, e que se estendem a todos os seus ramos indistintamente: a dignidade da pessoa humana; a boa-fé; a honra; o nome; o uso não abusivo do direito; o direito universal de defesa", dentre outros que, de fato, também amparam os sujeitos da relação jurídica laboral[336].

---

(333) No sentido de "intenção", a demonstrar que a boa-fé emerge como elemento de legitimação do próprio Direito, ao fundar suas bases mais na moral que, propriamente, no reflexo econômico do negócio celebrado, por exemplo.

(334) No mesmo sentido, veremos adiante a posição de Nelson Rosenvald no sentido de a boa-fé subjetiva não se tratar de princípio, mas, sim, de um estado psicológico. Note-se, ainda, a lição de Augusto César Leite de Carvalho, que, ao tratar do princípio da boa-fé no Direito do Trabalho, define os limites da boa-fé subjetiva, tratando-a por boa-fé crença, e afirma que esta não tem relevância para o estudo do princípio da boa-fé, em que deve ser abordada a boa-fé lealdade — logo, objetiva (*Direito individual do trabalho*, p. 76). Para as devidas diferenciações, vide item 5.5, seguinte. Saliente-se, porém, que diversos autores, ao definirem o princípio da boa-fé, não o cingem ao seu aspecto objetivo, atribuindo ares principiológicos também à sua expressão subjetiva. Neste diapasão, buscando elementos na doutrina juslaboral, encontramos a lição do ministro Ives Gandra da Silva Martins Filho, que, como já salientado nesse texto, ao elencar a boa-fé dentre os princípios de Direito do Trabalho, introduz sua definição afirmando-a como "a intenção moralmente reta no agir" (*Manual de Direito e processo do trabalho*, p. 49).

(335) No sentido da vinculação das noções de boa-fé e ética, Oscar Erminda Uriarte, ao afirmar: "Si hay una noción juridica obviamente vinculada con la Etica y en la cual es más evidente su fundamentación moral, esa es la de la buena fe." (*Etica y Derecho del Trabajo*. Disponível em: <www.upf.edu/iuslabor/012006/Latinoamerica.OscarErminda2.htm>. Acesso em: 1.10.2009.

(336) *Direito do trabalho*, p. 42.

Neste mesmo sentido, parece-nos o entendimento do ministro Ives Gandra da Silva Martins Filho, que, apesar de arrolar a boa-fé dentre os princípios de Direito Laboral, afirma que o aludido princípio "não é exclusivo do Direito do Trabalho, nem distintivo deste ramo da Ciência Jurídica, mas norteia todas as relações contratuais, dentre as quais as trabalhistas"[337].

Alice Monteiro de Barros exara a mesma opinião ao lecionar que o "princípio da boa-fé (...) não é peculiar ao Direito do Trabalho, mas comum a todos os ramos do Direito, atuando em várias fases da relação jurídica, inclusive nas negociações preliminares (...)"[338]. E não afirmemos a ausência de previsão específica em lei trabalhista como óbice ao primado da boa-fé nas relações negociais e contratuais trabalhistas, uma vez que, não mostre um princípio específico do Direito Laboral, a boa-fé, por sua natureza de princípio geral, e, a partir da entrada em vigor do Código Civil de 2002, princípio específico da teoria geral dos contratos devidamente positivado, deve ser estudada, pois, aplicável no âmbito do Direito do Trabalho, havendo, sim, permissivo expresso de abertura do sistema para tanto, exatamente no art. 8º, parágrafo único, da Consolidação das Leis do Trabalho, não sendo outra a conclusão de José Augusto Rodrigues Pinto:

> "Dentro da mesma linha de raciocínio, outros princípios gerais, de maior afinidade com o direito comum (princípio da razoabilidade de conduta, princípio da boa-fé nos contratos) ou com o direito processual (princípio do não locupletamento com a própria malícia) etc., se fazem presentes no Direito material do Trabalho sempre que sua interpretação e aplicação exijam o recurso a fontes mais amplas do que as de seus limites estritos, como expressamente autorizado pelo art. 8º da CLT."[339]

Ainda nesta esteira, João José Sady, tratando do princípio da eticidade anunciado pelo novo Código Civil, afirma que a positivação do princípio da boa-fé (no Código Civil de 2002) consistiu em um avanço, pois aprofundou as garantias de sua observância, inclusive com a novidade trazida no aspecto de vislumbrar o equilíbrio econômico no contrato como um dos pilares da eticidade. Todavia, o mesmo jurista salienta que, mesmo antes da positivação, o princípio, calcado em seus conceitos informadores, era bem conhecido e considerado nos pretórios trabalhistas[340].

---

(337) *Manual de Direito e processo do trabalho*, p. 49. Interessante, ainda, o afirmado por Gustavo Filipe Barbosa Garcia, remetendo à obra de Plá Rodriguez, *Princípios de Direito do Trabalho*, afirmando que o festejado autor faz menção ao princípio da boa-fé, embora, afirma Garcia, tal não se exiba específico do Direito do Trabalho, mas aplicável ao Direito como um todo (*Curso de Direito do Trabalho*, p. 81).
(338) *Curso de Direito do Trabalho*, p. 186.
(339) *Tratado de Direito Material do Trabalho*, p. 93.
(340) A boa-fé objetiva no novo Código Civil e seus reflexos nas relações jurídicas trabalhistas. *Revista do Advogado*, São Paulo: Associação dos Advogados de São Paulo, ano XXIII, n. 70, julho de 2003, p. 45.

Portanto, trata-se a boa-fé de princípio que interessa, e muito, ao Direito do Trabalho. Plá Rodriguez há tempos já assim o reconhece, embora saliente que costumeiramente a boa-fé deixa de ser incluída nas enumerações dos princípios de Direito do Trabalho, sendo frequente a referência ao princípio do rendimento, com o qual tem certa vinculação[341]. Parece-nos, entretanto, ao menos à luz da doutrina brasileira, que o princípio da boa-fé tem sido gradativamente mais bem abordado, em que pese realmente tímido, ainda, o tratamento a ele atribuído.

Desta forma, vale destacar desde já a lição de Francisco Ferreira Jorge Neto e Jouberto de Quadros Pessoa Cavalcante,[342] que assim definem o princípio da boa-fé no Direito do Trabalho:

> "O princípio da boa-fé consiste na afirmação de que as partes na relação de emprego devem agir com lealdade, cumprindo honestamente as obrigações assumidas. Empregado e empregador devem ser sinceros, leais e honestos, não só no ato da contratação, como também no desenrolar da prestação dos serviços. Na sua aplicação, revela-se a existência de dois aspectos: (a) o negativo, não lesar a ninguém; (b) o positivo, agir de maneira ativa na execução da obrigação prometida, respeitando os direitos da outra parte e de terceiro."[343]

Destaquemos, também, a posição de José Ribeiro de Campos, ao reconhecer o princípio da boa-fé e sua ingerência no Direito do Trabalho, ao lado da razoabilidade, fixando que "as pessoas nas relações trabalhistas devem proceder conforme a razão e que o trabalhador deve cumprir seu contrato de boa-fé"[344].

Por fim, cabe salientar a lição de Ruy Rosado de Aguiar Junior:

> "Para aplicação da cláusula de boa-fé, o juiz parte do princípio de que toda a inter-relação humana deve pautar-se por um padrão ético de confiança e lealdade, indispensável para o próprio desenvolvimento normal da convivência social. A expectativa de um comportamento adequado por parte do outro é indissociável da vida de relação, sem o qual ela mesma seria inviável. Significa que as pessoas devem adotar um comportamento leal em toda a fase prévia à constituição de tais relações (diligência in contrahendo); e que devem também comportar-se lealmente no desenvolvimento das relações jurídicas já constituídas entre eles. Este dever de se comportar com boa-fé se projeta nas direções em que se diversificam as relações jurídicas: direitos e deveres. Os direitos devem exercitar-se de boa-fé; as obrigações têm de cumprir-se de boa-fé."[345]

---

(341) *Princípios de Direito do trabalho*, p. 415.
(342) *Curso de Direito do Trabalho*, p. 18.
(343) Vide, também, item 5.8.4, adiante.
(344) As principais manifestações da flexibilização das normas trabalhistas no Brasil. *Revista da Faculdade de Direito de São Bernardo do Campo*, v. 6, t. 2, p. 195.
(345) A boa-fé na relação de consumo. *Revista* cit., p. 24.

5.4. O princípio do rendimento

Ao tratarmos de qualquer tema versando sobre a aplicação de princípio jurídico no âmbito do Direito do Trabalho não podemos ignorar questões que tenham merecido destaque na obra do grande Américo Plá Rodriguez. Assim, urge destacar, mesmo que de forma concisa, o princípio do rendimento, que, segundo o jurista uruguaio, é relacionado ao primado da boa-fé[346], embora defenda que não mereça ser admitido[347].

Neste diapasão, Plá Rodriguez salienta que o referido princípio não encontra, dentre os doutrinadores, conceito uníssono, podendo sua noção, todavia, ser fixada ao encontro de um denominador mínimo comum, com o qual concordam todos os partidários do referido princípio. Para tanto, afirma que, fundamentalmente, o princípio do rendimento consiste na afirmação de que "ambas as partes devem realizar o máximo esforço para aumentar, incrementar e impulsionar a produção nacional, na parte que dependa da empresa"[348], entrelaçando, assim, o cenário jurídico trabalhista com o econômico.

Assim, o princípio da produção acaba por prestigiar o equilíbrio contratual, uma vez que a própria construção histórica do Direito Laboral deu-se pela busca de efetivar a proteção do trabalhador contra o poder do capital compensando aquele, para tanto, com uma substantiva condição de vantagem jurídica (desigualdade jurídica favorável ao trabalhador em razão da desigualdade econômica existente em prejuízo destes). Afinal, como salienta Eduardo Couture: "O procedimento lógico de corrigir desigualdades é o de criar outras desigualdades."[349]

Com isso, tem-se princípio pelo qual se impõe a busca da igualdade geral e do equilíbrio entre as partes contratantes pela via da desigualdade pontual, adquirindo um sentido aglutinante e unificador que, ao contrário do aparente confronto e afastamento dos interesses das partes que contratam condições laborais, a elas permite a conjugação de esforços no mesmo sentido[350], em benefício de todos, a saber: (1) da empresa, que aumenta sua produtividade; (2) dos integrantes desta, que consolidam e asseguram sua fonte de trabalho e ocupação[351] e; entendemos, (3) da própria coletividade, interessada na diminuição dos conflitos sociais e do desemprego, com seus claros reflexos negativos em

---

(346) *Princípios de direito do trabalho*, p. 24.
(347) *Ibid.*, p. 418.
(348) *Ibid.*, p. 416.
(349) *Algunas nociones fundamentales del Derecho Procesal del Trabajo*, artigo publicado no tomo "Tribunales de Trabajo", pelo Instituto de Direito do Trabalho da Universidade Nacional do Litoral, Santa Fé, 1944, p. 115, *apud* RODRIGUEZ, Américo Plá. *Princípios de direito do trabalho*, p. 85.
(350) Vide RODRIGUEZ, Américo Plá, ob.cit., p. 416-417.
(351) *Ibid.*, p. 417.

toda seara social e econômica, repercutindo muito além dos lares daqueles trabalhadores vitimados pela falta de oportunidade de produzir e integrar o mercado ativo.

Portanto, o princípio do rendimento atrela-se não apenas à produção, mas à ideia de produtividade, que impõe a consideração da forma como se desenvolve o trabalho e o seu resultado, quantitativo e qualitativo, quer no aspecto produção, quer no aspecto condições laborais, consideradas bilateralmente — o que cada parte do contrato de trabalho oferece para a outra visando à produtividade.

Em razão do exposto, três seriam as principais consequências do princípio do rendimento:

1. o trabalhador assumiria a obrigação de aplicar suas energias no cumprimento das tarefas impostas pelo empregador, observadas suas condições pessoais de rendimento, de modo que resta determinado, implicitamente, um resultado mínimo que, se não atingido, caracterizaria violação do contrato;

2. o princípio pode surgir como argumento contrário a diversas ações sindicais tendentes à diminuição do rendimento normal. Plá Rodriguez exemplifica com a hipótese de diminuição intencional da intensidade de trabalho pelos empregados como meio de pressão ao empregador, visando a compeli-lo, ou mesmo ao sindicato patronal, à negociação coletiva, ou, ainda, à intervenção estatal benéfica aos interesses dos obreiros[352]. Na prática, podemos vislumbrar a hipótese na chamada "operação padrão", tantas vezes verificada nos aeroportos, em que o ritmo do atendimento aos usuários do serviço de transporte aéreo de pessoas e coisas é extremamente reduzido, com a observância de todos os passos da operação, sem maiores preocupações com o tempo necessário para tanto. A aplicação do princípio poderia inviabilizar tais condutas de protesto por parte dos trabalhadores; e

3. o princípio influenciaria a adoção de diversos sistemas de remuneração, tais como o salário por peças ou tarefas, ou mesmo a remuneração por empreitada e a criação de premiação por produtividade, o que conduziria à busca, pelo empregado, de aumentar cada vez mais o resultado de seu labor, às vezes em detrimento de outros direitos personalíssimos como a saúde e o lazer, além do convívio em família.

Atento a tais consequências, Plá Rodriguez entende não ser possível admitir o princípio, ainda que concorde com muitas das ideias que o informam. Justifica sua posição defendendo que o princípio do rendimento tem alcance limitado, setorial, pois atinge tão somente as atividades vinculadas à produção nacional, olvidando que o Direito do Trabalho tutela todas as demais formas de trabalho subordinado. Ademais, o princípio do rendimento, como define, tem caráter mais político do que jurídico. É, ainda, mais um contrapeso a outros princípios, não

---

(352) *Princípios de direito do trabalho*, p. 417.

ostentando como característica uma autonomia que o justifique como "ponto de partida" para a criação do Direito Laboral. Considera, também, que o princípio em questão acaba por se reduzir à imposição unilateral de obrigações ao trabalhador. Por fim, ao exposto, soma Plá Rodriguez que o princípio do rendimento, ao contrário de todos os demais princípios do Direito do Trabalho, não visa à proteção do trabalhador, mas, sim, aos interesses da comunidade, eventualmente prejudicada pela conduta do obreiro, fugindo, pois, das características comuns aos demais princípios aplicáveis ao Direito Juslaboral[353].

Aqui, aliás, parece-nos que, de fato, o desiderato do referido princípio acabaria atingido pela melhor aplicação dos demais, de forma proporcional e adequada. Afinal, o Direito do Trabalho surgiu, historicamente, para, pela via da desigualdade jurídica, equilibrar a situação das partes dentro do contrato de trabalho e obter cenário o mais próximo possível da igualdade, tão difícil em razão do poderio econômico do empregador, detentor dos meios de produção, em contraponto ao que dispõe grande parte dos trabalhadores: força de trabalho para vender para alguém que sabe da extrema necessidade do "vendedor" de alienar, o mais rapidamente possível, o seu "produto", para fim de sobrevivência.

Plá Rodriguez demonstra, ainda, que, dentro do princípio da boa-fé, consegue-se naturalmente atingir todas as intenções positivas do dito princípio do rendimento[354].

5.5. Boa-fé subjetiva e boa-fé objetiva: conceitos

Averiguamos oportuno traçar, neste trabalho, os contornos da boa-fé, em ambos os prismas pelos quais deve ser vislumbrada, distinguindo um do outro: a boa-fé objetiva e a boa-fé subjetiva.

A dita **"boa-fé subjetiva"**[355] consiste em uma situação afeta à seara do psicológico, verdadeiro estado de ânimo ou do espírito do agente que realiza determinado ato ou vive dada situação certo da inexistência de qualquer vício. E

---

(353) *Princípios de direito do trabalho*, p. 418-419.
(354) Neste sentido, vide *Princípios de direito do trabalho*, p. 420: "Na realidade, se se acredita que há obrigação de ter rendimento no trabalho, é porque se parte da suposição de que o trabalhador deve cumprir seu contrato de boa-fé e entre as exigências da mesma se encontra a de colocar o empenho normal no cumprimento da tarefa determinada. Mas ao mesmo tempo essa obrigação de boa-fé alcança, ainda assim, o empregador, que também deve cumprir lealmente suas obrigações."
(355) Saliente-se que a boa-fé, antes do atual Código Civil, tinha trato tímido no direito positivo. Há autores que chegam a afirmar que o Código Civil de 1916 sequer consagrava o princípio. Neste sentido, Luiz Guilherme Loureiro defende: "O princípio da boa-fé não foi consagrado no Código de 1916, ao contrário do previsto no § 242 do BGB. Em matéria contratual, a boa-fé era citada apenas no art. 1.443, que tratava do contrato de seguro: 'o segurado e o segurador são obrigados a guardar no contrato a mais estrita boa-fé e veracidade, assim a respeito do objeto, como das circunstâncias e declarações a ele concernentes'". (*Contratos: teoria geral e contratos em espécie*, p. 76)

assim é considerado desde os tempos do Direito Romano, conforme extraído da lição de Thomas Marky, que, tratando dos requisitos da *usucapio*, define boa-fé como "a convicção do agente de que a coisa legitimamente lhe pertence". Interessa-nos, todavia, como ideia geral, a concepção final do aludido romanista: "Trata-se [a boa-fé, especificamente a subjetiva], naturalmente, de um erro de fato de sua parte [agente]"[356]. Também nesta linha a lição de José Carlos Moreira Alves, ao afirmar que a boa-fé consiste em um conceito ético acolhido, sem modificação, pelo Direito, consistindo na crença do agente de que não está ferindo direito alheio, baseada num erro que não precisa ser escusável. Essa presume-se, cabendo à parte contrária demonstrar a sua inexistência[357].

João José Sady, ao tratar do princípio da eticidade que informa o Código Civil de 2002, explica que a boa-fé subjetiva consiste "na íntima convicção do contratante no sentido de que está a pactuar um negócio legítimo, sem qualquer intenção de lesar a outra parte ou sem desconfiar de que está a ser lesado por alguma maneira"[358].

Miguel Reale, por sua vez, afirma que a boa-fé subjetiva corresponde, fundamentalmente, a uma atitude psicológica, ou seja, "uma decisão da vontade, denotando o convencimento individual da parte de obrar em conformidade com o direito"[359].

Alice Monteiro de Barros, afirmando que o princípio da boa-fé tem uma dimensão objetiva e outra subjetiva, na análise da última, afirma que esta se assenta na crença que induz uma parte a agir equivocadamente, mas na absoluta convicção de que não está lesando legítimos interesses alheios. Afirma, ainda, que a boa-fé subjetiva "se encontra, em regra, no campo dos direitos reais, mas poderá ocorrer na órbita do Direito Previdenciário, quando o segurado recebe um benefício equivocadamente, sem a noção de estar prejudicando o órgão previdenciário e a coletividade"[360].

Na mesma trilha, afirma Nelson Rosenvald que não se trata de um princípio, mas, sim, de um estado psicológico, no qual a pessoa possui a crença de ser titular de um direito que em verdade só existe na aparência, encontrando-se o indivíduo em "escusável situação de ignorância sobre a realidade dos fatos e da lesão a direito alheio"[361]. Em suma, como alude Augusto César Leite de Carvalho, pode ser definida como a tendência "em acreditar em tudo e em todos", o que atrai as ideias de ingenuidade, inocência ou falta de malícia[362]. Por isso, também recebe o nome de "boa-fé crença".

---

(356) *Curso elementar de direito romano*, p. 104.
(357) *Direito romano*, v.I, p. 313.
(358) A boa-fé objetiva no novo Código Civil e seus reflexos nas relações jurídicas trabalhistas. *Revista do Advogado*. São Paulo: Associação dos Advogados de São Paulo, ano XXIII, n. 70, julho de 2003, p. 45.
(359) *A boa-fé no Código Civil*. Artigo escrito em 16.8.2003. Disponível em: <http://www.miguelreale.com.br/artigos/boafe.htm>. Acesso em: 19.10.2009.
(360) *Curso de direito do trabalho*, p. 187.
(361) *Dignidade humana e boa-fé no Código Civil*, p. 79.
(362) *Direito individual do trabalho*, p. 76.

Portanto, a boa-fé subjetiva resta caracterizada pela reconhecida ignorância do agente a respeito de determinada circunstância. Ignorância, essa, que o conduz ou não o impede de realizar determinado ato ou, como afirma Rizzatto Nunes, consiste na "ignorância de uma pessoa acerca de um fato modificador, impeditivo ou violador do seu direito[363]". Imerso nesse estado subjetivo, o agente, em que pese a eventual existência de vício no negócio, participa da avença sem qualquer intenção de obter vantagem ou causar prejuízo, para si ou para outrem. Como salienta Rizzatto Nunes, é "(...) a falsa crença acerca de uma situação pela qual o detentor do direito acredita em sua legitimidade, porque desconhece a verdadeira situação". É a hipótese do possuidor de boa-fé que desconhece o vício que macula a sua posse, valendo-nos aqui do exemplo dado por Stolze Gagliano e Pamplona Filho. Como salientam os autores, no caso do exemplo, "o próprio legislador, em vários dispositivos, cuida de ampará-los, não fazendo o mesmo, outrossim, quanto ao possuidor de má-fé (arts. 1.214, 1.216, 1.217, 1.218, 1.219, 1.220 e 1.242 do CC)"[364]. Rosenvald, por sua vez, afirmando ser a boa-fé subjetiva a exata dimensão da convicção interna do possuidor sobre a ausência de defeitos de sua posse, exemplifica com a hipótese do casamento putativo contraído pelo cônjuge de boa-fé, "residindo a sua subjetividade na ignorância do cônjuge sobre a invalidade do matrimônio em decorrência da atuação do outro cônjuge (art. 1561)"[365], mesmo exemplo, aliás, fornecido por Augusto César Leite de Carvalho[366].

De outro lado, enquanto a boa-fé subjetiva encontra-se na verificação do estado subjetivo do agente, no seu ânimo, a **boa-fé objetiva** consiste em verdadeira regra de comportamento, *standard* que deve ser observado por todos os contratantes, sendo um "modelo de eticização de conduta social" fulcrado em determinados "padrões sociais de lisura, honestidade e correção, de modo a não frustrar a legítima confiança da outra parte", conforme afirma Nelson Rosenvald[367].

Não se afasta do exposto a conclusão havida na I Jornada de Direito Civil do Superior Tribunal de Justiça, fixada em seu enunciado n. 26:

> "ENUNCIADO N. 26 — Art. 422: a cláusula geral contida no art. 422 do novo Código Civil impõe ao juiz interpretar e, quando necessário, suprir e corrigir o contrato segundo a boa-fé objetiva, entendida como a exigência de comportamento leal dos contratantes." (Aprovado na I Jornada de Direito Civil, promovida em Brasília, nos dias 12 a 13.9.2002).

Se à boa-fé subjetiva atribui-se, também, a denominação "boa-fé crença", ao aspecto objetivo não raro se alude por "boa-fé lealdade" ou "boa-fé conduta". Explicando isso, na esteira do princípio da eticidade que permeia o Código Civil de

---

(363) *Comentários ao Código de Defesa do Consumidor*, p. 117.
(364) *Novo curso de direito civil*, v. IV, t. 1, p. 65
(365) *Dignidade humana e boa-fé no Código Civil*, p. 79.
(366) *Direito individual do trabalho*, p. 76.
(367) *Dignidade humana e boa-fé no Código Civil*, p. 80.

2002, e partindo do pressuposto de que a boa-fé ocupa o cerne do sistema ético-jurídico inaugurado com a atual lei civil, a lição de Miguel Reale traz que a boa-fé objetiva "apresenta-se como uma *exigência de lealdade*, modelo objetivo de conduta, arquétipo social pelo qual impõe o poder-dever que cada pessoa ajuste a própria conduta a esse arquétipo, obrando como obraria uma pessoa honesta, proba e leal". Essa conduta, afirma Reale, "impõe diretrizes ao agir no tráfico negocial"; e, citando Judith Martins-Costa, afirma o grande jurista que é necessário considerar os interesses da outra parte negociante/contratante, "visto como membro do conjunto social que é juridicamente tutelado"[368].

Extraímos, então, que a boa-fé objetiva qualifica-se como *normativa de comportamento leal*. Reale afirma que a conduta, segundo a boa-fé objetiva, "é assim entendida como noção sinônima de 'honestidade pública'" e, concebida desse modo, exige que "a conduta individual ou coletiva — quer em Juízo, quer fora dele — seja examinada no conjunto concreto das circunstâncias de cada caso" bem como "que a exegese das leis e dos contratos não seja feita *in abstrato*, mas sim *in concreto*. Isto é, em função de sua função social"[369].

Assim, a adoção da boa-fé como condição matriz do comportamento humano exige uma "hermenêutica jurídica estrutural", que se caracteriza pelo exame da totalidade das normas pertinentes a determinada matéria, sendo incompatível com a ideia de boa-fé a "interpretação atômica das regras jurídicas", ou seja, o exame das regras destacadas de seu contexto. Isso porque não se pode deixar de impor ao Direito a captação da realidade factual por inteiro, o que somente se mostra possível se, no ato de interpretação e aplicação, for considerado o complexo normativo em vigor, compreendendo quer o legal como o contratual, este "emergente do encontro das vontades dos contratantes". E conclui Reale:

> "*O que está em jogo é o princípio de confiança nos elaboradores das leis e das avenças, e de confiança no firme propósito de seus destinatários no sentido de adimplir, sem tergiversações e delongas, aquilo que foi promulgado ou pactuado. Donde se conclui que quando o Art. 104 dispõe sobre a validade do negócio jurídico, referindo-se ao objeto lícito, neste está implícita a sua configuração conforme à boa-fé, devendo ser declarado ilícito todo ou parte do objeto que com ela conflite.*"[370]

Não é outra a noção de Alice Monteiro de Barros quanto ao tema, vez que afirma, quanto ao que chama de dimensão objetiva da boa-fé, que se trata de

---

(368) *A boa-fé no Código Civil*. Artigo escrito em 16.8.2003. Disponível em: <http://www.miguelreale.com.br/artigos/boafe.htm>. Acesso em: 19.10.2009.
(369) *Ibid.*, "não paginado".
(370) *Ibid.*, "não paginado".

princípio que incide no direito obrigacional como regra de conduta "segundo a qual as partes deverão comportar-se com lealdade recíproca nas relações contratuais"[371].

Nesta trilha, some-se ao exposto a lição de João José Sady para quem a boa-fé como conduta consiste no cumprimento escrupuloso e rigoroso das condições contratadas, com o integral atendimento das obrigações reciprocamente assumidas[372]. Sady distingue, ainda, o que chama de "boa-fé como lealdade" e "boa-fé como condicionante econômica". Quanto à primeira, segundo o referido doutrinador, "consiste no comportamento concreto dos contratantes no sentido de pautar-se pelo respeito à regra de honestidade que deve presidir os negócios jurídicos, abstendo-se de praticar qualquer ato que possa maliciosamente vir a prejudicar a outra parte", parece-nos compor, com o que chama de "boa-fé como conduta", a mesma realidade, qual seja, a chamada "boa-fé objetiva", representando apenas parte de seus elementos. Quanto à última, consistente, segundo o douto jurista, no fato de que, "objetivamente, o contrato deve ser economicamente equilibrado, não favorecendo de forma desmedida uma das partes"[373], entendemos como conclusão natural da lealdade e da confiança que caracterizam o próprio conceito de boa-fé, afinal, a transparência que o pacto de boa-fé exige atrai automaticamente o equilíbrio para a relação contratual.

Para Rizzatto Nunes, analisando-a sob o prisma do Direito do Consumidor, a boa-fé objetiva pode ser definida, *grosso modo*, como uma regra de conduta, impondo às partes o dever de agir "conforme certos parâmetros de honestidade e lealdade", visando ao estabelecimento de um equilíbrio entre os contratantes que vai além do mero contexto econômico, atingindo propriamente as posições contratuais, uma vez que — na relação de consumo, como, afirmamos, também na relação laboral — "há um desequilíbrio de forças". Conforme apregoa o autor, somente se pode chegar ao equilíbrio real com a "análise global do contrato, de uma cláusula em relação às demais, pois o que pode ser abusivo para um não o será para outro". E, a partir do exposto, conclui:

> "A boa-fé objetiva funciona, então, como um modelo, um standard, que não depende de forma alguma da verificação da má-fé subjetiva do fornecedor ou mesmo do consumidor.
>
> Assim, quando se fala em boa-fé objetiva, pensa-se em comportamento fiel, leal, na atuação de cada uma das partes contratantes a fim de garantir respeito à outra. É um princípio que visa garantir a ação sem abuso, sem obstrução, sem causar lesão a ninguém, cooperando sempre

---
(371) *Curso de direito do trabalho*, p. 186-187.
(372) A boa-fé objetiva no novo Código Civil e seus reflexos nas relações jurídicas trabalhistas. *Revista do Advogado*. São Paulo: Associação dos Advogados de São Paulo, ano XXIII, n. 70, julho de 2003, p. 45.
(373) *Ibid.*, mesma página.

> *para atingir o fim colimado no contrato, realizando os interesses das partes. Anote-se que o novo Código Civil também incorporou a boa-fé objetiva como norma de conduta imposta aos contratantes na conclusão e na execução dos contratos, conforme estabelecidos no art. 422."*[374]

Destaque-se, todavia, que a boa-fé objetiva também há de ser observada na fase pré-contratual, o que se tem com base na teoria da culpa *in contrahendo*, cuja formação se deve a Rudolf von Ihering. Neste sentido, o escólio de Menezes Cordeiro[375] ao defender que a culpa *in contrahendo* permite, em um primeiro momento, o ressarcimento dos danos causados, na fase pré-contratual, a pessoas ou bens e, em um segundo momento, vem exigir a circulação entre as partes de todas as informações necessárias para a contratação. Aliás, o jurista português fornece exemplo interessante, atrelado ao Direito do Trabalho lusitano, mencionando decisão de 1964, que condenou uma trabalhadora por sua conduta verificada por ocasião de um concurso de que tomou parte, realizado por determinada empresa, para seleção de trabalhador "especialmente qualificado". Ocorre que a trabalhadora, aprovada, acertou com a empresa a data de início de seus serviços e formalização do contrato de trabalho. Na data aprazada, todavia, não compareceu. Novas datas foram acordadas e, novamente, restou caracterizada a ausência da trabalhadora aprovada, até que, em certo momento, ela esclareceu que, em razão de sua saúde, nunca poderia "aceitar o lugar em jogo". Ora, deveria ter, desde o início, fornecido essa informação à empresa, de modo que sua omissão causou inequívoco prejuízo, por inutilizar, "com o silêncio, todo um concurso"[376].

Mesmo se adotada a tese de que no momento pré-contratual não se tem propriamente uma fase do contrato, ainda assim a teoria da culpa *in contrahendo* atrairia a necessária observância do primado da boa-fé pelos pactuantes. É o que ensina Eduardo Milléo Baracat, citando lição de Vera Fradera no sentido da possibilidade de aplicação dos deveres decorrentes do princípio da confiança, que preside os contratos, a uma situação não contratual tal como a fase das tratativas, sendo que "a responsabilidade decorrente é extracontratual, mesmo que se admita que a culpa *in contrahendo* derive de uma espécie peculiar de contrato social, o que precede a fase contratual"[377].

Apontam Stolze Gagliano e Pamplona Filho que "a boa-fé objetiva, a qual, tendo natureza de princípio jurídico — delineado em um conceito jurídico indeterminado —, consiste em uma verdadeira *regra de comportamento, de fundo ético e exigibilidade jurídica*"[378].

---

(374) *Comentários ao Código de Defesa do Consumidor*, p. 118.
(375) *Tratado de direito civil português*, p. 397-398.
(376) *Ibid.*, mesma página.
(377) *A boa-fé no direito individual do trabalho*, p. 222.
(378) GAGLIANO, Pablo Stolze; PAMPLONA FILHO, Rodolfo. *Novo curso de direito civil*, v. IV, t. 1, p. 65.

No mesmo sentido, o professor Vitor Frederico Kümpel, para quem a boa-fé objetiva:

> "(...) é a padronização de um comportamento, tendo por fundamento a honestidade, a fidelidade e a lealdade, exigindo dos sujeitos absoluta correção no modo de proceder. É, dessa forma, um standard, um paradigma objetivo que independe de qualquer estado psicológico. Esse padrão tem de ser seguido, para que as relações jurídicas possam chegar a um bom termo. A boa-fé objetiva, como fator de fidelidade, adquire função de norma positiva, no mesmo plano da lei e dos costumes, e tem por conteúdo a estabilidade do elemento moral. É, portanto, uma regra de comportamento ético-jurídica, tendo absoluta incidência nas relações contratuais."

Everaldo Gaspar Lopes de Andrade, mantendo-se firme na relação dos fatores lealdade e confiança entre as partes contratantes, inerente ao próprio conceito de boa-fé, afirma que essa, em sentido amplo e jurídico, em seu aspecto objetivo, remete ao fiel cumprimento das obrigações contratuais estabelecidas, enquanto em seu aspecto subjetivo aponta para o dever moral. Em ambos os aspectos, afirma, caracteriza-se a boa-fé pelo elemento *confiança*, que deve nortear as relações trabalhistas, devendo as partes manterem-se "imbuídas do melhor propósito de cumprir fielmente suas atribuições", no sentido mais amplo que tal possa ser interpretado, desde o aspecto filosófico ou moral, correspondendo, em suma, "ao dever de lealdade, traduzido no elemento confiança, na convicção de que as partes agirão sempre com honestidade"[379].

Ainda sobre a boa-fé objetiva, Nelson Rosenvald afirma que essa pressupõe: "a) uma relação jurídica que ligue duas pessoas, impondo-lhes especiais deveres mútuos de conduta; b) padrões de comportamento exigíveis do profissional competente, naquilo que se traduz como *bonus pater familiae*; c) reunião de condições suficientes para ensejar na outra parte um estado de confiança no negócio celebrado[380]". No mesmo sentido, afirma Forero Rodríguez, citado por Alfredo Ruprecht:

> "A boa-fé significa que as pessoas devem celebrar seus negócios, cumprir suas obrigações e, em geral, ter com os demais uma conduta leal, e que a lealdade no Direito desdobra-se em duas direções: primeiramente, toda pessoa tem o dever de ter com as demais uma conduta leal, uma conduta ajustada às exigências do decoro social; em segundo lugar, cada qual tem o direito de esperar dos demais essa mesma lealdade."[381]

---

(379) *Curso de direito do trabalho*, p. 27.
(380) *Dignidade humana e boa-fé no Código Civil*, p. 80.
(381) *Os princípios do direito do trabalho*, p. 86.

Dessa feita, trazendo a questão para a seara juslaboral, podemos afirmar, de modo singelo, que age de boa-fé, quer empregador, quer empregado, quando tem conduta honesta em relação ao outro, "não se valendo de comportamento insidioso ao executar a parte que lhe cabe no contrato"[382]. Como salienta Augusto César Leite de Carvalho, empregador e empregado não são adversários, em que pese a latente conflituosidade que marca, muitas vezes, a relação laboral. Assim, ambos devem desejar a prosperidade para a empresa, garantindo os interesses do capital e, ao mesmo tempo, o trabalho (e, consequentemente, o salário) dos empregados. Exemplificando de forma precisa a importância da boa-fé no contrato de trabalho, o mesmo autor, na seara do Direito Individual do Trabalho, salienta as hipóteses de condutas elencadas na CLT, nas líneas dos arts. 482 e 483, como ensejadoras de motivo para rescisão do contrato de trabalho (justa causa do empregado e do empregador, respectivamente), afirmando que, na verdade, os referidos dispositivos legais elencam hipóteses em que a conduta de uma ou outra parte do pacto laboral "quebra" o laço de confiança que um depositava no outro. E, referindo-se a tais hipóteses, conclui: "Não há melhor expressão, no direito do trabalho em vigor no Brasil, da função informadora do princípio da boa-fé"[383]. Observe-se que se trata de tipos legais ensejadores de "quebra" da chamada boa--fé **objetiva**, uma vez que, para ostentarem antijuridicidade, independem do elemento subjetivo, bastando a configuração da conduta.

Já no âmbito do direito coletivo do trabalho, Leite de Carvalho ilustra a obrigação oriunda do primado da boa-fé ressaltando a exigência, em sede de negociação coletiva, de que o empregador proveja o sindicato da categoria profissional das informações necessárias e verdadeiras sobre a condição econômica, financeira e técnica da empresa se posto embaraço dessa ordem à pauta de reivindicações formulada pelos trabalhadores[384].

Vale salientar, ainda, a lição de Bruno Lewicki, para quem a concepção de boa-fé subjetiva resta ligada ao voluntarismo e ao individualismo que caracterizaram o Código Civil de 1916, sendo "insuficiente perante as novas exigências criadas pela sociedade moderna", fazendo-se necessária a consideração de um "patamar geral de atuação, atribuível ao homem médio". Propõe o autor, como forma de encontrar o referido patamar, a utilização dos seguintes questionamentos: "de que maneira agiria o *bonus pater familiae*, ao deparar-se com a situação em apreço? Quais seriam as suas expectativas e as suas atitudes, tendo em vista a valoração jurídica, histórica e cultural do seu tempo e de sua comunidade?"[385]

---

(382) CARVALHO, Augusto César Leite de. *Direito individual do trabalho*, p. 77.
(383) *Ibid.*, p. 78.
(384) *Ibid.*, mesma página.
(385) LEWICKI, Bruno. Panorama da Boa-fé Objetiva. In: Gustavo Tepedino (coord.), *Problemas de direito civil constitucional*, Rio de Janeiro: Renovar, 2000. p. 58, *apud* Pablo Stolze Gagliano e Rodolfo Pamplona Filho, *Novo curso de direito civil*, v. IV, t. 1, p. 56.

condição de paradigma de conduta[387] para fins negociais, agora normatizada, e que "condiciona e legitima toda a experiência jurídica, desde a interpretação dos mandamentos legais e das cláusulas contratuais até as suas últimas consequências". Inegável, portanto, a visão pragmática de Reale quanto à boa-fé.

A referida posição de Reale leva, ainda, à conclusão de que há necessidade de se analisar a boa-fé como *conditio sine qua non* para a "realização da justiça ao longo da aplicação dos dispositivos emanados das fontes do direito, legislativa, consuetudinária, jurisdicional e negocial".

5.7. As funções da boa-fé objetiva

Na doutrina, encontramos elencadas três funções principais da boa-fé objetiva:

(a) função interpretativa e de colmatação;

(b) função criadora de deveres jurídicos anexos ou de proteção;

(c) função delimitadora do exercício dos direitos subjetivos.

Vejamos cada uma delas.

5.7.1. Função interpretativa ou de colmatação[388]

Das principais funções da boa-fé objetiva, a função interpretativa é, certamente, a mais conhecida e estudada, consistindo no referencial que o aplicador do Direito encontra na boa-fé para fim de, com segurança, proceder à atividade de interpretação da lei e dos princípios jurídicos, extraindo da norma em estudo o sentido mais próximo do que recomenda o senso comum moral, bem como o resultado prático socialmente mais útil.

Essa função aproxima a boa-fé da diretriz traçada no art. 5º da Lei de introdução às normas do Direito brasileiro, impondo que o juiz, ao aplicar a lei, deve atender aos fins sociais a que ela se dirige e às exigências do bem comum.

Baseado nisso, temos o disposto no Código Civil, em seu art. 113, *verbis*: "Os negócios jurídicos devem ser interpretados conforme a boa-fé e os usos do lugar de sua celebração."

Esse, um dos dispositivos que Miguel Reale vislumbrou como "artigos-chaves", ou seja, "normas fundantes que dão sentido às demais, sintetizando diretrizes válidas 'para todo o sistema'". E conclui o saudoso professor: "Com

---

[387] Miguel Reale aludia a "matriz de comportamento humano".
[388] Sobre o tema, vide, também, ROSENVALD, Nelson. *Dignidade humana e boa-fé no Código Civil*, p. 88-92

razão, o supratranscrito art. 113 dá preferência aos negócios jurídicos para fixar as diretrizes hermenêuticas da eticidade e da socialidade"[389].

A eticidade visa a "superar o formalismo jurídico dos séculos XIX e XX, quer sob a influência da escola germânica dos pandectistas, quer do direito tradicional português", tudo almejando o reconhecimento dos valores éticos, criando modelos jurídicos pela via interpretacional, estabelecendo, por cláusulas gerais como a boa-fé (neste caso, à luz do que traz o art. 113 do Código Civil), um norte para a atividade do juiz[390].

Entretanto, a função da boa-fé não se exaure enquanto diretriz de interpretação normativa, também servindo como suporte de colmatação para orientar o magistrado diante das lacunas, quando do procedimento de integração da norma. Tal se dá pois o juiz, quando chamado a dirimir determinada controvérsia baseada em negócio jurídico posto ao crivo do Judiciário, ao estabelecer a norma concreta, não pode olvidar dos objetivos e do ânimo dos contratantes por ocasião da celebração, execução e pós-execução do contrato — principalmente quando não haja norma específica positivada e exija-se a tarefa integrativa. Nesta análise, certamente poderá concluir pela inexistência de boa-fé, a viciar a conduta de uma ou ambas as partes e indicar o caminho justo e necessário para a solução da questão.

Portanto, não podemos deixar de salientar a função colmatadora da boa-fé, já que ao intérprete não basta a fria letra do convencionado, mas, também, o "espírito" das convenções. Entretanto, como salienta Nelson Rosenvald:

> "(...) no exame da gênese do negócio jurídico urge pesquisar a vontade objetiva dos reais contraentes, sendo temerário substituí-la por um hipotético 'homem médio', instalado pelo magistrado no lugar dos seres humanos que compõem a relação. A boa-fé objetiva não é capaz de alterar a substância da obrigação, reinventando o próprio comportamento que deu origem ao negócio jurídico. Na dicção de Franco Carresi, o espírito do contrato é consequente a um comportamento das partes, de um ato humano, e a interpretação propiciará a reconstrução do significado jurídico relevante do conteúdo contratual. O magistrado manipularia o contrato se sobrepujasse a intenção das partes e o interpretasse com o sentido que entendesse justo terem as partes estipulado."[391]

5.7.2. Função criadora de deveres jurídicos anexos ou de proteção[392]

Como suprassalientado, a boa-fé também ostenta importância ao ter como função a criação de deveres anexos ou de proteção.

---

(389) REALE, Miguel. *Estudos preliminares do Código Civil*, p. 75-77.
(390) Neste sentido, KÜMPEL, Vitor Frederico. *Direito Civil 3 — Direito dos contratos*, p. 25-26.
(391) *Dignidade humana e boa-fé no Código Civil*, p. 88-92.
(392) Como salienta Nelson Rosenvald, os deveres de proteção "(...) foram sugeridos por Heinrich Stoll — em obra de 1932 — como forma didática de contraposição aos demais deveres de conduta. Os

A boa-fé, como se sabe, atua como fundamento normativo nas relações jurídicas obrigacionais, uma vez que, cláusula geral, adere aos pactos, gerando deveres, independentemente de previsão contratual expressa nesse sentido.

Em seu prisma objetivo, vai além, ignorando, inclusive, o ânimo da parte que a infringe no que toca à referida infração: quebrada a justa expectativa entre as partes, afastada restará a boa-fé (objetiva) da parte que causou a dita quebra do esperado.

Portanto, a boa-fé objetiva cria entre as partes contratantes uma série de obrigações acessórias ao objeto principal do negócio, dentre as quais podemos citar, a título de exemplos, as seguintes:

(a) lealdade e confiança recíprocas;

(b) assistência;

(c) informação;

(d) sigilo ou confidencialidade,

dentre outros.

Assim, sob o manto da boa-fé, criam-se os referidos deveres acessórios, independentemente de expressa previsão legal (por isso, também chamados "deveres invisíveis", ainda que juridicamente existentes), a demonstrar toda a força normativa criadora carregada e ostentada pela dita cláusula geral.

Vejamos, de forma singela, cada um deles:

5.7.2.1. Deveres anexos de lealdade e confiança recíprocas

A lealdade e confiança recíprocas são deveres anexos gerais de qualquer relação contratual, devendo, pois, sempre serem considerados como implícitos a essas.

---

deveres de proteção pretendem proteger a contraparte dos riscos de danos a sua pessoa e patrimônio, na constância da relação complexa. São amplamente aceitos na doutrina, justamente pela facilidade de destaque de suas hipóteses, daquelas relacionadas ao cumprimento dos deveres específicos ligados à prestação. Tendo presente o mandamento de consideração para com o parceiro contratual, a jurisprudência observa deveres de proteção aos bens e à integridade da contraparte, salvaguardando a higidez de ambos e evitando que as partes se inflijam danos mútuos. A violação desses deveres muitas vezes resulta em dano extrapatrimonial contra a pessoa, como sói acontecer em casos de clientes injustamente acusados de furto em grandes lojas e remessa de nome de consumidor ao cadastro de inadimplentes por erro de fornecedor, em caso de dívida já quitada" (*Dignidade humana e boa-fé no Código Civil*, p. 104-105).

Consoante lecionam Gagliano e Pamplona Filho, "lealdade nada mais é do que a fidelidade aos compromissos assumidos, com respeito aos princípios e às regras que norteiam a honra e a probidade"[393].

Relação leal é aquela que deita raízes na transparência, na clareza, minimizando o rol de possíveis dúvidas, sendo intrínseca à ideia a noção de verdade. A efetiva conduta praticada deve corresponder à vontade manifestada por cada uma das partes, sem omissões dolosas, tudo a propiciar a segurança jurídica necessária, baseada na confiança entre as partes pactuantes.

Confiança, por sua vez, consiste no estado daquele que crê na probidade moral de outrem, conquistada em decorrência da lealdade comprovada pela conduta, inerente às relações sociais em um mundo civilizado.

Portanto, a confiança depositada nas pessoas, em especial a conquistada a partir da conduta da outra parte contratante para fim de viabilização do negócio ou, ainda, no decorrer da fase contratual ou mesmo nos seus efeitos posteriores, exige tutela jurídica, não podendo ser frustrada, sob pena de perda do propósito pacificador, da base moral e do norte da Justiça que guia o Direito.

5.7.2.2. Dever de assistência (ou de cooperação)

Também denominado dever de cooperação, refere-se à ideia de que, necessariamente, há de se cumprir o contratado, de modo que esse deva ser elaborado e conduzido pelas partes de forma a serem propiciados meios para fim do devido cumprimento. Ambas as partes devem colaborar, reciprocamente, para fim do cumprimento do avençado, para o correto adimplemento da prestação principal, em toda a sua extensão.

Por consequência, emerge o dever da parte não dificultar o cumprimento da obrigação da outra. Neste sentido, não pode o credor criar dificuldades para o pagamento por parte do devedor, nem esse dificultar o recebimento por parte do sujeito ativo da relação obrigacional.

Nas palavras de Paulo Roberto Nalin, consiste na obrigação de se facilitar o cumprimento obrigacional, "com base nos critérios e limites usuais ditados pelos usos, costumes e boa-fé". Afirma o referido autor que a cooperação "é encarada, no mais, em um duplo sentido, apesar de sua natural tendência de favorecimento ao devedor", a exigir de ambos os contratantes uma conduta solidária[394].

---

(393) *Novo curso de direito civil*, v.IV, t.1, p. 71.
(394) NALIN, Paulo Roberto. Ética e boa-fé no adimplemento contratual. In: FACHIN, Luiz Edson. *Repensando os fundamentos do direito civil brasileiro contemporâneo*, p. 198.

5.7.2.3. Dever de informação[395]

O dever de informação consiste em exigência que extrapola a seara jurídica, advindo de sua base de sustentação moral. Trata-se de decorrência da lealdade que necessariamente caracteriza o trato negocial, consistindo na obrigação que cada contratante tem de transmitir ao outro, claramente, todas as informações pertinentes ao negócio: suas características e circunstâncias, alcançando os riscos e os elementos, inclusive quanto ao bem jurídico que se exiba como seu objeto.

Tal dever há de ser observado nos contratos civis em geral, inclusive os de natureza trabalhista, não consistindo em dever exclusivo do fornecedor na relação contratual de natureza consumerista.

Interessante citar, ainda, a lição de Rosenvald, que vislumbra, em nosso direito positivo, uma "peculiaridade fundamental para os contornos do tema", afirmando que o Código Civil e o Código de Defesa do Consumidor "repercutem de maneira distinta na qualificação dos deveres de esclarecimento". E continua:

> *"No âmbito do Código Civil, cogitamos de posições de relativa igualdade entre os contratantes. Os 'privados' não se encontram inicialmente em situação de desigualdade, mas a funcionalidade da relação impõe os deveres de conduta como forma de consideração aos interesses comuns.*
>
> *O Código de Defesa do Consumidor é o código dos desiguais. O público-alvo do microssistema é o vulnerável, que demanda norma de ordem pública capaz de propiciar o necessário reequilíbrio, com redução da assimetria informativa de quem se encontra em desigualdade material (art. 5º, XXXII, da CF). A tutela do contratante débil acarreta uma valorização do dever de informação a ponto de este integrar o próprio contrato, gerando obrigações primárias ao fornecedor (art. 30 do CDC). Em suma, nas relações consumeristas, a informação é funcionalizada à correção de desequilíbrios, convertendo-se em elemento da obrigação principal de fornecimento de produtos e serviços, e não um dever anexo ou lateral."*

A questão surge, para nós, como deveras pertinente, vez que as características da relação consumerista destacadas por Rosenvald para distinguir a natureza do dever de informação, deslocando-o de acessório a elemento da obrigação principal, também são notadas, no mínimo com a mesma intensidade, nas relações laborais. De toda forma, seja integrando a obrigação principal ou mesmo ostentando ares de dever anexo, a deficiência de informação, se repercutir de forma grave causando prejuízo à parte contrária, caracterizará "quebra" da boa-fé e, consequentemente, espécie de inadimplemento contratual, com todas as decorrências disso resultantes, inclusive o dever de reparação dos prejuízos sofridos pela parte prejudicada.

---

(395) Nelson Rosenvald alude a esse como "dever de esclarecer, ou de informar" (*Dignidade humana e boa-fé no Código Civil*, p. 108 e ss).

Alice Monteiro de Barros, por sua vez, no âmbito do Direito do Trabalho, trata do dever de fidelidade, que, entendemos, consiste em expressão dos deveres anexos ora abordados.

Nesta trilha, afirma a jurista que o contrato de trabalho gera direitos e obrigações que vão além do âmbito patrimonial, criando laços de caráter pessoal, marcados pelo aspecto ético, destacando-se, nesse cenário, o chamado dever de fidelidade. Alice Monteiro conceitua o referido dever como "a conduta humana honrada, que pressupõe o agir com retidão, em virtude não só do interesse do empregado como também da harmonia que deverá existir na organização de trabalho que ele integra"[396]. Neste diapasão, menciona o exemplo do empregado que conhece fato inerente a perigo ou anormalidade no local de trabalho. Pelo dever de fidelidade, tem que informar esse contexto ao empregador[397].

5.7.2.4. Dever de sigilo ou confidencialidade

Também decorrente da lealdade e da confiança, inerentes ao conceito de boa-fé objetiva, o dever de sigilo ou confidencialidade deve ser observado entre os contraentes, quando a natureza da avença assim o exija, inclusive para fim de resguardo dos direitos da personalidade. Muito comum encontrarmos tal dever em determinadas ordens de prestação de serviços, como, por exemplo, nos contratos firmados entre cliente e advogado, ou entre médico e paciente. Encontramos o aludido dever, outrossim, em certos contratos de emprego, nos quais o empregado tenha contato com o desenvolvimento de determinadas técnicas ou conheça informações do empregador, em razão da função exercida, sobre as quais deva guardar sigilo, sob pena de resultar em grande prejuízo à empresa.

Neste sentido:

> "DOCTRINE OF INEVITABLE DISCLOSURE". CLÁUSULA DE NÃO DIVULGAÇÃO. PRINCÍPIO DA BOA-FÉ OBJETIVA. DEVER DE SIGILO QUANTO ÀS INFORMAÇÕES CONFIDENCIAIS E/OU PRIVILEGIADAS CONHECIDAS EM RAZÃO DO CONTRATO DE TRABALHO. Ensina o MM.Ministro José Delgado, do C. Superior Tribunal de Justiça, que "o típico da Ética buscado pelo novo Código Civil é o defendido pela corrente kantiana: é o comportamento que confia no homem como um ser composto por valores que o elevam ao patamar de respeito pelo semelhante e de reflexo de um estado de confiança nas relações desenvolvidas, quer negociadas, quer não negociais. É na expressão kantiana, a certeza do dever cumprido, a tranquilidade da boa consciência." (Questões controvertidas do novo Código Civil, coordenadores Mario Luiz Delgado e Jonas Figueiredo Alves, p. 177, editora Método). Funda-se o direito, pois, no valor da pessoa como fonte de todos os demais valores,

---

(396) *Curso de direito do trabalho*, p. 612.
(397) *Ibid.*, mesma página.

priorizando a equidade, a boa-fé, a justa causa e demais critérios éticos. Deste princípio decorrem, entre outros, os arts. 113 e 422 do Código Civil, pelos quais "Os negócios jurídicos devem ser interpretados conforme a boa-fé e os usos do lugar de sua celebração" e "Os contratantes são obrigados a guardar, assim na conclusão do contrato, como em sua execução, os princípios de probidade e boa-fé". Acerca do princípio da boa-fé, ensina Paulo Luiz Netto Lôbo que "a boa-fé objetiva é regra de conduta dos indivíduos nas relações jurídicas obrigacionais. Interessam as repercussões de certos comportamentos na confiança que as pessoas normalmente neles depositam. Confia-se no significado comum, usual, objetivo da conduta ou comportamento reconhecível no mundo social. A boa-fé objetiva importa conduta honesta, leal, correta. É a boa-fé de comportamento". (Princípios Sociais dos Contratos no Código de Defesa do Consumidor e no Novo Código Civil. In Revista de Direito do Consumidor. São Paulo: Revista dos Tribunais, abril-junho, 2002, v. 42, p. 193). Tem-se, portanto, que as partes devem pautar sua conduta de acordo com o princípio da boa-fé objetiva, que deve perdurar não apenas na parte pré-contratual e na sua execução, mas também quando de seu término. Enquadra-se no princípio geral da boa-fé objetiva o dever de respeito à cláusula de não divulgação, conhecida como doctrine of inevitable disclosure, segundo a qual as pessoas que, por força de contrato de trabalho, tiverem acesso a informações confidenciais ou privilegiadas, são obrigadas a manter o sigilo daquilo que souberem por força desta circunstância (Recurso Ordinário, TRT-SP, 12ª Turma, Processo n. 01533-2007-080-02-00-0, Ac. n. 20090199825, rel.Vania Paranhos, rev.Marcelo Freire Gonçalves, DJ 19.3.2009, d.p. 27.3.2009).

Tratando do já mencionado dever de fidelidade na relação de emprego, Alice Monteiro de Barros fornece outro exemplo interessante, que, entendemos, enquadra-se perfeitamente ao tema em estudo.

Menciona a jurista que podemos nos deparar com manifestações positivas do direito de fidelidade, bem como com manifestações negativas desse. Nessa segunda hipótese, menciona como exemplo as "obrigações negativas de não fazer", impondo ao empregado o dever de abster-se de determinados comportamentos prejudiciais ao empregador. Dentre as possibilidades de tais deveres, Alice Monteiro também elenca o já referido dever de não divulgar segredos da empresa que tenham sido a ele, empregado, entregues ou revelados em razão de suas funções, por exemplo, salientando que o descumprimento de tais deveres pode ensejar dispensa por justa causa[398] (CLT, art. 482, "g").

Não é outro o escólio de Sérgio Pinto Martins:

> "Comete falta grave de violação de segredo de empresa o empregado que divulga marcas e patentes, fórmulas do empregador, sem seu consentimento, o que não deveria ser tornado público, configurando prejuízo àquele. Seria a hipótese de um funcionário da empresa conseguir a fórmula da Coca-Cola e divulgá-la para os concorrentes. Não se confunde com concorrência desleal, que importa ato de comércio."[399]

---

(398) *Curso de direito do trabalho*, p. 612.
(399) *Direito do trabalho*, p. 359.

5.7.3. Função delimitadora do exercício de direitos subjetivos

Não podemos admitir o exercício irrestrito dos direitos subjetivos, dado que, na dinâmica social, pode acontecer de esse esbarrar nos direitos de outrem. Logo, no direito moderno não pode restar espaço para as chamadas "cláusulas leoninas ou abusivas", seja em sede de relação contratual consumerista, seja em qualquer outra ordem de contrato civil, em geral.

Neste sentido, afirmam Stolze Gagliano e Pamplona Filho[400]:

> "É o exemplo do dispositivo contratual que preveja a impossibilidade de se aplicarem as normas da teoria da imprevisão (da onerosidade excessiva) em benefício da parte prejudicada. Em tal caso, temos convicção de que essa previsão, além de iníqua, viola a função social do contrato e a boa-fé objetiva, por ser inegavelmente abusiva."

Assim, a boa-fé emerge como fator de delimitação do exercício do direito subjetivo, inclusive no que toca à extensão dos direitos passíveis de fixação por meio de contrato. Dessa forma, restando todo direito delimitado pela boa-fé, não resta espaço para o abuso de direito — o abuso descaracteriza o direito, passando a não existir direito subjetivo algum. Exemplo que há de ser mencionado reside no disposto no art. 51 do Código de Defesa do Consumidor ou, ainda, o Código Civil, no trato dos atos ilícitos, em que faz referência ao efeito de contenção, inerente à boa-fé objetiva.

Citemos, outrossim, o que dispõe o Código Civil, em seu art. 187, *verbis*: "Também comete ato ilícito o titular de um direito que, ao exercê-lo, **exceder manifestamente os limites impostos pelo seu fim econômico ou social, pela boa-fé ou pelos bons costumes.**" (grifo e negrito nosso)

Reconhecendo tal função, Alice Monteiro de Barros, após discorrer sobre a possibilidade de colisão de direitos em meio à relação juslaboral, como, por exemplo, o direito à liberdade de expressão do empregado *versus* o direito à honra do empregador ou, ainda, o direito de liberdade individual do empregado e, de outro lado, o direito à saúde pública, e apregoar que o princípio da proporcionalidade emerge como instrumento de solução desse conflito aparente permitindo a harmonização dos direitos e o proferimento de uma decisão mais justa, assim aduz[401]:

> "Por outro lado, a boa-fé poderá também atuar como limite ao exercício dos direitos fundamentais quando se identifica com direito de terceiro, no caso, do empregador. A boa-fé obriga a evitar excessos, no exercício desses direitos, capaz de configurar abuso de direito."

---

(400) *Novo curso de direito civil*, v. IV, t. 1, p. 76.
(401) *Curso de direito do trabalho*, p. 178-179.

5.7.4. A violação dos deveres anexos como espécie de inadimplemento e o elemento "culpa"

O princípio da boa-fé apresenta aplicação ampla, vez que suas regras não exigem um pressuposto fático precisamente tipificado em que se insere a culpa[402]. Nesse sentido, o Enunciado 24 das Jornadas de Direito Civil da Justiça Federal, *verbis*: "Em virtude do princípio da boa-fé, positivado no art. 422, a violação dos deveres anexos constitui espécie de inadimplemento, independentemente de culpa."[403]

Com isso, é evidente que o Direito brasileiro admite a responsabilidade civil por quebra de boa-fé objetiva, independentemente de culpa, quadro perceptível, ao menos como tendência, não apenas no seio das relações consumeristas, puramente obrigacionais ou trabalhistas, mas, também, no Direito de Família, em sede das demandas relativas ao divórcio, dentre outros.

5.8. A boa-fé objetiva no direito positivo brasileiro em vigor

5.8.1. Noção geral

Segundo Almir Pazzianotto Pinto[404], a Exposição de Motivos do Código Civil, ao cuidar da metodologia utilizada pela Comissão Redatora, indica:

> "Não se compreende, nem se admite, em nossos dias, legislação que, em virtude de insuperável natureza abstrata das regras de direito, não abra campo à ação construtiva da jurisprudência, ou deixe de prever, em sua aplicação, valores éticos, como os de boa-fé e equidade."

Neste diapasão, Almir Pazzianotto, após estudo do mencionado Código, conclui que o referido diploma legal alude ou remete à boa-fé em diversos dispositivos. Lembra, ainda, que o Código de Processo Civil exige das partes postura leal e de boa-fé, arrolando condutas que supõe de má-fé (art. 17) e prevendo penalidades a serem suportadas por quem litigar de tal nefasta forma (art. 18).

Após isso, destaca o teor dos arts. 113 e 422 do Código Civil em vigor, que impõem, respectivamente, a atenção à boa-fé no ato de interpretação dos negócios jurídicos bem como por ocasião da celebração e execução dos contratos — entenda-se: em todas as fases contratuais, seja no momento pré, pós ou efetivamente contratual. Assim, constante, para qualquer contratante, o dever de guardar a probidade e a boa-fé.

---

(402) Neste sentido, Andréa Paula Matos Rodrigues de Miranda. *A boa-fé objetiva nas relações de consumo*. Dissertação de Mestrado. Universidade Federal da Bahia: UFBA, 2003, f.162, *apud* Stolze Gagliano e Pamplona Filho, *Novo curso de direito civil*, v. IV, t. 1, p. 75.
(403) Disponível em: <www.cjf.gov.br>.
(404) *O futuro do trabalho*, p. 71.

Salienta, outrossim, que a Consolidação das Leis do Trabalho não teve o mesmo cuidado, silenciando, praticamente, acerca do primado último em questão. Todavia, não há como negar a importância da boa-fé nas questões inerentes ao Direito do Trabalho.

Por isso, nas próximas linhas, procuraremos traçar, de forma breve, o cenário em que se encontra o instituto da boa-fé objetiva no direito positivo infraconstitucional brasileiro em vigor, em especial no que dispõe o Código Civil e o Código de Defesa do Consumidor, como substrato para, na sequência, procedermos à abordagem da boa-fé no Direito do Trabalho.

5.8.2. A boa-fé objetiva no Código Civil

O Código Civil, como já salientado, traz a boa-fé como vetor de interpretação (art. 113). Entretanto, não para nesse aspecto a presença da boa-fé, no cenário do Direito Civil positivado pátrio. Ocorre que o Código de 2002 traz, em seu art. 422, dispositivo que não apenas une a boa-fé à função social do contrato, mas, principalmente, atribui ares principiológicos àquela. Traz o dito dispositivo: "Art. 422. Os contratantes são obrigados a guardar, assim na conclusão do contrato, como em sua execução, **os princípios de probidade e boa-fé.**" (negrito nosso)

Com isso, à luz do disposto no precitado dispositivo legal, a boa-fé, ao lado da probidade, consiste em princípio de necessária observância por todos aqueles que interajam em relação obrigacional de natureza contratual.

Observe-se, contudo, que o referido dispositivo menciona a boa-fé objetiva como princípio necessariamente observável nas fases de execução e conclusão contratual, ignorando que o citado princípio também deve pautar a conduta dos contratantes nas fases pré e pós-contratual.

Neste sentido, Stolze Gagliano e Pamplona Filho afirmam:

> *"Mesmo na fase das tratativas preliminares, das primeiras negociações, da redação da minuta — a denominada fase de puntuação — a boa-fé deve-se fazer sentir. A quebra, portanto, dos deveres éticos de proteção poderá culminar, mesmo antes da celebração da avença, na responsabilidade civil do infrator."*[405]

E continuam:

> *"Por isso, embora imperfeita a atual redação legal, não hesitamos em afirmar que, com base no macroprincípio constitucional da dignidade da pessoa humana, a boa-fé objetiva deve ser observada também nas mencionadas fases anteriores e posteriores à celebração e cumprimento da avença.*

---

(405) *Novo curso de direito civil*, p. 77-78.

> *Pensar em sentido contrário seria defender, em última análise, que o sistema positivo brasileiro admitiria, em tais fases, a prática de condutas desleais, somente sancionando-as na fase contratual, o que nos parece um absurdo."*[406]

Pelo exposto, surge o que a doutrina convencionou chamar de "pós-eficácia das obrigações", no sentido de que os deveres anexos ou de proteção gerarão efeitos que subsistirão à própria vigência do contrato em si.

Exemplo da pós-eficácia das obrigações encontramos na função integrativa da boa-fé objetiva como dever lateral de lealdade. Os deveres laterais de conduta, segundo lição de Maurício Jorge Mota, inerentes à boa-fé, são aqueles funcionalizados a fim do contrato, surgindo e superando no desenvolvimento do mesmo como um todo, autonomizando-se em relação ao dever de prestação principal para garantirem o correto implemento do escopo do contrato. Por isso, conclui Mota, "podem subsistir deveres pós-eficazes ao término do adimplemento do contrato, no interesse da correta consecução deste"[407].

Outro exemplo que merece menção e transcrição advém da lição de Couto e Silva, *verbis*:

> *"Entre os deveres que permanecem, mesmo depois de extinta a relação principal, pode ser mencionado o dever do sócio que se retira da sociedade, que tem, em consequência, extinto seu vínculo jurídico, de evitar prejudicar com a sua atividade o funcionamento da sociedade de que participou, revelando circunstância que só podia conhecer em razão de sua qualidade de sócio. Outro exemplo é o dever do empregado que, nessa qualidade, tomou conhecimento de alguma circunstância relevante, como um segredo de fabricação, de não levá-lo ao conhecimento, por exemplo, de uma firma concorrente, mesmo após ter sido despedido."*[408]

Diante disso, concluem Stolze Gagliano e Pamplona Filho[409] que, reconhecida a pré e pós-eficácia dos deveres anexos derivados da boa-fé, emerge a insuficiência do texto do art. 422 do Código Civil em vigor, a justificar o Projeto 6.960, de 2002 (atual 276/2007), que almeja a alteração do texto do dispositivo em questão para o seguinte:

> *"Art. 422. Os contratantes são obrigados a guardar, assim nas negociações preliminares e conclusão do contrato, como em sua execução e fase pós-contratual, os princípios da probidade e boa-fé e tudo mais que resulte da natureza do contrato, da lei, dos usos e das exigências da razão e da equidade."*

---

(406) *Novo curso de direito civil*, v. IV t. 1, p. 78.
(407) MOTA, Maurício Jorge Pereira da. *A pós-eficácia das obrigações*. In: Problemas de Direito Civil Constitucional, p. 238.
(408) SILVA, Clóvis do Couto e. *Ob. cit.*, p. 119.
(409) *Novo curso de direito civil*, p. 81.

5.8.3. A boa-fé objetiva no Código de Defesa do Consumidor

Não podemos negar à boa-fé o *status* de princípio geral de direito. Todavia, movido pela sua relevância no cenário contratual, como fator de equilíbrio e justiça, cuja indispensabilidade de observância alcança os mais altos graus em todos os contratos, erigindo-se com maiores reclames quando diante das hipóteses de relações naturalmente desiguais em que uma das partes contratantes, em regra, ostenta vulnerabilidade na relação negocial, o legislador pátrio procedeu à positivação do princípio por ocasião da edição do Código de Defesa do Consumidor, em 1990 (Lei n. 8.078), especificamente nos arts. 4º, III, e 51, IV, *verbis:*

> *"Art. 4º A Política Nacional das Relações de Consumo tem por objetivo o atendimento das necessidades dos consumidores, o respeito à sua dignidade, saúde e segurança, a proteção de seus interesses econômicos, a melhoria da sua qualidade de vida, bem como a transparência e harmonia das relações de consumo, atendidos os seguintes princípios:* (Redação dada pela Lei n. 9.008, de 21.3.1995)
>
> *(...)*
>
> *III — harmonização dos interesses dos participantes das relações de consumo e compatibilização da proteção do consumidor com a necessidade de desenvolvimento econômico e tecnológico, de modo a viabilizar os princípios nos quais se funda a ordem econômica (art. 170, da Constituição Federal),* **sempre com base na boa-fé e equilíbrio nas relações entre consumidores e fornecedores***; (...)"*
>
> *"Art. 51. São nulas de pleno direito, entre outras, as cláusulas contratuais relativas ao fornecimento de produtos e serviços que:*
>
> *(...)*
>
> *IV — estabeleçam obrigações consideradas iníquas, abusivas, que coloquem o consumidor em desvantagem exagerada, ou sejam incompatíveis com a* **boa-fé** *ou a equidade; (...)"* (negritos nossos).

Neste compasso, Ruy Rosado de Aguiar Junior oferece uma visão de superação dos interesses intrinsecamente individualistas das partes contratantes, que há de se dar pelo comportamento recíproco fundado na lealdade e na confiança. Afirma Aguiar Junior:

> *"(...) são dois os lados iluminados pela boa-fé: externamente, o contrato assume uma função social e é visto como um dos fenômenos integrantes da ordem econômica, nesse contexto visualizado como um fator submetido aos princípios constitucionais de justiça social, solidariedade, livre concorrência, liberdade de iniciativa etc., que fornecem os fundamentos para uma intervenção no âmbito da autonomia contratual; internamente, o contrato aparece como o vínculo funcional que estabelece uma planificação econômica entre as partes, às quais incumbe comportar-se de modo a garantir a realização dos seus fins e a plena satisfação das expectativas do negócio. O art. 4º do CDC se dirige ao aspecto externo e quer que a intervenção na economia contratual, para*

harmonização de interesses, se dê com base na boa-fé, isto é, com superação dos interesses egoísticos das partes e com a salvaguarda dos princípios constitucionais sobre a ordem econômica através de comportamento fundado na lealdade e na confiança."[410]

Quanto ao art. 51, IV, do mesmo Código Consumerista, a partir do que apregoa Ruy Rosado de Aguiar Junior, podemos afirmar que viabiliza um poder limitador da autonomia contratual pela via da boa-fé, considerando abusiva qualquer cláusula com ela incompatível. Nesse diapasão, afirma a boa-fé como cláusula geral, "cujo conteúdo é estabelecido em concordância com os princípios gerais do sistema jurídico (liberdade, justiça e solidariedade), conforme está na Constituição Federal", em tentativa que remete à busca da concretização coerente, racional e global do sistema jurídico. Para tanto, a boa-fé deve ser entendida como válvula de "aceitação da interferência de elementos externos na intimidade da relação obrigacional, com poder limitador da autonomia contratual", uma vez que, por ela, pode ser regulada a extensão e o exercício do direito subjetivo. Segundo o ministro Ruy Rosado, a "força e a abrangência dessa limitação dependem da filosofia que orienta o sistema e da preferência dada a um ou outro dos princípios em confronto"[411]. E, tratando-se de relação de consumo, "há nítida preocupação protetiva para com o consumidor, a ser compatibilizada com o princípio da liberdade contratual e com a necessidade de desenvolvimento econômico e tecnológico"[412].

Por esses mesmos motivos, Nelson Nery Junior e Rosa Maria de Andrade Nery afirmam que as cláusulas incompatíveis com a boa-fé ou a equidade são abusivas, por desfavoráveis, de forma notória, à parte mais fraca da relação contratual de consumo, sendo sinônimos das chamadas cláusulas opressivas, vexatórias ou excessivas, não se confundindo, todavia, com o abuso de direito. A verificação de tais cláusulas abusivas conduz a disposição contratual à nulidade, podendo estar presentes tanto nos contratos de adesão quanto em qualquer outro contrato de consumo, verbal ou escrito[413].

Nelson Nery Junior e Rosa Maria Andrade Nery defendem, ainda, que o Código do Consumidor tem o seu próprio sistema de nulidades a afastar dos contratos de consumo as disposições pertinentes ao tema, carregadas pelo Código Civil, Código Comercial, Código de Processo Civil e pelas demais leis extravagantes. Consideram, ainda, que o CDC, no microssistema que carrega, fixa as cláusulas abusivas como nulas de pleno direito por ofenderem a ordem pública de proteção ao consumidor, restando superado o entendimento de que as nulidades *pleno jure* independem de declaração judicial e de que as nulidades absolutas exigem sentença que as

---

(410) A boa-fé na relação de consumo. *Revista de direito do consumidor*, n. 14, abril-junho/1995, p. 22.
(411) *Ibid.*, p. 24.
(412) *Ibid.*, mesma página.
(413) NERY JUNIOR, Nelson; NERY, Rosa Maria de Andrade. *Código de Processo Civil comentado e legislação extravagante em vigor*, p. 1379.

reconheça para produzirem efeitos no ato ou negócio jurídico. Matéria de ordem pública que é *ex vi* do art. 1º do CDC, a nulidade de pleno direito das cláusulas abusivas no contrato de consumo não é atingida pela preclusão, podendo ser alegada a qualquer tempo e grau de jurisdição.

Os mesmos já referidos juristas afirmam, ainda, que "dado que a ilicitude das cláusulas abusivas é matéria que não fica restrita às relações de consumo, pois pertence à teoria geral do direito contratual, o sistema do CDC 51 deve ser aplicado, por extensão, aos contratos de direito privado", o que, assim, conforme entendemos, estende o interesse acerca da norma inclusive aos contratos de trabalho[414].

Quanto às funções da boa-fé na relação contratual de consumo, afirma Ruy Rosado que, principalmente, destinam-se a fornecer os critérios para a interpretação do que foi avençado pelas partes, para definição do que se deve entender por cumprimento pontual das prestações, bem como a criar deveres secundários ou anexos e limitar o exercício de direitos. E da lição do mesmo ministro Rosado extrai-se que a boa-fé, ao pautar a interpretação do contrato, proporciona a exata compreensão das cláusulas contratuais e normas legais pertinentes, o que é importante, mas, ainda, circunscreve a incidência da boa-fé aos limites do contratado. Já quando vislumbrada como fonte de deveres, suplanta tais limites, pois, por ela,

---

(414) Em que pese a existência de diversas teorias acerca da natureza jurídica do Direito do Trabalho, tais como a defendida pelo grande Cesarino Junior, que o vê simplesmente como Direito Social (posição criticada por não consistir o Direito Laboral como o único Direito Social — vide art. 6º da CF), ou a apregoada por Evaristo de Morais Filho, que afirma constituir o Direito do Trabalho um direito unitário, havendo, ainda, quem o classifique como ramo do direito público, como um direito misto ou mesmo como direito coletivo *lato sensu*, parece-nos que a corrente majoritária na doutrina pátria ainda vislumbra o Direito Laboral, ao menos quanto ao contrato de trabalho enquanto instituto de Direito Individual do Trabalho, como integrante do direito privado. Nesse sentido, posicionam-se o saudoso professor titular de Direito do Trabalho da Faculdade de Direito de São Bernardo do Campo, Nei Frederico Cano Martins, e o insigne atual diretor da mesma casa, prof. dr.Marcelo José Ladeira Mauad, na obra *Lições de direito individual do trabalho*, p. 33, *verbis*: "A melhor teoria é a que atribui a natureza jurídica do direito laboral como sendo de direito privado, pois há de se concluir que no Direito do Trabalho ocorre a preponderância das normas privadas sobre as públicas, dado o caráter meramente instrumental destas últimas. Além disso, os fundamentos antes expendidos, de que o Direito do Trabalho nasce a partir de seu desmembramento do Direito Civil, de que os partícipes da relação de emprego e principais sujeitos destinatários das normas trabalhistas — empregado e empregador — são particulares e de que as normas privadas são numericamente superiores às públicas, são decisivos para chegar-se à conclusão já apresentada, de que o Direito do Trabalho é mesmo ramo do direito privado." Não se pode ignorar, outrossim, a posição de Sandra Lia Simón, no sentido de que "as relações de trabalho caracterizavam-se pela disparidade de situação das partes, razão pela qual foi necessária a intervenção do Estado para proteger os trabalhadores, dando origem ao Direito do Trabalho, o qual, por ter se originado de relação entre particulares, mas regulamentada pelo Poder Público, não se enquadra na classificação estanque do público-privado, sendo ramo do direito difuso". (*A proteção constitucional da intimidade e da vida privada do empregado*. Dissertação apresentada à banca examinadora da PUC-SP/Pontifícia Universidade Católica de São Paulo/SP, como exigência para obtenção do título de mestre em Direito, sob orientação do prof. dr. Luiz Alberto David Araújo, 1999, 292 f.). Nesse mesmo sentido posiciona-se Rizzatto Nunes, como já tratado neste trabalho.

podem ser determinados deveres além da vontade expressa das partes, manifestada no instrumento contratual. São esses deveres, nascidos da boa-fé, chamados de secundários ou anexos, em oposição aos deveres principais, fixados pela vontade expressamente contratada[415]. Os referidos deveres acessórios são classificados por Ruy Rosado da seguinte forma:

> "(...) quanto ao momento de sua constituição, em deveres próprios da etapa de formação do contrato (de informação, de segredo, de custódia); deveres da etapa da celebração (equivalência das prestações, clareza, explicitação); deveres da etapa do cumprimento (dever de recíproca cooperação para garantir a realização dos fins do contrato, satisfação dos interesses do credor); deveres após a extinção do contrato (dever de reserva, dever de segredo, dever de garantia da fruição do resultado do contrato, culpa post factum finitum). Quanto à natureza, podem ser agrupados em deveres de proteção (evitar a inflição de danos mútuos), deveres de esclarecimentos (obrigação de informar-se e de prestar informações), e deveres de lealdade (impor comportamentos tendentes à realização do objetivo do negócio, proibindo falsidades ou desequilíbrios)"[416].

Já enquanto fator de limitação da conduta, a boa-fé pode ser vislumbrada pela teoria dos atos próprios, que proíbe o *venire contra factum proprium*, veda o uso abusivo da exceção de contrato não cumprido quando o inadimplemento da outra parte, no contexto do contrato, não o autoriza, impedindo o exercício do direito potestativo de resolução quando houve adimplemento substancial ou quando o inadimplemento foi de escassa importância. Pode ser vislumbrada, ainda, quando do afastamento da exigência de um direito cujo titular permaneceu inerte por tempo considerado incompatível (*supressio*), desprezada a exigência de cumprimento de preceito, feita por aquele que já o descumprira (*tu quoque*) etc. São situações que autorizam o reconhecimento de deveres ou limites fundados da boa-fé[417].

Observemos, outrossim, que, como aponta Nelson Nery Junior, o CDC adotou implicitamente a cláusula geral de boa-fé, de modo que, mesmo na hipótese de não se vislumbrar no instrumento de contrato, texto expresso remetendo a tal dever, esta cláusula reputar-se-á inserida em toda e qualquer relação de consumo, valendo, pois, o supranarrado[418].

Assim, a positivação da boa-fé objetiva no Código do Consumidor, e, anos depois, no Código Civil de 2002, constitui um grande avanço do sistema obrigacional pátrio, inserida em microssistema de tutela de direitos de parte

---

(415) A boa-fé na relação de consumo. *Revista de Direito do Consumidor*, n. 14, abril-junho/1995, p. 24.
(416) *Ibid.*, mesma página.
(417) Vide, neste sentido, AGUIAR JUNIOR, Ruy Rosado de. A boa-fé na relação de consumo. *Revista de direito do consumidor*. n. 14. abril-junho/1995, p. 24.
(418) *Código Brasileiro de Defesa do Consumidor comentado pelos autores do anteprojeto*, p. 411.

contratante caracterizada pela vulnerabilidade, tal qual o trabalhador no contrato de emprego, a tornar do interesse do Direito Laboral o estudo das regras pertinentes estatuídas no Direito consumerista.

5.8.4. A boa-fé subjetiva e objetiva no Direito do Trabalho

A doutrina juslaboral tem por costume pouco abordar, de forma específica, a boa-fé objetiva — salvo em algumas poucas obras monográficas publicadas sobre o tema —, dedicando ao princípio da boa-fé, ainda, poucas linhas dos Cursos e Manuais de Direito do Trabalho. Todavia, tal realidade não se exibe como regra absoluta. Alguns, como o grande José Martins Catharino, ainda na década de 1970, pontuaram de forma clara e precisa o tema. Nesse sentido, ao tratar das obrigações e dos deveres das partes no contrato de emprego, sob o enfoque prático que lhe era peculiar, mas sem perder a profundidade de sua exposição, tratava de algumas aplicações do princípio da boa-fé[419].

Em sua obra, Catharino destaca a *fides* romana (ou *bona fides*) como um conceito rico e variado que "serve de lastro para toda e qualquer obrigação contratual". Destaca o grande professor que empregado e empregador devem executar com boa-fé o contrato de emprego, de natureza bilateral, e que, em que pese carreguem interesses opostos, ambos devem, mutuamente, "envidar seus esforços para que o contrato seja fielmente cumprido", abstendo-se cada um de qualquer ação ou da prática de qualquer ato "que possa dificultar ou impossibilitar o outro de cumprir sua obrigação", guiando-se com probidade e lealdade. E conclui:

> *"Apesar da oposição de interêsses, a boa fé e a colaboração são do comum interêsse de ambos, pois, em princípio, qualidade e quantidade de trabalho guardam proporcionalidade com a remuneração, melhor e maior. Comunhão essa com tendência a crescer na medida que a emprêsa evoluir para vir a ser um grupo comunitário"*[420].

Alice Monteiro de Barros, por sua vez, elucida que, considerando que o empregado é sempre pessoa física, celebrado o contrato de trabalho, a boa-fé adquire "importância singular", pois isso faz com que a relação de emprego gerada por esse contrato reste impregnada de uma "dimensão humana" e de um "conteúdo ético" que não encontramos em outros tipos de contratos. Afirma, outrossim, que direitos do empregado tais como o de não ser discriminado e o que garante sua dignidade "guardam coerência com os valores pessoais e morais, que estão acima dos direitos patrimoniais envolvidos nessa relação contratual". Complementa, ainda, afirmando que é do caráter contínuo do contrato de trabalho que se extrai a existência dos poderes diretivo e disciplinar do empregador, "dos quais decorre o dever de obediência, de fidelidade e de diligência do empregado"[421].

---

(419) *Compêndio universitário de direito do trabalho*, v.II, p. 416.
(420) *Ibid.*, mesma página.
(421) *Curso de direito do trabalho*, p. 187.

Assim, ao exercer o poder diretivo e disciplinar, o empregador deve ficar atento aos limites impostos pela lei e pelas normas coletivas ao seu agir, como também ajustar-se ao que exige a boa-fé.

Salientemos que o art. 9º da CLT carrega mandamento que guarda profunda ligação com o primado da boa-fé, vez que macula de nulidade qualquer ato praticado com o objetivo — logo, intenção — de desvirtuar, impedir ou fraudar a aplicação dos preceitos contidos na referida Consolidação. Portanto, o art. 9º pune a má-fé, espectro contrário da boa-fé subjetiva ou boa-fé crença.

À luz do direito individual do trabalho, a obra de Catharino traz exemplos do afirmado, como na assertiva de que o empregador "deve colocar à disposição do empregado *todos os meios necessários ou úteis para que o empregado possa trabalhar a contento*", tais como "matéria-prima adequada, boas ferramentas, máquinas eficientes etc." Lembra, ainda, das medidas referentes à higiene, segurança e moralidade no local de trabalho, tudo como formas de o empregador, com sua conduta, fazer o possível no sentido da concretização da boa-fé e da colaboração. Afirma Catharino, outrossim, que as utilidades remuneratórias, pagas na forma do art. 458, *caput* e § 1º da CLT, devem ser em qualidade e quantidade "justas e razoáveis", assim como o valor que lhe for atribuído, evitando-se, também, o chamado "*truck system*", devendo as mercadorias, vendidas em armazéns das empresas empregadoras, respeitarem "preços razoáveis", bem como "os serviços prestados", "sem intuito de lucro e sempre em benefício dos empregados". Salienta, também, que a concepção institucionalista moderada, segundo ele adotada pelo legislador brasileiro, acentuou o dever de colaboração e inspirou três artigos da CLT, a saber: 470 — cujas disposições atualmente encontram-se no art. 469, § 3º —, 449, § 2º, e 503[422].

Vamos aos três dispositivos, a começar pelo art. 449, § 2º:

"*Art. 449 — Os direitos oriundos da existência do contrato de trabalho subsistirão em caso de falência, concordata ou dissolução da empresa.*

(...)

§ 2º — Havendo concordata na falência, será facultado aos contratantes tornar sem efeito a rescisão do contrato de trabalho e consequente indenização, desde que o empregador pague, no mínimo, a metade dos salários que seriam devidos ao empregado durante o interregno."

Notamos, aqui, permissivo legal no sentido de impor às partes contratantes a recíproca colaboração, visando à manutenção do contrato de emprego. Assim, permite que, havendo concordata na falência, as partes tornem sem efeito a rescisão do contrato e consequente indenização, desde que o empregador pague ao menos a metade dos salários que seriam devidos ao empregado durante o

---

(422) *Compêndio universitário de direito do trabalho*, p. 416-417.

interregno. Dessa feita, o empregado colaboraria com a busca do empregador no sentido de "reerguer" o seu empreendimento, enquanto, em contrapartida, receberia o indicado na parte final do art. 449, § 2º, da CLT. Mantém-se a empresa e recuperam-se os empregos, em favor dos interesses dos empregados, dos empregadores, do Estado — que minimiza os impactos do desemprego —, e, principalmente, do capital, este favorecido pela majoração do número de pessoas economicamente ativas que, por consequência, tornam-se potenciais consumidoras. E tudo pela via da boa-fé, que impõe a firmeza dos laços de lealdade e confiança que unem os contratantes, mesmo quando refletido no dever de colaboração.

É fato que essa hipótese, em que pese subsista o dispositivo no texto da CLT, resta afastada em razão das disposições da Lei n. 11.101/2005. A referida lei, no art. 99, XI, consoante ensina Ricardo Regis Laraia, permite que se dê a continuação provisória das atividades do falido, operando-se a chamada "sucessão inominada", ou seja, a sucessão do empresário ou da sociedade empregadora cuja quebra foi decretada pela entidade sem personalidade jurídica que é a massa falida. Todavia, salienta Laraia, essa não é a regra, pois normalmente a decretação da falência implica a extinção dos contratos de trabalho dos empregados do falido, em virtude de o estabelecimento haver sido lacrado e de seus bens haverem sido arrecadados, na forma do art. 109 da Lei de regência (11.101/2005)[423]. E prossegue:

> "Diferente do Decreto-Lei n. 7.661/45, que permitia a conversão da falência em concordata suspensiva (arts. 177 a 185), a Lei n. 11.101/2005 não prevê, de modo expresso, a possibilidade de convolar a falência em recuperação judicial. Assim, em tese, não haveria mais condição de o empregado anular a extinção provocada pela falência e retornar os contratos pagando, no mínimo, a metade dos salários do período entre a decretação da quebra e a concessão da concordata. De qualquer modo, mesmo antigamente, essa hipótese era pouco usual, pois costumava ser preferível — e mais barato — para o empregador contratar novos empregados em vez de readmitir os antigos."[424]

O próximo dispositivo mencionado por Catharino, à guisa de exemplo, consiste no antigo art. 470 da CLT, dispositivo cujo teor, *mutatis mutandis*, foi deslocado para o § 3º do artigo antecedente (469), *verbis*:

> "§ 3º — Em caso de necessidade de serviço o empregador poderá transferir o empregado para localidade diversa da que resultar do contrato, não obstante as restrições do artigo anterior, mas, nesse caso, ficará obrigado a um pagamento suplementar, nunca inferior a 25% (vinte e cinco por cento) dos salários que o empregado percebia naquela localidade, enquanto durar essa situação. (Parágrafo incluído pela Lei n. 6.203, de 17.4.1975)."[425]

---

[423] In: MACHADO, Costa (org.) e ZAINAGHI, Domingos Sávio (coord.), *CLT interpretada: artigo por artigo, parágrafo por parágrafo*, p. 350. Sobre a questão dos direitos dos trabalhadores e a Lei n. 11.101/2005, vide, ainda, MAUAD, Marcelo. *Os direitos dos trabalhadores na lei de recuperação e de falência de empresas*. São Paulo: LTr, 2007.
[424] Sistema jurídico e antinomia de normas. In: LOTUFO, Renan (org.), *Cadernos de teoria geral do direito*, p. 183.
[425] Até a Lei n. 6.203/75, o art. 470 da CLT trazia: "Em caso de necessidade de serviço, o empregador poderá transferir o empregado para localidade diversa da que resultar do contrato, não obstante as restrições ao artigo anterior, mas, nesse caso, ficará obrigado a um pagamento suplementar, nunca inferior a 25% dos salários que o empregado percebia naquela localidade, enquanto durar essa situação."

Trata-se de exceção legal à regra da inalterabilidade contratual lesiva e, mais especificamente, à regra da intransferibilidade unilateral do empregado (art. 469, *caput*, da CLT), justificada "a bem do empreendimento" e, consequentemente, dos próprios empregos que a empresa gera. Novamente, o dever de colaboração do empregado ao empregador é imposto pelo legislador, que, diante de efetiva necessidade do serviço, permite ao último transferir o primeiro independentemente de prévia concordância — em regra. Afinal, a lealdade, que ambas as partes devem guardar reciprocamente, faz com que reste presumida a concordância do empregado com tal transferência provisória, se, de fato, necessária à saúde do empreendimento do empregador.

O terceiro dos dispositivos citados por José Martins Catharino (art. 503), por último, impõe:

> "Art. 503 — É lícita, em caso de força maior ou prejuízos devidamente comprovados, a redução geral dos salários dos empregados da empresa, proporcionalmente aos salários de cada um, não podendo, entretanto, ser superior a 25% (vinte e cinco por cento), respeitado, em qualquer caso, o salário mínimo da região.
>
> Parágrafo único — Cessados os efeitos decorrentes do motivo de força maior, é garantido o restabelecimento dos salários reduzidos."

Esses dispositivos, segundo doutrina Gerson Lacerda Pistori, foram derrogados tacitamente pelo art. 7º, VI, da Constituição Federal de 1988, que só admite a redução salarial por convenção ou acordo coletivo de trabalho, logicamente precedido de negociação coletiva[426].

Todavia, mereceu transcrição, juntamente com os dois demais artigos da CLT, para fim de elucidar o contexto legal vislumbrado por Catharino, que conclui:

> "Em todos os três casos, a noção de 'bem comum empresário' está presente, principalmente no primeiro [art. 470, atual 469, § 3º] e no terceiro [503], no que tange ao bom funcionamento da emprêsa e à sua sobrevivência, respectivamente. Aliás, sendo a emprêsa fonte de emprêgo, antídoto conta o desemprêgo, e em virtude do incremento dado à permanência da relação correspondente — do qual a estabilidade é o melhor exemplo, as soluções dadas aos dois últimos casos justificam-se: a terceira, do art. 503, complementada pelo seguinte"[427].

E diversos são os demais exemplos fornecidos por Catharino para caracterização da colaboração reciprocamente vantajosa imposta em lei, como a designação pelo empregador, aceita pelo empregado, para que esse ocupe "cargo de confiança" diverso do contratual (art. 499 da CLT), procedimento vislumbrado pelo jurista como natural, vez que o empregador aproveita alguém que já conhece

---

(426) In: MACHADO, Costa (org.) e ZAINAGHI, Domingos S. (coord.), *CLT interpretada: artigo por artigo, parágrafo por parágrafo*, p. 418.
(427) *Compêndio universitário de direito do trabalho*, v.II, p. 417.

os métodos e as condições da empresa, e o empregado, em que pese não promovido, enquanto ocupar a nova condição, terá melhor remuneração, além de experimentar incremento em sua satisfação pessoal e valorização social[428]. Não é outra a opinião de Alice Monteiro de Barros:

> "A boa-fé manifesta-se com maior intensidade em alguns contratos, como o dos empregados que ocupam cargo de confiança, o dos bancários, que manipulam importâncias vultuosas de dinheiro, e o dos empregados domésticos, que trabalham na residência do empregador, além de outros. Poderes e direitos deverão ser exercidos, moldando-se às regras da boa-fé."[429]

Lembra Catharino, ainda, que o princípio da colaboração tem exemplo também nos arts. 59, § 2º, e 61, ambos da CLT, o primeiro permitindo a compensação de horas (antes, semanais, hoje, em qualquer período desde que não supere um ano — sem adicional de horas extras no que se der a devida e legal compensação, caracterizando hipótese legal de trabalho em regime de horas extras sem direito à percepção do respectivo adicional — ou, como alguns denominam, horas extras não remuneradas) e o outro autorizando o empregador a exigir trabalho além do limite legal ou convencionado, seja para fazer frente a motivo de força maior, seja para realizar ou concluir serviços inadiáveis ou cuja inexecução possa acarretar prejuízo manifesto (com o acréscimo previsto no § 2º do mesmo artigo — 25% superior a da hora normal, disposição derrogada pela Carta de 1988, art. 7º, XVI, que impõe adicional de 50%, no mínimo, para o caso de trabalho em regime de horas extras).

Catharino também cita hipóteses não previstas em lei, em que o princípio da colaboração acaba por concretizar, no caso específico, a boa-fé lealdade. Neste diapasão, menciona o empregado que, além de diligente e fiel, deve, colaborando com o empregador, obedecer às ordens desse no sentido de substituir eventual e temporariamente outro empregado, "ocasionalmente impedido ou simplesmente ausente, como no caso de férias". Em contrapartida, salienta, o empregador também deve colaborar pagando ao empregado em questão a remuneração a que faz jus o substituído, nos termos do art. 460 da CLT[430].

Outro exemplo, pertinente às férias: o direito dos membros da mesma família, que trabalhem no mesmo estabelecimento ou na mesma empresa, de gozar férias no mesmo período, se assim o desejarem e isso não resultar prejuízo para o serviço (CLT, art. 139, parágrafo único). Também na hipótese de fracionamento das férias (art. 136, § 1º, da CLT)[431]. Salientamos, outrossim, o disposto no art. 143 da CLT, pertinente à possibilidade de conversão de 1/3 do período de férias em verba indenizatória (abono pecuniário).

---

(428) *Compêndio universitário de direito do trabalho*, v. II, p. 417.
(429) *Curso de direito do trabalho*, p. 188.
(430) *Compêndio universitário de direito do trabalho*, v. II, p. 418.
(431) *Ibid.*, mesma página.

Todos esses últimos são bons exemplos do dever de colaboração e da boa-fé lealdade que há de marcar a relação entre as partes, agora em relação ao empregador que deverá aceitar — ou, ao menos, suportar — tais situações, em benefício dos interesses do empregado, visando a harmonizar e tornar pacífica a relação no ambiente laboral, circunstância possível tão somente quando se obtém a mínima satisfação recíproca entre os contratantes.

Ainda citando exemplo de Catharino, a boa-fé confiança também é encontrada no caso do aprendiz, que tem a obrigação de manter-se assíduo às aulas e, em contrapartida, tem o dever do empregador de permitir que ele, empregado (aprendiz), frequente-as[432].

Alice Monteiro de Barros salienta que a boa-fé também rege as relações coletivas de trabalho. Para tanto, afirma que, nas negociações coletivas, a boa-fé deverá guiar os diálogos, bem como restar verificada na celebração de acordos e convenções coletivas, "inclusive daquelas que põem fim à greve". Neste sentido, continua a jurista:

> "O exercício do direito de greve, por sua vez, não faz desaparecer o princípio da boa-fé, consubstanciado no dever mútuo de lealdade. E tanto é assim que a legislação pertinente (Lei n. 7.783, de 1989) exige que se notifique a categoria econômica ou o empregador sobre o início da paralisação, como também que se respeite o direito dos que queiram trabalhar. Constitui abuso de direito o prosseguimento da greve após finalizado o movimento, salvo fato superveniente ou descumprimento da cláusula ou condição avençada ou determinada (art. 14 da Lei n. 7.783, de 1989). A boa-fé impede também que o empregador substitua os grevistas, exceto se descumprida a exigência de garantir os serviços essenciais, na forma dos arts. 11 e 12 da Lei n. 7.783, de 1989. Em nome do princípio da boa-fé, a mesma lei proíbe que o empregador paralise as suas atividades, com o objetivo de frustrar a negociação coletiva ou dificultar o atendimento das reivindicações dos empregados (art. 17 da mesma lei)."

Saliente-se, por fim, o posicionamento do TRT-3ª Região no julgamento do Recurso Ordinário, Processo n. 00229-2005-056-03-00-5, analisando a alegação e os possíveis efeitos do vício de consentimento dos membros da categoria profissional no que toca à validade e eficácia de acordo coletivo de trabalho celebrado, os danos eventualmente decorrentes disso e a responsabilidade do sindicato perante os empregados da categoria representada. Assim decidiu o Tribunal de Minas Gerais, por sua 4ª Turma, sob a relatoria de Luiz Otávio Linhares Renault e com revisão de Júlio Bernardo do Carmo (DJMG — 13.5.2006):

---

(432) *Compêndio universitário de direito do trabalho*, v. II, p. 418.

"SINDICATO — ATRIBUIÇÕES — ACORDO COLETIVO DE TRABAHO — RECUSA — VÍCIO DE CONSENTIMENTO DE MEMBROS DA CATEGORIA PROFISSIONAL — LIBERDADE — COAÇÃO MORAL. O sindicalismo não sobrevive a pelo menos uma contradição existencial: a falta de representatividade dos reais e autênticos interesses da categoria. O Sindicato é o ente de natureza coletiva, que representa determinada categoria profissional ou econômica, sempre por contraposição, mas com idêntica finalidade de defesa dos interesses coletivos próprios dos respectivos representados, sem qualquer interferência negativa de grupos internos ou externos. Em se tratando de sindicato da categoria profissional, sua finalidade precípua é a luta pela melhoria das condições de trabalho, nas quais se inserem reivindicações de ordem econômica e social, sempre com o fito de realçar a dignidade humana naquilo que tem de mais distintivo entre os seres vivos: sua força psico-física laborativa, com a qual agrega valores à matéria prima para o fornecimento de bens e serviços para uma sociedade de consumo. Assim, a entidade sindical é a defensora das ideias e dos ideais, dos anseios e das aspirações, dos sonhos e da realidade, das lutas e das conquistas, resultantes da síntese majoritária da vontade da categoria, que, em princípio, se presume livre por parte dos indivíduos que a compõem. No caso dos autos, a liberdade dos membros da categoria profissional em contraposição à empresa não se revelou escorreita, regular, límpida. Ao revés, padeceu de vício de consentimento, consubstanciado na coação moral. Caio Mário da Silva Pereira ensina que existem duas maneiras de se obrigar o indivíduo a praticar um ato jurídico: pela violência física, que resulta na ausência total de consentimento, que se denomina 'vis absoluta'; ou pela violência moral, cognominada de 'vis compulsiva', que atua sobre o ânimo da pessoa, levando-a a uma declaração de vontade viciada. A propósito da segunda espécie, vale dizer, da violência moral, o i. jurista assevera que: 'embora haja uma declaração de vontade, ela é imperfeita pois não aniquila o consentimento do agente, apenas rouba-lhe a liberdade ...'omissis'... na sua análise psíquica, verifica-se a existência de duas vontades: uma vontade íntima do paciente, que emitiria se conservasse a liberdade, e a vontade exteriorizada, que não é a sua própria, porém a do coator, a ele imposta pelo mecanismo da intimidação'. (Instituições, 19. ed., v. I, p. 334/335). O quadro fático delineado nos autos denota claramente a conduta ilegal da empresa, ser coletivo por natural assimilação, que, em retaliação à recusa do Sindicato Profissional de prorrogar o acordo coletivo de trabalho, especialmente no que tange aos turnos ininterruptos de revezamento de 8 horas, exerceu coação moral sobre os seus empregados, com o objetivo de pressionar o sindicato a realizar assembleia geral, na qual se discutiria o tema, impedindo, dessa forma, o exercício regular da liberdade individual de cada trabalhador, pilar sobre o qual se escora a vontade maior da vida associativa, inclusive em ofensa ao art. 2º da Convenção n. 98 da OIT, ratificada pelo Brasil. Neste viés, por menor e mais indireta que seja, a ingerência da empresa sobre a vontade de seus empregados importa no enfraquecimento do princípio da liberdade sindical, por interferir na autonomia do ser coletivo, que é o porta-voz da real vontade da maioria dos trabalhadores, apurada no seio de assembleia livre e soberana. **Por outro lado, arranhado, comprometido mesmo, fica o princípio da lealdade e da boa-fé, assim como a transparência da negociação coletiva, intimamente vinculada ao respeito da equivalência dos contratantes em sede coletiva, onde o direito é construído por intermédio da participação direta dos principais interessados.** O Direito Coletivo do Trabalho estrutura-se e adquire dinamismo à medida que equilibra a força de reivindicação e de resistência da categoria que representa, e, que, em última análise, é uma das partes da relação de emprego, e em cujo estuário comutativo irão se acomodar e produzir os efeitos jurídicos as normas criadas pelas partes, sob o manto legitimador e indefectível do princípio nuclear da liberdade sindical, que, segundo Javallier, constitui um elemento indispensável a todo sistema de relação profissional entre empregadores e empregados, como, de resto, a toda democracia política. (*Droit du Travail*, p. 384) Logo, se a empresa, equiparada a um ser coletivo, atua, ainda que entre sombras, nos espaços reservados à livre e soberana deliberação dos empregados perante a entidade sindical, procurando fazer prevalecer a sua vontade ou mesmo influenciar, interferir, na deliberação da assembleia, a consequência é a nulidade dos atos então praticados. Desprovimento dos pedidos da inicial, que se impõe, eis que escorados na 'vis compulsiva', exercida pela empresa sobre seus empregados, não sendo cabível a indenização por danos materiais e morais, postulada por alguns empregados e face do sindicato representativo de sua categoria profissional." (negrito nosso)

A questão da boa-fé objetiva na fase de negociação coletiva será especificamente abordada no capítulo 6 da presente obra.

5.9. A boa-fé objetiva como paradigma de conduta na sociedade contemporânea, na forma proposta por Rizzatto Nunes

Rizzatto Nunes afirma que, ao longo da História, diversos foram os problemas enfrentados pelo intérprete na análise da norma e da compreensão do comportamento humano. Nesse diapasão, o mencionado jurista salienta a maior ou menor tendência de se buscar uma adequação ou inadequação no quesito da incidência normativa, tudo a variar de acordo com a ideologia ou a escola a qual pertença o hermeneuta. Nesse sentido, indica:

> "(...) há os que atribuem o comportamento à incidência direta da norma jurídica; os que alegam que a norma jurídica é produzida por conta da pressão que o comportamento humano exerce sobre o legislador e logo sobre o sistema jurídico produzido; os que dizem que a norma tem caráter educador juntamente com os outros sistemas sociais de educação; os que atestam que, simplesmente, a norma jurídica é superestrutura de manutenção do status quo; os que veem na norma o instrumento de controle político e social; enfim, é possível detectar tantas variações das implicações existentes entre sistema jurídico e sociedade (ou norma jurídica e comportamento humano) quantas escolas puderem ser investigadas."[433]

Notamos, portanto, que são diversas as teorias que tentam analisar o comportamento humano em sua relação com as normas, inclusive, particularmente, as jurídicas.

Nesse compasso, como salienta Rizzatto Nunes, notamos que, embora as visões se alterem pela escola ou ideologia do hermeneuta, fato é que existem algumas fórmulas gerais que sempre se repetem, como *topoi*, "isto é, como fórmulas de procura ou operações estruturantes a serem utilizadas pelo intérprete para resolver um problema de aplicação/interpretação normativa, no que diz respeito ao caso concreto". Esse elemento surge como instrumento para o intérprete na tarefa de persuadir o receptor de sua mensagem, visando a causar nesse destinatário uma impressão convincente[434].

---

(433) *Manual de introdução ao estudo do direito*, p. 280.
(434) *Ibid.*, p. 280-281.

Para tanto, vale-se o intérprete de fórmulas, *standards,* modelos capazes de apresentar solução para os problemas enfrentados e para os quais faltaram palavras "capazes de dar conta dos fatos, dos valores, das disputas reais envolvidas, das justaposições de normas, dos conflitos de interesses, das contradições normativas, de suas antinomias, e até de seus paradoxos"[435].

E é justamente esse o contexto que vai conduzir às cláusulas gerais, dentre as quais a boa-fé objetiva: face à impossibilidade de absoluta precisão na formulação da norma ampla, geral e abstrata, em razão do dinamismo social e da mencionada "falta de palavras" suficientes, não podemos conceber um sistema jurídico eficaz e, ao mesmo tempo, completamente fechado. Para tanto, surgem as cláusulas gerais, como forma de "abrir" o sistema nos casos em que faltem as ditas palavras, como salientado.

Com isso, mantemos o ciclo racional fechado que marca o nosso sistema de solução judicial das controvérsias, na exata forma enunciada por Rizzatto Nunes, a saber:

> *"(...) a decisão jurídica decorrente do ato interpretativo surge linguisticamente num texto (numa obra doutrinária, numa decisão judicial, num parecer e, num certo sentido, na própria norma jurídica escrita) como uma argumentação racional, advinda de uma discussão também racional, fruto de um sujeito pensante racional, que, por sua vez, conseguiu articular proposições racionais. O ciclo surge fechado num sistema racional."*[436]

Entretanto, nesse processo, abre-se a possibilidade para o intérprete ir além do estrito texto legal, abrindo o sistema normativo para inserir nele conteúdo, através do preenchimento dos conceitos jurídicos indeterminados carregados pelas cláusulas gerais, consoante já abordado neste trabalho.

A vantagem desse modelo consiste no fato de que os *standards*, não raro, consistem em fórmulas com alta força persuasiva, vez que apontam para verdades objetivas, aceitas pelo destinatário. Assim, intuitivamente (de forma inconsciente), o destinatário reconhece na fórmula "um foro de legitimidade, pois produzidos na realidade como um fato inexorável"[437].

Dentre esses modelos de conduta, encontramos a boa-fé objetiva, conceito/princípio já estudado, que há de se verificar concretamente no contexto de cada relação jurídica.

Neste diapasão, a boa-fé objetiva emerge como uma "espécie de pré-condição abstrata de uma relação ideal (justa), disposta como um tipo ao qual o caso concreto deve se amoldar"[438].

---

(435) NUNES, Rizzatto, *Manual de introdução ao estudo do direito*, p. 282.
(436) *Ibid.*, p. 281.
(437) *Ibid.*, p. 282.
(438) *Ibid.*, p. 284.

Assim, conclui Rizzatto Nunes, "sempre que o magistrado encontrar alguma dificuldade para analisar o caso concreto na verificação de algum tipo de abuso", há de se valer deste *standard*, no caso, a boa-fé objetiva, real "condição ideal apriorística, pela qual as partes deveriam, desde logo, ter pautado suas ações e condutas de forma adequada e justa". Com isso, deve o julgador buscar o modelo previsto para aquele caso concreto, o comportamento médio esperado para tal situação, e, a partir disso, verificar se a conduta das partes enquadram-se nesse *standard*, para daí considerar a quebra ou não da boa-fé objetiva e assim poder extrair as consequências jurídicas exigidas.

Como o norte para a definição do efetivo respeito à boa-fé objetiva, que há de marcar todos os negócios jurídicos, consiste na verificação exata da justa expectativa que o homem médio tem quanto à conduta dos contratantes, em todas as fases do negócio, fato é que a decisão à luz da verificação da boa-fé objetiva tende à pacificação, uma vez que provavelmente será tida por justa e, assim, encontrará aceitação no seio da comunidade. Dessa forma, resta evidente sua força persuasiva e, com isso, sua tendência a assumir a posição de verdadeiro modelo de conduta, de comportamento em sociedade, pautada pela lealdade e pela crença/confiança recíprocas.

Por isso, irrepreensível a conclusão do professor Rizzatto Nunes, para quem não resta dúvida: "a boa-fé objetiva é o atual paradigma da conduta na sociedade contemporânea. O intérprete não pode desconsiderá-la"[439]. E aqui, consideremos que a lição do insigne jurista não pode ser circunscrita à seara do Direito do Consumidor ou do Direito Civil, estendendo-se ao Direito do Trabalho e às demais expressões da divisão acadêmica do Direito. No que toca, aliás, ao Direito do Trabalho, devemos lembrar que a doutrina mais moderna chega a afirmar que o principal instrumento legal de aplicação subsidiária ao Direito Laboral nos casos de lacunas consiste justamente no Código de Defesa do Consumidor[440] pelos diversos pontos de afinidade de tais ramos. Assim, em qualquer relação de natureza negocial havemos de observar, como paradigma de conduta da sociedade contemporânea, a boa-fé objetiva, inclusive no campo juslaboral.

5.10. Boa-fé e equidade

Como já salientamos, muitas das críticas dirigidas à aplicação da boa-fé na solução das controvérsias estabelecidas entre os sujeitos de direito calcaram-se — e ainda assim verifica-se — no temor em relação ao arbítrio, em especial por atribuir excessivo poder ao juiz.

---

(439) *Manual de introdução ao estudo do direito*, p. 284.
(440) Tratando de tema correlato, vide CASTELO, Jorge Pinheiro. *O direito material e processual do trabalho e a pós-modernidade*, p. 227 e ss.

A lei, assim, consistiria em elemento de segurança também contra tal ordem de abuso, e, por tal via, o exercício da atribuição legislativa do Poder estatal funcionaria, no mecanismo de harmonização dos ditos Poderes, como elemento de controle natural da atividade judiciária.

Todavia, não podemos ignorar que há muito, desde os romanos, convivemos com a advertência de que a irrestrita aplicação da lei, fruto da insensibilidade formalística do magistrado que segue rigorosamente o mandamento do texto legal, pode, em certos casos, prestigiar o Direito em detrimento do bem maior: a Justiça. Tanto que afirmavam: *summum jus, summa injuria*[441].

Por isso, há situações em que se mostra recomendável o abrandamento do texto legal, deixando vala para passagem do "bom-senso". Não compactuamos com a ideia de se prestigiar o que vem sendo chamado de "ativismo judicial" que, muitas vezes, acaba por resultar em verdadeiro contexto da arbitrariedade, com desrespeito direto ao que dispõe o ordenamento legal. Entretanto, entendemos que, em algumas situações, deve o próprio ordenamento estabelecer "saídas" para que o juiz possa analisar os fatos e, escorado na boa aplicação do Direito, atingir o desiderato maior da Justiça. Justamente neste sentido a importância e, portanto, o prestígio devido às estudadas cláusulas gerais, das quais, parece-nos, a boa-fé é a rainha.

Neste sentido, Alice Monteiro de Barros afirma que o fundamento da boa-fé encontra-se na oposição de valores éticos "com o objetivo de evitar uma interpretação excessivamente positivista do ordenamento jurídico", de modo que "o princípio da boa-fé exerce uma função flexibilizadora dos institutos jurídicos, entre os quais se situa o contrato de trabalho"[442].

Aqui, então, temos o encontro dessa com a equidade, definida por Miguel Reale como "a justiça amoldada à especificidade de uma situação real"[443].

O rigor da lei comporta abrandamento tanto pela boa-fé, na forma já tratada, quanto pela equidade, que deve ser aplicada sempre que permitido pelo sistema, possibilitando ao juiz o desenvolvimento de uma consciência ética e de uma visão do Direito mais humanista, o que nos faz lembrar que o Direito é feito para as pessoas humanas, e não o contrário.

É evidente que a questão não se exibe simples. Não estão totalmente desprovidos de razão aqueles que temem o arbítrio como resultado da abertura do sistema legal, afinal, consoante salienta Jair Eduardo Santana, os juízes, seres humanos que são, não são totalmente neutros, sendo sensíveis, emotivos e intuitivos. Nesse sentido, "o resultado de seus trabalhos é diretamente influenciado

---

(441) Neste sentido, vide REALE, Miguel. *Lições preliminares de direito*, p. 295.
(442) *Curso de direito do trabalho*, p. 187.
(443) *Lições preliminares de direito*, p. 295.

por suas qualificações pessoais, seus históricos e seus estados internos", a tornar a neutralidade do juiz "um grande mito". Como ser humano, o julgador "é sensibilizado por fatos, informações e conhecimentos que influenciam a sua razão e o seu senso de justiça", o que "não significa, em absoluto, desapego à lei"[444]. É pela consciência dessa condição, pelo preparo técnico, pelo conhecimento dos princípios e das regras que regem o Direito pátrio e que devem ser aplicados que o magistrado, valendo-se dos permissivos legais de abertura do sistema (como as cláusulas gerais, por exemplo), poderá fazer a Justiça e, efetivamente, tocar a vida das pessoas.

---

[444] *Direito, justiça e espiritualidade*, p. 33-37.

6. O CONTRATO DE TRABALHO E A NEGOCIAÇÃO COLETIVA: A BOA-FÉ OBJETIVA COMO PARADIGMA DE CONDUTA GARANTIDORA DO RESPEITO AOS DIREITOS DIFUSOS E COLETIVOS DE NATUREZA TRABALHISTA

Ao abordamos a fase pré-contratual trabalhista, podemos vislumbrá-la sob dois grandes prismas: 1. a fase pré-contratual nas relações de direito individual; e 2. a fase pré-contratual nas relações de direito coletivo do trabalho.

Em ambas as hipóteses podemos encontrar situações em que se verifica a ausência de observância da boa-fé objetiva, em afronta a esse princípio positivado no sistema legal brasileiro com ampla aplicação no campo juslaboral, consoante demonstrado no capítulo anterior.

Como o objeto do presente trabalho reside na abordagem de questões afetas a direitos coletivos *lato sensu*, abordemos, de início, a hipótese pertinente à boa-fé na fase pré-contratual, inclusive sob o enfoque do direito individual do trabalho, para, depois, tratarmos das negociações coletivas de trabalho pontuando algumas possíveis expressões da "quebra" de boa-fé objetiva em sede desta que nos parece a fase pré-contratual coletiva de trabalho por excelência.

6.1. A boa-fé na fase pré-contratual e a responsabilidade pré-contratual

Judith Martins-Costa[445], da mesma forma apregoada por Antonio Menezes Cordeiro, atrela a noção de boa-fé objetiva na fase pré-contratual à noção de culpa *in contrahendo*, doutrina formulada originariamente por Rudolf von Ihering. Afirma que, contemporaneamente, mediante a noção da culpa *in contrahendo*, tem-se que incorre em responsabilidade pré-contratual a parte que, "tendo criado na outra a convicção, razoável, de que o contrato seria formado, rompe intempestivamente as negociações, ferindo os legítimos interesses da contraparte".

Antes, ainda, Pontes de Miranda já vislumbrava a importância da tutela da confiança no âmbito das relações pré-contratuais (tratativas), afirmando que o que em verdade se passa é que todos os homens têm de portar-se com honestidade

---
(445) *A boa-fé no direito privado*, p. 485.

e lealdade, pois daí resultam as relações jurídicas de confiança, e não apenas as relações morais. A obra de Pontes traz lição no sentido de que o contrato não se elabora a súbitas, de modo que só importe a conclusão, e essa por si supõe que cada um dos atores conheça as suas obrigações (o que vai receber ou o que vai dar). E conclui: "Quem se dirige a outrem, ou invita outrem a oferecer, expõe ao público, capta a confiança indispensável aos tratos preliminares e à conclusão do contrato."[446]

Salientemos, aliás, que a teoria da culpa *in contrahendo* influenciou na redação dos dispositivos do Código Civil Alemão (BGB, de 1896), pioneiro, tratando-se de boa-fé objetiva[447].

Trazendo a questão para a seara juslaboral, podemos mencionar alguns exemplos possíveis de "quebra" da boa-fé objetiva verificados quer na fase pré-contratual, quer no curso do contrato ou, ainda, na fase pós-contratual.

Na primeira fase (pré-contratual), parece-nos claro que a questão reside principalmente na geração da justa expectativa na contraparte, no decorrer da fase de tratativas. Um exemplo que recentemente nos veio à mente, em meio a aula que então ministrávamos sobre a proteção jurídica do trabalho da mulher, atrelado ao Direito Individual do Trabalho, reside no seguinte: imaginemos uma empregada, candidata a uma vaga de emprego, que, em meio a um processo seletivo, recebe a afirmação de que seria contratada. Em razão disso, ela declina de outra oferta de emprego recebida. No dia seguinte, por ocasião da entrega da documentação, a empresa comunica-lhe que, repensando sua estrutura, decidiu cancelar a oferta de emprego anunciada anteriormente. A dita empresa sequer sabia do prejuízo que estava causando àquela trabalhadora, porém, não se perquire, aqui, de tal fator subjetivo. Na realidade, verificou-se a quebra da boa-fé na conduta, antes geradora de justa expectativa em uma trabalhadora e, no ato seguinte, antagonicamente, procedendo à frustração daquela situação benéfica antes criada[448].

Outro exemplo que vislumbramos, de quebra da boa-fé objetiva perceptível já na fase de execução do contrato, consiste na hipótese muito comum do garçom. É sabido que o garçom empregado em restaurantes de médio porte na Grande São Paulo recebe a título de gorjetas (em especial as provenientes do rateio das taxas de serviço — o tão conhecido percentual de "10%" sobre a conta de consumo, pago pelo cliente) às vezes o dobro do valor de seu salário fixo. Aliás, sabemos que é justamente pela certeza acerca do recebimento desse complemento de

---

(446) *Tratado de direito privado*, t. 38, 3. ed. Rio de Janeiro: Borsoi, 1972, p. 21, *apud* Carlyle Popp, *Responsabilidade civil pré-negocial: o rompimento das tratativas*, p. 259.
(447) Neste sentido, SOARES, Renata Domingues Balbino Munhoz. *A boa-fé objetiva nas fases contratuais*. Disponível em: <www.gontijo-familia.adv.br/novo/artigos_pdf/**Renata**.../**Boafe**.pdf>. Acesso em: 5.11.2009.
(448) Também é possível vislumbrarmos a hipótese sob o prisma invertido, com a conduta do trabalhador gerando a "quebra" da boa-fé objetiva em sede de processo seletivo, em prejuízo do empregador. Neste sentido, o exemplo de Menezes Cordeiro, já mencionado neste trabalho — vide nota de rodapé 371, retro.

remuneração que muitos profissionais abraçam o ofício e a ele dedicam-se durante, quiçá, toda sua vida economicamente ativa. Nesse ambiente, em regra, os restaurantes e bares, ao admitirem tais empregados, visando a incentivá-los acerca dos benefícios da oportunidade de emprego em questão, salientam o valor médio percebido pelos garçons do estabelecimento, a título de rateio das taxas de serviço, criando no empregado justa expectativa. Todavia, não raro, em que pese o art. 457 da CLT conceitue "remuneração" deixando claro que essa resta composta pela somatória do salário e das gorjetas[449], os bares e restaurantes deixam de considerar os respectivos valores para cálculo de verbas como férias, trezenos e FGTS, contrariando, inclusive, o verbete n. 354 da Súmula do TST, dizendo que o fazem amparados por cláusula de Convenção Coletiva de Trabalho que permite o uso de "estimativas de gorjeta" para tal fim. Ocorre que os valores de tais estimativas são ínfimos, representando, muitas vezes, por volta de 10% do que costumam perceber os garçons efetivamente — a título de rateio das gorjetas. Não raro, quando levada a questão ao Judiciário trabalhista, encontramos julgamentos legitimando essa prática por parte das mencionadas empresas, sob o fundamento da necessária valorização dos contratos coletivos[450]. Nesse sentido:

---

(449) Gorjetas, aliás, conceituadas no § 3º do mesmo art. 457 da CLT.
(450) Vale destacar, também, o seguinte julgado: "NEGOCIAÇÃO COLETIVA. REDUÇÃO DE INTERVALO INTRAJORNADA. VALIDADE. Transacionados direitos e vantagens através de negociação coletiva legitimamente firmada, não se pode dar interpretação diversa ao que foi pactuado, pena de ofensa à norma constitucional. No curso do contrato, o A.teve intervalo de 30 minutos para repouso e alimentação autorizado por convenção coletiva. Requerendo, após o rompimento dele, a indenização dos outros 30 minutos, dando-os como sonegados. O que lhe foi deferido, ao argumento de inconveniência para a saúde do trabalhador na redução. Mas se as partes louvaram-se em negociação coletiva — à qual a Constituição atribui reconhecimento oficial (art. 7º, XXVI) — cabe reconhecer a juridicidade e legalidade do pacto, bem como a boa-fé dos agentes, apanágios do ato jurídico perfeito, inclusive dos trabalhistas. Certo que a cláusula normativa jamais foi objeto de denúncia ou alvo de ação anulatória. Vale, pois, pelo que nela se contém. Não me parecendo que a legitimação constitucional contenha limites, onde ela não o diz. Sendo, pois, o limite tão só aquele que extrapole o lícito e o regular exercício do direito. Não sendo dado, por isso, a cada intérprete traçar-lhe um limite, *a posteriori*, nem ao trabalhador moldar os fatos de acordo com a sua nova conveniência e interesse. Nem vejo como argumentar, para não reconhecer a cláusula, que os trabalhadores, muitas vezes, não participam diretamente da escolha dos dirigentes sindicais, questão vaga e genérica de democracia participativa e de ciência política que não tem força nem apelo jurídico para anular ato jurídico, nem retirar legitimidade à atuação dos sindicatos. Da mesma forma, como trabalhadores, empregadores e demais usuários não escolhem, de forma direta, os juízes que irão julgá-los. Registrando-se, ainda, que a hora de repouso, no caso, sequer lhe foi sonegado, eis que cumprida estritamente a jornada legal e contratada e, portanto, a norma coletiva contém uma contraprestação ou vantagem clara e inequívoca ao trabalhador, que é de encerrar a jornada 30 minutos mais cedo e, portanto, desfrutar maior e melhor descanso, como em lhe convier, após o trabalho. Efetiva vantagem, considerando que os nacionais não cultivam o hábito da 'siesta' como os aborígenes de outras plagas." (TRT-3ª Região, 3ª Turma, rel.Paulo Araújo, rev.Maria Lúcia Cardoso de Magalhães, Processo n. 01316-2002-038-03-00-5, dp. 26.4.2003 -DJMG). Interessante o julgado cuja ementa transcrevemos nesta nota por refletir a situação tratada neste ponto da presente dissertação. Todavia, salientamos nossa discordância com as conclusões nele exaradas, *ex vi* da ofensa perpetrada ao art. 71, § 3º, da CLT, bem como ao princípio da norma mais favorável e da própria legalidade. Aliás, saliente-se posição de Anna Lee Carr de Muzio Meira, no sentido de que os direitos

"Gorjeta. Integração. Estimativa. Norma coletiva. Integração das gorjetas na remuneração através de estimativa, quando o acréscimo (10%) não é imposto ao cliente. Hipótese que não se confunde com pagamento "por fora". Expressa previsão em norma coletiva. Admissibilidade." (TRT-2ª Região, 3ª Turma, Processo n. 00505-2003-034-02-00-1, Ac.20050631440, rel.Des.Eduardo de Azevedo Silva, rev.Des.Sérgio J.B.Junqueira Machado, DJ 13.9.2005, dp. 27.9.2005 — DOE).

Porém, o que se ignora nesses casos é que, se não bastasse a natureza contratual dos acordos e das convenções coletivas, como adiante será demonstrado, o que bastaria para não se aceitar que suas disposições colidissem com o texto legal infraconstitucional (CLT, art. 457, no caso em exame)[451], temos que, de toda forma, normalmente se vislumbra contexto marcado pela exposição ao trabalhador, por parte da empresa, no ato da contratação, dos valores que tende a receber a título de gorjetas, mas há total omissão de informação acerca da forma de cômputo dos reflexos de tal parte da remuneração nas demais verbas. Assim, cria-se no trabalhador a justa expectativa de recebimento das férias, trezenos e FGTS calculados sobre os referidos valores, expectativa essa absolutamente frustrada na prática posterior. Aqui, trata-se de típico exemplo de quebra da boa-fé objetiva, no nosso entender, vez que não se perquire acerca da crença da empresa no que toca à legalidade de seu procedimento. O problema se encontra na conduta, pouco leal, oriunda do vício de informação no momento das tratativas, na fase pré-contratual. Corretas, por isso, conforme entendemos, as decisões que seguem a linha adotada no seguinte julgado:

*"**GORJETA — INTEGRAÇÃO**. Verificada a possibilidade de a empresa ter conhecimento dos valores pagos pelos clientes a título de gorjeta, a integração da parcela para pagamento dos reflexos cabíveis há de ser feita pelo valor efetivamente recebido pelo empregado, não sendo cabível a aplicação de cláusula normativa que prevê a integração de valores fixados por estimativa." (TRT-MG, Primeira Turma, RECURSO ORDINÁRIO, rel.Maria Auxiliadora Machado Lima, rev.Marcus Moura Ferreira, Processo RO — 19162/00, DJMG 2.2.2001 — FONTE: <http://as1.trt3.jus.br/jurisprudencia/acordaoNumero.do?evento=Detalhe&idAcordao=225461&codProcesso=221309&datPublicacao=2/02/2001&index=2>)*

Chegando ao mesmo resultado, em caso análogo, o Tribunal Regional do Trabalho da 2ª Região, em julgamento havido nos autos do Processo n. 00079-

---

garantidos na lei trabalhista brasileira, seja na Constituição, seja na CLT, são irrenunciáveis e consistem em um patamar mínimo concedido aos trabalhadores, de modo que "não são passíveis de supressão ou diminuição por força de acordo ou convenção coletiva", vedada, pois, a flexibilização "in pejus" pela via da norma coletiva, face ao princípio da norma mais benéfica, salvo quando expressamente autorizado em lei ou na própria CF (Conflito entre normas coletivas de trabalho no Brasil. In: Ivani Contini Bramante; Adriana Calvo (org.), *Aspectos polêmicos e atuais do direito do trabalho: homenagem ao professor Renato Rua de Almeida*, p. 201-202).

(451) De fato, preferimos o entendimento esposado por Gustavo Filipe Barbosa Garcia: "Desse modo, embora as referidas normas coletivas, decorrentes de negociação coletiva, sejam reconhecidas pela Constituição Federal (art. 7º, inciso XXVI), caso sejam pactuadas disposições que afrontem direitos fundamentais, individuais, coletivos ou indisponíveis dos trabalhadores, não devem prevalecer, servindo a referida ação judicial para a declaração de sua nulidade." (*Direitos fundamentais e relação de emprego: trabalho, Constituição e processo*, p. 71, tratando da ação anulatória de cláusulas convencionais — LC 75/93, art. 83, IV; CF, art. 129, IX).

2008-041-02-00-9, em sede de Recurso Ordinário, 6ª Turma, sob a relatoria do iminente desembargador Valdir Florindo, assim decidiu:

> **"GORJETAS OBRIGATÓRIAS E ESPONTÂNEAS. SÚMULA n. 354 DO C.TST.** O caput do art. 457 não faz discriminação entre gorjetas obrigatórias e espontâneas, para efeito de integração no contrato individual de trabalho. Muito pelo contrário, a jurisprudência dominante da Súmula n. 354 do C.TST é expressa em não estabelecer distinção entre as diferentes naturezas das gorjetas recebidas indistintamente pelos empregados. Restou demonstrado que o empregador controlava o valor das gorjetas percebidas por seus empregados. Contudo, ainda que assim não fosse, a ausência de qualquer controle não o desobrigaria de arcar com as respectivas incidências de lei, porquanto, nos termos do art. 2º da CLT, o empregador é aquele que admite, assalaria e também tem a incumbência de dirigir a mão de obra, de sorte, inclusive, a assumir os riscos do empreendimento."[452]

Note-se que essa questão, em que pese aparentemente pertinente à tutela de direitos individuais trabalhistas, extrapola os limites desses já na origem do debate, vez que se discute o contexto a partir de fonte autônoma do Direito Laboral de cunho eminentemente coletivo. Aborda-se, aqui, a validade de cláusulas de acordos e convenções coletivas de trabalho da categoria que colidem com o texto legal (CLT, art. 457, *caput* e § 3º) de modo a diminuir direitos garantidos aos trabalhadores — pertinentes às gorjetas e a forma de sua integração à remuneração. Matéria, pois, típica de Direito Coletivo do Trabalho projetando seus efeitos sobre todos os contratos de trabalho de uma coletividade de trabalhadores que, entendemos, podem também discutir sua validade em lides de natureza individual. Nesse sentido, o julgado do Tribunal Regional de Minas Gerais, cuja ementa segue supratranscrita.

Gustavo Filipe Barbosa Garcia[453], por sua vez, ao tratar do trabalho da mulher, mais especificamente acerca da garantia de emprego da empregada gestante, fornece exemplo do que se poderia ter por afronta à boa-fé objetiva no Direito Individual do Trabalho verificável por ocasião da dissolução do contrato. Para tanto, enuncia o teor do verbete n. 244, I, da Súmula do TST, que pontua: "O desconhecimento do estado gravídico pelo empregador não afasta o direito ao pagamento da indenização decorrente da estabilidade." (art. 10, II, *b*, do ADCT)

Na sequência, afirma Barbosa Garcia[454] que, à luz do entendimento sumulado na jurisprudência do TST, tem-se por objetiva a responsabilidade do empregador, e disso surge discussão quanto aos eventuais efeitos da ausência de ciência pela própria empregada de seu estado gestacional, no momento da dispensa sem justa causa, salientando que:

> "Há quem entenda que se nem a empregada sabia da gravidez quando da cessação do vínculo de emprego, não seria justo assegurar-lhe o direito à garantia de emprego, inclusive em respeito à boa-fé objetiva no âmbito da relação de emprego."

---

(452) Data do julgamento: 5.8.2008. Decisão publicada no Diário Oficial Eletrônico em 15.8.2008. Disponível em: <www.trtsp.gov.br>.
(453) *Curso de Direito do Trabalho*, p. 673.
(454) *Ibid.*, mesma página.

Todavia, conclui o jurista pela irrelevância de tal conhecimento, uma vez que o direito à estabilidade surge a partir da "confirmação" da gravidez, assim considerada em seu aspecto biológico (gravidez em termos médicos e científicos; momento inicial da gestação), independentemente do conhecimento da própria trabalhadora por ocasião do recebimento da comunicação da dispensa[455].

Portanto, à luz dos exemplos fornecidos, mostra-se evidente que a boa-fé objetiva há de ser respeitada em todas as fases do contrato, desde a pré-contratual até a pós-contratual, sendo certo que, não raro, a "quebra" ocorre em uma fase, mas seus efeitos tornam-se perceptíveis na outra, como encontramos nos últimos exemplos retrocitados, a demonstrar a total impossibilidade de consideração do princípio apenas no decorrer da execução do contrato, justificando, assim, o texto do art. 422 do Código Civil e, mais ainda, o projeto de sua alteração, já abordado neste trabalho.

Retornemos, contudo, à análise da boa-fé e da responsabilidade civil na fase pré-contratual, preocupação maior deste tópico. Renata Domingues Balbino Munhoz Soares elenca diversos exemplos acerca da responsabilidade pré-contratual, mencionando as negociações preliminares indevidamente interrompidas[456] ou o contrato celebrado inválido ou ineficaz. Menciona, também, o contrato que, embora válido e eficaz, é precedido de violação da boa-fé objetiva, e afirma: "Esta situação pode ocorrer quando há descumprimento dos deveres laterais, tais como deveres de informar, de segredo, de clareza, de lealdade, de proteção."[457]

Na sequência, salientando a responsabilidade em decorrência da ruptura das tratativas, defende que um primeiro aspecto a ser considerado reside na natureza jurídica dessa responsabilidade, estabelecendo que parte da doutrina entende tratar-se de responsabilidade contratual, como ocorre, por exemplo, com a corrente majoritária no Direito alemão, enquanto outra afirma que se trata de responsabilidade extracontratual, posição que conta com o prestígio da maioria da doutrina no Brasil. Ressalta que a segunda corrente, que se posiciona pela natureza extracontratual da

---

(455) *Curso de Direito do Trabalho*, p. 673.
(456) Neste sentido: "DANO MORAL E MATERIAL. LESÃO PRÉ-CONTRATUAL. PROMESSA DE CONTRATAÇÃO NÃO HONRADA. DIREITO À INDENIZAÇÃO. As negociações para o preenchimento de um posto de trabalho que ultrapassam a fase de seleção geram para o trabalhador a esperança, senão a certeza, da contratação, caracterizando a formação de um pré-contrato de trabalho, que envolve obrigações recíprocas, bem como o respeito aos princípios da lealdade e da boa-fé (art. 422 do Código Civil). Evidencia-se a constatação do prejuízo na hipótese do reclamante pedir demissão do emprego anterior, ficando desprovido de meios para sua subsistência e satisfação de seus compromissos financeiros. Devida a indenização por danos morais e materiais fixada na origem, nos termos dos arts. 186 e 927 do Código Civil" (TRT-SP, 11ª Turma, Processo n. 01231-2008-067-02-00-3, Ac.n. 20100470429, rel.Maria Aparecida Duenhas, rev.Carlos Francisco Berardo, DJ 25.5.2010, d.p. 1.6.2010). Disponível em: <www.trtsp. jus.br>. Acesso em: 3.1.2011.
(457) *A boa-fé objetiva nas fases contratuais*. Disponível em: <www.gontijo-familia.adv.br/novo/artigos_pdf/**Renata**.../**Boafe**.pdf>. Acesso em: 5.11.2009.

dita responsabilidade, alega que na fase das tratativas ainda não existe propriamente um contrato. Por fim, uma terceira corrente indicada pela autora vislumbra na responsabilidade pré-contratual um *tertium genus*, por possuir natureza *sui generis* — além da responsabilidade contratual e extracontratual, haveria, ainda, a pré--contratual[458].

Mais adiante abordaremos, novamente, a boa-fé objetiva na fase de negociação coletiva. Porém, desde já posicionamo-nos no sentido de aderirmos à terceira corrente. Ora, não há como negar que, na fase de puntuação, ainda não há contrato. Todavia, também não temos como ignorar que em tal momento já se vislumbra o germinar da avença contratual, com íntima e direta relação com o seu resultado. Ademais, sem a fase de tratativas, é fato, seria impossível vislumbrar a celebração efetiva do contrato. Por esse motivo, são momentos distintos de uma mesma realidade. Desta feita, a melhor solução é considerar a fase prévia como um terceiro gênero, que não se exibe alheio ao contrato, mas, ao mesmo tempo, não o integra, porém o justifica e prepara, formando com esse algo que poderíamos batizar de *complexo contratual*.

Salientemos, ainda, a lição de Judith Martins-Costa, no sentido de que a responsabilidade pré-contratual não decorre do rompimento da tratativa, enquanto fato, nem mesmo do contrato não ter experimentado conclusão, mas do fato de uma das partes ter gerado na outra a expectativa legítima de que o mesmo seria concluído[459].

Logo, os efeitos da fase pré-contratual no que tange à condução do comportamento das partes contratantes remetem diretamente à noção de boa-fé objetiva, analisada em si e com relação a esse momento prévio, de tratativas. Porém, como se vê, mesmo que se considere alheia ao contrato, a fase anterior guarda com ele íntima relação, tanto que a quebra da boa-fé, aqui, dar-se-ia, na lição de Judith Martins-Costa, com o desrespeito à justa expectativa da parte havida na não conclusão do contrato. Por mais que se afirme que não é na falta de conclusão do trato que se vislumbra o nascedouro da responsabilidade, mas no aspecto interno, inerente à personalidade da parte cuja expectativa legítima foi ignorada pela contraparte, no final da linha há, sim, ao menos dentro dessa expectativa tutelada, o anseio pelo concluir do contrato, frustrado indevidamente. Se não é contratual, portanto, a fase pré-contratual também não é simplesmente alheia àquele (extracontratual), somente restando a alcunha de *tertium genus*.

Não poderíamos deixar de salientar o pensamento de outros em sentido antagônico ao ora defendido. Neste diapasão, vale mencionar que Carlyle Popp[460], por exemplo, defende a natureza contratual da fase pré-contratual enquanto Pontes

---

(458) *A boa-fé objetiva nas fases contratuais* cit., mesma página.
(459) *A boa-fé no direito privado*, p. 494.
(460) POPP, Carlyle. *Responsabilidade civil pré-negocial: o rompimento das tratativas*, p. 166.

de Miranda, Antonio Chaves, Caio Mario da Silva Pereira, dentre outros, indicam em suas obras posição pela natureza extracontratual[461].

Renata Domingues Balbino Munhoz Soares salienta, outrossim, que para o Direito italiano é necessário que exista confiança razoável entre as partes e o rompimento injustificado das tratativas bem como dano decorrente da interrupção, para que haja responsabilidade pré-contratual. E salienta o teor do art. 1.337 do Código Civil Italiano, que apregoa deverem as partes, "no desenvolvimento das tratativas e na formação dos contratos", comportar-se "segundo a boa-fé".

Um novo problema surge-nos, então. Digamos que um empresário, após processo seletivo, garanta vaga de emprego para determinada candidata. Por isso, já se considerando "empregada" por aquela empresa, a referida trabalhadora pede demissão e rescinde, assim, o contrato de trabalho que mantinha com outro empregador. No dia seguinte, ela comparece ao departamento pessoal daquela empresa que considera a sua nova empregadora e, ao entregar seus documentos, recebe a solicitação de submissão a alguns exames, ditos admissionais. Dentre esses, há coleta de material, exame laboratorial e constatação do estado de gravidez. Em razão disso, não é confirmada a contratação.

A par da ofensa ao disposto na CLT, art. 373-A, IV, de toda sorte, vislumbramos no exemplo acima hipótese indiscutível de quebra da boa-fé objetiva, pois, independentemente de outras possíveis discussões, houve agressão a uma justa expectativa de contratação, dessa que já se considerava empregada da empresa. Entendemos, em tal situação, que há direito à dupla ordem de reparação civil em razão dos danos impostos à trabalhadora: 1. por danos morais; e 2. por danos materiais (lucros cessantes).

Não parece ser outro o caminho trilhado pelo pensamento do grande Orlando Gomes[462] ao defender que, se um dos negociantes age de forma a criar para o outro a expectativa de contratar, obrigando-o, inclusive, a fazer despesas e *[no exemplo, houve mais que isso: tivemos um pedido de demissão, uma agressão contra o próprio emprego e o sustento próprio e familiar — logo, ofensa indireta à dignidade da pessoa humana daquela trabalhadora]*, sem qualquer motivo *[no exemplo, o motivo conduziu ao ilícito, por parte da empresa]*, encerra as negociações, o outro terá direito de ser ressarcido dos danos que sofreu.

Renata Domingues Balbino Munhoz Soares, por seu turno, posicionando-se pela natureza contratual da fase de negociações, afirma que, para vislumbrar-se a responsabilidade pré-contratual, faz-se necessária a reunião dos seguintes

---

(461) POPP, Carlyle. *Responsabilidade civil pré-negocial:* o rompimento das tratativas, p. 149.
(462) *Apud* SOARES, Renata Domingues Balbino Munhoz. *A boa-fé objetiva nas fases contratuais.* Disponível em: <www.gontijo-familia.adv.br/novo/artigos_pdf/**Renata**.../**Boafe**.pdf>. Acesso em: 5.11.2009.

requisitos: (a) afronta à boa-fé objetiva e à dignidade da pessoa humana; (b) existência de consentimento prévio ao início das tratativas; (c) rompimento ilegítimo das tratativas, ou seja, sem justa causa[463]; (d) ocorrência de prejuízo; e (e) a relação de causalidade entre a ruptura das tratativas e o dano sofrido. Afirma, ainda, que não se podem ignorar as obrigações secundárias e os deveres laterais decorrentes da relação de negociação e que a violação desses deveres configura agressão à boa-fé.

Salienta, ainda, que o dever de boa-fé na fase pré-contratual consiste na obrigação de não violar a confiança da outra parte e que a violação a esse dever constitui o primeiro requisito para a caracterização da responsabilidade pré-contratual. Por sua vez, a verificação acerca da confiança creditada e de esse dever ter sido violado advêm de dois elementos, um objetivo, outro subjetivo. O elemento objetivo consiste em verificar se o comportamento do declarante foi suficiente para gerar confiança segundo um padrão médio. Já o elemento subjetivo consiste em verificar "se o declaratário efetivamente confiou no comportamento da parte contrária".

Depois, alude a mesma autora, é necessário verificar se houve consentimento para o início das tratativas, o que exige declarações convergentes de vontades, direcionadas ao mesmo objeto, e a consciência de que as responsabilidades aumentarão na medida em que evoluem as tratativas.

O próximo requisito consiste na ruptura injustificada das tratativas, violando, assim, a confiança. Essa ruptura consiste naquela que é destituída de causa legítima, exibindo-se arbitrária, desleal sob um ponto de vista objetivamente averiguável[464], desconsiderando-se, aqui, os aspectos subjetivos da motivação da parte em encerrar as tratativas[465].

---

(463) Vale a leitura do seguinte julgado: "PROMESSA DE CONTRATAR — PRÉ-CONTRATO — DESCUMPRIMENTO — REPARAÇÃO DE DANOS. A Justiça do Trabalho é competente para apreciar e decidir pedido de reparação de dano causado pelo descumprimento da promessa de celebrar contrato de trabalho, por tratar-se de controvérsia decorrente de uma relação de trabalho prometida e que não teria se consumado por culpa de uma das partes. Embora refutada por muitos, existe a chamada responsabilidade pré-contratual, decorrente de ação ou omissão culposas ocorridas entre a proposta e a aceitação. Se a aceitação da proposta é manifestada no tempo oportuno, o contrato estará perfeito e acabado pelo simples acordo de vontades. Mas em se tratando de proposta que não exige aceitação imediata, pode o policitante retratar-se antes de manifestar o policitado sua vontade. Entretanto, se este foi ilaqueado em sua boa-fé e frustrado na sua fundada esperança de contratar, tem ele o direito à reparação dos prejuízos sofridos. O dever de indenizar, no caso, explica-se, segundo alguns, pela teoria da culpa 'in contrahendo' ou, segundo outros, pelo abuso de direito, mesmo que nessa fase não se entenda já existirem direitos." (TRT-3ª Região, Processo RO-17739/00, 4ª Turma, Rel.Luiz Otávio Linhares Renault, Rev.Antônio Alvares da Silva, d.p. 25.11.2000 — fonte: <www.trt3.jus.br> — Pesquisa nas Bases Jurídicas: Jurisprudência).
(464) Neste diapasão, Renata Domingues Balbino Munhoz Soares, *A boa-fé objetiva nas fases contratuais*. Disponível em: <www.gontijo-familia.adv.br/novo/artigos_pdf/**Renata**.../**Boafe**.pdf>. Acesso em: 5.11.2009.
(465) Neste sentido, POPP, Carlyle. *Responsabilidade civil pré-negocial:* o rompimento das tratativas, p. 260.

Por fim, há de verificar-se o dano e o nexo de causalidade entre esse e a ruptura das tratativas para que se tenha a responsabilidade pré-contratual.

Disso, concluímos que, iniciadas as tratativas, delas pode advir ruptura e, dessa, a responsabilidade (pré-contratual).

Assim, pela teoria da culpa *in contrahendo*, afirmamos, com segurança, a possibilidade de responsabilidade pré-contratual e, por detrás disso, a certeza de que existem obrigações de conduta que tocam às partes na fase das tratativas almejando celebração de contrato, dentre as quais a lealdade e a confiança — logo, a boa-fé (objetiva).

Observemos que o Código Civil, ao versar sobre a observância da boa-fé nas relações contratuais, o faz no art. 422, não trazendo qualquer menção à fase pré--contratual, o que não afasta a constatação dessa necessidade.

Essa ausência no texto legal, aliás, é sanada no Projeto n. 6.960, de 2002, de autoria de Ricardo Fiuza, que tramita no Congresso Nacional, propondo a alteração do texto do art. 422 do CC para o seguinte:

> "Os contratantes são obrigados a guardar, assim nas negociações preliminares e conclusão do contrato, como em sua execução e fase pós-contratual, os princípios da probidade e boa--fé e tudo mais que resulte da natureza do contrato, da lei, dos usos e das exigências da razão e da equidade."

À guisa de conclusão, à luz do exposto, podemos notar que o primado da boa-fé objetiva trouxe não apenas uma abertura nos sistemas rígidos dos contratos, em especial de direito privado. Na verdade, foi além ao flexibilizar a própria autonomia da vontade. Hoje, aqueles que se dispõem a iniciar um procedimento negocial não têm mais a faculdade de simplesmente romper as tratativas a seu bel-prazer sob a justificativa de que ainda não fora celebrado o contrato. Mitigou-se a autonomia da vontade para, pela via da boa-fé objetiva, impor às partes deveres laterais dela decorrentes, tornando mais ético o processo negocial ao eivá-lo de deveres como informação, lealdade, correção, clareza, respeito à confiança recíproca etc. Vale destacar o seguinte julgado:

> "1. (...). 2. PRÉ-CONTRATAÇÃO. DANOS MORAIS. A reparação moral decorrente da frustração da expectativa do exercício da função encontra respaldo na moderna teoria da culpa. A proposta de contratação para estágio não difere das demais modalidades contratuais, que, uma vez frustradas, permitem a responsabilização civil do causador do dano. Até mesmo na fase pré-contratual devem as partes se pautar pela boa-fé (art. 422, do CC). Com mais motivo quando já tenha sido ultrapassada tal fase, inclusive com ajustes dos horários de trabalho, data de início e término do estágio, contratação de seguro contra acidentes pessoais, nos termos do art. 4º, in fine, da Lei n. 6.494/96. Inconteste o ânimo das partes de dar seguimento ao compromisso. Recurso a que se dá provimento." (TRT-2ª Região, 8ª Turma, Processo n. 01345-2006-465-02-00-1, Ac.20080940719, rel.Des.Rovirso Aparecido Boldo, DJ 22.10.2008, dp.18.11.2008).

6.2. O Direito Coletivo do Trabalho

É comum definir o Direito Coletivo do Trabalho como um segmento do Direito do Trabalho[466] — o outro consiste no chamado Direito Individual do Trabalho —, informado por regras, instituições, teorias, institutos e princípios próprios, "que regula as relações inerentes à chamada autonomia privada coletiva, isto é, relações entre organizações coletivas de empregados e empregadores e/ou entre as organizações obreiras e empregadores diretamente, a par das demais relações surgidas na dinâmica da representação e atuação coletiva dos trabalhadores". Esta, a lição de Maurício Godinho Delgado[467].

Já Gustavo Filipe Barbosa Garcia conceitua o Direito Coletivo do Trabalho como "o segmento do Direito do Trabalho que regula a organização sindical, a negociação coletiva e os instrumentos normativos decorrentes, a representação dos trabalhadores na empresa e a greve"[468].

Seguindo a linha de Amauri Mascaro Nascimento[469], encontramos na doutrina de Alice Monteiro de Barros a afirmação de que o Direito Coletivo do Trabalho pode também ser denominado "Direito Sindical"[470].

Mencionemos, uma vez mais, a lição de Gustavo Filipe Barbosa Garcia, ao elucidar que os autores, ao adotarem a denominação "Direito Sindical", asseveram ser o sindicato "a figura de maior destaque no setor do direito em análise"[471]. Todavia, salientemos a conclusão do mesmo autor no sentido de que, "como as relações coletivas de trabalho não se restringem aos entes sindicais, parte da doutrina prefere denominar a matéria como Direito Coletivo do Trabalho", posição por ele adotada[472] e com a qual, modestamente, concordamos.

Davi Furtado Meirelles[473], por sua vez, salienta que a polêmica acerca da denominação, entre os adeptos de "Direito Coletivo do Trabalho" e aqueles que defendem a denominação "Direito Sindical", é característica da doutrina brasileira, sendo ignorada pelo italiano *Gino Giugni* em sua obra *Direito sindical*, o mesmo se verificando na obra do argentino Alfredo J.Ruprecht, que, por sua vez, nomina a divisão do Direito Laboral em questão de "Direito Coletivo do Trabalho".

---

(466) No mesmo sentido, Alice Monteiro de Barros, afirmando: "Filiamo-nos aos que sustentam que o Direito Coletivo do Trabalho, também denominado Direito Sindical, embora apresente características próprias e persiga fins especiais, constitui parte do Direito do Trabalho, devendo este ser considerado como unidade harmônica que, dada a sua extensão, permite essa subdivisão." (*Curso de Direito do Trabalho*, p. 1.205)
(467) *Curso de direito do trabalho*, p. 1.277.
(468) *Curso de direito do trabalho*, p. 792-793.
(469) *Direito sindical*, p. 19.
(470) *Curso de direito do trabalho*, p. 1.206.
(471) *Curso de direito do trabalho*, p. 791.
(472) *Ibid.*, p. 792.
(473) *Negociação coletiva no local de trabalho: a experiência dos metalúrgicos do ABC*, p. 34.

De toda forma, não se pode ignorar a relevância do sindicato no que toca ao objeto do segmento do Direito Laboral cujo estudo ora interessa-nos. Assim, vejamos, de forma objetiva, o que vem a ser o "sindicato", conhecimento indispensável para uma melhor abordagem acerca da fase de negociação coletiva.

6.3. O sindicato

É de Alice Monteiro de Barros a afirmação de que o sindicato vem sendo definido legalmente como uma forma de "associação profissional devidamente reconhecida pelo Estado como representante legal da categoria"[474]. Trata-se de pessoa jurídica de direito privado.

Como salienta Evaristo de Moraes Filho, "o sindicato é o verdadeiro ator e propulsor do Direito Coletivo do Trabalho"[475]. Tal assertiva deve-se ao fato de que, por suas reivindicações, pelos conflitos e acordos obtidos, o sindicato tem por missão constitucional a representação e, dentro dos limites dessa, a defesa dos interesses individuais ou coletivos dos trabalhadores — se pertinente à categoria profissional — e dos empregadores — se pertinente à categoria econômica — em Juízo ou fora dele. Neste sentido, o art. 8º, III, da Constituição Federal de 1988[476].

Portanto, como aduz Davi Furtado Meirelles, "as principais funções dos sindicatos, como entidades sindicais de primeiro grau, são a representativa, a negocial, a econômica, a política e a ética"[477]. E prossegue esclarecendo que os sindicatos também têm funções ligadas a aspectos econômicos, divorciadas, entretanto, da busca do lucro, e sempre voltadas à obtenção de benefícios para a categoria e para a própria entidade, para fins meramente sindicais, não subsistindo mais o impeditivo do art. 564 da CLT, vez que, segundo defende, não fora recepcionado pela atual ordem constitucional, entendimento também esposado por Marcelo José Ladeira Mauad[478].

Todavia, não há como negar que é em sua **finalidade negocial** que o sindicato encontra seu grande mister[479]. Tanto é assim que Davi Meirelles chega

---

(474) *Curso de direito do trabalho*, p. 1225.
(475) *Tendências do direito coletivo do trabalho*, In: Relações Coletivas de Trabalho: estudos em homenagem ao ministro Arnaldo Süssekind, p. 35.
(476) Traz o referido dispositivo: "ao sindicato cabe a defesa dos direitos e interesses coletivos ou individuais da categoria, inclusive em questões judiciais ou administrativas."
(477) *Negociação coletiva no local de trabalho — a experiência dos metalúrgicos do ABC*, p. 21.
(478) Fontes de custeio sindical. *Revista da Faculdade de Direito de São Bernardo do Campo*, ano 6, n. 8, p. 319-326.
(479) Enoque Ribeiro dos Santos chega a afirmar que o direito de negociação coletiva é um prolongamento do direito sindical, justificando sua posição no fato de que um dos objetivos mais importantes das organizações de empregadores e de trabalhadores consiste na definição de salários e de outras condições de emprego mediante contratos coletivos em lugar de contratos individuais de trabalho (*Direitos humanos na negociação coletiva*, p. 82).

a afirmar: "Sem a negociação coletiva é como se o sindicato não existisse." E conclui: "Por outro enfoque, seria como dizer que o sindicato que não exercita seu dever de negociação está fadado ao esquecimento, ao peleguismo, à falta de representatividade. Nada mais é do que um sindicato de gaveta, fantasma."[480]

Neste diapasão, não podemos olvidar o disposto no art. 8º, VI, da Carta Maior de 1988, *verbis*: "é obrigatória a participação dos sindicatos nas negociações coletivas de trabalho."

6.4. As negociações coletivas

6.4.1. Conceito

Razão assiste a Homero Batista Mateus da Silva quando afirma que a essência do Direito do Trabalho reside na negociação coletiva[481]. Assim, imperioso se mostra o estudo desse importante instituto jurídico, de inegáveis repercussões sociais, no âmbito em que também impera, na relação entre os seus sujeitos, como farol norteador das condutas, o princípio da boa-fé.

Segundo a OIT — Organização Internacional do Trabalho:

> *"Entende-se por negociação coletiva (ou expressões equivalentes) não só as discussões que culminam num contrato (convenção ou acordo) coletivo conforme o define e regulamenta a lei, mas, além disso, todas as formas de tratamento entre empregados e trabalhadores ou entre seus respectivos representantes, sempre e quando suponham uma negociação no sentido corrente da palavra."*[482]

José Augusto Rodrigues Pinto afirma que, refletindo-se a respeito dos diversos modos de solução dos conflitos coletivos de trabalho, certamente notar-se-á que "em todos eles está presente a negociação coletiva"[483]. Segundo Rodrigues Pinto, deve-se entender por negociação coletiva:

> *"o complexo de entendimentos entre representantes de categorias de trabalhadores e empresas, ou suas representações, para estabelecer condições gerais de trabalho destinadas a regular as relações individuais entre seus integrantes e solucionar outras questões que estejam perturbando a execução normal dos contratos."*[484]

---

(480) MEIRELLES, Davi Furtado. *Negociação coletiva no local de trabalho* — a experiência dos metalúrgicos do ABC, p. 21-22.
(481) *Curso de Direito do Trabalho aplicado*, v. 7: direito coletivo do trabalho, p. 143.
(482) Vide RODRIGUES PINTO, José Augusto. *Tratado de Direito Material do Trabalho*, p. 763.
(483) *Ibid.*, p. 761.
(484) *Ibid.*, p. 763.

Amauri Mascaro Nascimento, por sua vez, conceitua "negociação coletiva" como:

> "(...) uma série sucessiva de atos, de tratos seguidos entre os protagonistas de uma disputa coletiva, para a discussão das reivindicações formuladas por uma das partes a outra, desde a preparação, o desenvolvimento e a conclusão, com a formalização de um instrumento de acordo ou o impasse, superável pela mediação, arbitragem ou decisão judicial."[485]

Seguindo na trilha dos conceitos, imperioso citar a lição de Ivani Contini Bramante, que afirma:

> "A negociação coletiva, instrumento da autonomia privada coletiva, poder de autorregulamentação dos interesses próprios, é considerada instituto da democracia nas relações trabalho-capital, porque: expressa a liberdade sindical; é instrumento de pacificação dos conflitos coletivos de trabalho e de participação dos trabalhadores na fixação das normas e condições de trabalho; atende à dinâmica das normas de trabalho que supera a lentidão legislativa e as insuficiências da contratação individual; é instrumento de flexibilização das condições de trabalho (art. 7º, VI, XIII, XIV, da CF) e de adequação das normas que regem as relações de trabalho."[486]

Sérgio Pinto Martins pontua que a negociação coletiva é "uma forma de ajuste de interesses entre as partes, que acertam os diferentes entendimentos existentes, visando a encontrar uma solução capaz de compor suas posições"[487].

Já Enoque Ribeiro dos Santos sustenta que a negociação coletiva é um processo dialético por meio do qual os trabalhadores e as empresas ou seus representantes (entenda-se: sindicatos representativos da categoria econômica, ou, na sua falta, federação e, sucessivamente, confederação sindical) debatem uma agenda de direitos e obrigações, democraticamente e com transparência, envolvendo as matérias pertinentes à relação capital-trabalho, buscando, com isso, a obtenção de um acordo que possibilite a manutenção de uma convivência pacífica, marcada pelo equilíbrio, pela boa-fé e pela solidariedade humana. Afirma, outrossim, que a autenticidade e a legitimidade da negociação coletiva exigem igualdade, de modo a se afastar a antiga desigualdade das partes e a relação de poder e de dominação que prevalece no contrato individual de trabalho para, em seu lugar, obter-se um

---

(485) *Compêndio de direito sindical*, p. 299.
(486) In: Costa Machado (org.), Domingos S.Zainaghi (coord.), *CLT interpretada: artigo por artigo, parágrafo por parágrafo*, p. 532, em comentários ao art. 611 do texto consolidado.
(487) *Direito do trabalho*, p. 773.

novo tipo de dinâmica negocial entre os sujeitos coletivos, assim considerados os sindicatos representativos de ambas as categorias (profissional, ou seja, dos trabalhadores, e econômica, das empresas/empregadores)[488].

Dúvida não resta, pois, que a negociação coletiva consiste em meio de autocomposição dos conflitos[489] — e daí sua eficácia maior em relação ao resultado da intervenção estatal, seja na via legislativa, seja na via judicial por meio dos dissídios coletivos, uma vez que diminui a generalidade, no primeiro caso, tutelando os interesses específicos das classes ou pessoas negociantes, e, na segunda hipótese, por ser evidente que ninguém melhor do que as próprias partes diretamente interessadas no cenário de direitos e deveres, em jogo, para definirem qual solução pode, com mais eficácia, viabilizar a continuidade do convívio profissional diário, com a satisfação necessária à paz social. Pela negociação eficaz obtemos, de fato, a harmonização de interesses antagônicos apregoada por José Cláudio Monteiro de Brito Filho em seu conceito, em que defende tratar-se a negociação coletiva de meio de solução de conflitos caracterizado por um processo de entendimento entre empregados e empregadores almejando a referida harmonização, com o fito de estabelecer normas e condições de trabalho[490].

Mauricio Godinho, por sua vez, salienta que, em sede de negociação coletiva, obtém-se "transação coletiva negociada", e não renúncia ou submissão de direitos, consistindo a via em meio de autocomposição essencialmente democrático, gerindo interesses profissionais e econômicos de significativa relevância social na busca da solução de conflitos interindividuais e sociais[491].

---

(488) SANTOS, Enoque Ribeiro dos. *Direitos humanos na negociação coletiva*, p. 90.
(489) "A negociação coletiva é um dos modos de solução dos conflitos coletivos do trabalho. O conflito coletivo de trabalho é uma disputa destinada a criar, modificar ou extinguir normas e condições de trabalho desejadas para todos ou para parte expressiva dos empregados de um ou mais estabelecimentos ou empresas. Nessa negociação de normas e condições de trabalho para os empregados entram em linha de conta, embora não de modo essencial, algumas pretensões normativas também do lado empresarial (por exemplo, a cláusula de paz, que impeça greve por certo tempo); é mais usual, mas igualmente não essencial, a cláusula meramente obrigacional, que vincula apenas o sindicato de empregados com o empregador (por exemplo, local para funcionamento de seção sindical na empresa)." (BERNARDES, Hugo Gueiros. O Estado na negociação coletiva. In: FRANCO FILHO, Georgenor de Sousa. *Curso de direito coletivo do trabalho: estudo em homenagem ao ministro Orlando Teixeira da Costa*, p. 268). Saliente-se, ainda, a lição de Manoel Mendes de Freitas, *verbis*: "A autocomposição tem sido considerada como a melhor, mais eficaz e mais moderna forma de solução de conflitos coletivos. E assim o é em virtude de as próprias partes envolvidas conhecerem, profundamente, as peculiaridades dos problemas e das regiões geográficas, as nuanças que cada categoria (econômica e profissional) possui." (Convenção e acordo coletivos. In: Georgenor de Sousa Franco Filho, *Curso de direito coletivo do trabalho: estudo em homenagem ao ministro Orlando Teixeira da Costa*, p. 316).
(490) *Direito sindical*, p. 176.
(491) *Curso de direito do trabalho*, p. 1369.

6.4.1.1. O sentido da negociação coletiva como fase pré-contratual coletiva de trabalho e a OIT: breve análise a partir das Convenções da OIT ns. 98 e 154 e das Recomendações ns. 91 e 163, dentre outras

No plano internacional, não se pode negar o valor atribuído à negociação coletiva, em especial face à Convenção n. 98 da Organização Internacional do Trabalho, aprovada na 32ª reunião da Conferência Internacional do Trabalho, de 8 de junho de 1949, convocada em Genebra pelo Conselho de Administração do Secretariado da OIT. A referida Convenção entrou em vigor, no plano internacional, em 18 de julho de 1951, sendo certo que, no âmbito interno (Brasil), foi: (a) aprovada pelo Decreto Legislativo n. 49, de 27 de agosto de 1952; (b) ratificada em 18 de novembro do mesmo ano; (c) promulgada pelo Decreto Presidencial de n. 33.196, de 29 de junho de 1953; e (d) passou a ter vigência a partir de 18 de novembro do mesmo ano.

A mencionada Convenção da OIT dispõe sobre a aplicação dos princípios do direito de sindicalização e de negociação coletiva, estipulando que cada país deve tomar medidas "apropriadas às condições nacionais"[492] no sentido de estimular a negociação coletiva com o objetivo de regular, mediante pactos coletivos, termos e condições de emprego (art. 4º).

Posteriormente, veio a lume a Convenção n. 154 da OIT, aplicável a todos os ramos de atividade econômica (art. 1º), aprovada na 67ª reunião da Conferência Internacional do Trabalho, ocorrida em Genebra, em 3 de junho de 1981 (chamada, também, de "Convenção sobre a negociação coletiva"), com entrada em vigor no plano internacional em 11 de agosto de 1983. No Brasil, a referida Convenção Internacional foi: (a) aprovada pelo Decreto Legislativo n. 22, de 12 de maio de 1992; (b) ratificada em 10 de julho do mesmo ano; (c) promulgada pelo Decreto Presidencial n. 1.256, de 29 de setembro de 1992, com vigência nacional a partir de 10 de julho de 1993.

A referida Convenção reafirmou disposição da Declaração de Filadélfia, que reconhece "a solene obrigação" da OIT de "fomentar entre as nações" programas almejando o "efetivo reconhecimento do direito de negociação coletiva", princípio "aplicável aos povos de todo o mundo". Conclamou todos, ainda, ao agir para fim de efetivar o art. 4º da Convenção n. 98, desenvolvendo, quando possível, "grandes esforços" para alcançar os objetivos e observar os princípios que dela emanam, no afã de que restem tomadas as medidas necessárias a prover a livre e necessária negociação coletiva.

Salienta Davi Furtado Meirelles que, a partir do art. 4º da Convenção n. 98, a OIT quis definir a negociação coletiva como sendo:

---

(492) No mesmo sentido, o art. 5º, item 1, da Convenção sobre a Negociação Coletiva, de 1981 (Convenção 154 da OIT).

> "(...) o meio adequado pelo qual, voluntariamente, trabalhadores e empregadores, diretamente ou por intermédio de suas respectivas organizações, regulamentam as condições e os termos em que o trabalho será prestado, estipulando-os em instrumentos normativos."[493]

Complementa o mesmo autor, mencionando o art. 2º da Convenção n. 154, do qual podemos extrair a definição de negociação coletiva até de forma mais clara e objetiva, pois traz o dispositivo legal que:

> "para efeito da presente Convenção, a expressão 'negociação coletiva' compreende todas as negociações que tenham lugar entre, de uma parte, um empregador, um grupo de empregadores ou uma organização ou várias organizações de empregadores, e, de outra parte, uma ou várias organizações de trabalhadores, com o fim de:
>
> a) fixar as condições de trabalho e emprego; ou
>
> b) regular as relações entre empregadores e trabalhadores; ou
>
> c) regular as relações entre empregadores ou suas organizações e uma ou várias organizações de trabalhadores, ou alcançar todos estes objetivos de uma só vez."[494]

Cabe, aqui, uma vírgula, para salientar a posição crítica de José Cláudio Monteiro de Brito Filho acerca da definição da OIT supratranscrita. O referido jurista entende que o texto legal do art. 2º da Convenção n. 154 não chega a indicar, propriamente, o que viria a ser a negociação coletiva e, como que considerando previamente compreendido o sentido do vocábulo, resume-se a limitar o campo da negociação coletiva no âmbito das relações de trabalho, do ponto de vista de seus sujeitos e de sua finalidade[495].

Destaquemos, ainda, o teor da Recomendação n. 163 da OIT, de 1981, que versa sobre os meios de promoção da negociação coletiva, trazendo, consoante sintetiza Otávio Pinto e Silva, a declaração de que o direito de negociação deve ser amplo, assegurado a todas as organizações livres, independentes e que ostentem representatividade em relação a trabalhadores e empregadores, "em qualquer nível, como o do estabelecimento, da empresa, do ramo de atividade, da indústria, da região ou até em nível nacional, coordenados esses níveis entre si". Salienta Pinto e Silva, ainda, que a Recomendação n. 163 estabelece a necessidade de treinamento adequado aos negociadores e de informações facilitadas entre as partes, para que possam negociar com conhecimento de causa. Por fim, prevê "a convivência da adoção de procedimentos para a solução dos conflitos trabalhistas" visando que as partes encontrem elas próprias a "solução da disputa"[496].

---

(493) *Negociação coletiva no local de trabalho:* a experiência dos metalúrgicos do ABC, p. 23.
(494) *Ibid.*, mesma página.
(495) *Direito Sindical*, p. 175.
(496) *A contratação coletiva como fonte do direito do trabalho*, p. 94.

Outro ponto interessante é que, ainda no âmbito da OIT, encontramos a definição de "contrato coletivo" de trabalho. E tal se dá na Recomendação n. 91, de 1951, que pontua, em seu item II, ser o contrato coletivo "todo acordo escrito relativo às condições de trabalho e de emprego, celebrado entre um empregador, um grupo de empregadores ou uma ou várias organizações de empregadores, de um lado, e, de outro lado, uma ou várias organizações representativas de trabalhadores ou, na ausência de tais organizações, representantes dos trabalhadores interessados, devidamente eleitos e autorizados por estes últimos, de acordo com a legislação nacional".

A partir disso, a conclusão de Davi Furtado Meirelles no sentido de diferenciar a negociação coletiva da contratação coletiva de trabalho:

> *"Enquanto a negociação coletiva pressupõe todos os atos preparatórios, procedimentos, meios e instrumentos necessários para a promoção do entendimento entre as partes envolvidas (no caso, empregadores e trabalhadores),* **visando à realização de um negócio jurídico, que poderá se concretizar ou não,** *a contratação diz respeito ao resultado positivo daquela, passando pelas mesmas fases, até se chegar efetivamente ao negócio jurídico (acordo). Simplificando, negociação coletiva é o processo de discussão que nem sempre chegará a um contrato coletivo (no caso brasileiro, a um acordo ou a uma convenção coletiva de trabalho)."*[497] (negrito nosso)

Assim, como salienta Gustavo Filipe Barbosa Garcia, é pela prática constante da negociação coletiva que se gera a chamada contratação coletiva de trabalho, "por meio da qual os interessados passam a fixar as normas que regulam as suas próprias relações jurídicas, de forma autônoma, atendendo às peculiaridades do caso em discussão"[498].

No mesmo sentido, Sérgio Pinto Martins afirma que a negociação coletiva "visa um procedimento de discussões sobre divergências entre as partes, procurando um resultado", sendo a convenção e o acordo coletivo "o resultado desse procedimento"[499]. Assinala Martins que, se a negociação for frustrada, não haverá a norma coletiva (entenda-se: acordo ou convenção)[500]. Assim, qualifica-se a negociação coletiva pelo seu resultado, vez que as partes acabam conciliando seus interesses de modo a resolver o conflito[501] ou por força de convenção, ou por acordo coletivo de trabalho, variando, assim, a abrangência de sua incidência (cogência) normativa quanto aos sujeitos e ao espaço.

---

(497) *Negociação coletiva no local de trabalho: a experiência dos metalúrgicos do ABC*, p. 24. No mesmo sentido, Gustavo Filipe Barbosa Garcia, *Curso de direito do trabalho*, p. 846.
(498) *Ibid.*, p. 846.
(499) *Direito do trabalho*, p. 775.
(500) *Ibid.*, mesma página.
(501) Neste sentido, MARTINS, Sérgio Pinto. ob.cit., p. 773.

Portanto, a negociação coletiva consiste na fase prévia ao contrato coletivo de trabalho, equivalendo, pois, ao nosso principal objeto de análise deste trabalho, voltado à boa-fé objetiva como paradigma de conduta na fase pré-contratual trabalhista no segmento coletivo.

6.4.2. O contrato coletivo de trabalho

O conceito de contrato coletivo de trabalho já resta apresentado no item anterior, sendo tal deslocamento necessário para fim de melhor compreensão do conceito de negociação coletiva.

Aqui, todavia, para fim de complementar o referido conceito, cabe-nos salientar que, no Direito brasileiro, o contrato coletivo de trabalho resta aperfeiçoado mediante a celebração de acordo ou convenção coletiva de trabalho, *ex vi* do disposto no art. 7º, XXVI, da Constituição Federal de 1988.

Não é outra, aliás, a lição de Gustavo Filipe Barbosa Garcia, ao afirmar: "No sistema brasileiro, os contratos coletivos de trabalho são as *convenções coletivas de* trabalho e os *acordos coletivos de* trabalho, conforme art. 7º, inciso XXVI, da Constituição Federal de 1988."[502]

Interessante, todavia, salientar a posição de Otávio Pinto e Silva, para quem há distinção entre as noções de convenção e acordo coletivo e propriamente o que se possa chamar de contrato coletivo de trabalho. Defende o mencionado jurista que o modelo de negociação coletiva que atualmente vigora no Direito brasileiro pode dar ensejo a dois tipos diferentes de instrumentos jurídicos, quais sejam, a convenção coletiva e o acordo coletivo de trabalho, com um campo de abrangência mais restrito, sendo propugnada a adoção de um terceiro tipo de convênio coletivo, que seria, então, sim, o contrato coletivo de trabalho, instituto que ainda não possui, segundo afirma, uma definição precisa[503].

Se, de um lado, a lei brasileira não fornece o conceito de contrato coletivo de trabalho, não deixa de fazê-lo em relação aos ditos acordos e às convenções — que

---

[502] *Curso de direito do trabalho*, p. 846.
[503] *A contratação coletiva como fonte do direito do trabalho*, p. 41-45. Em sentido próximo, também diferenciando o contrato coletivo de trabalho dos acordos e das convenções coletivas, no aspecto subjetivo e objetivo, AZEVEDO, Gelson de. Contrato coletivo de trabalho. In: FRANCO FILHO, Georgenor de Sousa. *Curso de direito coletivo do trabalho*: estudos em homenagem ao ministro Orlando Teixeira da Costa, p. 322-325. Gustavo Filipe Barbosa Garcia também alude à questão pontuando: "O contrato coletivo de trabalho, como modalidade distinta de instrumento normativo negociado, é observado no direito estrangeiro, decorrendo, normalmente, da negociação coletiva de âmbito nacional. No entanto, no sistema jurídico brasileiro em vigor, ainda não se verifica a sua regulamentação específica." (*Curso de direito do trabalho*, 4. ed., p. 1263-1264). Porém, adotaremos neste trabalho a noção que nos parece oriunda do direito positivo pátrio, encontrando nas convenções e nos acordos coletivos espécies do gênero "contrato" coletivo de trabalho.

nada mais são do que expressões do referido contrato. Assim, traz a CLT, em seu art. 611, neste momento merecendo atenção especial o disposto no *caput* e § 1º:

> *"Art. 611. **Convenção Coletiva de Trabalho** é o acordo de caráter normativo, pelo qual dois ou mais Sindicatos representativos de categorias econômicas e profissionais estipulam condições de trabalho aplicáveis, no âmbito das respectivas representações, às relações individuais de trabalho. (Redação dada pelo Decreto-Lei n. 229, de 28.2.1967)*
>
> *§ 1º É facultado aos Sindicatos representativos de categorias profissionais celebrar **Acordos Coletivos** com uma ou mais empresas da correspondente categoria econômica, que estipulem condições de trabalho, aplicáveis no âmbito da empresa ou das acordantes respectivas relações de trabalho. (Redação dada pelo Decreto-Lei n. 229, de 28.2.1967)*
>
> *§ 2º As Federações e, na falta desta, as Confederações representativas de categorias econômicas ou profissionais poderão celebrar convenções coletivas de trabalho para reger as relações das categorias a elas vinculadas, inorganizadas em Sindicatos, no âmbito de suas representações. (Redação dada pelo Decreto-Lei n. 229, de 28.2.1967)."* (sic), (negrito meu)

Portanto, a convenção coletiva de trabalho consiste no contrato coletivo de trabalho consubstanciado em instrumento normativo resultante da negociação coletiva, firmado, via de regra (vide § 2º do art. 611, supratranscrito, bem como o art. 857, parágrafo único, da CLT[504]), entre os sindicatos da categoria profissional (representante dos empregados) e da categoria econômica (representante dos empregadores).

Já o acordo coletivo de trabalho também consiste em contrato coletivo. É o instrumento normativo resultante da negociação coletiva, porém estabelecida e concretizada pelo sindicato da categoria profissional com uma ou mais empresas, e não com o sindicato da categoria econômica. Portanto, dentro dos limites de representatividade do sindicato acordante, o acordo coletivo de trabalho gera direitos e deveres para as empresas signatárias e seus respectivos empregados da categoria profissional em questão, observada a base territorial do signatário coletivo. A convenção coletiva, por sua vez, estende seus efeitos para todas as empresas da categoria econômica, observada a base territorial do sindicato que celebrou a avença, e seus respectivos empregados da pertinente categoria profissional representada pelo outro sindicato (ou sindicatos) signatário.

Não é outra a lição de Ivani Contini Bramante:

> *"O convênio coletivo é considerado gênero que comporta duas espécies: a) a convenção coletiva de trabalho, que é negociada entre um ou mais sindicatos profissionais e um ou mais sindicatos patronais da mesma*

---

(504) A CLT traz: Art. 857. A representação para instaurar a instância em dissídio coletivo constitui prerrogativa das associações sindicais, excluídas as hipóteses aludidas no art. 856, quando ocorrer suspensão do trabalho. *(Redação dada pelo Decreto-Lei n. 7.321, de 14.2.1945)*. Parágrafo único. Quando não houver sindicato representativo da categoria econômica ou profissional, poderá a representação ser instaurada pelas federações correspondentes e, na falta destas, pelas confederações respectivas, no âmbito de sua representação. *(Redação dada pela Lei n. 2.693, de 23.12.1955)*

categoria, com eficácia geral para toda a categoria de trabalhadores representada; b) o acordo coletivo de trabalho, negociado entre sindicato profissional e uma ou mais empresas diretamente, a ser aplicável no âmbito das empresas signatárias.

(...)

É o negócio jurídico entre os sindicatos das categorias econômica e profissional, destinado à estipulação de normas e condições de trabalho a serem aplicadas aos contratos individuais de trabalho. A norma coletiva constante da convenção coletiva tem por destinatários os integrantes das categorias representadas pelos sindicatos dos trabalhadores e das empresas. Os efeitos da negociação alcançam todos os empregados abrangidos na representação da entidade que celebrou a norma coletiva — convenção coletiva — e os empregados da empresa — acordo coletivo —, independentemente de filiação sindical. Portanto, a eficácia da convenção coletiva cifra-se ao âmbito de representação dos sindicatos signatários. O seu caráter é normativo, uma vez que as normas coletivas de trabalho aplicam-se aos contratos individuais de trabalho em curso àqueles celebrados na vigência da convenção coletiva."[505]

Tanto a convenção quanto o acordo coletivo de trabalho constituem fontes formais do Direito do Trabalho, vez que estabelecem normas genéricas e abstratas, a serem aplicadas no âmbito das relações individuais e coletivas de trabalho, observados os limites de incidência supratraçados.

Portanto, como salienta Gustavo Filipe Barbosa Garcia, no âmbito das negociações coletivas, para a instituição de convenções e acordos coletivos,

"os atores sociais exercem a autonomia coletiva dos particulares, que é um poder normativo, possibilitando a solução dos conflitos coletivos pelas próprias partes interessadas, estabelecendo normas mais adequadas para regular as relações jurídicas de trabalho"[506].

Mozart Victor Russomano[507] salienta que as convenções coletivas de trabalho surgiram nas nações industrializadas da Europa Ocidental e nos Estados Unidos da América. De início, o Estado posicionava-se com reservas e até opondo-se à possibilidade de empresários e trabalhadores, diretamente ou por intermédio das entidades sindicais, celebrarem tais atos jurídicos com feitio contratual que, em vez de criarem obrigações recíprocas para as partes contratantes, tão somente, formulavam verdadeiras regras de conduta que aderiam aos contratos individuais

---

(505) MACHADO, Costa (org.); ZAINAGHI, Domingos S. (coord.). *CLT Interpretada:* artigo por artigo, parágrafo por parágrafo, p. 532-533.
(506) *Curso de direito do trabalho*, p. 846.
(507) RUSSOMANO, Mozart Victor. *Princípios gerais de direito sindical*, p. 143-151.

de trabalho, vinculando empregador e empregado, obrigando-os a observar os direitos e deveres então estatuídos. Com o tempo, notou-se e reconheceu-se a relevância dos contratos coletivos de trabalho como meio para obtenção, pela via negociada, de solução eficaz para os conflitos coletivos trabalhistas, e, consequentemente, como caminho eficaz para a paz social. O fortalecimento das estruturas sindicais veio a colaborar, também, para a queda das barreiras e oposições oficiais às convenções coletivas, de modo a pressionar os empresários para que viessem a negociar e aceitar o resultado do avençado, cumprindo as cláusulas convencionadas. Com isso, a oposição oficial foi pouco a pouco sendo vencida pela prática das convenções coletivas, cujas vantagens mostravam-se indiscutíveis. A fomentação do poder sindical e a presença de grupos de trabalhadores nas decisões políticas nacionais também conduziram ao reconhecimento, pelos legisladores, da legitimidade das convenções coletivas, como, no Brasil, temos o art. 611 da CLT e, principalmente, o art. 7º, XXVI. Temos, aqui, um bom exemplo de conquista de reconhecimento de instituto jurídico (consistente em direito das classes envolvidas na relação laboral) pela via histórica da prática popular legitimada posteriormente pela aceitação oficial e, ainda, pela incorporação no direito positivo.

Essa realidade, todavia, segundo ainda narra Russomano[508], não se verificou da mesma forma na América Latina, onde houve a percepção dos legisladores acerca da utilidade social e jurídica desse instituto, percepção essa havida a partir da experiência alienígena, em especial norte-americana e europeia, de forma a desde logo incorporá-lo ao direito positivo.

Russomano destaca, ainda, que o sindicalismo brasileiro teve sua estrutura desenvolvida durante o Estado Novo.

Assim, ao mesmo tempo em que restou consagrado no ordenamento jurídico pátrio o instituto da convenção coletiva, cuidadosamente disciplinado, o Estado não permitia aos sindicatos uma verdadeira liberdade de atuação, de forma a não restar prestigiada e estimulada a prática da negociação coletiva, quadro esse efetivamente revertido após a alteração da estrutura sindical promovida pelo advento da Carta da República de 1988.

6.4.2.1. Convenções coletivas de trabalho, acordos coletivos de trabalho e contrato individual de trabalho: hierarquia, relações e conflitos

O alcance das convenções coletivas de trabalho, não se pode negar, é consideravelmente maior que o pertinente aos acordos coletivos, já que as convenções normatizam direitos e deveres que deverão ser observados nas relações laborais que envolvam toda uma categoria dentro de determinada base territorial, enquanto nos acordos a referida normatividade alcança tão somente as relações

---

(508) *Princípios gerais de direito sindical*, p. 143-151.

de trabalho mantidas com uma ou mais empresas signatárias. Todavia, caso haja conflito entre as condições estabelecidas em ambas, não será pela amplitude que prevalecerão as cláusulas da convenção. Da mesma forma, não será pelo critério da especificidade que a questão encontrará solução, prestigiando o acordo coletivo, em detrimento da convenção. Portanto, notamos que não há, propriamente, hierarquia entre as espécies de instrumentos normativos mencionadas.

Todavia, essa conclusão ainda deixa sem resposta a seguinte questão: em caso de conflito entre o teor de cláusula trazida em convenção coletiva de trabalho e o disposto em acordo coletivo de trabalho, qual disposição deverá prevalecer? Já afirmamos que tal solução não é dada por critérios hierárquicos simples, calcados no tempo, ou mesmo na abrangência da norma coletiva ou na sua especificidade. Qual é o critério a ser adotado, então, face a eventual conflito desta ordem?

A solução é encontrada em texto expresso da CLT, mais precisamente em seu art. 620, que determina que as condições mais favoráveis ao trabalhador deverão prevalecer. O texto legal mencionado alude especificamente ao prevalecimento das condições estabelecidas em convenção sobre as estipuladas em acordo coletivo de trabalho, quando mais favoráveis [ao trabalhador]. Dessa forma, e em sentido contrário, concluímos que, se as normas do acordo coletivo forem mais favoráveis, então prevalecerão sobre as carregadas na convenção coletiva, não pelo critério da especialidade ditado na lei de introdução às normas do Direito brasileiro, art. 2º, § 2º, mas, de fato, pelo critério da norma mais favorável ao obreiro[509].

---

(509) Não se ignora, aqui, a existência de outras teorias sobre a solução dos conflitos entre o disposto em convenção coletiva de trabalho e em acordo coletivo de trabalho. Ana Lee Carr de Muzio Meira (Conflitos entre normas coletivas de trabalho no Brasil. In: BRAMANTE, Ivani Contini; CALVO, Adriana (org.). *Aspectos polêmicos e atuais do direito do trabalho:* homenagem ao professor Renato Rua de Almeida, p. 205-210) vislumbra três correntes, a saber: (1) a convenção coletiva prevalece sobre o acordo, exceto se o acordo for mais benéfico. Quanto a essa corrente, entendemos que, na prática, impõe a norma mais favorável, solução adequada, como acima defendemos e entendemos decorrer do direito positivo brasileiro; (2) o acordo coletivo prevalece quando a Constituição Federal expressamente autorizar (jornada e salário): como também salientamos, a exceção à vedação que o nosso sistema impõe à flexibilização "in pejus" consiste justamente nas restritas e taxativas hipóteses previstas e autorizadas no texto constitucional ou na lei infraconstitucional, quando esta não colidir com o piso mínimo de direitos trabalhistas assegurados na CF. Não se trata propriamente de uma teoria independente da primeira, mas apenas as exceções àquela regra, ao nosso ver; e (3) o acordo coletivo prevalece quando a Constituição Federal autoriza e quando a convenção coletiva contiver cláusula dispositiva da prevalência do acordo menos benéfico: segundo Anna Lee Carr de Muzio Meira, trata-se de corrente defendida por Henrique Macedo Hinz, Amauri Mascaro Nascimento, dentre outros. Dentre os fundamentos defendidos para aceitação dessa corrente, encontra-se o fato de que as vantagens conquistadas pelos trabalhadores pela via da negociação coletiva não decorrem diretamente de um imperativo legal, geral, mas são específicas, obtidas pela via negocial, de modo que podem ser suprimidas ou reduzidas pela mesma via. A autonomia coletiva dos particulares, assim, teria duas vias, funcionando tanto na promoção dos trabalhadores quanto na promoção da economia moderna, auxiliando na administração das crises. Se a própria convenção coletiva prevê essa possibilidade, é porque vislumbra hipóteses de inviabilidade prática da conquista, a permitir um trato mais específico no âmbito do acordo coletivo, restringindo ou até suprimindo parte das vantagens fixadas na convenção, mais ampla, por

Não há lacuna no sistema legal trabalhista quanto a essa questão, de modo que não há de se cogitar a aplicação de norma ou critério pertinente ao direito comum, sob pena de subversão do sistema e afronta ao primado da legalidade.

Saliente-se, todavia, que pode ocorrer de, no conflito de normas coletivas, encontrarmos uma que traga redução de alguns direitos frente a outra, mas, ao mesmo tempo, majore outros! Diante de tais contextos, deve o intérprete lançar mão da teoria do conglobamento, ou seja, verificar qual das normas, em seu todo, é mais benéfica aos trabalhadores, e decidir por sua aplicação. O que não se pode aceitar é o "pinçar" das cláusulas mais favoráveis aos empregados, de uma e outra norma, pois, com isso, o intérprete está, na verdade, "criando uma terceira norma", desprezando o processo negocial havido e suas peculiaridades, o que não lhe cabe, até sob pena de inaceitável desestabilização das relações coletivas de trabalho. Todavia, nada impede, a nosso ver, que essa análise ocorra não em relação à norma como um todo, mas à luz do conjunto de cláusulas que componham a disciplina dada a cada instituto ou matéria — salvo se expressamente constar da norma a vinculação de determinadas conquistas a outras, de modo que, no processo negocial, uma tenha decorrido ou reste devida aos limites fixados para a outra. Então, por exemplo, ter-se-ia a análise das cláusulas que tratam da jornada de trabalho, do conjunto de disposições carregadas na norma coletiva sobre garantias de emprego etc., impondo-se como direito dos trabalhadores aquele conjunto de condições mais benéficas, por matéria (podendo, assim, haver a aplicação parcial da convenção e do acordo, pelo instituto disciplinado de modo mais favorável aos trabalhadores). Trata-se do que podemos chamar de teoria do conglobamento mitigado.

Outras teorias existem, como a cronológica (prevalece a norma coletiva mais recente), a da cumulatividade (que conduz ao inaceitável "pinçar" de cláusulas mais favoráveis) e a da especialidade (norma especial afasta norma geral), cuja aplicação já demonstramos entender inaceitável.

---

cláusula de adaptação. Notamos que alguns, para defender essa teoria, chegam a afirmar a inaplicabilidade do art. 620 da CLT frente ao texto constitucional, que prestigia o acordo ou a convenção coletiva. Todavia, parece-nos que sequer estaríamos diante de afastamento do referido dispositivo legal. Ocorre que, aqui, temos uma norma negociada e suas exceções, também negociadas, quais sejam, os possíveis "afastamentos" das vantagens por norma coletiva mais específica (acordo), que necessariamente terá de ser celebrada, tendo por um de seus sujeitos o sindicato (em regra) da categoria profissional. Portanto, a norma coletiva, ao mesmo tempo em que cria uma regra, estabelece suas exceções. Prestigia-se, assim, o primado da isonomia, permitindo que aqueles que não se enquadrem no cenário geral vislumbrado na negociação que culminou na convenção coletiva possam adaptar tal regra à sua realidade, mitigando seus efeitos ou até afastando esses, de modo a manter o salutar equilíbrio na relação contratual de trabalho, em harmonia com o princípio estampado no art. 1º, IV, da Constituição Federal. Continua valendo a regra da CLT, art. 620, pois, aqui, não há um real conflito entre convenção e acordo coletivo de trabalho: há acordo coletivo que, "por expressa autorização havida na convenção coletiva", dispõe para o caso específico daquela ou daquelas empresas signatárias e seus empregados.

Superada essa questão, surge outra a ser dirimida: e quando houver conflito entre as regras negociais coletivas e as disposições do contrato individual de trabalho?

Parece-nos, como supra-apontado, que também prevalecerão as normas mais favoráveis[510], até por questão principiológica, afeta à interpretação na seara do Direito do Trabalho. Note-se, ainda nesse sentido, o disposto no art. 7º, *caput*, do texto constitucional, em que restou positivado o princípio protetivo, fixando-se uma espécie de "piso mínimo de direitos dos trabalhadores", além de outros que proporcionem uma melhoria nas suas condições sociais. Desse modo, salvo quando a própria Constituição Federal autoriza a flexibilização *in pejus* (*v. g.* No art. 7º, VI, quanto à redução do salário), esta não é admitida, nem mesmo por acordo ou convenção coletiva.

Porém, ainda assim resta uma última questão, inerente à relação entre os direitos estabelecidos por intermédio de acordos e convenções coletivas de trabalho e o contrato individual: os direitos outorgados aos trabalhadores, frutos de instrumentos coletivos negociados, aderem de forma permanente ao contrato individual?

A questão é interessante, em especial quando contrapomos o fato de os acordos e as convenções terem prazo determinado à regra legal pátria, no sentido de os contratos individuais de trabalho presumirem-se por prazo indeterminado, sendo esse, aliás, o objetivo do sistema, informado que é pelo princípio da continuidade. Logo, o trabalhador passa a gozar de direitos previstos em um instrumento firmado à luz do coletivamente negociado e com prazo determinado, de modo que, após decorrido o referido prazo, pode acontecer de essa condição até então conquistada deixar de constar do próximo acordo ou convenção coletiva a vigorar. Há "direito adquirido" a tais conquistas?

Mauricio Godinho Delgado salienta que três são as correntes a respeito do tema, assim por ele denominadas: 1. posição pela aderência irrestrita; 2. posição pela aderência limitada no prazo; e 3. posição pela aderência limitada por revogação.

A primeira posição, ou seja, da aderência irrestrita, sustenta que os direitos garantidos aos trabalhadores em sede de acordos ou convenções coletivas de trabalho aderem definitivamente aos contratos individuais, não permitindo futura supressão[511], sob pena de violação ao princípio da condição mais favorável, inclusive face ao disposto no art. 468 da CLT[512].

---

(510) Neste sentido, vide GARCIA, Gustavo Filipe Barbosa. *Curso de Direito do Trabalho*, 4. ed., p. 1.275.
(511) *Curso de direito do trabalho*, p. 1396.
(512) Gustavo Filipe Barbosa Garcia salienta que, por força da Lei n. 8.524, de 23.12.1992, no âmbito do Direito positivo brasileiro restou prestigiada essa primeira corrente, vez que o art. 1º, §§ 1º e 2º da dita lei dispunham que as cláusulas dos acordos, das convenções ou dos contratos coletivos de trabalho integram os contratos individuais e somente poderiam ser suprimidas ou reduzidas por posterior acordo, convenção ou contrato coletivo, dentre outras disposições. Todavia, tais dispositivos foram revogados pela Medida Provisória n. 1.053, de 30.6.1995, de várias reedições, vindo a ser revogada a Lei n. 8.542, de forma definitiva, pela Lei n. 10.192, de 2001. Assim, entende Gustavo Filipe, citando o

A segunda posição, pela aderência limitada no prazo, é no sentido de que as regras negociadas coletivamente vigoram pelo prazo do acordo ou da convenção, não aderindo definitivamente ao patrimônio jurídico dos trabalhadores. Godinho salienta que, aqui, aplicar-se-ia o mesmo critério do verbete 277 da Súmula do Tribunal Superior do Trabalho, embora esta se dirija à sentença normativa[513]. Segundo Gustavo Filipe Barbosa Garcia, a atual tendência da jurisprudência caminha no sentido dessa corrente, "até porque elas possuem vigência limitada no tempo, conforme o art. 614, § 3º, da CLT"[514].

Já a terceira corrente, da aderência limitada por revogação, é tida por Godinho como "a mais correta e doutrinariamente mais sábia". Esta posição, intermediária em relação às duas primeiras, vai no sentido de que as disposições dos diplomas negociados restam integradas ao patrimônio jurídico das partes do contrato de trabalho até que um novo diploma negocial venha a revogá-las. Essa revogação pode ser expressa ou tácita (por exemplo, com um novo diploma coletivo regulando determinada matéria em seu conjunto, mas omitindo algum preceito da antiga convenção ou do acordo coletivo, ou, ainda, se novos dispositivos viessem a lume criando um contexto incompatível com os preceitos antigos pertinentes à matéria)[515].

De toda forma, mesmo que se adote a segunda das correntes supraexpostas, seguindo a tendência jurisprudencial pátria, ainda assim não se pode ignorar o disposto no art. 5º, XXXVI, da Constituição Federal. Ocorre que é garantia fundamental de todos, no Direito brasileiro, o respeito ao direito adquirido. Assim, se determinada cláusula de norma coletiva prevê um direito mediante o preenchimento de alguns requisitos, uma vez ocorrido o dito preenchimento durante a vigência da norma coletiva em questão, deverá ser considerado como adquirido pelo trabalhador o referido direito. Exatamente nesse sentido o teor da Orientação Jurisprudencial n. 41, da SBDI-1 do C.TST, *verbis*: "Preenchidos todos os pressupostos para a aquisição de estabilidade decorrente de acidente ou doença profissional, ainda durante a exigência do instrumento normativo, goza o empregado de estabilidade mesmo após o término da vigência deste."

Note-se que, aqui, estamos em situação distinta da apregoada pela primeira corrente doutrinária supraestudada, da aderência irrestrita, bem como da terceira corrente, da aderência limitada por revogação. Na verdade, a hipótese é de direito adquirido por preenchimento das condições para tanto *enquanto vigorava a norma coletiva*, de modo que não há óbice para o seu exercício em momento posterior ao final da vigência daquela, ressalvada eventual prescrição, quando possível. Não

---

escólio de Sérgio Pinto Martins, que as cláusulas das normas coletivas incorporaram-se aos contratos individuais de trabalho no período de 24.9.1992 a 30.6.1995 (*Curso de direito do trabalho*, 4. ed., p. 1.278-1.279).
(513) Cf; *Curso de direito do trabalho*, p. 1.397.
(514) *Curso de direito do trabalho*, p. 1.279-1.280.
(515) Cf. DELGADO, Mauricio Godinho. *Curso de direito do trabalho*, p. 1.397.

temos a integração definitiva dos direitos garantidos na norma coletiva aos contratos individuais de trabalho, de modo que, se o trabalhador preencher os requisitos para tanto *após* o final da vigência da norma coletiva, de nada lhe adiantará, salvo se a então vigente norma coletiva consagrar o mesmo direito, ou se a norma coletiva anterior expressamente trouxer disposição no sentido de que o referido direito passe a integrar de modo definitivo os contratos individuais de trabalho em vigor no período em que ela (norma oriunda de acordo ou convenção coletiva de trabalho) também vigorou[516].

6.5. A importância da negociação coletiva

Notamos a presença da negociação coletiva nos principais momentos históricos da evolução do Direito Coletivo do Trabalho e das próprias conquistas dos direitos que, posteriormente, acabaram por ser abarcados pelo direito positivo trabalhista, fruto do intervencionismo básico do Estado.

Assim, na conquista dos direitos dos trabalhadores, inclusive do reconhecimento de suas necessidades, pertinentes à condição humana e à dignidade inerente, verificamos a influência dos reclames e das lutas proletárias, como tão bem retratado no célebre romance de Émile Zolá, *Germinal,* que apresenta quiçá um final não tão glorioso, mas, certamente, o semear de um novo tempo.

Como resultado das lutas e reivindicações mencionadas, e dos meios de pressão legitimamente utilizados pela classe trabalhadora, diversas foram as conquistas historicamente obtidas na disciplina dos conflitos inerentes à distribuição desigual de poder entre os atores sociais.

Com isso, razão assiste a Enoque Ribeiro dos Santos quando afirma que emerge a negociação coletiva como verdadeira pedra de toque, com finalidade para minimizar, contrabalançar, equilibrar e corrigir a defasagem de poder em favor dos empregadores, obtendo uma convergência de interesses em relação a uma pacificação democrática e justa dos conflitos laborais[517].

Evidente, como já salientado neste trabalho, a necessidade de que o Estado interviesse da mesma forma, fixando em leis, por exemplo, um sistema de direitos e deveres que outorga supremacia jurídica aos empregados, visando a equilibrar a relação contratual trabalhista marcada pela superioridade econômica do empregador, detentor dos meios de produção.

Porém, não podemos negar que a via negocial é muito mais eficaz, ao desenvolver-se a partir das específicas necessidades de dada categoria, quando

---

(516) Nesse sentido, vide GARCIA, Gustavo Filipe Barbosa. *Curso de direito do trabalho*, 4. ed., p. 1.282.
(517) *Direitos humanos na negociação coletiva*, p. 8.

não dos empregados de uma ou mais empresas, tornando muito mais adequada à realidade concreta vivida pelos obreiros e pelas empresas signatárias ou representadas pelo ente sindical (na hipótese de convenção coletiva) a norma genérica e abstrata fixada no instrumento normativo celebrado.

Por isso, defende Amauri Mascaro Nascimento que a presença das negociações coletivas não permite contestação, tanto no tempo, pois verificadas desde os primórdios da formação do Direito do Trabalho, quanto no espaço, havidas independentemente da estrutura política ou ideológica em que desenvolvidas.

A partir disso, inegável a pertinência dos ensinamentos de Maurício Godinho Delgado ao apregoar que a importância da negociação coletiva transcende o próprio Direito do Trabalho. Godinho observa que a experiência histórica ocidental, considerada desde o século XIX da era Cristã demonstra que uma diversificada e atuante dinâmica de negociação coletiva no cenário juslaboral sempre exerceu influência positiva na "estruturação mais democrática do conjunto social"[518], o que não se verifica com a mesma intensidade nos países e períodos marcados por experiências autoritárias, com o desestímulo das negociações e a predominância das soluções heterônomas de regulação das relações de trabalho[519].

Salientamos, outrossim, a lição de Arion Sayão Romita, no sentido de vincular a melhor e mais eficaz solução dos problemas vividos pelos trabalhadores nos períodos de crise econômica bem como em razão da introdução de novas tecnologias substitutivas da mão de obra não especializada ao bom êxito das organizações sindicais de trabalhadores na busca de saídas na via da negociação coletiva[520].

Em suma, parece claro que a negociação coletiva consiste no meio mais inteligente e eficaz de solução dos conflitos coletivos de trabalho por possibilitar o debate entre os atores envolvidos diretamente com os objetos de descontentamento, lado a lado, permitindo, pela via do debate razoável e equilibrado, a busca de saídas que atendam aos reclames de ambas as partes, empregados e empregadores, sejam especificamente considerados (no caso do acordo coletivo), sejam vislumbrados os anseios mais gerais, mas ainda específicos (no caso da convenção coletiva). Com a negociação coletiva bem-sucedida, diminui-se a possibilidade de lacunas no sistema

---

(518) Sobre a importância da negociação coletiva no contexto democrático, vale salientar a lição de Mário Ackerman, *verbis*: "[...] E o Relatório Auroux, das reformas trabalhistas na França de 1982, dizia que uma democracia verdadeira não pode ser detida na porta das fábricas ou na porta dos centros de trabalho, porque não há democracia plena sem a participação dos trabalhadores na determinação das suas condições trabalhistas e no direito de formar organizações para a defesa dos seus interesses profissionais. Esse é o sentido desses convênios sobre a liberdade sindical e a negociação coletiva. [...]" (O direito à liberdade de associação e de negociação coletiva e sua essencialidade no contexto de trabalho decente, *Revista do Tribunal Superior do Trabalho*, v. 76, n. 4, out./dez./2010, p. 90.
(519) *Curso de direito do trabalho*, p. 1.370.
(520) *Proteção contra a despedida arbitrária (garantia de emprego?)*, p. 400.

de direitos e deveres que rege as relações contratuais de trabalho no Direito brasileiro, partindo especificamente dos pontos omissos ou insatisfatórios da lei, criando-se, nas cláusulas do instrumento normativo, o sistema de regência mais adequado às peculiaridades dos signatários ou representados, a erigir o instituto em comento à importante instrumento de aproximação do Direito em relação a tão perseguida Justiça[521], pela melhor das vias: o consenso (em tese, ao menos).

6.6. Espécies de negociação coletiva

Vale, aqui, singela menção ao fato de que, na doutrina, encontramos o reconhecimento da existência de algumas espécies de negociação coletiva. Sérgio Pinto Martins assinala que a primeira ocorre em relação a qualquer direito trabalhista, dependendo o resultado prático benéfico aos empregados da existência de sindicatos fortes. Já a segunda só admite a negociação coletiva quando existe uma legislação mínima, tal qual ocorre na França. Uma terceira espécie só admite a negociação coletiva para certos direitos — e não para todos — por exemplo, para redução de salários e da jornada de trabalho[522].

6.7. Funções da negociação coletiva

Diversas são as funções desempenhadas pela negociação coletiva, "de grande importância para a harmonia nas relações de trabalho e o desenvolvimento social". Dinaura Godinho Pimentel Gomes salienta:

> "é por meio da negociação coletiva — em um sistema de efetivo equilíbrio de forças, participação e responsabilidade das partes — que os interesses em conflito podem ser temporariamente resolvidos, além de favorecer a ação autônoma de dar vida a um corpo de regras."[523]

Neste sentido, a doutrina pátria sistematiza as referidas funções em:

1. *Jurídica*: que pode ser de natureza normativa, obrigacional e compositiva.

Pela função normativa, a negociação coletiva almeja o estabelecimento de normas jurídicas que regulem as relações individuais de trabalho, aplicando-se aos contratos de trabalho daqueles que integrem as categorias ou os grupos representados pelo sindicato ou por outro ente sindical[524]. Estabelecem-se regras

---

(521) Observe-se, neste diapasão, a lição de Sérgio Pinto Martins, no sentido de que, desde que o Estado passou a intervir na relação laboral, "a negociação coletiva acabou suprindo as lacunas da legislação estatal" (*Direito do trabalho*, p. 774)
(522) *Ibid.*, p. 776.
(523) *Direito do trabalho e dignidade da pessoa humana no contexto da globalização econômica*, p. 183.
(524) Neste diapasão, GARCIA, Gustavo Filipe Barbosa. *Curso de direito do trabalho*, p. 846.

diversas das previstas em lei, atuando-se, pela negociação coletiva, nas lacunas deixadas pelo sistema[525] ou, então, ampliando o sistema de proteção legal aos interesses dos trabalhadores, podendo proceder à redução de direitos, caracterizando flexibilização *in pejus*, somente quando autorizado expressamente pelo ordenamento em vigor, em especial pelo texto constitucional (por exemplo, na hipótese do art. 7º, VI, da Constituição Federal).

Destaca José Cláudio Monteiro de Brito Filho que a referida função normativa sobressai dentre todas as demais em razão de o principal objetivo da negociação coletiva residir propriamente na criação de normas e melhores condições de trabalho[526].

Pela função obrigacional, busca-se a fixação de obrigações aos entes que firmam a norma coletiva negociada[527]. Exemplo mencionado na doutrina consiste na avença de contribuição assistencial em favor do sindicato da categoria profissional[528] ou, ainda, na fixação de penalidades para o caso de descumprimento das demais cláusulas avençadas[529].

Por fim, pela função compositiva, tem-se forma de superação dos conflitos coletivos de trabalho, buscando-se, pela via negociada, o equilíbrio e a paz no âmbito da relação laboral. Procuramos, então, convencionar regras para a solução de eventuais conflitos futuros, inclusive quanto à aplicação do próprio instrumento normativo.

2. *Política*: de fomento do diálogo entre as partes favorecendo a autocomposição.

3. *Econômica*: visando a propiciar distribuição de riquezas, inovando e estabelecendo condições de trabalho a serem aplicadas nos contratos individuais de trabalho.

4. *Ordenadora*: mencionada por Sérgio Pinto Martins[530], consistente na tomada de medidas estratégicas nos momentos de crise ou para fim de recomposição salarial.

5. *Social*: indicando a obtenção de harmonia no ambiente laboral, visando ao progresso social e ao desenvolvimento, de forma a alcançar a justiça social[531]. A participação dos empregados nas decisões empresariais também é decorrência dessa função[532].

---

(525) Neste sentido, Martins, Sérgio Pinto. *Direito do trabalho*, p. 774.
(526) *Direito sindical*, p. 178.
(527) Cf. GARCIA, Gustavo Filipe Barbosa. *Curso de direito do trabalho*, p. 486.
(528) *Ibid.*, mesma página.
(529) Este, o exemplo fornecido por Sérgio Pinto Martins (*Direito do trabalho*, p. 774).
(530) *Ibid.*, mesma página.
(531) Nesta linha, GARCIA, Gustavo Filipe Barbosa. *Curso de direito do trabalho*, p. 486.
(532) Vide MARTINS, Sérgio Pinto. *Direito do trabalho*, p. 774.

Diversa, porém, a visão de Alain Supiot[533] acerca das funções da negociação coletiva. Por ela, tem-se que as negociações coletivas não se guiam necessariamente pela ideia de melhoria das condições dos trabalhadores — ou, ao menos, não se tem mais essa como a principal função da via negocial. Assim, apresenta Supiot as novas funções das negociações coletivas:

1. *Função de flexibilização*: visa a adaptar as condições de trabalho às necessidades de competitividade e flexibilidade das empresas, criando alternativas à aplicação da lei.

Cabe aqui uma crítica: no sistema jurídico brasileiro reina o princípio da legalidade. Portanto, se disposição havida em negociação coletiva flexibilizar direitos trabalhistas de forma prejudicial aos trabalhadores, o seu resultado restará fadado a não aplicabilidade prática por absoluta ilegalidade. Neste sentido, o *caput* do art. 7º da Constituição Federal permite a fixação de novos direitos e deveres desde que assegurem a melhoria das condições sociais dos trabalhadores, bem como a regra da inalterabilidade prejudicial do contrato de trabalho, na forma do art. 468 da CLT. Não ignoremos, outrossim, o teor do art. 9º do texto legal trabalhista consolidado. Todavia, cabe também um destaque positivo: a função vislumbrada por Supiot atende ao primado do art. 1º, IV, da CF, ao basear-se no equilíbrio entre os fatores capital e trabalho para a fixação das normas aplicáveis. Porém, isso não afasta o vício fatal da vedação, ao menos no Direito do Trabalho brasileiro, à flexibilização *in pejus*.

2. *Função de instrumento de gestão da empresa*: a negociação coletiva assume o papel de instrumento de colaboração nas mudanças e na organização do trabalho, propiciando diálogo social e passando a ter por objeto o trabalho (incide sobre a organização do trabalho), e não, propriamente, o trabalhador. Essa alteração nos objetos da negociação coletiva, segundo Supiot, permite que a gestão da empresa reste marcada por trocas como, por exemplo, reduções salariais negociadas em troca de novos recrutamentos, redução de jornadas em troca de estabilidade etc.

3. *Função legislativa ou regulamentar*: aproxima da ideia de função normativa, embora não possa ser confundida com a função de participação na elaboração da lei.

6.8. Os sujeitos da negociação coletiva

Entendemos por sujeitos da negociação coletiva aqueles que participam do procedimento de negociação, quer pela condição de parte da relação laboral, quer pela condição de representante dessa relação. No Brasil, não há negociação coletiva de trabalho sem a participação do sindicato, a vista do disposto no art. 8º, VI, da

---

(533) *Transformações do trabalho e futuro do direito do trabalho na Europa*, p. 151-159.

Constituição Federal de 1988. À luz disso, Sergio Pinto Martins afirma, quanto à legitimação para negociar: "É estabelecido que o sindicato tem legitimidade para negociar."[534] Aliás, Rodrigues Pinto salienta que as associações sindicais representativas das categorias profissional e econômica são os sujeitos *naturais* da negociação coletiva, pois *negociar* e *reivindicar* são condutas que integram, de forma proeminente, sua missão institucional[535].

Como visto, aliás, a negociação coletiva é fase prévia à celebração do contrato coletivo de trabalho, que, no ordenamento pátrio, pode ser firmado na forma de convenção coletiva de trabalho ou de acordo coletivo de trabalho.

Na hipótese de convenção coletiva de trabalho, teremos como sujeitos os sindicatos representativos da categoria econômica e da categoria profissional. São esses, portanto, os sujeitos da negociação coletiva.

Por sua vez, caso inexista, no âmbito da categoria e naquela base territorial específica, sindicato devidamente organizado, a representação dar-se-á pela Federação e, na falta dessa, pela Confederação (CLT, art. 611, § 2º). Nesses casos, Federação e Confederação também serão sujeitos da negociação coletiva.

Já na hipótese de acordo coletivo de trabalho, celebrado entre sindicato profissional e uma ou mais empresas, temos que as empresas signatárias também serão sujeitos da negociação coletiva.

Assim, à luz do conceito de acordo coletivo de trabalho (art. 611, § 1º) e de convenção coletiva de trabalho (art. 611, *caput*), concluímos:

1. podem ser sujeitos da negociação coletiva, no Direito do Trabalho brasileiro, os sindicatos e, na falta desses, a Federação e, sucessivamente, a Confederação (na convenção coletiva de trabalho), bem como, nas hipóteses de acordo, as empresas signatárias, ao lado do sindicato acordante (ou da Federação ou, sucessivamente, a Confederação, na hipótese do art. 617, § 1º, da CLT[536]);

---

(534) *Direito do Trabalho*, p. 777.
(535) *Tratado de Direito Material do Trabalho*, p. 771.
(536) CLT: "Art. 617 — Os empregados de uma ou mais empresas que decidirem celebrar Acordo Coletivo de Trabalho com as respectivas empresas darão ciência de sua resolução, por escrito, ao Sindicato representativo da categoria profissional, que terá o prazo de 8 (oito) dias para assumir a direção dos entendimentos entre os interessados, devendo igual procedimento ser observado pelas empresas interessadas com relação ao Sindicato da respectiva categoria econômica. *(Redação dada pelo Decreto-Lei n. 229, de 28.2.1967)*
§ 1º Expirado o prazo de 8 (oito) dias sem que o Sindicato tenha se desincumbido do encargo recebido, poderão os interessados dar conhecimento do fato à Federarão a que estiver vinculado o Sindicato e, em falta dessa, à correspondente Confederação, para que, no mesmo prazo, assuma a direção dos entendimentos. Esgotado esse prazo, poderão os interessados prosseguir diretamente na negociação coletiva até final. *(Incluído pelo Decreto-Lei n. 229, de 28.2.1967)*
§ 2º Para o fim de deliberar sobre o Acordo, a entidade sindical convocará assembleia geral dos diretamente interessados, sindicalizados ou não, nos termos do art. 612. *(Incluído pelo Decreto-Lei n. 229, de 28.2.1967)*." (sic)

2. em razão disso, a regra do art. 8º, VI, que impõe a necessidade de participação do sindicato nas negociações coletivas de trabalho, refere-se, em termos absolutos, apenas ao sindicato da categoria profissional (dos trabalhadores), uma vez que, no acordo coletivo, os sindicatos patronais não tomarão parte, necessariamente, do procedimento negocial.

Não é outra a conclusão de Sergio Pinto Martins:

> "Os sindicatos devem participar obrigatoriamente das negociações coletivas de trabalho (art. 8º, VI, da Lei Magna), prestigiando a autonomia privada coletiva. Haveria, assim, a participação obrigatória do sindicato patronal nos acordos coletivos. Entretanto, a interpretação sistemática da Lei Maior leva o intérprete a verificar que o sindicato profissional é que deve participar obrigatoriamente das negociações coletivas, pois nos acordos coletivos só ele participa juntamente com as empresas e não o sindicato da categoria econômica."[537]

Tratando do tema, Davi Furtado Meirelles[538] defende posição um tanto quanto distinta da que fixamos. Meirelles também afirma a necessidade de se desprender da interpretação gramatical do art. 8º, VI, da Carta de 1988, defendendo que até os próprios trabalhadores podem assumir diretamente o processo de contratação coletiva, no caso de ausência ou recusa de todos os entes sindicais (sindicato, federação e confederação), o que, segundo afirma, resta autorizado pelo próprio art. 617 da CLT. A questão que se colocaria aqui seria a respeito de ainda vigorar ou não esse dispositivo infraconstitucional, já que anterior ao art. 8º, VI, da Carta de 1988. Quanto a isso, afirma que, se considerarmos que o legislador constitucional pretendeu, de fato, privilegiar os sindicatos no processo de negociação coletiva, tornando-a prerrogativa apenas deles, necessariamente ter-se-á por não recepcionado o dispositivo consolidado invocado. Todavia, salienta que não é essa a melhor interpretação, sendo certo que não foi esse o entendimento emanado do TST quando provocado a se manifestar sobre a questão no dissídio coletivo de natureza econômica, Processo n. RODC 670.593/2000.5, publicado no dia 30.8.2002, julgado sob a relatoria do ministro Wagner Pimenta, tendo como partes a empresa Brascabos Componentes Elétricos e Eletrônicos Ltda., como suscitante-recorrente, e, de outro lado, o Sindicato dos Trabalhadores nas Indústrias Metalúrgicas, Mecânicas de Material Elétrico e Ourives de Limeira/SP e Região, como suscitado-recorrido. No aludido julgamento, o TST validou acordo coletivo de trabalho para regulamentação de banco de horas, firmado diretamente entre a empresa e seus empregados, após recusa, respectivamente, do sindicato, da federação e da confederação da categoria ali envolvida, concedendo o suprimento da outorga sindical[539].

---

(537) *Direito do trabalho*, p. 775.
(538) *Negociação coletiva no local de trabalho: a experiência dos metalúrgicos do ABC*, p. 87.
(539) A íntegra desta decisão resta reproduzida na obra do professor Davi Furtado Meirelles, citada, p. 188-195.

Entretanto, o Supremo Tribunal Federal, quando instado a julgar a questão vertente, não seguiu a mesma orientação do TST. Tal deu-se por ocasião da edição da Medida Provisória n. 1.136, de 29 de setembro de 1995, posteriormente transformada na Lei n. 10.101/2000, que, pela primeira vez, tratou do processo de negociação da Participação nos Lucros ou Resultados. No seu art. 2º, *caput*, não contemplou a participação dos sindicatos profissionais nas negociações, trazendo: "Toda empresa deverá convencionar com seus empregados, por meio de comissão por eles escolhida, a forma de participação daqueles em seus lucros ou resultados."

Davi Furtado Meirelles[540] narra que o texto da referida norma causou polêmica na época, provocando a reação no meio sindical, temeroso por perder a prerrogativa até então garantida pelo art. 8º, VI, da Constituição Federal. Diante disso, visando a garantir a necessidade de participação dos sindicatos de trabalhadores nas negociações envolvendo a PLR, a CNM-CUT (Confederação Nacional dos Metalúrgicos da Central Única dos Trabalhadores), a CONTAG (Confederação Nacional dos Trabalhadores na Agricultura) e a Confederação Nacional dos Químicos da Central Única dos Trabalhadores propuseram, junto ao STF, uma Ação Direta de Inconstitucionalidade (ADI), que recebeu o n. 1.361-1 e resultou na concessão de medida liminar, referindo-se à obrigatoriedade de participação dos sindicatos nas negociações, com fundamento no dispositivo constitucional acima referido.

Posteriormente, no mérito, a ação perdeu o seu objeto, pois as Medidas Provisórias seguintes alteraram a redação do art. 2º para contemplar a participação sindical ao incluir a expressão "mediante comissão por este escolhida, integrada, ainda, por um representante indicado pelo sindicato da respectiva categoria".

Mesmo assim, Davi Meirelles mantém sua posição, afirmando que a alteração no texto do art. 2º em questão conduz à certeza de que a intenção do legislador "continuou sendo a de privilegiar a negociação direta com a comissão interna dos trabalhadores"[541]. E prossegue, afirmando:

> "Portanto, numa interpretação mais correta e abrangente do sistema jurídico pátrio, baseado na Teoria da Recepção[542], tem-se que a regra do § 1º do art. 617 da CLT foi recepcionada pela Constituição de 1988. É que os sujeitos da negociação coletiva são, na verdade, os trabalhadores, representados pelas suas respectivas organizações sindicais, e os empresários, por si, ou também representados por suas organizações sindicais. Tal qual o direito de greve, o direito à negociação coletiva é um direito do trabalhador de exercício coletivo. (...) Dessa

---

(540) *Negociação coletiva no local de trabalho: a experiência dos metalúrgicos do ABC*, p. 88.
(541) *Ibid.*, mesma página.
(542) Pela qual a Constituição nova revoga a anterior, mas não a legislação infraconstitucional, que continuará em vigor naquilo que não se mostre incompatível com a nova ordem constitucional.

forma, a interpretação da regra constitucional deve ser feita de forma a completar o que prevê a legislação infraconstitucional. Ou seja, é indispensável a participação dos sindicatos, econômicos e profissionais, nas negociações coletivas de trabalho. Mas, poderá ser desnecessária a presença da entidade sindical representativa da categoria econômica nas contratações entabuladas diretamente com as empresas, objetivando um acordo coletivo localizado. Tampouco segue a regra do monopólio sindical nas negociações coletivas, quando a categoria, ou os trabalhadores, não está organizada em sindicatos, ou ainda, sendo a negociação uma iniciativa de um grupo de trabalhadores, por negativa do sindicato, da federação ou da confederação"[543].

A doutrina em foco traz, ainda, que, em ambiente de liberdade sindical, no pluralismo, os sujeitos da negociação poderão ser, também, as centrais sindicais, organizadas de forma horizontal, abrangendo uma vasta organização de categorias, sem aquela obrigatoriedade legal de respeitar o enquadramento sindical e o sistema verticalizado (sindicato, federação e confederação). Porém, isso resta prejudicado se a lei exige a presença sindical na negociação coletiva, vez que, então, essa não poderá ser patrocinada por outra senão aquela entidade correspondente[544].

Sergio Pinto Martins, por sua vez, também menciona a legitimidade das entidades sindicais não registradas para fim de negociação coletiva, afirmando ainda que as autoridades públicas não restringirão o direito de negociação, assim como não deverão exigir a dependência de homologação pela autoridade pública, "pois a negociação se constitui em lei entre as partes"[545]. Aqui, salientamos, se constitui "lei" após a concretização da avença — logo, onde se lê "negociação", leia-se "contrato coletivo" — e, ainda, no mesmo sentido empregado pelo Código Napoleão, ou seja, como instrumento de natureza contratual, vincula as partes contratantes (signatárias ou representadas coletivamente).

No Direito estrangeiro, encontramos países cuja legislação reconhece a trabalhadores juridicamente independentes, mas dependentes economicamente de um parceiro econômico, o direito de beneficiarem-se do resultado das negociações coletivas. Tal se dá, por exemplo, na Itália, com relação ao trabalhador parassubordinado, bem como na Alemanha, com a figura do "quase assalariado". Supiot adverte que esse alargamento da aplicabilidade das convenções coletivas revela transformações no sistema de fontes do Direito, pois o acordo dos sujeitos envolvidos tende a tornar-se uma condição necessária à legitimidade das regras que o vinculam, deixando de ser suficiente a vontade estatal para assegurar o império da lei. Assim há de ocorrer inclusive nas empresas, onde o poder dos dirigentes só terá força de lei se estiver legitimado pela vontade dos dirigidos[546].

---

(543) *Negociação coletiva no local de trabalho: a experiência dos metalúrgicos do ABC*, p. 89-90.
(544) *Ibid.*, p. 90.
(545) *Direito do trabalho*, p. 775.
(546) *Transformações do trabalho e futuro do direito do trabalho na Europa*, p. 150.

Lembra-nos, por fim, Rodrigues Pinto, que também o Ministério Público, "como instituição incumbida da defesa dos interesses da sociedade", tem a possibilidade de assumir a condição de sujeito de direito ou "simples coadjuvante" na formulação de pactos entre categorias opostas ou seus segmentos, diretamente representados, de empregados e empresas[547].

6.9. Os níveis da negociação coletiva

No sistema brasileiro, a negociação coletiva pode afetar toda uma categoria — setor ou ramo de atividade — profissional e econômica ou uma ou mais empresas. Consoante elucida Ivani Contini Bramante, admitem-se os seguintes níveis: "nacional, regional, municipal ou de âmbito localizado em várias empresas, em uma empresa, uma seção da empresa ou até membros específicos de uma empresa". Afirma, ainda, que "a negociação coletiva pode ser por categoria, inclusive categoria diferenciada, e por empresa, sem qualquer articulação entre tais níveis". Conclui, finalmente, que, quanto ao âmbito geográfico, "o campo de aplicação da norma coletiva é o que coincide com a base territorial das entidades contratantes, que não pode ser inferior a um município (art. 8º, II, da CF)"[548].

6.10. A natureza jurídica da negociação coletiva

A pertinência da análise da natureza jurídica da negociação coletiva reside na necessidade de se determinar a sua razão de ser, a sua essência, no que consiste e, assim, municia-nos de elementos hábeis a facilitar o seu exame.

Davi Furtado Meirelles afirma que existem diversas correntes em torno da definição da natureza jurídica da negociação coletiva. A primeira aponta para o direito à negociação coletiva como tendo a natureza jurídica de um direito ao contrato, estando relacionado com a autonomia privada coletiva, "espaço reconhecido e reservado pelo Estado, aos particulares, para autorregulamentação dos interesses próprios e, assim, alcançarem a justiça material, concreta"[549].

Salienta Meirelles[550], todavia, a existência de uma segunda corrente que praticamente impõe o dever de contratar aos sujeitos (contrato coativo), o que corresponde, na prática, ao afastamento da autonomia privada coletiva livre, a fulminar o direito à negociação coletiva, em sua essência. Não podemos admitir tal corrente, pois, como salienta Mozart Victor Russomano, a negociação coletiva,

---

(547) *Tratado de direito material do trabalho*, p. 771.
(548) In: MACHADO, Costa (org.) e ZAINAGHI, Domingos S. (coord.), *CLT interpretada artigo por artigo, parágrafo por parágrafo*, p. 532.
(549) *Negociação coletiva no local de trabalho: a experiência dos metalúrgicos do ABC*, p. 37.
(550) *Ibid.*, p. 38.

enquanto forma direta de solução do conflito coletivo de trabalho, caracteriza-se necessariamente pela espontaneidade, liberdade de discussão e amplitude[551].

Uma terceira corrente vislumbra a negociação coletiva como uma fase de formação do contrato coletivo, colocando o processo negocial dentro de uma única realidade, de uma situação jurídica de fase contratual das tratativas[552]. A posição nos parece interessante, pois, de fato, vislumbramos a negociação coletiva como uma fase prévia em relação ao contrato coletivo de trabalho (pré-contratual, portanto). Todavia, como iremos desenvolver melhor no item 6.11, adiante, parece-nos que a fase de negociação, até pelas regras que a regulam, sua obrigatoriedade colocada frente a não obrigatoriedade da celebração do próprio contrato coletivo, outorga certa autonomia à negociação coletiva, aproximando-a mais da natureza indicada na primeira corrente. Ou seja, a negociação seria um direito a contratar, tendo sua autonomia, marcada por ditames legais-procedimentais, dentre outros aspectos. Direito, esse, aliás, que antecede o contrato. Se o mesmo for celebrado, necessariamente haverá ligação umbilical desse com a negociação que o precedeu. Não obstante, caso não se concretize o contrato, a fase de negociação não restaria desvirtuada, como simples fase frustrada de formação de uma avença não realizada, pois, observadas suas formalidades, restará verificada a possibilitar a solução, talvez, na via judicial — do dissídio coletivo.

Uma quarta corrente[553] consiste no seguinte: haveria um direito ao devido processo legal negocial, justo e adequado. Tratar-se-ia de um direito subjetivo em sentido estrito, correspondente a um dever de negociar, independentemente do seu resultado. Aqui, parece-nos que não compreenderemos a negociação coletiva como mero procedimento, mas apenas como um direito de negociar. Mesmo porque tal corrente resta desvirtuada, a nosso entender, caso dê início à negociação. Ora, o direito fora exercido com o início das tratativas. E o procedimento, a partir de então? Tentar solucionar essa questão com a figura de um devido processo legal negocial não nos parece adequado. Afinal, não se trata, propriamente, de um processo administrativo, mas, de fato, de uma negociação que visa ao estabelecimento de cláusulas normativas as quais aderirão ao contrato de trabalho dos empregados representados, carregados em acordo ou convenção coletiva que, por sua vez, têm natureza de contrato (coletivo). Logo, resultará em verdadeiro documento de natureza contratual.

Há, por fim, uma quinta corrente[554], para a qual a negociação seria expressão do reconhecimento de um poder jurídico, uma instituição, em que o processo

---

(551) *Conflitos coletivos de trabalho,* p. 97.
(552) *Ibid.,* mesma página.
(553) Cf. MEIRELLES, Davi Furtado. *Negociação coletiva no local de trabalho:* a experiência dos metalúrgicos do ABC, p. 38.
(554) *Ibid.,* mesma página.

negocial colocar-se-ia como uma técnica, sendo obrigatória a observância de um código de conduta permeado por valores éticos e pela boa-fé.

Entendemos, assim, que, na realidade, todas as citadas correntes fornecem elementos válidos para o entendimento do que vem a ser a negociação coletiva, e, consequentemente, qual a sua natureza jurídica. Posicionamo-nos no sentido de a negociação coletiva ostentar natureza mista, logo que, sob o prisma do contrato coletivo de trabalho, certamente corresponde a uma fase pré-contratual. Porém, considerada por si só — o que é possível, em especial pela incerteza no que se refere à celebração do contrato coletivo —, parece-nos verdadeira instituição de Direito Coletivo do Trabalho, informado por preceitos éticos, inclusive e principalmente pela boa-fé, como indicado na quinta corrente exposta.

Vale a menção à posição de Davi Furtado Meirelles, assim sintetizada:

> *"Para encerrar essa parte, faz-se necessário assentar, em linhas gerais, que o direito à negociação coletiva encontra substrato no princípio da igualdade, e, assim, consiste no princípio do devido processo negocial, justo e adequado. A sua natureza jurídica é de um direito subjetivo eminentemente processual ou procedimental, que desagua num dever de negociar, com lealdade e boa-fé. Mas esse dever de negociar não significa dever de contratar, sob pena de macular a liberdade de manifestação dos trabalhadores e empregadores para fixar condições de trabalho."*[555]

Alfredo Ruprecht parece seguir a orientação similar à de Meirelles, ao afirmar que a negociação coletiva consiste em um procedimento, um meio para se obter a solução dos conflitos coletivos de trabalho, "que se efetua diretamente entre as partes". Por esse meio, as partes, por elas mesmas, colocam fim à divergência, em procedimento que Ruprecht comparara à conciliação, afirmando existir semelhança. Segundo o jurista argentino, uma das vantagens do procedimento é a equiparação das dignidades do trabalhador e do empresário e a redução da influência das considerações políticas alheias à questão trabalhista em debate[556].

Merece destaque, também, a doutrina de José Cláudio Monteiro de Brito Filho, reconhecendo a negociação coletiva como meio de solução de conflitos entre as partes, porém destacando que lhe garantem suas especificidades, em relação aos demais meios de solução, o estudo em separado. Afirma, outrossim, que isso se dá pelo fato de a negociação coletiva exibir-se como o meio de solução dos conflitos coletivos de trabalho por excelência, ponto de partida de toda tentativa de solução desses, sejam de natureza econômica, sejam de natureza jurídica[557].

---

(555) *Negociação coletiva no local de trabalho:* a experiência dos metalúrgicos do ABC, p. 39.
(556) *Relações coletivas de trabalho*, p. 926.
(557) *Direito Sindical*, p. 272.

Para finalizar este tópico de nossa abordagem, é imprescindível que façamos a menção à lição de Amauri Mascaro Nascimento, destacando a negociação coletiva como fonte de elaboração do Direito do Trabalho e a tratando como um procedimento criativo a demonstrar o pluralismo das fontes formais juslaborais (admitindo fontes estatais e não estatais)[558].

6.11. Os princípios que informam a negociação coletiva no Direito do Trabalho brasileiro

Como parte do sistema pátrio, a negociação coletiva também deve observar os princípios fundamentais que informam todo o edifício jurídico brasileiro. Assim, tanto em seu aperfeiçoamento quanto em relação às normas que buscam trazer a lume, pela força normativa que caracteriza o contrato coletivo o qual se almeja celebrar — e cujas cláusulas e condições são justamente o objeto —, a negociação coletiva deve observar a **dignidade da pessoa humana**, **os valores sociais do trabalho e da livre-iniciativa** etc.

Aliás, quanto à dignidade humana no Direito do Trabalho, Dinaura Godinho Pimentel Gomes discorre que o fortalecimento do verdadeiro movimento sindical no Brasil conduz à garantia, mediante a negociação coletiva, da concretização do protoprincípio da dignidade, por meio da estruturação de uma ordem social voltada ao bem-estar e à justiça social[559].

Outros **princípios gerais do Direito**, ainda, informam a negociação coletiva, devendo, pois, ser observados por seus sujeitos. Dentre eles, destaca-se, sem dúvida, o **princípio da boa-fé**. Quanto a ele, trataremos especificamente no próximo tópico.

Uma questão, todavia, pode e deve ser aqui tratada, acerca da boa-fé, tendo em vista a natureza jurídica da negociação coletiva, tratada no tópico anterior: a boa-fé opera sobre a negociação coletiva como princípio ou cláusula geral?

Entendida a natureza contratual ou pré-contratual da negociação coletiva, a boa-fé operaria como princípio positivado na condição de cláusula geral, *ex vi* dos arts. 4º e 51 do CDC (ou, quando muito, arts. 113 e 422 do CC — em que pese entendamos que o documento legal a ser aplicado, diretamente, como principal fonte do direito comum aplicável subsidiariamente à seara trabalhista, seria o CDC, até por ser vocacionado à tutela dos interesses metaindividuais e, aqui, estamos diante de Direito Coletivo do Trabalho).

Todavia, se entendermos, no sentido defendido por Davi Meirelles, como procedimento/direito subjetivo ao devido processo negocial, incidirá a boa-fé como princípio geral de Direito.

---

(558) *Direito Sindical*, p. 288-292.
(559) *Direito do trabalho e dignidade da pessoa humana, no contexto da globalização econômica*, p. 185.

Cabe mencionar que, em que pese cientificamente o debate ter valor, sob um prisma prático, qualquer dos "caminhos" seguidos para fim dessa classificação conduzirão ao mesmo destino, de modo eficaz, a retirar maiores repercussões do rótulo então atribuído à boa-fé.

Dentre os demais princípios gerais aplicáveis às negociações coletivas, temos: autonomia da vontade privada; aplicação da norma mais favorável ao trabalhador e da condição mais favorável ao trabalhador; protecionismo, *in dubio pro misero*; liberdade de trabalho; irrenunciabilidade de direitos; liberdade sindical; isonomia; dentre outros[560]. Os referidos postulados são de conhecimento geral dos estudiosos do Direito do Trabalho e, neste momento, dispensam maiores comentários.

Centremo-nos nos chamados princípios específicos da negociação coletiva. Destacam-se os seguintes: direito à negociação coletiva; princípio da proteção sindical; direito de acesso facilitado às informações; seriedade na elaboração da proposta reivindicatória e obrigatoriedade da contraproposta ou resposta; publicidade dos atos e das decisões de interesse da coletividade de trabalhadores; seriedade; lealdade; confiança e boa-fé; a qual, pesando o princípio geral, também tem suas especificidades no que toca à negociação coletiva, consistindo em verdadeiro paradigma de conduta dos seus sujeitos, consoante será melhor abordado no item 6.12.

Vejamos os demais:

1. Direito à negociação coletiva → segundo Davi Furtado Meirelles, nada mais é do que a dimensão substancial da liberdade sindical. "Isto porque, o direito abstrato, ou seja, o direito à negociação, e, portanto, a um devido processo legal, procede à relação processual negocial e passa a ser causa realizadora da liberdade sindical substancial."[561] Representa uma das garantias da igualdade, como direito fundamental da pessoa humana.

Não deixa de ser neste sentido a lição de José Augusto Rodrigues Pinto quando afirma, como princípios da negociação coletiva, o contraditório entre as partes e a igualdade entre os sujeitos, quiçá decorrências primeiras da noção de negociação[562].

Parece-nos, ainda, que o princípio do direito à negociação tem ligação direta com mais outro: o princípio da paz social. Justifica-se o caráter principiológico desse na medida em que a negociação coletiva gera contexto de "trégua" implícita e imediata entre as partes envolvidas, ao menos durante as negociações e, após

---

(560) *Negociação coletiva no local de trabalho*: a experiência dos metalúrgicos do ABC, p. 42-43.
(561) *Ibid.*, p. 43.
(562) José Augusto RODRIGUES PINTO aponta como princípios da negociação coletiva: 1. O contraditório entre os sujeitos; 2. A cooperação das vontades; 3. A igualdade dos negociadores; e 4. A razoabilidade das pretensões (*Tratado de Direito Material do Trabalho*, p. 766-768).

essas, quanto aos pontos de consenso obtidos ensejadores de pactos então firmados[563]. Afirma-se "imediata" a pacificação causada pelo processo negocial coletivo, e seus resultados, pois eventuais e posteriores alterações na conjuntura econômica ou social, se comprometerem as conquistas e o equilíbrio (ao menos relativo) antes alcançado, exigirão a reabertura da negociação, sob pena de perda da paz conquistada[564].

2. Proteção sindical → consiste na inafastabilidade da tutela sindical, ou seja, no direito do sindicato de participar das negociações, não podendo ser afastada pelas empresas, por exemplo, a representatividade dos sindicatos profissionais em relação aos trabalhadores. Estende-se, também, a garantia de representatividade dos trabalhadores dentro da empresa.

3. Facilitação às informações → consiste no direito de acesso às informações acerca das condições econômicas e sociais da empresa. Consiste, ainda, no direito de obter informações, junto às autoridades públicas, quanto à situação econômica e social do País, de um modo geral ou específico, este último entendido como as informações pertinentes ao específico setor de atividade envolvida na negociação, sempre garantido, quando e no que necessário, o sigilo[565].

Aqui, salientemos a proximidade do princípio com a transparência inerente ao princípio da boa-fé[566].

Na esteira das lições de Oscar Erminda Uriarte[567], o direito de informação, de fundamento ético, é pressuposto básico para que haja negociação coletiva. Trata-se a informação de elemento indispensável ao trato negocial, até para fim de que as partes, de forma consciente, possam estabelecer premissas justas e adequadas para "levar à mesa", visando, com isso, ao final do procedimento negocial, à obtenção de ajuste que se aproxime, ao máximo, de um resultado equilibrado, imune — ou, ao menos, relativamente afastado — de possíveis surpresas e arrependimentos, elementos esses fomentadores da instabilidade combatida pela própria negociação. Se, com a negociação coletiva, os seus sujeitos buscam estabelecer condições tendentes a um relativo equilíbrio contratual, e, assim,

---

(563) Em parte, cf. GIUGNI, Gino, *Direito sindical*, p. 128-130, afirmando, ainda, que a cláusula de trégua, ainda que expressa, não caracteriza ou conduz à disposição do direito de greve, já que esse não é da titularidade propriamente do sindicato, mas pertence aos trabalhadores.
(564) No mesmo sentido, TEIXEIRA FILHO, João de Lima. Negociação Coletiva de Trabalho. In: Arnaldo Süssekind, Délio Maranhão, Segadas Viana. *Instituições de Direito do Trabalho*, p. 1047.
(565) Cf. MEIRELLES, Davi Furtado. *Negociação coletiva no local de trabalho*: a experiência dos metalúrgicos do ABC, p. 44.
(566) Neste sentido, RODRIGUES PINTO, José Augusto. *Tratado de direito material do trabalho*, p. 768, *verbis*: "Contido no princípio da boa-fé, estará o que Teixeira Filho comenta como o direito de informação, ou seja, a mútua franquia do conhecimento sobre os fatos que substanciam a reivindicação profissional e a situação da empresa, de modo a permitir um balanço seguro do contraditório existente."
(567) *Etica y Derecho del Trabajo*. Disponível em: <www.upf.edu/iuslabor/012006/Latinoamerica.OscarErminda2.htm>. Acesso em: 1.10.2009.

fulminar as instabilidades, tal há de se desenvolver com transparência, deixando no passado as insatisfações e reivindicações, já superadas pelo pactuado, efeito que não será atingido se um ou todos os sujeitos envolvidos no procedimento restarem, no futuro, surpreendidos pelos efeitos de algum contexto não considerado no momento da negociação coletiva. Portanto, a informação é condição essencial para a eficácia real e concreta da negociação coletiva.

Saliente-se, aqui, lição de José Cláudio Monteiro de Brito Filho, no sentido de que o dever de informar gera obrigação correlata, afeta àquela parte negociante que a recebe, qual seja, preservar a informação, evitando que sua divulgação cause prejuízos à outra parte[568]. Nesse sentido, o dever de sigilo mencionado por Davi Furtado Meirelles, supradestacado. Cabe, aqui, menção ao disposto no art. 99, § 1º, do Anteprojeto de Lei da Reforma Sindical, debatido no Forum Nacional do Trabalho (Brasília, 2005), impondo como expressão da boa-fé, na negociação coletiva, a informação no prazo e com o detalhamento necessário (inciso III), bem como a preservação do sigilo das informações recebidas com esse caráter (inciso IV)[569].

Por fim, há de se destacar que a informação em questão deve guardar pertinência com o objeto da negociação coletiva, sob pena de não tocar a uma das partes exigi-la da outra ou de terceiros.

Como demonstração da relevância desse dever de informação, inerente à boa-fé na negociação coletiva, vale destacar o recente e bastante divulgado "caso Embraer — Empresa Brasileira de Aeronáutica S.A." e outro, julgado no âmbito do Egrégio Tribunal Regional do Trabalho da 15ª Região (Campinas, SP).

Sob o fundamento de atravessar período de grande dificuldade econômica em razão da crise financeira internacional que marcava o cenário mundial de então, a Embraer dispensou cerca de 20% de sua força de trabalho (mais de 4 mil empregados), sem qualquer negociação coletiva prévia: quando restou divulgada a dispensa em massa, essa já estava em processo de realização. A empresa não tentou, junto ao sindicato da categoria profissional, qualquer medida na via negocial, no intuito de evitar as ditas dispensas (por exemplo, redução provisória de salários ou de jornada tendo por contrapartida a manutenção dos postos).

Em que pese em um primeiro momento não se encontre qualquer impeditivo expressamente positivado no que tange à prática da dispensa de grande parte dos trabalhadores (dispensa coletiva), fato é que a ausência de qualquer tentativa de negociar e, principalmente, a ausência de qualquer informação prévia aos empregados e ao sindicato acerca de tal possibilidade afrontam ao princípio da continuidade, e, antes, à dignidade humana dos trabalhadores que, em uma

---

(568) *Direito sindical*, p. 182-183.
(569) Disponível em: <http://www.sintunesp.org.br/sindtrab/Ref_SindAnteprojeto14-02-05.pdf>. Acesso em: 14.4.2011.

economia capitalista como a brasileira, dependem do seu emprego para fim de obtenção de rendimentos que garantam o efetivo acesso aos direitos básicos integrantes do piso vital mínimo (alimentação, moradia, saúde, segurança, educação, lazer etc.). Portanto, a dispensa coletiva exigiria a prévia informação acerca das condições da empresa empregadora e a tentativa de solução na via negocial, prestigiando o interesse coletivo, em favor do que há de se interpretar a lei no Brasil (neste sentido, aliás, a lei de introdução às normas do Direito brasileiro, art. 5º). Assim, deve ser impossível o alcance da solução necessária por outra via, após esgotada a tentativa negocial para tanto, bem como ser socialmente justa e necessária a referida dispensa, como única forma de manter a existência da empresa, o que não ocorreu no caso em exame. E, ainda assim, necessária se faria a negociação coletiva para definir critérios de preferência para a dispensa (por exemplo, dispensa dos mais jovens visando a tutelar os trabalhadores mais velhos, com consequente maior dificuldade de recolocação no mercado formal de trabalho etc.), tentando minimizar os impactos sociais do ato/fato.

A falta de informação que marcou o caso evidenciou a quebra da boa-fé objetiva por parte da Embraer, vez que manteve nos trabalhadores a justa expectativa da continuidade dos pactos laborais e da manutenção dos postos de serviço, injustamente frustrada.

Ao lado disso, some-se o fato de que, dentre os princípios que regem a negociação coletiva, encontra-se o dever de negociar, correlato ao direito à negociação coletiva, já abordado nesta obra.

A conduta da Embraer, negando-se à prévia negociação coletiva e partindo diretamente para as dispensas, caracterizou-se como antissindical, contrária à justa expectativa de trato leal e confiável que reinava entre os empregados e o ente sindical em relação à dita empresa. Também por isso, restou violada a boa-fé objetiva, a tornar antijurídica a conduta, verdadeiro ato de abuso de direito, a exigir o seu afastamento, recompondo-se a ordem com a reintegração dos trabalhadores dispensados.

Analisando a questão em sede de dissídio coletivo, o TRT da 15ª Região, no mérito, declarou a abusividade da dispensa coletiva, entendeu inexistir garantia de emprego ou estabilidade que justificasse a reintegração (ressalvados os casos previstos em lei e em normas coletivas) e concedeu a cada empregado dispensado uma compensação financeira de dois valores correspondentes a um mês de aviso prévio, até o limite de 7 mil reais. Além disso, declarou a eficácia da liminar concedida até o dia 13.3.2009, para manter vigentes até essa data os contratos de trabalho em todos os seus efeitos e a manutenção dos planos de assistência médica aos trabalhadores dispensados e seus familiares por 12 meses a contar de 13.3.2009, concedendo direito de preferência aos empregados dispensados no caso de reativação dos postos de trabalho pela empresa.

A questão chegou ao Tribunal Superior do Trabalho, pela via recursal. Embora negando a quebra da boa-fé objetiva no caso sob exame, a palavra final dada pela Mais Alta Corte Trabalhista brasileira no julgamento da questão, por sua Seção Especializada em Dissídios Coletivos (SDC), sob relatoria do ministro Mauricio Godinho Delgado (Processo n. TST-RODC-309/2009-000-15-00), não deixou de concluir pela indispensabilidade de negociação coletiva prévia às dispensas coletivas, porém **para casos futuros**, dando provimento ao recurso das empresas para considerar não abusiva a dispensa havida, nem ofensiva à boa-fé objetiva, em acórdão com 42 laudas, datado de 10 de agosto de 2009, cuja ementa traz:

> ***RECURSO ORDINÁRIO EM DISSÍDIO COLETIVO. DISPENSAS TRABALHISTAS COLETIVAS. MATÉRIA DE DIREITO COLETIVO. IMPERATIVA INTERVENIÊNCIA SINDICAL. RESTRIÇÕES JURÍDICAS ÀS DISPENSAS COLETIVAS. ORDEM CONSTITUCIONAL E INFRACONSTITUCIONAL DEMOCRÁTICA EXISTENTE DESDE 1988.*** *A sociedade produzida pelo sistema capitalista é, essencialmente, uma sociedade de massas. A lógica de funcionamento do sistema econômico--social induz a concentração e centralização não apenas de riquezas, mas também de comunidades, dinâmicas socioeconômicas e de problemas destas resultantes. A massificação das dinâmicas e dos problemas das pessoas e grupos sociais nas comunidades humanas, hoje, impacta de modo frontal a estrutura e o funcionamento operacional do próprio Direito. Parte significativa dos danos mais relevantes na presente sociedade e das correspondentes pretensões jurídicas têm natureza massiva. O caráter massivo de tais danos e pretensões obriga o Direito a se adequar, deslocando-se da matriz individualista de enfoque, compreensão e enfrentamento dos problemas a que tradicionalmente perfilou-se. A construção de uma matriz jurídica adequada à massividade dos danos e pretensões característicos de uma sociedade contemporânea — sem prejuízo da preservação da matriz individualista, apta a tratar os danos e pretensões de natureza estritamente atomizada — é, talvez, o desafio mais moderno proposto ao universo jurídico, e é sob esse aspecto que a questão aqui proposta será analisada. As dispensas coletivas realizadas de maneira maciça e avassaladora somente seriam juridicamente possíveis em um campo normativo hiperindividualista, sem qualquer regulamentação social, instigador da existência de mercado hobbesiano na vida econômica, inclusive entre empresas e trabalhadores, tal como, por exemplo, respaldado por Carta Constitucional como a de 1891, já há mais um século superada no país. Na vigência da Constituição de 1988, das convenções internacionais da OIT ratificadas pelo Brasil relativas a direitos humanos e, por consequência, direitos trabalhistas, e em face da leitura atualizada da legislação infraconstitucional do país, é inevitável concluir-se pela presença de um Estado Democrático de Direito no Brasil, de um regime de império da norma jurídica (e não do poder incontrastável privado), de uma sociedade civilizada, de uma cultura de bem-estar social e respeito à dignidade dos seres humanos, tudo repelindo, imperativamente, dispensas massivas de pessoas, abalando empresa, cidade e toda uma importante região. Em consequência, fica fixada, por interpretação da ordem jurídica, a premissa de que "a negociação coletiva é imprescindível para a dispensa em massa de trabalhadores".* ***DISPENSAS COLETIVAS TRABALHISTAS. EFEITOS JURÍDICOS.*** *A ordem constitucional e infraconstitucional democrática brasileira, desde a Constituição de 1988 e diplomas internacionais ratificados (Convenções OIT ns. 11, 87, 98, 135, 141 e 151, ilustrativamente), não permite o manejo meramente unilateral e potestativista das dispensas trabalhistas coletivas, por de tratar de ato/fato coletivo, inerente ao Direito Coletivo do Trabalho, e não Direito Individual, exigindo, por consequência, a participação do(s) respectivo(s) sindicato(s) profissional(is) obreiro(s). Regras e princípios constitucionais que determinam o respeito à dignidade da pessoa humana (art. 1º, III, CF), a valorização do trabalho e especialmente do emprego (arts. 1º, IV, 6º e 170, VIII, CF), a subordinação da propriedade à sua função socioambiental (arts. 5º, XXIII e 170, III, CF) e a intervenção sindical nas questões coletivas trabalhistas (art. 8º, III e VI, CF), tudo impõe que se reconheça distinção normativa entre as*

dispensas meramente tópicas e individuais e as dispensas massivas, coletivas, as quais são social, econômica, familiar e comunitariamente impactantes. Nesta linha, seria inválida a dispensa coletiva enquanto não negociada com o sindicato de trabalhadores, espontaneamente ou no plano do processo judicial coletivo. A d. Maioria, contudo, decidiu apenas fixar a premissa, para casos futuros, de que "a negociação coletiva é imprescindível para a dispensa em massa de trabalhadores", observados os fundamentos supra. **Recurso ordinário a que se dá provimento parcial.**

Ressalte-se que na referida decisão restou vencido o ministro relator Mauricio Godinho Delgado, que manifestou entender ser devida a manutenção da decisão do Tribunal Regional da 15ª Região, uma vez que a ausência de informação e de tentativa de negociação prévia com as entidades sindicais interessadas, ou até mesmo com os próprios trabalhadores, que foram surpreendidos com a decisão repentina da empresa, representaria clara ofensa à boa-fé objetiva, ao princípio da confiança e ao dever de informação, além de conduta marcada por abuso de direito, com sérias consequências para a sociedade como um todo.

Saliente-se que, na mesma trilha do "caso Embraer", poderíamos citar os casos "Usiminas", com cerca de 600 trabalhadores dispensados no primeiro trimestre de 2009, e da "CSN — Companhia Siderúrgica Nacional", com 300 dispensas em dezembro de 2008, dentre outras[570].

4. Seriedade na elaboração da proposta e obrigatoriedade da contraproposta ou resposta → propostas e respostas devem ser sérias, pautadas pelo interesse em alcançar, a bom termo, às negociações coletivas, sempre motivadas, inclusive no que se refere às recusas.

Neste diapasão, tratando do tema sob o prisma do princípio da razoabilidade, João de Lima Teixeira Filho afirma que a formulação de pleitos, ou de contrapropostas que não tenham a mínima condição de atendimento, compromete a eficácia do processo negocial[571], restando, pois, inadmitidas.

As propostas e contrapropostas devem, ainda, ser encaminhadas de forma a respeitar prazos razoáveis que facilitem o sucesso do processo de negociação.

Destaque-se a lição de José Augusto Rodrigues Pinto, em sentido próximo, ao elencar, dentre os princípios da negociação coletiva, a cooperação de vontades[572]. Aqui, saliente-se o disposto no art. 99, § 1º, do Anteprojeto de Lei das Relações Sindicais debatido no Fórum Nacional do Trabalho (Brasília, 2005), no sentido de

---

[570] Cf. MARTINS, Sergio Pinto. *Despedida Coletiva*. Disponível em: <www.editoramagister.com/doutrina_ler.php?id=614>. Acesso em: 18.4.2011.

[571] Negociação Coletiva de Trabalho. In: SÜSSEKIND, Arnaldo; MARANHÃO, Délio; Vianna, Segadas. *Instituições de direito do trabalho*, p. 1047. Saliente-se, aqui, que José Augusto Rodrigues Pinto também destaca a razoabilidade como princípio da negociação coletiva. Vide, neste sentido, *Tratado de direito material do trabalho*, p. 766 e ss.

[572] *Tratado de direito material do trabalho*, p. 766 e ss.

que a boa-fé impõe o dever de participação na negociação coletiva, salvo justificativa razoável (inciso I), com a formulação e resposta às propostas e contrapropostas, de modo a promover o diálogo entre os atores coletivos (inciso II)[573].

5. Boa-fé (que, entendemos, abarca a lealdade e a confiança) → o princípio da boa-fé será tratado no item 6.12, adiante. Vale, todavia, desde já destacar que a importância da boa-fé no cenário da negociação coletiva atinge grau tão elevado que o já mencionado Anteprojeto de Lei das Relações Sindicais, debatido no Fórum Nacional do Trabalho de 2005, dispõe que a sua violação consiste em conduta antissindical, ou seja, em ato ofensivo à própria noção ampla de liberdade sindical, garantia essa fixada no Texto Constitucional com ares de direito fundamental, a vista do disposto no art. 5º, LXX (legitimidade ativa outorgada à organização sindical, nos termos da CF, para mandado de segurança coletivo) e art. 8º, III, dentre outros.

6. Publicidade dos atos e das decisões → as decisões de interesse da coletividade de trabalhadores devem receber a devida publicidade, até como forma de se garantir a transparência e a lisura necessárias à fase negocial.

Everaldo Gaspar Lopes de Andrade, por sua vez, propõe outros princípios da negociação coletiva, a partir da Teoria Geral do Direito do Trabalho que desenvolveu, sustentada na ideia de que é possível a convivência entre os cidadãos distintos por seus padrões morais, para tanto, faz-se necessário a identificação de mínimos valores compartilháveis, visando à viabilização da convivência desses padrões éticos. A partir disso, atestando o processo negocial como fonte prioritária do Direito Laboral, o mesmo citado autor pontua que emergem os fundamentos legitimadores de sua Teoria Geral, adaptada à pós-modernidade, informada pelos seguintes princípios[574]:

1. Princípio da prevalência das relações sindicais sobre as relações individuais → Everaldo Gaspar Lopes de Andrade pressupõe uma inversão de valores, elaborando regras de convivência que atendam aos interesses de todos os integrantes da sociedade do trabalho contemporâneo. Nesse caso, visando a permitir que o ramo do Direito assuma um caráter efetivo de universalidade, de forma a viabilizar o reconhecimento de que as relações sindicais colocam-se acima das relações individuais, até pelo fato de essas decorrerem daquelas.

2. Princípio da Democratização da Economia e do Trabalho Humano → O trabalho, tido como pressuposto fundamental da vida humana, vinculado ao desenvolvimento econômico e esse à equidade, apto à construção de uma liberdade real e atenta à dignidade humana; é o trabalho livre, e não o trabalho subordinado. Essa é a moderna concepção de justiça social.

---

(573) Disponível em: <http://www.sintunesp.org.br/sindtrab/Ref_SindAnteprojeto14-02-05.pdf>. Acesso em: 14.4.2011.
(574) *Direito do Trabalho e Pós-Modernidade:* fundamentos para uma teoria geral, p. 351-371.

3. Proteção Social → Emerge das organizações coletivas e de uma proposta econômica adaptada à sociedade pós-industrial, visando a atender a todos os cidadãos que vivem ou pretendam viver de uma renda ou um trabalho digno e livre, sem distinções, visando à inclusão social (em relação aos excluídos da sociedade do conhecimento). Busca, assim, a inserção desses trabalhadores em modos de vida e de trabalho específicos da pós-modernidade. A proteção de tais trabalhadores é alcançada por mecanismos de segurança social, correspondendo a uma promoção radical de distribuição de rendas e riquezas. Ostenta preocupação em libertar o homem do "trabalho embrutecedor"[575]. Neste diapasão, portanto, a conclusão da essencialidade da negociação coletiva para salvaguarda do que se possa chamar de "trabalho decente"[576].

4. Princípio do Direito do Trabalho como categoria de Direito Humano Fundamental → Parte da assertiva de que o Direito Laboral integra a categoria dos direitos fundamentais, por lidar com a preservação da vida e da própria existência, adaptando-se às novas exigências sociais; restaurado e adaptado (feito contemporâneo) a partir da escolha de um trabalho livre, criativo e que nobilite a dignidade humana. A partir desse princípio, temos a negociação coletiva trabalhista como direito fundamental dos trabalhadores.

5. Princípio da prevalência do processo negocial de formação da norma sobre o processo estatal → Defende Everaldo Gaspar exatamente a ideia enunciada: a prevalência do negociado sobre o legislado. Todavia, entendemos que, aqui, somente poderá haver tal prevalência se a norma advinda do processo negocial exibir-se mais favorável ao empregado, sob pena de colidir com o princípio da norma mais favorável, flexibilizador da própria rigidez da estrutura hierárquica do sistema, contexto característico do Direito do Trabalho brasileiro[577].

Por fim, destaque-se que não se pode ignorar o berço ético dos princípios em estudo, uma vez que delineiam a verdadeira negociação coletiva que, por seu turno, emana do espírito de transação de que devem estar imbuídas as partes. Afinal, nenhum outro instituto representaria melhor, no mundo dos fatos, a concretização do princípio fundamental positivado na Constituição Federal, em seu art. 1º, IV: o

---

(575) *Princípios de Direito do Trabalho:* fundamentos teórico-filosóficos, p. 221.
(576) Vide, aqui, ACKERMAN, Mário. O direito à liberdade de associação e de negociação coletiva e sua essencialidade no contexto do trabalho decente, *Revista do Tribunal Superior do Trabalho*, v. 76, n. 4, out./dez. 2010, p. 84-90.
(577) Aliás, consoante afirma Osvaldo Miqueluzzi, citando decisão do Tribunal Regional do Trabalho da 15ª Região: "Negociação coletiva pressupõe uma troca, com melhores condições de trabalho (art. 8º, Constituição Federal). Quando somente o trabalhador cede em seus direitos, não há negociação, afrontando o princípio da dignidade humana (art. 1º, Constituição Federal), impondo-se a declaração de nulidade de cláusula coletiva, com esteio no art. 9º da CLT (TRT 15ª região, 3ª T., RO 013476, rel.Luciane Storel da Silva, DOE 22.10.2001 [...])" (Negociação coletiva: dificuldades, limites e possibilidades. In: Alexandra da Silva Candemil, *Curso de direito material e processual do trabalho:* uma visão moderna dos direitos sociais, p. 401).

firme propósito de evitar o surgimento ou a manutenção dos conflitos "capital x trabalho", em relação de respeito mútuo, com vistas aos interesses de todos os envolvidos, alterando, assim, a dicotomia conflituosa para que dê lugar a uma unidade harmoniosa (capital e trabalho), cuja relevância social sustenta, como um dentre cinco pilares fundamentais (os incisos do art. 1º da CF), todo o edifício político, econômico, jurídico e social brasileiro.

6.12. A boa-fé nas negociações coletivas: visão a partir do Direito do Trabalho brasileiro

A relevância da boa-fé, na negociação coletiva, é tamanha que o Anteprojeto de Emenda Constitucional para fim da Reforma Sindical, debatida no Fórum Nacional do Trabalho realizado em Brasília, em 2005, em seu art. 99, *caput*, traz: "A conduta de boa-fé constitui princípio da negociação coletiva."[578] E não poderia ser diferente.

A fase pré-contratual coletiva trabalhista, como entendemos, reside propriamente no momento da negociação coletiva. Informada por princípios consistentes em postulados éticos, bem como por normas de conduta a serem observadas pelas partes, foca a viabilização do processo negocial para que se aperfeiçoe de modo a atingir seus objetivos da melhor maneira. Dentre os referidos princípios, como visto no item anterior, encontramos a boa-fé.

Especificamente sobre o princípio da boa-fé, como já visto, antes mesmo de ser admitida pelo ordenamento pátrio como cláusula geral, já impunha-se enquanto princípio geral de Direito, condição que não restou perdida pela positivação verificada, tanto no texto do CDC quanto no CC de 2002.

Diante dessa condição, de princípio geral de Direito, por óbvio, a boa-fé informará e deverá ser observada por ocasião da prática de todo e qualquer ato jurídico, inclusive nos negociais, a alcançar a negociação coletiva trabalhista.

Aliás, tratando da negociação coletiva de trabalho, pontua João de Lima Teixeira Filho que a boa-fé das partes negociantes consiste em presunção relativa. Ademais, confere o mesmo autor que a boa-fé deve estar presente não somente na fase de alinhavar dos assentimentos "pela concentração de esforços para a conclusão com êxito da negociação, mas também na fase de fiel execução do que pactuado"[579].

Davi Furtado Meirelles, por seu turno, apregoa: "Com boa dose de certeza, pode-se afirmar que não há como dar certo uma negociação coletiva se um dos

---

(578) Disponível em: <http://www.sintunesp. org.br/sindtrab/Ref_SindAnteprojeto14-02-05.pdf>. Acesso em: 13.4.2011.
(579) Negociação coletiva de trabalho. In: SUSSEKIND, Arnaldo. MARANHÃO, Délio. VIANA, Segadas. *Instituições de direito do trabalho*. 14. ed. São Paulo: LTr, 1993. p. 1.045-1.047.

lados, ou ambos, não tiverem presentes esse princípio", vez que a boa-fé deve pautar a conduta dos negociadores no decorrer de todo o processo negocial, inclusive na execução do avençado[580].

Disso, não foge a lição de José Augusto Rodrigues Pinto, no sentido de que é possível invocar para incorporação específica à negociação coletiva o princípio da boa-fé, "a revelar-se pela ausência de preconceitos impeditivos de uma análise adequada das proposições do parceiro do debate"[581].

A bem da verdade, o princípio da boa-fé, por exigir o espírito de colaboração e solidariedade entre os contratantes, volta os negociantes à prática das condutas necessárias ao adimplemento absoluto do negociado, ou seja, o cumprimento das obrigações pactuadas por ambas as partes. Antes, ainda, exige das partes envolvidas na relação contratual, diante de eventuais instabilidades, a disposição para negociar (dar início à negociação e comparecer quando a ela chamado, sem oposição de obstáculos, salvo justificativa séria o bastante para tanto), e, no curso da negociação, envidar os máximos esforços pelo sucesso das tratativas, almejando a (re)estabilização da relação contratual pela via racional do consenso. Pelo explicitado, a conduta leal e, portanto, de boa-fé, reflete-se na disposição da parte em negociar, inclusive ouvindo propostas, formulando contrapropostas, debatendo os termos e a redação dos instrumentos normativo, dentre outras condutas hábeis a fulminar as controvérsias e os conflitos, e não a "substitui-los" por outros novos, então oriundos de um "mau acordo", ensejador de insatisfação.

Portanto, aplica-se aqui a regra do art. 422 do Código Civil, bem como as regras dos arts. 4º e 51 do Código de Defesa do Consumidor, com a boa-fé objetiva pautando toda a conduta dos sujeitos da negociação coletiva, fase pré-contratual em relação ao contrato coletivo de trabalho.

Entendemos, ainda, que a complexidade da própria fase de negociação coletiva já permite o reconhecimento de sua autonomia enquanto negócio jurídico prévio, podendo ou não resultar no convênio coletivo. Assim, defendemos que, desde a fase *pré-negocial à própria negociação coletiva*, as partes, por força do disposto nos referidos artigos, tanto do CDC quanto do CC, deverão pautar sua conduta pela boa-fé, sendo leais e probas, verdadeiro paradigma de conduta que marca as relações coletivas juslaborais. Exemplo disso temos no já afirmado dever das partes de buscar a negociação coletiva como caminho para a solução das possíveis controvérsias, dever esse correlato ao direito à mesma negociação, principiologicamente garantido, como já abordado nesta obra.

Há, assim, verdadeiro compromisso (ou dever) de negociar, no âmbito coletivo juslaboral, de modo que as partes obrigam-se a, minimamente, examinar as

---

(580) *Negociação coletiva no local de trabalho:* a experiência dos metalúrgicos do ABC, p. 45.
(581) *Tratado de direito material do trabalho*, p. 768.

propostas recíprocas e a formular contrapropostas. As referidas contrapropostas devem ser convergentes, substitutivas, modificativas ou supressivas, de modo que a rejeição de uma proposta não deva conduzir ao encerramento do procedimento negocial, mas, de fato, à renovação do mesmo, pela via de nova oferta de condições. Por isso, a recusa deve conduzir ao debate dos seus motivos, para que, analisadas as viabilidades, as partes possam buscar de todas as formas a autocomposição dos interesses coletivos em jogo. Sendo assim, à parte que recusa cabe, além de responder à outra e apresentar sua contraproposta, proceder à indicação expressa dos motivos da não aceitação do que lhe fora proposto.

Otávio Pinto e Silva, tratando dos desdobramentos da boa-fé na negociação coletiva, fornece alguns exemplos acerca deste dever de negociar, a saber: obrigatoriedade de reuniões periódicas, prazo mínimo de duração das negociações e de cada discussão, fundamentação de cada proposta e contraproposta, dentre outros[582].

Em tal sentido, Davi Furtado Meirelles, após pontuar ser o princípio da boa-fé o mais importante no processo de contratação coletiva, afirma que seus influxos devem ser verificados em todas as fases, "desde os atos preparatórios até a execução do negócio jurídico alcançado"[583]. Antes, ainda, assevera que a lealdade recíproca deve ser verificada desde o compromisso de negociar e, depois, ser mantida nos momentos de análise de todos os aspectos das propostas colocadas, por ocasião das contrapropostas, sugestão de modificações, supressões, correções, acréscimos. Enfim, todas as etapas do procedimento devem ser guiadas sempre na direção da convergência possível[584].

Notemos, todavia, que as partes, tendo o dever de negociar, não são obrigadas a contratar. Entendimento em contrário, aliás, conduziria à ausência de liberdade, o que desvirtuaria a autonomia da vontade que, em que pese coletiva, existe no âmbito das negociações de Direito Coletivo do Trabalho. Aliás, vale a menção a outro dispositivo do Anteprojeto de Lei da Reforma Sindical, debatido no Fórum Nacional do Trabalho (Brasília, 2005). Trata-se do art. 102, que dispõe tratar-se de dever dos atores coletivos a participação na negociação coletiva nos respectivos âmbitos de representação, mas não o de celebrar o contrato coletivo, garantindo-se, assim, a autonomia privada coletiva[585].

Além desse dever formal de negociar, a boa-fé nas negociações coletivas gera outros desdobramentos, segundo constatado por Otávio Pinto e Silva[586]. Dentre eles, destacamos os seguintes:

---

(582) *A contratação coletiva como fonte do direito do trabalho*, p. 105 e ss.
(583) *Negociação coletiva no local de trabalho*: a experiência dos metalúrgicos do ABC, p. 46.
(584) *Ibid.*, p. 45.
(585) Disponível em: <http://www.sintunesp. org.br/sindtrab/Ref_SindAnteprojeto14-02-05.pdf>. Acesso em: 13.4.2011.
(586) *A contratação coletiva como fonte do direito do trabalho*, p. 105.

1. impõe às partes acordarem antecipadamente a finalidade e o alcance da negociação → as partes devem saber "o que" e "para que" negociarão coletivamente. Via de regra, as negociações abarcam a fixação de normas pertinentes às condições de trabalho, incremento de produtividade, harmonia nas relações de trabalho, dentre outras.

Davi Furtado Meirelles, neste diapasão, estabelece que, mesmo antes do alcance da convergência possível no processo negocial, as partes negociadoras devem estipular a finalidade e os objetivos a serem conseguidos com a negociação coletiva. Adverte, ainda, que tais elementos não terão identidade, uma vez que o empregador negociará com olhos voltados para o lucro, a produtividade, o crescimento econômico e a competitividade no mercado, enquanto o empregado buscará seu ganho financeiro e melhorias em suas condições de trabalho[587].

Esses dois primeiros desdobramentos extraídos, *mutatis mutandis*, da lição de Otávio Pinto e Silva já demonstram que há ingerência da boa-fé na negociação coletiva; desde antes do início propriamente dito das negociações, exige a lealdade e a probidade merecedora da confiança recíproca; desde o momento em que as partes estão puntuando tão somente o objeto do que será negociado. Esse influxo da boa-fé dá-se por força da lei e, antes, do princípio.

3. impõe o conglobamento → técnica que não admite invocação de prejuízo como objeção a uma dita cláusula, devendo a negociação ser analisada em seu conjunto. Garante a unidade da negociação, visando a que os mesmos argumentos não sejam repetidos e as partes não se confundam diante do conjunto de discussões. Assinalamos, aqui, que o conglobamento pode ser total, em que há de se analisar o resultado inteiro da negociação, para saber se a condição social dos trabalhadores melhorou ou não, ou pode ser mitigado (conglobamento mitigado), em que a referida análise faz-se por instituto. Por exemplo, verifica-se se quanto ao instituto das horas extras houve uma melhoria das condições sociais ou não; e assim sucessivamente.

Outro dever que naturalmente é imposto às partes, em razão do primado da boa-fé, positivado no Direito brasileiro como cláusula geral, consiste justamente no dever de informação. Consideremos que, como já abordado neste trabalho, a boa-fé conduta (objetiva) exige o comportamento probo, honesto, transparente das partes negociantes, sem qualquer preocupação com a investigação da intenção de cada uma com os atos praticados em detrimento de tais valores. Assim, o que importa ao intérprete é a conduta objetiva das partes do negócio jurídico vertente. A transparência, por sua vez, remete logicamente à necessidade de que as partes troquem todas as informações que tiverem sobre o objeto da avença coletiva, sob pena de restar "quebrada" a boa-fé objetiva no caso concreto[588].

---

[587] *Negociação coletiva no local de trabalho*: a experiência dos metalúrgicos do ABC, p. 45.
[588] DELGADO, Mauricio Godinho. *Direito coletivo do trabalho*, p. 53-54, afirma que, na negociação coletiva, devem ser observadas a lealdade e a transparência como meio de garantir condições efetivas

Por isto, a boa-fé outorga proteção à atividade negocial e deve orientar a atuação dos seus sujeitos, sendo medida indispensável à garantia da negociação coletiva, valendo, aqui, destacar que a própria credibilidade do sistema juslaboral coletivo depende da observância das condutas ditadas pelo princípio ou, na expressão positivada, cláusula geral. Não olvidemos que do resultado positivo das negociações coletivas emergem verdadeiras normas trabalhistas, a exigir dos negociantes posturas éticas. Da mesma forma, esperamos tal conduta do legislador ordinário, sob pena de não se atingir de forma autêntica o desiderato normativo pela via autocompositiva — afinal, o resultado do negociado não refletirá, verdadeiramente, a expressão da vontade dos trabalhadores e/ou das empresas e dos empresários. Viciado, assim, o procedimento.

Dessa feita, do respeito à boa-fé depende a própria eficácia da negociação coletiva. As partes, assim, devem ser leais, honestas, dignas da confiança que lhes é depositada pela outra parte e, em contrapartida, devem confiar naquela, conduzindo-se com total transparência, de modo a não gerar falsas expectativas no âmbito da relação negocial nem mesmo sendo permitido a qualquer dos negociantes "quebrar" injustificadamente a justa expectativa criada no outro se, para a sua formação, colaboraram. Em sentido próximo, vale destacar a lição de Antônio Menezes Cordeiro[589], para quem o conteúdo normativo da boa-fé exprime-se por meio de dois princípios: o princípio da proteção da confiança — sobre o qual recai o nosso predominante interesse — e o princípio da primazia da materialidade subjacente. O princípio da proteção da confiança, segundo Menezes Cordeiro, consiste justamente no impedimento de suscitação de uma situação infundada de confiança por parte de outrem, bem como no impedimento de desamparar a confiança legítima, caso suscitada. Já o princípio da primazia da materialidade subjacente remete ao necessário lidar com os valores efetivamente envolvidos no negócio ("valores em jogo") em sua substância, não sendo o bastante uma mera conformação formal com os esquemas juridicamente prescritos.

Em suma, o comportamento-modelo imposto pelo sistema — e pelo princípio da boa-fé — a todo aquele que se veja na condição de sujeito de uma negociação coletiva, sendo certo que do devido respeito a tal conduta-padrão depende a eficácia da negociação coletiva. Isso posto, afirmarmos que a boa-fé consiste em paradigma de conduta nas negociações coletivas de trabalho e, consequentemente, paradigma de conduta na sociedade contemporânea no que se refere às tratativas em fase pré-contratual na seara do Direito Coletivo do Trabalho.

---

de concretização prática da equivalência teoricamente assumida entre os sujeitos, consistindo em duas faces de um princípio, verdadeiras premissas essenciais ao desenvolvimento democrático e eficaz do processo negocial coletivo. Afirma, ainda, que o Direito Coletivo do Trabalho busca a formulação de normas jurídicas e não apenas de cláusulas contratuais. Por isso, a lealdade e o acesso a informações "inscrevem-se no núcleo de sua dinâmica de evolução".
(589) *Manual de direito do trabalho*, p. 270.

Como paradigma de conduta, emerge a boa-fé como limitadora dos poderes e das faculdades dos sujeitos da negociação coletiva para os fins desta, balizando o procedimento para que aflorem as verdadeiras e legítimas pretensões, afastem-se as manifestações de oportunismo e obtenha-se a efetiva pacificação social no âmbito da relação laboral, lugar que deve ser, modernamente, caracterizado como celeiro de colaboração dos fatores capital e trabalho. Aliás, modernamente, os princípios éticos que regem até mesmo a teoria geral dos contratos privados, de raízes fincadas no Código Civil de 2002, guiam-se pela eticidade e solidariedade, não podendo ocorrer de modo diverso nos contratos laborais, individuais ou coletivos. É hora de trocarmos a expressão "capital x trabalho" por "capital e trabalho" pois um depende do outro para existir: o empreendedor, em que pese os avanços tecnológicos, no mais das vezes ainda precisa do trabalho humano para empreender; o trabalhador precisa dos meios de produção — entendamos: emprego ou trabalho — para sobreviver. A única solução inteligente é trocar a exploração pela colaboração recíproca. O legislador constituinte originário, já há mais de 20 anos, percebeu isso e fixou no art. 1º, IV, da Carta de 1988, em um princípio único, como fundamento da República Federativa do Brasil, o equilíbrio entre os valores sociais do trabalho e da livre-iniciativa. Falta apenas que trabalhadores e "livre-iniciativa" (capital; empresariado) percebam isso.

6.12.1. A boa-fé objetiva nas negociações coletivas sob o enfoque jurisprudencial

Selecionamos os seguintes julgados para fim de demonstrar, embora de modo breve, a aplicação prática do primado da boa-fé objetiva no Direito Coletivo do Trabalho, em especial a exigência de efetiva verificação na fase pré-contratual coletiva (negociação coletiva). Seguem, assim, as ementas:

1. Julgamento havido em sede de Dissídio Coletivo pela Seção de Dissídios Coletivos do Egrégio Tribunal Regional do Trabalho da 2ª Região, em 26.8.2009, sob a relatoria da desembargadora Ivani Contini Bramante, tendo por revisora Maria José Bighetti Ordoño Rebello, decisão n. 2009001611, Processo n. 20057-2009-000-02-00-0, d.p.11.9.2009:

> *"DESPEDIDA EM MASSA. NULIDADE. NECESSIDADE DE NEGOCIAÇÃO COLETIVA PRÉVIA. NEGOCIAÇÃO COLETIVA AMPLA REALIZADA NO CURSO DA AÇÃO, RESULTANDO EM SUSPENSÃO DAS DESPEDIDAS ANUNCIADAS E ACORDOS PARCIAIS ACERCA DAS DESPEDIDAS EFETIVADAS E REDUÇÃO DO ÂMBITO DO CONFLITO COLETIVO. EXIGÊNCIA SUPRIDA PELAS NEGOCIAÇÕES AMPLAS LEVADAS A CABO NO CURSO DA AÇÃO DE DISSÍDIO COLETIVO. PEDIDO DE NULIDADE DA DESPEDIDA EM MASSA PREJUDICADO. 1. A despedida coletiva é fato coletivo regido por princípios e regras do Direito Coletivo do Trabalho, material e processual. A despedida coletiva não é proibida mas está sujeita ao procedimento de negociação coletiva. Portanto, deve ser justificada, apoiada em motivos técnicos e econômicos e ainda, deve ser bilateral, precedida de negociação coletiva com o Sindicato, mediante adoção de critérios objetivos. 2. Inteligência da Carta Federal que comanda a solução pacífica*

das controvérsias (preâmbulo); a observância da dignidade da pessoa humana e do valor social do trabalho; da função social da empresa (arts. 1º, III e IV e 170, 'caput' e inciso III da CF); bem como a democracia na relação trabalho capital pela exigência da negociação coletiva para solução dos conflitos coletivos (arts. 7º, XXVI, 8º, III e VI, CF). 3. Nesse diapasão, as Convenções Internacionais da OIT, ratificadas pelo Brasil, ns.: 98, 135 e 154. Aplicável ainda o princípio do direito à informação previsto na Recomendação 163, da OIT, e no art. 5º, XIV, da CF e o **princípio da boa-fé nas negociações coletivas (art. 422 CC)**. *4. Se houve negociação coletiva, embora tardia, iniciada após a efetivação da despedida coletiva, com diálogo franco entre as partes e troca de informações, com acordo de suspensão das despedidas anunciadas e, acordos parciais relativos às despedidas efetivadas, com sensível redução do âmbito do conflito inicialmente instalado, resta suprida a exigência da negociação prévia e demonstrada a boa-fé negocial. 5. Assim, não há que se falar em nulidade da despedida em massa pelo fundamento da ausência da negociação prévia. Pedido de nulidade prejudicado."* (negrito nosso).

Notamos nesse julgado a exigência da negociação coletiva e que, em seu bojo, observe-se a boa-fé objetiva. O interessante em tal julgado é que se trata da necessidade de fase pré-contratual coletiva para fim de pactuação tendente à extinção coletiva de contratos de emprego (demissão em massa), a demonstrar que haverá sempre uma fase negocial prévia a qualquer deliberação coletiva juslaboral, mesmo que vise objetivo contrário à criação de direitos benéficos aos obreiros na continuidade do contrato de trabalho: a ideia é contratar condições mínimas para assegurar a proteção desses trabalhadores e de suas respectivas dignidades, no momento da perda do emprego e do fim da execução do contrato laboral, ocasião em que, na respectiva fase negocial prévia, há de se verificar a conduta de boa-fé de ambas as partes, sob pena, a nosso ver, de absoluta perda da validade do ato.

2. Outro julgamento havido pelo TRT de São Paulo (2ª Região), em sede de Dissídio Coletivo Econômico, sob a relatoria de José Carlos da Silva Arouca, tendo por revisora a des.Vania Pananhos, decisão n. 2003001750, Processo n. 20001-2003-000-02-00-0, DJ 8.5.2003, dp. 8.8.2003, em que contenderam o Sindicato dos Técnicos e Auxiliares em Radiologia no Estado de São Paulo e o Sindicato Nacional das Empresas de Medicina em Grupo — SINAM GE:

"Negociação de boa-fé. Arguição que não se ajusta com o procedimento adotado. Não procede de boa-fé a parte que recusa a conciliação aceita pelo adversário e, ainda assim, insiste na alegação defensiva de não ter esgotado a negociação coletiva."

É evidente que a fase pré-contratual coletiva juslaboral tende à busca da autocomposição. Assim, evitar-se-ia a interferência do Estado-juiz nas questões que interessam especificamente às categorias contendentes. Todavia, não se pode eternizar a tentativa de obtenção de solução amigável entre as partes, tanto que o ordenamento jurídico-legal brasileiro; ao mesmo tempo em que impõe a negociação coletiva, na forma suprademonstrada, estipula prazos para que se conclua e até puna aqueles que deixam de ajuizar o dissídio coletivo nos sessenta dias que antecedem o termo final do pacto coletivo em vigor com a perda da data-base (CLT, art. 616, § 3º), salvo a hipótese de protesto (IN 04/93, II, TST).

Assim, a boa-fé objetiva exigida das partes na fase de negociação coletiva de trabalho não deixa espaço para a falta de uma conduta legal. O comportamento dos negociantes, aqui, há de ser marcado pela busca de soluções para os impasses que se coloquem no caminho do sucesso da empreitada negocial. Caso não o façam, não estarão agindo lealmente, quebrando a boa-fé exigida. Ademais, note-se a própria inércia da parte, aqui, conduz à ausência de boa-fé e consequente frustração da via negocial, a não viabilizar a arguição futura, em sede de dissídio coletivo, de não esgotamento da fase prévia de negociação.

3. Julgado do TRT mineiro (3ª Região), proferido nos autos do processo RO-12920/92, 1ª Turma, rel.Luiz Carlos da Cunha Avellar, de 10.7.1993 (DJMG), trouxe:

"NEGOCIAÇÃO COLETIVA. TRANSAÇÃO. QUEBRA DO COMPROMISSO ASSUMIDO. CONSEQUÊNCIAS. Tendo havido negociação coletiva com transação e quitação, o compromisso pactuado impede de reivindicar os direitos transacionados e quitados no ajuste coletivo celebrado. A posterior quebra do compromisso por parte do interessado ou do sindicato profissional acarreta a extinção do processo sem julgamento de mérito, por impossibilidade jurídica do pedido. A negociação coletiva é eficaz fonte geradora de direitos e obrigações que alcança os integrantes das categorias envolvidas, os quais, pelos seus termos, ficam obrigados, ainda que individualmente discordantes. O princípio da boa-fé que deve presidir as relações jurídicas exige o respeito aos compromissos livremente assumidos pelas entidades sindicais. A Constituição Federal de 1988 prestigia o princípio do 'pacta sunt servanda'. Pretensão que já foi resolvida pela via da legítima transação negocial coletiva não tem como ser acolhida."

Essa decisão, em que pese prolatada em sede de dissídio individual, é pertinente ao nosso objeto de estudo, pois demonstra a relevância da negociação coletiva na formação do cenário juslaboral brasileiro bem como a boa-fé enquanto condutora da validade do processo negocial e de seus efeitos estendidos após a conclusão das tratativas (logo, na fase contratual e pós-contratual).

No âmbito do Tribunal Superior do Trabalho, encontramos, ainda, diversas decisões que destacam a importância da boa-fé no âmbito da negociação coletiva de trabalho. Selecionamos, a título de ilustração, as seguintes:

1. Em decisão da Colenda 4ª Turma, o TST assim decidiu:

PRELIMINAR DE INCOMPETÊNCIA DA JUSTIÇA DO TRABALHO RENOVADA EM CONTRARRAZÕES. I Por força do contrato de emprego, a PETROBRAS transmite obrigação à entidade de previdência privada fechada — Fundação Petrobras de Seguridade Social PETROS —, que instituiu aos dependentes de seus ex-empregados suplementação de pensão. Tratando-se de direito originário do contrato de trabalho, a teor do art. 114 da Constituição da República de 1988, é competente a Justiça do Trabalho para dirimir a controvérsia. II Não conhecido. PRELIMINAR DE ILEGITIMIDADE PASSIVA DE PARTE RENOVADA EM CONTRARRAZÕES. I — A reclamada não fundamenta a preliminar nos moldes do art. 896 da CLT, porquanto não indica violação de lei, nem traz arestos para cotejo. II Não conhecido. SUPLEMENTAÇÃO DE PENSÃO. INCORPORAÇÃO DO VALOR CORRESPONDENTE À PROGRESSÃO SALARIAL CONCEDIDA AOS EMPREGADOS DA ATIVA EM ACORDO COLETIVO. I — Não encontra respaldo nos autos a extensão aos pensionistas do valor equivalente a um nível salarial concedido pela reclamada aos seus empregados da ativa, previsto no acordo coletivo de 2004/2005, visto que se trata de progressão salarial, conforme firmado em acordo coletivo, não de reajuste salarial como pretende os recorrentes, pelo que não extensível aos pensionistas. II — **Os acordos coletivos são firmados conforme vontade das partes, fazendo lei entre elas, que demonstraram concordância com o ali consignado. Impõe-se prestigiar e valorizar a negociação coletiva assentada na boa-fé, como forma de incentivo à concessão de novas condições de trabalho e de salário, cujos termos devem ser fielmente observados no caso de não se contraporem a preceitos constitucionais ou normas de ordem pública, sob pena de desestímulo à aplicação dos instrumentos convencionais, hoje alçados a nível constitucional** *(art. 7º, XXVI, da Constituição Federal). II — Recurso desprovido. (TST-RR-1086/2005-012-05-00.3, 4ª Turma, Rel. Min. BARROS LEVENHAGEN, DJ — 7.12.2006)* (negrito nosso).

2. Antes, em decisão de Recurso de Embargos sob a relatoria do ínclito ministro Carlos Alberto Reis de Paula, o TST já havia fixado a necessidade de valorização da negociação coletiva, "assentada na boa-fé", como forma de incentivar a autocomposição e, consequentemente, mitigar a litigiosidade no âmbito coletivo juslaboral. Traz a ementa do julgado em questão:

RECURSO DE EMBARGOS DA CAPAF — ABONO SALARIAL — VIOLAÇÃO DO ART. 7º, INCISO XXVI DA LEI MAIOR — ART. 896/CLT. A norma coletiva que concedeu o abono salarial tem plena validade jurídica e deve prevalecer, tornando necessário respeitar o art. 7º, inciso XXVI da Constituição da República. **É preciso prestigiar e valorizar a negociação coletiva assentada na boa-fé, como forma de incentivo à composição dos conflitos pelos próprios interessados.** *Condições de trabalho e de salário livremente ajustadas, com objetivo de obter vantagens para determinada categoria, devem ser prestigiadas, sob pena de desestímulo à aplicação dos instrumentos convencionais, hoje alçados em nível constitucional, pois se as partes assim acordaram é porque houve, por parte do Sindicato representativo da categoria profissional, a abdicação de alguns direitos em prol da conquista de outros que naquele momento eram mais relevantes. Recurso de Embargos conhecidos e providos. ERR-590.154/99, relator ministro Carlos Alberto Reis de Paula, DJ 6.6.2001.*

3. Mais um julgado merecedor de destaque consiste no seguinte, trazendo posição jurisprudencial idêntica à anterior, assim ementado:

AUXÍLIO-ALIMENTAÇÃO — NATUREZA INDENIZATÓRIA — FIXAÇÃO EM CONVENÇÃO COLETIVA — VALORIZAÇÃO E PRIORIZAÇÃO DA NEGOCIAÇÃO COLETIVA. É preciso prestigiar e valorizar a negociação coletiva assentada na boa-fé, como forma de incentivo à composição dos conflitos pelos próprios interessados. Condições de trabalho e de salário livremente ajustadas, com objetivo de dissipar razoável dúvida quanto ao alcance de determinada norma, devem ser prestigiadas, sob pena de desestímulo à aplicação dos instrumentos convencionais, hoje alçados ao nível constitucional (art. 7º, XXVI, CF). Assim, deve prevalecer a cláusula coletiva, o que prevê a natureza indenizatória do auxílio-alimentação, sobre o disposto no art. 458, caput, da CLT. Recurso de revista provido. (RR-707.452/2000, 4ª Turma, DJ 26.4.2002, rel. min. Milton de Moura França).

4. Em outro aresto, encontra-se posição do TST no sentido de que a falta de boa-fé por ocasião da negociação coletiva faz do art. 7º, XXVI, da CF, que impõe a valorização desta, "letra morta":

HORAS EXTRAS — MINUTOS RESIDUAIS — NORMA COLETIVA — DESCONSIDERAÇÃO DOS OITO MINUTOS ANTERIORES E POSTERIORES À ALTERAÇÃO DA JORNADA DE TRABALHO DIÁRIA — NÃO APLICAÇÃO DO ART. 4º DA CLT — PREVALÊNCIA DO

ACORDADO SOBRE O LEGISLADO (CF, ART. 7º, XIII E XXVI). *1. O art. 7º, XXVI, da CF privilegia a **negociação coletiva**, por meio das convenções e dos acordos coletivos de trabalho. 2. Na hipótese vertente, a norma coletiva assentou a desconsideração, como hora à disposição do empregador, dos oito minutos que antecediam e sucediam a jornada de trabalho diária, geralmente destinados à marcação do cartão de ponto, o que foi refutado pela Corte Regional, ao fundamento de que tal tratativa não poderia se sobrepor ao que dispõe o art. 4º da CLT, que considera tais minutos como de permanência à disposição do empregador. 3. O fato da Lei n. 10.243/01 ter acrescentado o § 1º ao art. 58 da CLT, incorporando ao diploma consolidado a Orientação Jurisprudencial n. 23 da SBDI-1 do TST, que limitava a 10 minutos diários o total do excesso de jornada não computado como horas extras, para marcação de ponto, não fossiliza tal parâmetro, impedindo flexibilização pela via da **negociação coletiva**, uma vez que o art. 7º, XIII, da CF admite expressamente a flexibilização da jornada, sob tutela sindical. 4. Se o art. 7º, XXVI, da CF, na esteira das Convenções ns. 98 e 154 da OIT, estimula e valoriza a negociação coletiva, seria dele fazer letra morta e atentar contra o princípio da **boa-fé**, desprezar o acordado entre as partes e impor o pagamento de horas extras, quando, pela teoria do conglobamento, o instrumento normativo, ao conter cláusula de flexibilização em matéria não afeta à medicina e segurança do trabalho (naturalmente infensas à flexibilização), foi aceito pela categoria profissional por conter outras vantagens compensatórias para o trabalhador. 5. Nesse compasso, a decisão recorrida viola diretamente a norma constitucional, quando repudia expressamente a norma coletiva, que versou sobre direito não avesso à **negociação coletiva**, devendo ser reformada, a fim de que o licitamente acordado prevaleça sobre o legislado.* **Recurso de revista provido** (Processo: RR — 1088/2004-333-04-00.2 Data de Julgamento: 14.6.2006, redator ministro: Ives Gandra Martins Filho, 4ª Turma, data de publicação: DJ 30.6.2006).

CONCLUSÃO

O Direito do Trabalho não comporta classificação como ramo de direito privado. Ocorre que as relações de trabalho, embora possam ter berço em contrato firmado entre particulares, são, de forma muito considerável, marcadas pelo intervencionismo básico do Estado, fruto dos reflexos sociais causados pelo cenário histórico-cultural estabelecido a partir das lutas dos trabalhadores por padrões mínimos de dignidade. O princípio da autonomia da vontade privada não se mostra hábil a manter a ordem nos contextos sociais e contratuais de trabalho de modo que, por meio de normas estatais cogentes, estabeleceu-se um conjunto mínimo de direitos dos trabalhadores aderindo aos contratos de trabalho. Mitigou-se, com isso, o desequilíbrio entre as partes contratantes no contexto laboral, atribuindo-se aos trabalhadores supremacia jurídica, na tentativa de promover algum equilíbrio face à ampla superioridade econômica dos detentores dos meios de produção.

Ao lado disso, o Direito do Trabalho é vocacionado à proteção jurídica de direitos de massa. Trata-se, ainda, de ramo caracterizado pela indisponibilidade de direitos, a afastá-lo, mais uma vez, da noção de ramo do direito meramente privado. Tal ideia decorre do fato de que os referidos direitos destinam-se à proteção da dignidade dos trabalhadores como um todo, de modo que não pertencem a ninguém ao mesmo tempo em que pertencem a todos. Seus titulares, assim, são indeterminados, a aproximá-lo do conceito pertinente aos Direitos Difusos.

Notamos, outrossim, que, embora originado da necessidade de contenção dos reflexos do embate "capital x trabalho", e como instrumento de garantia da dignidade da pessoa humana trabalhadora, o Direito do Trabalho, por visar ao regramento de fenômeno deveras complexo (as relações de trabalho humano), caracterizado pelas múltiplas possibilidades de conflitos pontuais fomentadas pela dinâmica social e econômica, não consegue ofertar "solução pronta" para todos os casos possíveis. Ademais, restaria inglória qualquer tentativa de esgotar-se, na via da lei, todas as hipóteses possíveis de regras de conduta, a favorecer a existência de lacunas na legislação trabalhista. Aliás, isso não deixa de restar expressamente reconhecido pelo próprio texto da CLT que, disciplinando direito material, carrega dispositivo específico quanto à questão ao indicar a aplicação subsidiária do "direito comum" quando verificada lacuna no texto consolidado ou em diplomas especiais de natureza trabalhista (art. 8º, parágrafo único). Aqui, com realce, entendemos que o CDC consiste no principal diploma legal de aplicação subsidiária à lei trabalhista por ocasião da constatação de qualquer lacuna. Defendemos tal posição em razão da similitude dos objetos da tutela jurídica consumerista e trabalhista: em ambos os ramos, encontramos relação contratual firmada em contexto desigual, marcado pela hipossuficiência do ocupante de um dos polos. Ora, assim como o consumidor necessita dos produtos e serviços colocados no mercado pelo fornecedor, a atribuir ao último um grande poder de exploração indevida na relação entabulada, o trabalhador também depende da oportunidade de trabalho, uma vez que os meios de produção encontram-se alheios às suas posses. Além disso, ambos os subsistemas jurídicos em questão tutelam interesses de massa, enquadrando-se, pois, como ramos de Direito Coletivo *lato sensu*. Esses elementos, dentre outros, conduzem à conclusão da importância do CDC como fonte legal de aplicação subsidiária na regência das relações laborais, colocando em um plano seguinte o socorro nas disposições do Código Civil em vigor.

Porém, entendemos que será pela via das "cláusulas gerais" que poderá o intérprete melhor estabelecer, no contexto contratual de trabalho, a verdadeira Justiça, e tudo sem se desgarrar do Direito. As cláusulas gerais consistem em enunciados normativos genéricos, marcados por conceitos indeterminados, de conteúdo e de extensão relativamente incertos, manifestando vaguidade a impedir, de antemão, a determinação da sua extensão denotativa.

Vislumbrando o sistema jurídico sob uma óptica funcional, ou seja, na perseguição dos fins almejados pelo Estado, considerando que visa a regular o comportamento das pessoas em sociedade, que se mostra em constante transformação, não há como aceitar que o jurista encontre-se circunscrito, em seu mister, a um regime institucional fechado, marcado pela delimitação característica dos sistemas fundados em rígido corpo normativo. Assim, na sociedade atual encontramos o cenário adequado para a inserção de cláusulas gerais, hábeis a outorgar ao sistema jurídico a mobilidade necessária para enfrentar as diversas situações possíveis, inclusive aquelas que sofrem os influxos da evolução do contexto social. Impedimos, com isso, a perda da essência do sistema legal, mantendo-o constantemente atual em razão de suas válvulas de abertura.

Diversas são as cláusulas gerais de possível citação, conforme pudemos expor melhor no decorrer do presente trabalho. Dentre elas, podemos destacar a função social do contrato e, principalmente, a boa-fé, fixada como vertente interpretacional e de abertura do sistema no Código do Consumidor, arts. 4º, III, e 51, IV, bem como no Código Civil, arts. 113 e 422.

Saliente-se que a noção de boa-fé surge no Direito Romano e experimenta desenvolvimento no Direito Canônico, tida como o estado de ausência de pecado, ligando-se às ideias marcantes do cristianismo. Tem expressão sufocada no Direito Francês por ocasião do Código de 1804 e realmente é desenvolvida no Direito Alemão, ultrapassando os limites subjetivos da fidelidade para passar a ser caracterizada por atributos como lealdade e crença/confiança recíprocas.

A boa-fé comporta dois aspectos: subjetivo e objetivo. A chamada "boa-fé subjetiva" consiste em uma situação afeta à seara do psicológico, verdadeiro estado de ânimo ou do espírito do agente que realiza determinado ato, ou vive dada situação, certo da inexistência de qualquer vício. Já a "boa-fé objetiva" caracteriza-se pela observância de *standards* e pela proteção à justa expectativa dos contratantes. Os negócios jurídicos devem ser marcados pelo comportamento leal e respeitoso entre as partes, fruto de construção jurídica caracterizada pela eticidade. Não basta apenas a obrigação principal de dar, fazer ou não fazer, importando ao Direito Brasileiro o comportamento pré e pós-contratual, bem como a conduta das partes contratantes ao longo da vigência do contrato.

Em seu prisma objetivo, a boa-fé vai além dos limites da intenção dos pactuantes, de modo que não se perquire acerca do ânimo da parte que a infringe, no que toca à referida infração: quebrada a justa expectativa entre as partes, afastada restará a boa-fé (objetiva) da parte que causou a dita quebra do esperado. Assim, a boa-fé objetiva cria entre as partes contratantes uma série de obrigações acessórias ao objeto principal do negócio, dentre as quais podemos citar as seguintes: (1) lealdade e confiança recíprocas; (2) assistência; (3) informação; (4) sigilo ou confidencialidade, dentre outros.

Na doutrina, encontramos elencadas três funções principais da boa-fé objetiva: (1) função interpretativa e de colmatação; (2) função criadora de deveres jurídicos anexos ou de proteção; e (3) função delimitadora do exercício dos direitos subjetivos.

Com isso, diante da ausência de texto legal que verse especificamente sobre determinada questão contratual, a análise da validade, da eficácia e até do alcance das cláusulas que compõem o contrato passam a submeter-se ao crivo do intérprete — inclusive, e principalmente, do juiz —, autorizando-o a proceder ao correto "preenchimento" dos conceitos indeterminados carregados pelas ditas "cláusulas gerais" à luz das peculiaridades do caso concreto.

Considerando a boa-fé objetiva, evitamos, ademais, que o rigor da norma e o princípio da legalidade estrita permitam que as partes contratantes manipulem ou premeditem comportamentos por ocasião dos atos negociais de modo a, sem infringir diretamente qualquer dispositivo legal, obterem vantagens que comprometam o equilíbrio, a moralidade e a justiça contratual.

Aliás, a boa-fé consiste em exigência ética de comportamento, hábil a diminuir as possibilidades de termos, diante de caso concreto, avença que, embora juridicamente justa e perfeita, exiba-se moralmente reprovável. Consiste, pois, em um **princípio geral de Direito**, devendo ser observado em qualquer espécie de negócio jurídico. Notamos, todavia, que, em nosso ordenamento, resta devidamente positivada de modo a atrelá-la à realidade de qualquer contrato, como válvula de abertura do sistema, sob a forma de "cláusula geral". Entendemos, outrossim, que tal contexto não retira a força e a natureza principiológica da boa-fé, uma vez que, por imperativo ético, deveria ser observada em toda e qualquer relação negocial, mesmo que inexistisse menção legal para tanto.

Ocorre que a boa-fé, principalmente sob o aspecto objetivo, representa elemento importantíssimo para fim de concretização do protoprincípio constitucional da dignidade da pessoa humana, na medida em que erige como vetor de moralização do trato negocial, impedindo o desprezo das expectativas dos contratantes e a consequente "coisificação" da pessoa humana com quem se busca concretizar, concretiza ou já concretizou qualquer contrato. A conduta leal, proba, de boa-fé, humaniza e aquece o ato negocial, unindo as partes contratantes em torno de um mesmo ideal: o cumprimento do avençado. Eventuais frustrações ao contratado restam relegadas, assim, ao imprevisível, ao insuperável, de modo a minimizar potenciais conflitos de interesses.

Como o norte para a definição do efetivo respeito à boa-fé objetiva consiste na verificação exata da justa expectativa que o homem médio tem quanto à conduta dos contratantes, em todas as fases do negócio, fato é que a decisão à luz da verificação da boa-fé objetiva tende à pacificação, pois, provavelmente, será tida por justa e, assim, encontrará aceitação no seio da sociedade. Resta evidente sua força persuasiva e, com isso, sua tendência a assumir a posição de verdadeiro modelo de conduta, pautado pela lealdade e pela crença/confiança recíprocas.

Esse mesmo contexto marca também a realidade contratual na seara trabalhista, devendo ser observado inclusive na fase pré-contratual.

Também no Direito Coletivo do Trabalho podemos encontrar diversos exemplos de respeito e de ofensa à boa-fé objetiva. Aliás, a boa-fé, quer enquanto princípio, quer como cláusula geral positivada, há de ser observada em qualquer contexto contratual, inclusive de natureza coletiva trabalhista.

Como tal, deve ser observada na fase pré-contratual, consideradas as convenções e os acordos coletivos de trabalho. A fase pré-contratual coletiva trabalhista, que entendemos residir propriamente no momento da negociação coletiva, é informada por princípios consistentes em postulados éticos, bem como por normas de conduta a serem observadas pelas partes, tudo visando a viabilizar o processo negocial para que se aperfeiçoe de modo a atingir seus objetivos da melhor maneira. Dentre os referidos princípios, encontramos a boa-fé.

O princípio da boa-fé, por exigir o espírito de colaboração e solidariedade entre os contratantes, volta-os à prática das condutas necessárias ao adimplemento absoluto do negociado, ou seja, cumprimento das obrigações pactuadas por ambas as partes. Por isso, a conduta leal e de boa-fé reflete na disposição da parte em negociar, inclusive ouvindo propostas, formulando contrapropostas, debatendo os termos e a redação dos instrumentos normativos etc., de modo a fulminar as controvérsias e os conflitos, e não a "substituí-los" por outros novos, ensejadores de insatisfação. Portanto, aplica-se aqui a regra do art. 422 do CC, bem como, e até antes, as regras dos arts. 4º e 51 do CDC, com a boa-fé objetiva pautando toda a conduta dos sujeitos da negociação coletiva.

A complexidade própria da negociação coletiva já permite o reconhecimento de sua autonomia enquanto negócio jurídico prévio, que pode ou não resultar no convênio coletivo. Assim, até na fase prévia à negociação coletiva, as partes, por força do que dispõem os referidos artigos, tanto do CDC quanto do CC, deverão pautar sua conduta pela boa-fé, sendo leais e probas. Por isso, há ingerência da boa-fé na negociação coletiva desde antes de seu início, uma vez que já se exige a lealdade e a probidade merecedora da confiança recíproca desde a definição do objeto que será negociado. Tal influxo da boa-fé ocorre por força da lei e, antes, de seu caráter principiológico, como salientado alhures.

Em suma, esse comportamento-modelo é imposto pelo sistema — pela boa-fé — a todo aquele que se veja na condição de sujeito de uma negociação coletiva, sendo certo que do devido respeito a tal conduta-padrão depende a eficácia do ato negocial. A boa-fé consiste em paradigma de conduta nas negociações coletivas de trabalho e, consequentemente, na sociedade contemporânea no que tange às tratativas pré-contratuais de trabalho, inclusive coletivas.

Como paradigma de conduta, emerge a boa-fé como limitadora dos poderes e das faculdades dos sujeitos da negociação coletiva para os fins dessa, balizando o procedimento para que aflorem as verdadeiras e legítimas pretensões, afastem-se as manifestações de oportunismo e obtenha-se a efetiva pacificação social no âmbito da relação laboral, lugar que deve ser caracterizado como celeiro de colaboração dos fatores capital e trabalho. Aliás, modernamente, os princípios éticos que regem até mesmo a teoria geral dos contratos privados, de raízes fincadas no Código Civil de 2002, guiam-se pela eticidade e solidariedade, não podendo ocorrer de modo diverso nos contratos laborais, individuais ou coletivos. É hora de trocarmos a expressão "capital x trabalho" por "capital e trabalho", pois um depende do outro para existir. A única solução inteligente é trocar a **exploração** pela **colaboração** recíproca. O legislador constituinte originário, já há mais de 20 anos, percebeu isso e fixou no art. 1º, IV, da Carta de 1988, em um princípio único, como fundamento da República Federativa do Brasil, o equilíbrio entre os valores sociais do trabalho e da livre-iniciativa. Falta apenas que trabalhadores e "livre-iniciativa" (capital; empresariado) percebam isso.

Concluímos, pois, que, pelo princípio da boa-fé objetiva, o intérprete pode efetivar de forma cabal o propósito que justificou o surgimento do próprio Direito do Trabalho: estabilizar as relações entre capital e trabalho desde a sua origem (fase pré-contratual) de forma a garantir não apenas a segurança e o estado de tranquilidade social como, e principalmente, a efetivação do megaprincípio da dignidade da pessoa humana, fundamento primeiro e objetivo último de todo o sistema jurídico brasileiro.

BIBLIOGRAFIA

ACKERMAN, Mário. O direito à liberdade de associação e de negociação coletiva e sua essencialidade no contexto do trabalho decente. *Revista do Tribunal Superior do Trabalho.* Porto Alegre: Magister, v. 76, n. 4: 84-90, out./dez./2010.

AGUIAR JUNIOR, Ruy Rosado de. A boa-fé na relação de consumo. *Revista de direito do consumidor.* São Paulo: Revista dos Tribunais, n. 14: 22-25, jun./1995.

ALMEIDA, Alisson da Cunha. *Rui Portanova e as "Motivações Ideológicas da Sentença".* Disponível em: <http://www.juspodivm.com.br/novo/arquivos/artigos/outros/alisson-cunha-mativacoes-ideologicas-da-sentenca.pdf>. Acesso em: 2.1.2011

ALVES, José Carlos Moreira. *Direito romano.* v. I. 10. ed. Rio de Janeiro: Forense, 1995.

AMARAL, Francisco. *Direito civil: introdução.* 4. ed. Rio de Janeiro: Renovar, 2002.

ANDRADE, Everaldo Gaspar Lopes de. *Curso de direito do trabalho.* São Paulo: Saraiva, 1992.

_____. *Princípios de direito do trabalho e seus fundamentos teórico-filosóficos:* problematizando, refutando e deslocando o seu objeto. São Paulo: LTr, 2008.

_____. *Direito do trabalho e pós-modernidade:* fundamentos para uma teoria geral. São Paulo: LTr, 2005.

AQUINO, Santo Tomás. Vida e Obra. *Os pensadores.* São Paulo: Nova Cultural, 2000.

ATALIBA, Geraldo. *Sistema constitucional tributário brasileiro.* São Paulo: Revista dos Tribunais, 1968.

AZEVEDO, Antônio Junqueira de. *Negócio jurídico:* existência, validade e eficácia. 4. ed. São Paulo: Saraiva, 2002.

AZEVEDO, Gelson de. Contrato coletivo de trabalho. In: Georgenor de Sousa Franco Filho (coord.), *Curso de direito coletivo do trabalho:* estudos em homenagem ao Ministro Orlando Teixeira da Costa, São Paulo: LTr, 1998. p. 322-325.

BALBINO, Renata Domingues Barbosa. *A boa-fé objetiva nas fases contratuais.* Disponível em: <www.gontijo-familia.adv.br/novo/artigos_pdf/Renata.../Boafe.pdf>. Acesso em: 5.11.2009.

BANDEIRA DE MELLO, Celso Antonio. *Curso de direito administrativo.* 19. ed. São Paulo: Malheiros, 2005.

BARACAT, Eduardo Milléo. *A boa-fé no direito individual do trabalho.* São Paulo: LTr, 2003.

BARBOSA, Oriana Piske de Azevedo. A atuação criativa do juiz. *Revista Bonijuris.* Curitiba: Bonijuris, ano XXII, n. 564: 23-24, nov./2010.

BARROS, Alice Monteiro de. *Curso de direito do trabalho.* 4. ed. São Paulo: LTr, 2008.

BASTOS, Celso Ribeiro. *Curso de direito constitucional.* 17. ed. São Paulo: Saraiva, 1996.

BASTOS, Celso Ribeiro; MARTINS, Ives Gandra da Silva. *Comentários à Constituição brasileira.* v. 1. São Paulo: Saraiva, 1988.

BENDA, Ernest. Dignidad humana y derechos de la personalidad. In: Konrad Hesse. *Manual de derecho constitucional.* Madri: Marcial Pons, 1996, p.117-144.

BERNARDES, Hugo Gueiros. O Estado na negociação coletiva. *Curso de direito coletivo do trabalho:* estudos em homenagem ao Ministro Orlando Teixeira da Costa. Coordenador: Georgenor de Sousa Franco Filho. São Paulo: LTr, 1998. p. 268-282.

BETTI, Emilio. *Teoria geral do negócio jurídico.* t.2. Trad. Fernando de Miranda. Coimbra: Coimbra Editora, 1969.

BOBBIO, Norberto. *Dalla struttura alla funzione:* nuovi studi di teoria del diritto. Edizioni di Comunità. 1984.

BOFF, Leonardo. *Ética da vida.* Brasília: Letraviva, 1999.

BONAVIDES, Paulo. *Curso de direito constitucional.* 18. ed. São Paulo: Malheiros, 2006.

BORDA, Guillermo. *Manual de contractos.* 19. ed. Buenos Aires: Abeledo-Perrot, 2000.

BRASIL: Tribunal Regional do Trabalho da Segunda Região. Disponível em: <http://www.trt02.gov.br. Link: jurisprudência/pesquisa>. Acesso em: 12.7.2007.

BRASIL: Supremo Tribunal Federal. Disponível em: <http://www.stf.gov.br/Jurisprudência/Jurisp.asp&Sect1=IMAGE&Sect2=THESOFF&Sect3=PLURON&Sect6=ADIN&p=1&r=2&f=G&l=20>. Acesso em: 27.7.2007.

BRITO FILHO, José Claudio Monteiro de. *Trabalho decente:* análise jurídica da exploração do trabalho — trabalho forçado e outras formas de trabalho indigno. São Paulo: LTr, 2004.

_____. *Direito sindical.* São Paulo: LTr, 2000.

BROWN, Dan. *O código Da Vinci.* São Paulo: Sextante Ficção, 2004.

CAMPOS, José Ribeiro de. As principais manifestações da flexibilização das normas trabalhistas no Brasil. *Revista da Faculdade de Direito de São Bernardo do Campo.* São Bernardo do Campo: A Faculdade, v.6, t.II: 194-209, nov./2000.

CANARIS, Claus-Wilhelm. *Pensamento sistemático e conceito de sistema na ciência do Direito.* 2. ed. Trad. Antonio Menezes Cordeiro. Lisboa: Fundação Calouste Gulbenkian, 1996.

CANOTILHO, J.J. Gomes. *Direito constitucional e teoria da Constituição.* 3. ed. Coimbra, Almedina, 1999.

CAPPELLETTI, Mauro. *Juízes legisladores?* Trad. Carlos Alberto A.de Oliveira. Porto Alegre: Editor Sérgio A. Fabris, 1993.

_____. Formações sociais e interesses coletivos diante da justiça civil. *Revista de Processo.* Ano 2. n. 5, 1997.

CARNELUTTI, Francesco. *Como nasce o direito.* Trad. Ricardo Rodrigues Gama. 4. ed. Campinas: Russell, 2010.

CARRION, Valentim. *Comentários à Consolidação das Leis do Trabalho.* 33. ed. São Paulo: Saraiva, 2008.

CARVALHO, Augusto César Leite de. *Direito individual do trabalho*. 2. ed. Rio de Janeiro: Forense, 2007.

CASTELO, Jorge Pinheiro. *O direito material e processual do trabalho e a pós-modernidade:* a CLT, o CDC e as repercussões do novo Código Civil. São Paulo: LTr, 2003.

_____. *O direito processual do trabalho na moderna teoria geral do processo*. 2. ed. São Paulo: LTr, 1996.

CATHARINO, José Martins. *Compêndio universitário de direito do trabalho*. São Paulo: Editora Jurídica e Universitária, 1972. 2 v.

CHAMOUN, Ebert. *Instituições de direito romano*. São Paulo: Saraiva, 1968.

CONFERÊNCIA NACIONAL DOS BISPOS DO BRASIL — CNBB. *Bíblia Sagrada:* com introduções e notas. Trad. CNBB. 4. ed. Brasília: Edições CNBB; São Paulo: Canção Nova, 2006.

CORDEIRO, Antônio Menezes. *Manual de direito de trabalho*. Coimbra: Almedina, 1999.

_____. *Da boa-fé no direito civil*. Coimbra: Almedina, 2001.

_____. *Tratado de direito civil português*. v.I. t.I. 2. ed. Coimbra: Almedina, 2000.

CORREIA, Marcus Orione Gonçalves. *Teoria geral do processo*. 5. ed. São Paulo: Saraiva, 2009.

COSTA, Taílson Pires. *A dignidade da pessoa humana diante da sanção penal*. São Paulo: Fiuza Editores, 2004.

_____. *Meio ambiente familiar:* a solução para prevenir o crime. São Paulo: Max Limonad, 2002.

COUTO E SILVA, Clóvis do. *A obrigação como processo*. São Paulo: Bushatsky, 1976.

CRETELLA JUNIOR, José. *Comentários à Constituição brasileira*. v. 1. Rio de Janeiro: Forense Universitária, 1998.

CRUZ E TUCCI, José Rogério. *Tempo e processo*. São Paulo: Revista dos Tribunais, 1998.

CUNHA, Sérgio Sérvulo da. *Princípios constitucionais*. São Paulo: Saraiva, 2006.

DALLARI, Dalmo de Abreu. *Direitos humanos e cidadania*. São Paulo: Moderna, 1998.

_____. Preâmbulos das Constituições do Brasil. *Revista da Faculdade de Direito da Universidade de São Paulo*. São Paulo: USP, n. 96: 242-269, 2001.

DELGADO, Maurício Godinho. *Curso de direito do trabalho*. 3. ed. São Paulo: LTr, 2004.

_____. Os princípios na estrutura do Direito. *Revista do Tribunal Superior do Trabalho*. Porto Alegre: Magister, 2009, v. 75, n. 3: 17-34, jul./set./2009.

_____. *Direito coletivo do trabalho*. São Paulo: LTr, 2001.

DOTTI, Renê Ariel; TOLEDO, Francisco de Assis de; SCHECAIRA, Sérgio Salomão; TOLEDO, David Teixeira de; LOPES, Marcio Antonio Ribeiro. *Penas restritivas de direitos* — críticas e comentários às penas alternativas — Lei n. 9.714, de 25.11.1998. São Paulo: Revista dos Tribunais, 1999.

ECO, Umberto. *O nome da rosa*. Trad. Aurora Fornoni Bernardini e Homero Freitas de Andrade. São Paulo: Record, 2009.

EMERSON, Ralph Waldo. *A conduta para a vida*. São Paulo: Martin Claret, 2003.

ENGISCH, Karl. *Introdução ao pensamento jurídico*. trad. J. Baptista Machado, 7. ed., Lisboa: Fundação Calouste Gulbenkian, 1996.

FERRACINI, Luiz Alberto. *A lógica no sistema jurídico*. Campinas: Agá Juris, 2000.

FERRAZ JUNIOR, Tércio Sampaio. *Introdução ao estudo do direito:* técnica, decisão, dominação. 3. ed. São Paulo: Atlas, 2001.

FERREIRA FILHO, Manoel Gonçalves. *Manual de direito constitucional*. São Paulo: Saraiva, 1994.

FIORILLO, Celso Antonio Pacheco. *O direito de antena em face do direito ambiental brasileiro*. São Paulo: Saraiva, 2000.

_____. *Estatuto da cidade comentado:* lei n. 10.257/2001 — lei do meio ambiente artificial. São Paulo: Revista dos Tribunais, 2002.

_____. *Curso de direito ambiental brasileiro*. 7. ed. rev.atual.ampl. São Paulo: Saraiva, 2006.

_____. *Princípios do direito processual ambiental*. 2. ed. São Paulo: Saraiva, 2007.

FIORILLO, Celso Antonio Pacheco; FERREIRA, Renata Marques. *Direito ambiental tributário*. São Paulo: Saraiva, 2005.

FIUZA, César. *Direito Civil:* curso completo. 12. ed. Belo Horizonte: Del Rey, 2008.

FREITAS, Manoel Mendes de. Convenção e acordo coletivos. *Curso de direito coletivo do trabalho:* estudos em homenagem ao Ministro Orlando Teixeira da Costa. Coordenador: Georgenor de Sousa Franco Filho. São Paulo: LTr, 1998. p. 308-318.

GAGLIANO, Pablo Stolze; PAMPLONA FILHO, Rodolfo. *Novo curso de direito civil*. t. 1, v. 4. 4. ed. São Paulo: Saraiva, 2008.

GALVÃO, Flávia Nobre. Desenvolvimento sustentável & capitalismo: possibilidades e utopias. *Revisa IOB de Direito Administrativo*. São Paulo: IOB Thompson, n. 12: 106-118, 2006.

GARCIA, Gustavo Filipe Barbosa. *Curso de direito do trabalho*. São Paulo: Método, 2007.

_____. *Curso de direito do trabalho*. 4. ed.rev.,atual. e ampl., Rio de Janeiro: Forense, 2010.

_____. *Direitos fundamentais e relação de emprego:* trabalho, Constituição e processo. São Paulo: Método, 2008.

_____. *Meio ambiente do trabalho:* direito, segurança e medicina do trabalho. 2. ed. São Paulo: Método, 2009.

GARCIA, Pedro Carlos Sampaio. *O sindicato e o processo:* a coletivização do processo do trabalho. São Paulo: Saraiva, 2002.

GIUGNI, Gino. *Direito sindical*. São Paulo: LTr, 1991.

GOMES, Dinaura Godinho Pimentel. *Direito do trabalho e dignidade da pessoa humana, no contexto da globalização econômica:* problemas e perspectivas. São Paulo: LTr, 2005.

GOMES, Orlando. *Contratos*. 18. ed. Atualizado por Humberto Theodoro Junior. Rio de Janeiro, Forense, 1998.

GONÇALVES, Camila de Jesus Mello. *Princípio da boa-fé:* perspectivas e aplicações. São Paulo: Campus, 2008.

GONÇALVES, Carla Amado. *A evolução do conceito de soberania.* Disponível em: <www.esaf.fazenda.gov.br/parcerias/ue/cedoc-ue/monografias-1998/modulo-A/CONFERENCIA.pdf>. Acesso em: 26.7.2007.

GONÇALVES, Carlos Roberto. *Direito civil brasileiro.* v. I. São Paulo: Saraiva, 2003.

GONÇALVES, Vitor Fernandes. *Responsabilidade civil por quebra da promessa.* Brasília: Livraria e Editora Brasília Jurídica, 1997.

GRAU, Eros Roberto. *O direito posto e o direito pressuposto.* São Paulo: Malheiros, 2003.

GRINOVER, Ada Pellegrini et al. *Código brasileiro de defesa do consumidor comentado pelos autores do projeto.* 5. ed. São Paulo: Revista dos Tribunais, 1997.

GUERRA FILHO, Willis Santiago. *Teoria da ciência jurídica.* São Paulo: Saraiva, 2001.

IASI, Mauro Luis. *Ensaios sobre consciência e emancipação.* São Paulo: Expressão popular, 2007.

IHERING, Rudolf von. *É o Direito uma ciência?* trad. Hiltomar Martins Oliveira. São Paulo: Rideel, 2005 (Biblioteca Clássica).

JACQUES, Paulino. *Curso de direito constitucional.* 10. ed. Rio de Janeiro: Forense, 1957.

JORGE JUNIOR, Alberto Gosson. *Cláusulas gerais no novo Código Civil.* São Paulo: Saraiva, 2004.

JORGE NETO, Francisco Ferreira; CAVALCANTE, Jouberto de Quadros Pessoa. *Curso de direito do trabalho.* São Paulo: Atlas, 2009.

KANT, Immanuel. *Fundamentação da metafísica dos costumes e outros escritos.* São Paulo: Martin Claret, 2003.

KARDEC, Allan. *O Evangelho segundo o espiritismo.* trad. J.Herculano Pires. 47. ed. São Paulo: Lake, 1996.

KRIELE, Martin. Sobre a renovação do Direito Público. *Revista de direito público.* São Paulo: Revista dos Tribunais, n. 71, 1984.

KÜMPEL, Vitor Frederico. *Direito civil 3* — direito dos contratos. São Paulo: Saraiva, 2005.

LARAIA, Ricardo Regis. Sistema jurídico e antinomia de normas. In: Renan Lotufo (coord.). *Cadernos de teoria geral do direito.* Curitiba: Juruá, p.183-210, 2000.

LEDUR, José Felipe. *A realização do direito do trabalho.* Porto Alegre: Sérgio Fábris Editor, 1998.

LEITE, George Salomão; SARLET, Ingo Wolfgang (coords.). *Direitos fundamentais e estado constitucional:* estudos em homenagem a J.J.Gomes Canotilho. São Paulo: Revista dos Tribunais; Coimbra: Editora Coimbra, 2009.

LENZA, Pedro. *Direito constitucional esquematizado.* 7. ed. rev. atual. São Paulo: Método, 2004.

LEONARDI, Felipe Raminelli. Direito natural e direito positivo: reflexões sobre uma possível relação de oposição. *Revista da Faculdade de Direito de São Bernardo do Campo.* São Bernardo do Campo: A Faculdade, ano 10, n. 12: 173-191, 2006.

LISBOA, Roberto Senise. *Contratos difusos e coletivos:* consumidor, meio ambiente, trabalho, agrário, locação, autor. 3. ed. São Paulo: Revista dos Tribunais, 2007.

LOPES, Maurício Antonio Ribeiro. *Teoria constitucional do direito penal.* São Paulo: Revista dos Tribunais, 2000.

LOTUFO, Renan. *Código civil comentado.* v.1. São Paulo: Saraiva, 2003.

LOUREIRO, Luiz Guilherme. *Contratos:* teoria geral e contratos em espécie. 3. ed. São Paulo: Método, 2008.

MACHADO, Antonio Claudio da Costa (org.); ZAINAGHI, Domingos Savio (coord). *CLT Interpretada:* artigo por artigo, parágrafo por parágrafo. Barueri: Manole, 2007.

MADEU, Diógenes. A dignidade da pessoa humana como pressuposto para a efetivação da Justiça. *Revista Dignidade* [do Programa de Pós-Graduação em Direito da Unimes/Santos]. São Paulo: Método, n. 1: 41-52, 2002.

MAISTRO JUNIOR, Gilberto Carlos; CASTRO, José Antonio Fernandes. A flexibilização dos direitos trabalhista como forma de combate ao desemprego. *Revista Bonijuris.* Curitiba: Bonijuris, n. 474: 9-11, mai./2003.

MAISTRO JUNIOR, Gilberto Carlos. A liberdade sindical à luz do Direito do Trabalho brasileiro. *Revista Bonijuris.* Curitiba: Bonijuris, ano XVIII, n. 506: 10-15, jan./2006.

_____. O Contrato de trabalho como instrumento de garantia da dignidade humana. *Revista Bonijuris.* Curitiba: Bonijuris, ano XVII, n. 564: 11-16, nov./ 2010.

_____. O Código de defesa do consumidor como principal fonte subsidiária diante das lacunas na legislação trabalhista. *Revista Bonijuris.* Curitiba: Bonijuris, n. 569: 8-12, abr./ 2011.

_____. O Direito Ambiental Tributário e sua característica instrumental na tutela ambiental: uma introdução. *Repertório de jurisprudência IOB:* tributário, constitucional e administrativo. São Paulo: IOB, n. 8: 338-341, abr./2008.

_____. *Os princípios fundamentais na Constituição Federal.* Monografia de conclusão do módulo "Direito ambiental artificial", coordenado pelo Prof.Dr.Celso Antonio Pacheco Fiorillo, do Mestrado em Direito da Universidade Metropolitana de Santos. Santos: Universidade Metropolitana de Santos, 2007. 86 f.

_____. *O princípio do devido processo legal e a Justiça do Trabalho.* Monografia de conclusão de curso de especialização em Direito e Relações do Trabalho. São Bernardo do Campo: Faculdade de Direito de São Bernardo do Campo, 2006. 80 f.

MANUS, Pedro Paulo Teixeira; ROMAR, Carla Teresa Martins. *CLT e legislação complementar em vigor.* 7. ed. São Paulo: Atlas, 2009.

MARKY, Thomas. *Curso elementar de direito romano.* 2. ed. São Paulo: Saraiva, 1974.

MARQUES, Cláudia Lima. *Contratos no código de defesa do consumidor.* 3. ed. São Paulo: Revista dos Tribunais, 1999.

MARTINS, Fernando Rodrigues. *Princípio da justiça contratual.* São Paulo: Saraiva, 2009 (coleção professor Agostinho Alvim, coord.Renan Lotufo).

MARTINS, Ives Gandra da Silva. *O poder.* São Paulo: Saraiva, 1984.

MARTINS FILHO, Ives Gandra da Silva. *Manual de direito e processo do trabalho.* 18. ed. São Paulo: Saraiva, 2009.

MARTINS-COSTA, Judith. *A boa-fé no direito privado:* sistema e tópica no processo obrigacional. São Paulo: Revista dos Tribunais, 1999.

MARTINS, Nei Frederico Cano; MAUAD, Marcelo José Ladeira. *Lições de direito individual do trabalho.* 3. ed. São Paulo: LTr, 2008.

MARTINS, Sérgio Pinto. *Direito do trabalho.* 24. ed. São Paulo: Atlas, 2008.

_____. *Comentários à CLT.* 12. ed. São Paulo: Atlas, 2008.

_____. *Despedida Coletiva.* Editora Magister — Porto Alegre — RS. Publicado em: 10 dez. 2009. Disponível em: <http://www.editoramagister.com/doutrina_ler.php?id=614>. Acesso em: 18 abr. 2011.

MAUAD, Marcelo José Ladeira. Fonte de custeio Sindical. *Revista da Faculdade de Direito de São Bernardo do Campo.* São Bernardo do Campo: Páginas & Letras, ano 6. n. 8: 319-326, 2002.

MAUAD, Marcelo José Ladeira. *Os direitos dos trabalhadores na lei de recuperação e de falência de empresas.* São Paulo: LTr, 2007.

MAXIMILIANO, Carlos. *Hermenêutica e aplicação do direito.* Rio de Janeiro: Forense, 1988.

MEIRA, Anna Lee Carr de Muzio. Conflito entre normas coletivas de trabalho no Brasil. In: Ivani Contini Bramante; Adriana Calvo (org.). *Aspectos polêmicos e atuais do direito do trabalho:* homenagem ao Professor Renato Rua de Almeida. São Paulo: LTr, 2007. p. 197-218.

MEIRELES, Edilton. *O novo Código Civil e o direito do trabalho.* 3. ed. São Paulo: LTr, 2005.

MEIRELLES, Davi Furtado. *Negociação coletiva no local de trabalho:* a experiência dos metalúrgicos do ABC. São Paulo: LTr, 2008.

MELO, Diogo L. Machado de. *Cláusulas contratuais gerais* (contratos de adesão, cláusulas abusivas e o Código Civil de 2002). São Paulo: Saraiva, 2008.

MELO, Raimundo Simão de. Dignidade humana e meio ambiente do trabalho. *Revista da Faculdade de Direito de São Bernardo do Campo.* São Bernardo do Campo: A Faculdade, ano 8, n. 10: 255-270, 2004.

MELO, Tarso de. *Direito e ideologia:* um estudo a partir da função social da propriedade rural. São Paulo: Expressão popular, 2009.

MIQUELUZZI, Oswaldo. Negociação coletiva: dificuldades, limites e possibilidades. In: Alexandra da Silva Candemil. *Curso de direito material e processual do trabalho:* uma visão moderna dos direitos sociais. São Paulo: Conceito, 2011, p.387-410.

MIRANDA, Francisco Pontes de. *Tratado de direito privado.* t. 3. Rio de Janeiro: Editor Bolsói. 1964.

MONTEIRO, Washington de Barros. *Curso de direito civil.* v.5. 28. ed. São Paulo: Saraiva, 1995.

MONTORO, André Franco. *Introdução à ciência do direito*. 23. ed. São Paulo: Revista dos Tribunais, 1995.

MORAES, Alexandre de. *Direito constitucional*. 6. ed. São Paulo: Atlas, 2003.

MORAES FILHO, Evaristo de. Tendências do Direito Coletivo do Trabalho. *Relações Coletivas de Trabalho:* estudos em homenagem ao Ministro Arnaldo Süssekind. São Paulo: LTr, 1989.

MOTA, Maurício Jorge Pereira da. A pós-eficácia das obrigações. In: Gustavo Tepedino. *Problemas de direito civil constitucional*. Rio de Janeiro, renovar: 2000, p.187-241.

NALIN, Paulo Roberto. Ética e boa-fé no adimplemento contratual. In: Luiz Edson Fachin. *Repensando os fundamentos do direito civil brasileiro contemporâneo*. Rio de Janeiro: Renovar, 1998.

NASCIMENTO, Amauri Mascaro. *Direito sindical*. São Paulo: Saraiva, 1989.

_____. *Compêndio de direito sindical*. São Paulo: LTr, 2000.

NEGREIROS, Teresa. *Fundamentos para uma interpretação constitucional do princípio da boa-fé*. Rio de Janeiro: Renovar, 1998.

NERY JUNIOR, Nelson. *Princípios do processo civil na Constituição Federal*. 5. ed. São Paulo: Revista dos Tribunais, 1999.

NERY JUNIOR, Nelson; NERY, Rosa Maria de Andrade. *Código de Processo Civil comentado e legislação extravagante em vigor*. 3.ed. São Paulo: RT, 1997.

NETO, Indalécio Gomes. A arte de julgar: entre a lei e a ideologia. *Revista do Tribunal Superior do Trabalho*. Porto Alegre: Magister, v.75, n. 3: 157-178, jul./set./2009.

NUNES, RIZZATTO. *Manual da monografia jurídica*. 7. ed. rev.atual. São Paulo: Saraiva, 2009.

_____. *O princípio constitucional da dignidade da pessoa humana:* doutrina e jurisprudência. São Paulo: Saraiva, 2002.

_____. *Manual de filosofia do direito*. São Paulo: Saraiva, 2004.

_____. *Comentários ao código de defesa do consumidor*. 2. ed. São Paulo: Saraiva, 2005.

_____. *Manual de introdução ao estudo do Direito*. 6. ed. São Paulo: Saraiva, 2006.

OLEA, Manuel Alonso. *Derecho del trabajo*. Barcelona: Bosch, 1960.

OLIVEIRA, Luiz Antonio. *Material didático sobre "soberania"*. Disponível em <http://www.loveira.adv.br/material/tge7.htm>. Acesso em: 20.07.2007.

PARMEGGIANI, Regina; HARTMANN, Vera E. *O mundo interno e o juiz*. Disponível em: <http://www.ajufergs.org.br/revistas/rev01/12_dra_vera.pdf>. Acesso em: 3.1.2011.

PEREIRA, Caio Mário da Silva. *Instituições de direito civil*. v.1. 19. ed. Rio de Janeiro: Forense, 2002.

PÉREZ, Jesus Gonzales. *El principio general de la buena fe en el derecho administrativo*. 4.3d. Madri: Civitas, 2004.

PERTSCHI, Luciano Karlo. *Ideologia e politização das decisões judiciais*. Disponível em: <http://www.ambito-juridico.com.br/site/index.php?n_link=revista_artigos_leitura&artigo_id=5237>. Acesso em: 3.1.2011.

PINHO, Rodrigo César Rebello. *Teoria geral da Constituição e direitos fundamentais*. São Paulo: Saraiva, 2000.

PINTO, Almir Pazzianotto. *O Futuro do trabalho*. São Paulo: Lex Editora, 2006.

PINTO, José Augusto Rodrigues. *Tratado de direito material do trabalho*. São Paulo: LTr, 2007.

PLÁ RODRIGUEZ, Américo. *Princípios de direito do trabalho*. Tradução Wagner D.Giglio. 3. ed. São Paulo: LTr, 2000.

PONDÉ, Luiz Felipe. A cruz. *Folha de São Paulo*. São Paulo, 9.11.2009, Caderno E — Ilustrada, p.11.

PONTES DE MIRANDA, Francisco. *Tratado de direito privado*. v.8. Rio de Janeiro: Borsoi, 1954.

POPP, Carlyle. *Responsabilidade civil pré-negocial:* o rompimento das tratativas. Pensamento Jurídico. v. III. Curitiba: Juruá, 2001.

POZZOLI, Lafayette. *Maritain e o direito*. São Paulo: Edições Loyola, 2001.

QUEIROZ JÚNIOR, Hermano. *Os direitos fundamentais dos trabalhadores na Constituição de 1988*. São Paulo: LTr, 2006.

REALE, Miguel. *Lições preliminares de Direito*. 22. ed. São Paulo: Saraiva, 1995.

_____. *Estudos preliminares do Código Civil*. São Paulo: Revista dos Tribunais, 2003.

_____. *A boa-fé no Código Civil*. Disponível em: <www.miguelreale.com.br>. Acesso em: 20.9.2009.

ROCHA, Julio Cesar de Sá da. *Função ambiental da cidade:* direito ao meio ambiente urbano ecologicamente equilibrado. São Paulo: Juarez de Oliveira, 1999.

ROSENVALD, Nelson. *Dignidade humana e boa-fé no Código Civil*. São Paulo: Saraiva, 2005.

RUGGIERO, Roberto de. *Instituições de Direito Civil*. Trad. da 6. ed. italiana por Paolo Capitanio. Atualizada por Paulo Roberto Benasse. Campinas: Bookseller, 1999. 3 v.

RUPRECHT, Alfredo J. *Relações coletivas de trabalho*. Trad. Edílson Alkmin Cunha. São Paulo: LTr, 1995.

_____. *Os princípios do direito do trabalho*. Trad. Edílson Alkmin Cunha. São Paulo: LTr, 1995.

RUSSOMANO, Mozart Victor. *Princípios gerais de direito sindical*. 2. ed. Rio de Janeiro: Forense, 2000.

_____. *Conflitos coletivos de trabalho*. São Paulo: LTr, 1979.

SADY, João José. A boa-fé objetiva no novo Código Civil e seus reflexos nas relações jurídicas trabalhistas. *Revista do Advogado* [da Associação dos Advogados de São Paulo]. Seis décadas de CLT e o novo Código Civil. São Paulo: AASP, ano XXIII, n. 70, jul./2003.

SAMPAIO, Aluysio. *Dicionário de direito individual do trabalho*. São Paulo: LTr, 1972.

SANTANA, Jair Eduardo. *Direito, justiça e espiritualidade*. Belo Horizonte: Inédita, 2000.

SANTOS, Enoque Ribeiro dos. *Direitos humanos na negociação coletiva*. São Paulo: LTr, 2004.

SANTOS, Nélida Cristina dos. Noções de sistema constitucional tributário brasileiro. *Revista da Faculdade de Direito de São Bernardo do Campo*. São Paulo: A Faculdade, ano 8, n. 10: 243-254, 2004.

SARAIVA, Renato. *Direito do trabalho:* versão universitária. São Paulo: Método, 2008.

SARLET, Ingo Wolfgang. *Dignidade da pessoa humana e direitos fundamentais na Constituição Federal de 1998*. 4. ed. Porto Alegre: Livraria do Advogado Editora, 2006.

SAVIGNY, Friedrich Karl von. *Sistema del derecho romano atual*. t.2., 2. ed. Trad.Jacinto Mesía y Manuel Poley. Pamplona: Analecta, 2004, 6v.

SCHWARZ, Rodrigo Garcia. *Curso de iniciação ao direito do trabalho*. Rio de Janeiro: Elsevier, 2011.

SILVA, Aarão Miranda da. *O direito do trabalho difuso*. São Paulo: LTr, 2009.

SILVA, De Plácido e. *Vocabulário jurídico*. Rio de Janeiro: Forense, 1991.

SILVA, Homero Batista Mateus da. *Curso de direito do trabalho aplicado:* direito coletivo do trabalho. v. 7, Rio de Janeiro: Elsevier, 2010.

SILVA, José Afonso da. *Curso de Direito Constitucional*. 10. ed. São Paulo: Malheiros, 1995.

SILVA, Jorge Cesa Ferreira da. *A boa-fé e a violação positiva do contrato*. Rio de Janeiro: Renovar, 2002.

SILVA, Luciano Nascimento. O poder normativo do preâmbulo da Constituição (ensaio acerca da natureza jurídica dos preâmbulos constitucionais). *Jus Navigandi*. Teresina, ano 8, n.269, 1.abr.2004. Disponível em:<http://jus2.uol.com.br/doutrina/texto.asp?id=5033>. Acesso em: 20.7.2007.

SILVA, Luiz de Pinho Pedreira da. *Principiologia do direito do trabalho*. 2. ed. São Paulo: LTr, 1999.

SILVA NETO, Manoel Jorge e. *Direitos fundamentais e o contrato de trabalho*. São Paulo: LTr, 2005.

SILVA, Marco Antonio Marques da. O poder do juiz e a segurança jurídica. *Revista Prisma Jurídico*, p.6-14. Disponível em: <http://portal.uninove.br/marketing/cope/pdfs_revistas/prisma_juridico/pjuridico_v1/ prismav1_entrevista_marcoantoniosilva.pdf>. Acesso em: 3.1.2011.

SILVA, Otávio Pinto e. *A contratação coletiva como fonte do direito do trabalho*. São Paulo: LTr, 1998.

SIMÓN, Sandra Lia. *A proteção constitucional da intimidade e da vida privada do empregado*. Dissertação de Mestrado. São Paulo: Pontifícia Universidade Católica, 1999, 292 f.

SUPIOT, Alain. *Transformações do trabalho e futuro do Direito do Trabalho na Europa*. Coimbra: Coimbra ed., 2003.

TEIXEIRA FILHO, João de Lima. Negociação Coletiva de Trabalho. In: Arnaldo Sussekind, Délio Maranhão, Segadas Viana. *Instituições de direito do trabalho*. 14. ed. São Paulo: LTr, 1993.

TEMER, Michel. *Elementos de direito constitucional.* 12. ed. rev.atual. São Paulo: Malheiros Editores, 1996.

URIARTE, Oscar Erminda. *Etica y Derecho del Trabajo.* Disponível em: <www.upf.edu/iuslabor/012006/Latinoamerica.OscarErminda2.htm>. Acesso em: 1.10.2009.

WANDERLEY, Maria do Perpetuo Socorro. A dignidade da pessoa humana nas relações de trabalho. *Revista do Tribunal Superior do Trabalho.* v. 75. n. 3. Porto Alegre: Magister, v. 75, n. 3: 106-115, 2009.

VIEIRA, Liszt. *Cidadania e globalização.* Rio de Janeiro: Record, 1997.

ZIMMERMANN NETO, Carlos F. *Direito do Trabalho.* São Paulo: Saraiva, 2005 (coleção Curso & Concurso — coord.Edilson Mougenot Bonfim).

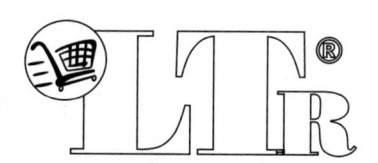

LOJA VIRTUAL	BIBLIOTECA DIGITAL	E-BOOKS
www.ltr.com.br	www.ltrdigital.com.br	www.ltr.com.br